本书系国家社科基金重大项目"梵蒂冈藏明清天主教文献整理与研究"（14ZDB116）阶段性成果

本书系北京外国语大学"双一流"建设项目和北京外国语大学北京中外文化交流研究基地项目成果

文明互鉴：
中西文化交流史研究丛书

跟随利玛窦来中国

张西平 著

1500—1800年中西文化交流史

Following the Steps of Matteo Ricci to China

中国社会科学出版社

图书在版编目（CIP）数据

跟随利玛窦来中国：1500—1800年中西文化交流史/张西平著.—北京：中国社会科学出版社，2020.5（2023.7重印）

（文明互鉴：中西文化交流史研究丛书）

ISBN 978-7-5203-5910-8

Ⅰ.①跟…　Ⅱ.①张…　Ⅲ.①文化交流—文化史—中国、西方国家—1500-1800　Ⅳ.①K203

中国版本图书馆CIP数据核字（2020）第021427号

出 版 人	赵剑英
责任编辑	刘健煊　赵　丽
责任校对	李　莉
责任印制	王　超

出　　版	中国社会科学出版社
社　　址	北京鼓楼西大街甲158号
邮　　编	100720
网　　址	http://www.csspw.cn
发 行 部	010-84083685
门 市 部	010-84029450
经　　销	新华书店及其他书店
印　　刷	北京明恒达印务有限公司
装　　订	廊坊市广阳区广增装订厂
版　　次	2020年5月第1版
印　　次	2023年7月第3次印刷
开　　本	710×1000　1/16
印　　张	24
插　　页	2
字　　数	371千字
定　　价	99.00元

凡购买中国社会科学出版社图书，如有质量问题请与本社营销中心联系调换
电话：010-84083683
版权所有　侵权必究

目 录

绪论　中西文化交流新一页　…………………………………（1）
　　一　远古的怀想和遥望　…………………………………（1）
　　二　地理大发现的时代　…………………………………（2）
　　三　西儒利玛窦　…………………………………………（6）
　　四　康乾盛世西洋风　……………………………………（10）

第一章　皇宫中的洋教士　………………………………………（12）
　　一　万历皇帝的门客：利玛窦　…………………………（12）
　　二　顺治皇帝的"玛法"：汤若望　………………………（18）
　　三　康熙的近臣：南怀仁　………………………………（26）
　　四　中华帝国的外交官们　………………………………（36）

第二章　西来孔子：明清之际的文人与传教士　………………（47）
　　一　利玛窦的适应政策"合儒易佛"　……………………（47）
　　二　因求异而交往　………………………………………（48）
　　三　因信仰而交往　………………………………………（57）

第三章　西方天文历算的传入　…………………………………（64）
　　一　介绍西洋历法　………………………………………（64）
　　二　制造测天仪器　………………………………………（70）
　　三　介绍西方数学　………………………………………（79）

第四章　从《山海舆地全图》到《中国新图》 …… (85)
　　一　明末利玛窦的《山海舆地全图》 …… (85)
　　二　清中前期西方地理学在中国的传播 …… (92)
　　三　来华耶稣会会士与中国地图的西传 …… (100)

第五章　穷理学：西洋学问之总汇 …… (107)
　　一　西洋物理学与机械学的传入 …… (108)
　　二　红衣大炮的传入与明清历史的变革 …… (115)
　　三　西洋自鸣钟与中国近代钟表制造业 …… (118)

第六章　西方艺术的传入 …… (126)
　　一　西方音乐艺术传入中国 …… (126)
　　二　西方绘画艺术 …… (131)
　　三　西方建筑艺术的传入 …… (146)

第七章　西方社会思想观念及文学的传入 …… (153)
　　一　传教士对西方社会文化的介绍 …… (153)
　　二　西方文学在中国的传播 …… (160)
　　三　希腊和中世纪宗教哲学在中国的传播 …… (163)
　　四　中国文人对西方宗教思想的反映 …… (166)

第八章　明清之际基督教的发展与"礼仪之争" …… (170)
　　一　基督教在华史之回顾 …… (170)
　　二　明清之际基督教在华之发展 …… (171)
　　三　"礼仪之争"及其后果 …… (183)

第九章　中国文化之西传 …… (193)
　　一　明末清初传教士对中国典籍的翻译 …… (193)
　　二　"礼仪之争"与中国文化的西传 …… (200)

三　传教士汉学的兴起 …………………………………………（210）

第十章　欧洲 18 世纪的"中国热" ………………………………（215）
　　一　中国器物在欧洲 ……………………………………………（215）
　　二　中国园林建筑艺术在欧洲 …………………………………（221）
　　三　中国历史的西传 ……………………………………………（225）
　　四　中国语言文学的西传 ………………………………………（231）
　　五　中国科学技术的西传 ………………………………………（235）
　　六　18 世纪欧洲社会生活中的"中国热" ………………………（239）
　　结语 ………………………………………………………………（243）

附录一　百年利玛窦研究 …………………………………………（244）

附录二　欧洲第一部拉丁文手稿《四书》的历史命运 ……………（258）

附录三　利玛窦儒学观的困境与张力 ……………………………（273）

附录四　从《名理探》到《穷理学》
　　　　　——明清之际西方逻辑思想的传播 ………………………（293）

附录五　19 世纪中西关系逆转与黑格尔的中国观研究
　　　　　——19 世纪中西关系逆转 …………………………………（331）

附录六　明清之际西学东渐中的"西学汉籍"的文化意义 …………（349）

跋 ……………………………………………………………………（378）

绪　论

中西文化交流新一页

一　远古的怀想和遥望

中国和欧洲处在欧亚大陆的两端，白雪皑皑的帕米尔高原将中国和欧洲分开，北方的大漠千里黄沙无人烟，除了蒙古人的铁骑外，历史上很少有人越过。相隔就有眺望，眺望是一种幻想，在漫漫的历史长河中，欧洲和中国通过那仅有的联系，相互遥望并幻想着对方。

图 0—1　马可·波罗

中国人最早西行的恐怕是汉代的甘英，他大约到了地中海的东岸。走得最远的恐怕是列班·扫马，他到过英伦三岛，去过巴黎，最后在巴格达当上了主教，把他称为中国的马可·波罗实不为过。西方人最早来到中国的恐怕是柏朗嘉宾，这位六十岁的胖老头作为教皇的特使，从巴黎走到哈拉和刺林，翻过高山，越过大漠实在是不容易。不过他最终总算见到了蒙古大汗，也不虚此行。西方人来到中国并在西方产生重大影响的是威尼斯的商人——马可·波罗。马可·波罗在中国真是风光一时：陪大汗喝酒、打猎，作为大汗的特使周游列国，据说还当过扬州的父母官。其实元代来中国的西方人还有很多，在北京当主教的孟高维诺，在泉州当主教的安德烈，他的墓碑今天在泉州还能看到。但论影响，没有一个人超过马可·波罗。马可·波罗笔下的契丹实在是太富饶了，香料堆积如山，黄金遍地都是，大汗的皇宫简直比天堂还富足。契丹人不仅富足，而且神奇，漫长的冬夜，他们可以用黑色的石头来烤火（因为当时欧洲人还没有发现煤可以作燃料）；他们可以用纸张来换取任何食物和物品，这简直不可想象（因为当时的欧洲还没有纸币）。

马可·波罗给欧洲人留下了一个神奇的东方梦，一个他们在漫漫的中世纪长夜，在酒馆里永远谈不完的话题，一个和欧洲教堂里那严肃的祈祷完全不同的快乐而富饶的东方。这个东方的神话激起了一代又一代人的梦想，从此以后，那异域的契丹就是欧洲人最向往的地方。

二 地理大发现的时代

自幼喜欢航海、深受《马可·波罗游记》影响的哥伦布是马可·波罗的崇拜者。这个意大利热那亚人决心要找到马可·波罗所说的契丹。当时的地理学家托斯卡内里也是马可·波罗的崇拜者，他根据《马可·波罗游记》，给哥伦布提供了向西航行的地图。契丹的财富不仅吸引着哥伦布，当时的西班牙国王也渴望着这份遥远的财富。他和哥伦布签了一个协议：授予他贵族头衔，任命他为所有他发现地方的元帅，并可以祖祖辈辈地继承，他还可以拥有所有他发现的财富的1/10，并一律免税，甚至他可以向他所发现地区的所有船只征收1/8的税。两个人都把希望寄托在遥远的东方，似乎哥伦布一到达那里就可以腰缠万贯，富比万家。西班牙国王专门给了他一份"致契丹大汗书"，期待哥伦布的成功。

图 0—2 哥伦布

　　1492 年 10 月 12 日，经过 30 多天不见陆地的航行，哥伦布的船队终于见到了陆地，这就是巴哈马群岛。在岛上他们遇到了印第安人，他们还处在原始社会的后期——新石器时代，男女老少都一丝不挂。哥伦布认为这可能是亚洲的边缘地区，将其称为"大印度地区"。1492 年 10 月 28 日，他们发现了古巴，惊奇地看到男女老少都在抽烟。西班牙人很快学会了这个习惯，并把它传向了全世界。哥伦布认为古巴一定是契丹最荒凉的地方，契丹绝不是这样。他认为马可·波罗所说的那香料堆积如山的刺桐港一定会被他再次发现。1493 年 3 月 15 日，哥伦布返回其出发的西班牙港口帕洛斯，244 天的远航就此结束。哥伦布向人们宣称，他已经找到了契丹。对欧洲来说，这是一个石破天惊的消息，一时间，哥伦布名扬天下。

　　葡萄牙地处欧洲的最西端，诗人们将其描述为："陆地到此结束，大海由此开始。"这点出了这个欧洲小国的处境。当时的地中海是意大利人的传统商业势力范围，北海和波罗的海是汉萨同盟的商业势力范围，北部和东部是西班牙，西部是无边的大西洋，这样的地缘政治特点，使葡萄牙人只能向南挺进。于是，葡萄牙人驾着他们的三桅帆船沿着西非海岸慢慢向前推进。在与摩尔人的斗争和海上贸易的发展中，葡萄牙的贵族们"把马匹换成船只，把盾牌盔甲换成罗盘，使骑手变成了船长"。对于商人来说，领土的扩张意味着生意兴隆，对于国王宫廷来说，领土的扩张可以提高威望，特别是可以开辟新的财源，扩大版图和自己的权力。新兴的资产阶级则想"把他们的商业活动扩大到更远的市场"。

1415年，葡萄牙占领了北非重镇休达，夺取了伊斯兰世界的一个战略要地，并为以后对西非海岸的探险提供了一个活动的据点。

休达战役后，年轻的亨利王子被封为骑士，当上了葡萄牙骑士团的总团长，骑士团是个半军事半宗教的组织，拥有大量的钱财。他开办航海学校，聘请了当时最有经验的航海家和最知名的地理学家，在这里研制地图和造船技术，造出了灵活而坚固的卡拉维尔轻帆船。

图0—3　15世纪葡萄牙的海上探索

亨利王子主持的航海探险事业是整个葡萄牙航海事业的一个转折点，他"在历史上首先制定了明确的地理政策；部署了一系列的探险活动，使探险和发现成为一门艺术和科学，使远航成为全国感兴趣的与之有密切利益联系的事业"。①

欧洲的历史书说，北纬26度是一个界限，如果跨过了这一纬度，那里的海水会把人烫死，而白种人一过这条线就会被晒黑，再也变不成白种人了。但亨利王子的探险队1436年过了博哈多尔角，他们不但没被滚烫的海水烫死，而且在非洲大陆登陆并第一次见到了黑种人，这是历史上白种人和黑种人的第一次见面。

葡萄牙人托罗缪·迪亚士对好望角的发现，是葡萄牙航海史上的一个重要事件。当时，伊斯兰的奥斯曼帝国兴起，奥斯曼帝国中断了欧洲和亚洲的联系，亚洲的香料从此无法运到欧洲。而欧洲人吃牛肉，炖牛排时是必须要有香料的，不然整个生活都会因此索然无味。为了让圣诞节的牛肉炖得更香，欧洲人必须寻找到达亚洲的新路线。哪里有香料呢？马可·波罗说过，在契丹的刺桐港香料堆积如山，因此欧洲人决定找刺桐港。那年迪亚士才27岁，他是哥伦布之前最好的航海家，他所带领的船队已经绕过了非洲南部的好望角进入了印度洋，当时他称之为"大海角"，在那里他立下一根石柱，表示占有这里的土地。他回到葡萄牙以后，若奥二世将大海角改名为"好望角"。

达·伽玛无疑是葡萄牙历史上最伟大的航海家。1492年，意大利航海家哥伦布率领的西班牙的船队横渡大西洋发现西印度（美洲）后，对葡萄牙人刺激很大，契丹的财富绝不能让他们的死对头西班牙独占。当时葡萄牙国王曼努埃尔决定派达·伽玛率领船队远航。他们沿着东非海岸线航行，在到达莫桑比克的赞比西河口时，他们靠岸休整，当地的黑人热情地接待了他们。他们还见到了两个头戴丝织帽的头领，并把一些印花布给他们，这或许是郑和留下的部属，因为郑和离开这里不过70余年，这个地方也就是郑和下西洋走得最远的地方。

1511年，葡萄牙人占领了印度洋西端的马六甲，这意味着葡萄牙在印度洋海上殖民帝国的轮廓勾勒完毕，也标志着它插手太平洋海上贸易的肇始。穿过马六甲海峡，广阔的太平洋就展现在葡萄牙人的面前。

---

① 张箭：《地理大发现研究：15—17世纪》，商务印书馆2002年版，第81页。

"寻找契丹,这是西方一百年航海史的灵魂。"

如果说西班牙在北美发现的是土地,那么,葡萄牙在远东发现的则是文明,一个高度发展的中国文明,一个比基督教文明悠久得多的文明。当西班牙人和葡萄牙人在福建外的海域相逢,麦哲伦1522年完成环球航行时,世界合围。全球化的时代开始了。

中国文明和欧洲文明骤然间邂逅,从此拉开了二百年东西方两大文明交流、相融的伟大时代,一个欧洲和中国"初恋"的美好的时代。这两大文明的"热恋时代"的牵线人,便是来华的耶稣会传教士。李约瑟说得好:"在文化交流史上,看来没有一件是足以和十七世纪时耶稣会传教士那样一批欧洲人入华相比,因为他们既充满了宗教热情,同时又精通那些随欧洲文艺复兴和资本主义兴起而发展起来的科学。"①

三 西儒利玛窦

自葡萄牙人以晒海货的名义在澳门长期驻扎下来以后,澳门就逐渐演化成当时中西文化交流的交会点。由于葡萄牙在整个东方拥有护教权,打通中国,与中国建立稳定的关系,从中获得丰厚的贸易利润,一直是葡萄牙人的梦想。1517年,葡萄牙驻东印度的总督委派皇家的御医皮雷斯访华。这是西方来华的第一个使团,1521年,皮雷斯一行到达北京,但三个原因使这次访问流产:一是被葡萄牙灭亡的满剌加国的使臣来到北京告发了葡萄牙人在马六甲海峡的劣迹;二是允许他们进京的明武宗皇帝驾崩;三是当时的翻译者亚三在北京声誉极差。结果亚三被处死,皮雷斯一行被打入死牢,最后生死不明,只留下他的同行在狱中所写的几封信。

早期来到东方的西方人大多很不顺利。命运比皮雷斯稍好一些的是第一个来到东方的耶稣会会士沙勿略(S. Franciscus Xaverius,1506—1552)他先在日本传教,当时日本人就问他,你们的宗教中国人知道吗?沙勿略说,不知道。日本人就告诉他,如果中国人都不知道你这样的宗

---

① 李约瑟:《中国科学技术史》第4卷,科学出版社1975年版,第689页。

图0—4 第一个到达亚洲的耶稣会会士沙勿略

教,你的宗教肯定不是好的。沙勿略由此才知道,中国文化在东亚的地位,并因此制定了"在远东传教必须首先归化中国"的方针。不久,他从日本来到澳门,寻找进入中国大陆的机会。后来,他被一名中国渔民带到了广州附近的一个叫作"上川岛"的小岛上,岛上无一人居住。沙勿略高喊着:"岩石啊,你何时开门!"但中国的大门始终没向他打开。在秋雨瑟瑟中,沙勿略病逝在上川岛上。

沙勿略虽然失败了,但启发了他的后来者。之后,耶稣会在东方传教的负责人范利安(Alexandre Valignani,1538—1606)定下了在中国传教一定要适应中国文化的"适应路线"。第一个实行这一路线的就是意大利的传教士罗明坚(Michel Ruggieri,1543—1607)。罗明坚到澳门后找了一个中国文人,开始跟他咿呀学语,看图说话,学习中文。当罗明坚说着一口流利的汉语出现在广州每年对外国人开放的贸易会上时,马上引起了中国官员的注意。中国当地的官员与他接触后,发现罗明坚温文尔雅,谈吐儒雅,对中国文化比较熟悉。这自然让当时的官员们喜出望外。这样,经过两年的交往,中国当地的官员允许罗明坚在当时的两广总督

图 0—5　上川岛上的沙勿略教堂

图 0—6　沙勿略之死

所在地肇庆长期居住下来,1583 年,罗明坚来到了肇庆,不久,在肇庆建起中国的第一座天主教堂,当地官员王泮为其起名"仙华寺"。不久,罗明坚把自己的老乡——从意大利来的耶稣会教士利玛窦(Matteo Ricci, 1552—1610)也调到了肇庆。罗明坚为传教四处游走,他开始认识到中国是一个中央集权制的国家,如果皇帝的工作做不好,不认可基督教,那基督教是不可能有大的发展的。该如何做好中国皇帝的工作呢？只有让梵蒂冈的教宗亲自出面，给中国明朝皇帝写信，送一份厚礼，传教士们才可能见到中国的皇帝，在赢得皇帝的好感后，才能提出他们的传教计划。为了实行这个计划，罗明坚返回了欧洲。哪知欧洲局势风云变幻，梵蒂冈的教宗接连病故，罗明坚的事早被教宗抛在了脑后，罗明坚最后老死于故乡拿波里。

图0—7　肇庆第一个天主教教堂仙花寺遗址

此时利玛窦独撑局面。利玛窦做了两件大事，从此打开了基督教在中国的局面。第一，脱去袈裟，换上儒袍，修正过去的以"西僧"出现的面貌，改为"合儒易佛"。于是，利玛窦出门开始坐轿，像中国的儒生一样，读"四书"，念《诗经》，出入于文人墨客之间，一时间，西儒利玛窦在江南声名大噪。第二，进驻北京，接近明王朝。1601年，利玛窦历经千辛万苦，终于来到北京，靠着他进呈给万历皇帝的自鸣钟，在北京住了下来，成了万历皇帝的门客。尽管他从来没见过皇帝，也从不参与朝中之事，但在文人中颇有影响，不仅像徐光启、李之藻这样的晚明

图 0—8　利玛窦画像

重臣投于他的门下，就是像李贽这样的另类文人也很欣赏他的才华，处处给予利玛窦帮助。1610 年，利玛窦病逝于北京，葬于西郊的滕公栅栏。基督教从此在中国真正扎下了根。

四　康乾盛世西洋风

当吴三桂打开了山海关的城门时，明朝就注定灭亡了。清军入关后，中国社会处在极度的变化之中，此时的耶稣会会士也是狡兔三窟，活跃在中国的各个政治势力之中。在北京，德国的耶稣会会士汤若望成为清顺治皇帝的"玛法"，一时权倾朝野。在南方，毕方济（François Sambias，1582—1649）、卜弥格（Michel Boym，1612—1659）等传教士紧随南明王朝，乃至永历皇帝的母亲、皇后、皇妃、太子都受洗加入了天主教。在四川，耶稣会会士利类思（Louis Bagkio，1606—1682）、安文思（Gabriel de Magalhaens，1610—1677）则成为张献忠的"天师"。待顺治帝在北京登基，张献忠死于豪格的手下，永历王朝被吴三桂灭于缅甸，大清帝国终于一统江山。

清初历狱，杨光先将汤若望、南怀仁、安文思、利类思等人打入死牢，发生了西洋历法和已经在中国使用多年的"回回历法"之争。年幼的康熙皇帝在处理这个案件的过程中，不仅表现出来高度的政治智慧，并以此案为契机，将鳌拜集团粉碎；而且，正是在这场天文历法之争中，引起了他对西洋科学的兴趣，也正是在康熙年间，西方科学技术和文化在中国得到了大规模的传播。康熙演算数学，学习医学，绘制地图，测算天文，对西方科学表现出了浓厚的兴趣。乾隆继承康熙的遗风，对西洋传教士一直十分钟爱，宫中西洋风势头不减，画西洋画，建圆明园大水法，造西洋表，西方文化在娱乐的形式中延续、传播并发展着。

宗教、战争、贸易这是人类历史中文化交流和传播的三大途径。以耶稣会为代表的传教士入华是中西文化交流的重大事件，传教士这个站在文化交流的双轨线上的团体，成为中国和欧洲早期文化交流的主要中介和桥梁。正是通过这个中介，中国和欧洲双方才在精神层面上相识；正是通过这座桥梁，西方文化才第一次大规模地传入中国，促成了明末清初中国思想和文化的重大变化；同时，也是通过这座桥梁，中国文化和思想才传入欧洲，"中学西传"催生了欧洲 18 世纪的中国热。如果和 1840 年以后的中西文化关系相比，此时的中西文化交流基本上处在一个平等的基础之上，那是一个相互仰慕、相互尊重的时代，虽然，各自都是从自己的立场来吸取对方、解释对方、理解对方的，但从总体来说，那是两个文化间没有仇视、欺诈，没有居高临下的霸气，没有奴颜婢膝的媚眼，只有相互学习的时代。分歧是有的，冲突也不乏激烈，但一切都集中在对文化的理解上。胡适认为，明末清初的中西文化交流是文化间一见钟情的典范，这的确是一个精辟的概括。

这是几千年来中国和西方之间相处最平稳的时代，是中国文化和西方文化相互理解最为平和的时代。这一时代的中西关系是中国和欧洲之间的一份宝贵的文化遗产。

第一章

皇宫中的洋教士

到北京去,走进皇宫,接近中国的皇帝。这始终是来华耶稣会会士的梦想,罗明坚为此回到欧洲,想以教皇特使的名义进京;利玛窦故意将自鸣钟的运转机关握在手中,不告诉明朝的宦官们,也是想以此获得晋见万历皇帝的机会。这个梦想从汤若望开始便实现了,到康熙时,耶稣会会士在宫中已经完全站稳了脚跟。在清帝国皇帝的身边开始有了一批洋教士,他们或作为清帝的科学顾问出入宫廷,或作为帝国的外交家游走四海;他们制造西洋器械,编制天文历法,修建圆明园大水法,挥毫泼墨,描绘清帝辉煌战绩,一时成为满清皇宫中的一批重要的人物。宫中的传教士就此成为清中前期,清朝政治生活中的一个不可忽视的力量。

一 万历皇帝的门客:利玛窦

利玛窦这位意大利马切拉塔城(Macerata)的名门之后于1582年8月和罗明坚一起从澳门来到了肇庆,成为最早长期居住在中国内地的传教士。当1588年罗明坚从澳门登船返回罗马后,利玛窦就成了耶稣会在中国的旗手和领航人。当利玛窦在他的朋友瞿太素的劝告下脱下僧袍,换上儒装、戴上儒冠时,他的"合儒易佛"的传教路线已基本确定,同时,向北京进军也成为他在中国的战略性目标。

(一) 进入北京

利玛窦曾有过三次进京的计划。1595年,利玛窦在韶州认识了奉诏

第一章 皇宫中的洋教士 / 13

图1—1 利玛窦画像

图1—2 利玛窦的出生地（1）

图1—3 利玛窦的出生地（2）

进京的兵部侍郎石星，石星答应带利玛窦进入北京。但他们刚刚到达南京就发现城中一派战争气氛——明朝正在和日本打仗。利玛窦只好作罢。1598年，利玛窦听说他在南京认识的礼部尚书王忠铭要到北京任职，就向王忠铭表达了自己去北京的愿望，王忠铭一口答应下来。但当他们到达北京时，明军在对朝鲜战争中吃紧，京城气氛十分紧张，利玛窦只好坐船顺运河南下返回。1600年，利玛窦的朋友南京礼部给事祝世禄给利玛窦办好了再次进京的全部手续，并拜托了即将押丝绸贡品进京的刘太监——因利玛窦一行坐刘太监的船进北京，祝世禄希望他能一路照看利玛窦。一路风顺船轻，利玛窦等人一路畅通。但到山东临清这个运河的重要口埠时遇到了万历皇帝派下的督税太监马堂，马堂为私利扣下了利玛窦一行，当他看到利玛窦所带的贡品后，立即给万历写了一份奏疏，告知了利玛窦所进贡品一事。经过了很长一段时间，有一天万历突然又想起这份奏疏，问身边的太监："那个外国人献的自鸣钟在哪里？"当他得知还未进京时，立即批示："天津税监马堂奏远夷利玛窦所贡方物暨随身行李，译审已明，封记题知，上令方物解进，利玛窦伴送入京，仍下部译审。"① 1601年1月24日,利玛窦以向万历进贡的远夷使者身份进入北京。

图1—4 明万历皇帝

(二) 奏疏与贡品

利玛窦在进京路上遇到漕运总督刘东星和晚明大儒李卓吾,他们看利玛窦给皇帝的奏疏写得不够好,于是就亲自给利玛窦编辑加工了给皇帝的奏疏,因此,利玛窦这份奏疏变得言简意赅,文笔流畅,现抄录如下,共赏其文采。

上大明皇帝贡献土物奏疏

大西洋陪臣利玛窦谨奏,为贡献土物事:臣本国极远,从来贡献所不通,狄闻天朝声教文物,窃语沾被其余,终身为岷,庶不虚生;用是辞离本国,航海而来,时历三年,路经八万余里,始达广

---

① 《明神宗实录》卷三五四。

东。盖缘音译未通，有同喑哑，因僦居学习语言文字，淹留肇庆、韶州二府十五年；颇知中国古先圣人之学，于凡经籍，亦略诵记，粗得其旨。乃复越岭，由江西至南京，又淹留五年。伏念堂堂天朝，方且招来四夷，遂奋志径趋阙廷。

谨以原携本国土物，所有天帝图像一幅，天帝母图像二幅，天帝经一本，珍珠镶嵌十字架一座，报时自鸣钟二架，《万国舆图》一册，西琴一张等物陈献御前。此虽不足为珍，然自极西贡至，差觉异耳，且稍野人芹曝之私。

臣从幼慕道，年齿逾艾，初未婚娶，无子无亲，都无系累。非有望幸。所献宝像，以祝万寿，以祈纯嘏，佑国安民，实臣区区之忠悃也。伏乞皇上怜臣诚悫来归，将所献土物，俯赐收纳，臣益感谢皇恩浩荡，靡所不容，而于远臣慕义之忱，亦少伸于万一耳。

又臣先于本国，忝预科名，已叨禄位，天地图及度数，深测其秘，制器观象，考验日晷，并与中国古法吻合。倘蒙皇上不弃疏微，令臣得尽其愚，披露于至尊之前，斯又区区之大愿，然而不敢必也。臣不胜感激待命之至！万历二十八年十二月二十四日具题。①

利玛窦在这份奏疏中说明自己是慕中华天朝，从八万里外而来，为了进京，在肇庆、南京等地学习汉语，研读中国圣贤之书，现在带来了各种贡品，都是西洋珍品，在中国极少看见。自己是出家之人，无子无亲，只想效忠于皇帝，在其本国时，天文地理，日晷历算都略知一二，而且感到西法也合中国古法。若能见到皇上，将是他的万幸。

万历看到利玛窦所献的这些贡品，备觉新奇。他收下礼品，允许利马窦暂时留在北京，安排其住进了会馆。

(三) 皇帝的门客

在利玛窦所送万历皇帝的礼品中，最讨他喜欢的是自鸣钟。小小的自鸣钟，金光闪闪，小巧玲珑，万历每日将其拿在手中把玩，十分喜欢。

---

① 朱维铮主编：《利玛窦中文著作集》，复旦大学出版社2001年版，第232—233页。

后来皇后知道了此事，想把小自鸣钟拿去玩几天，皇帝害怕她不归还，就让太监将小自鸣钟的发条放松，皇后玩儿了几天，钟不走了，就又将其还给了皇帝。那座大的自鸣钟宫中无人会操作，万历就叫四名太监到利玛窦那里学习自鸣钟的使用方法。当在宫中的御花园建好了钟楼，将大自鸣钟放进去以后，那嘀答嘀答的钟声使万历格外高兴。

万历想知道欧洲宫殿的建筑样式，利玛窦的礼物中刚好有一幅西班牙埃尔埃斯克利阿尔—地圣劳伦所宫的铜版画；万历想知道欧洲的帝王们的丧葬礼仪，利玛窦立即将刚收到的1598年西班牙国王菲利浦二世的殡葬图让太监们转呈给皇帝；万历也很喜欢利玛窦所画的《万国舆图》，他将地图分开贴在一排屏风上，这样坐卧都可欣赏。

看到利玛窦送来那架古琴，万历也十分好奇，让太监们跟着利玛窦的助手庞迪我（Didace de Pantoja，1571—1618）来宫中教授太监们弹琴。利玛窦为此专门写了《西琴八曲》，将原来的西洋曲调配上中文的词语，以便使万历在听琴的过程中了解天主教。《西琴八曲》八章的题目分别是：《吾愿在上》《牧童游山》《善计寿修》《德之勇巧》《悔老天德》《胸中庸平》《肩负双囊》《命定四达》。

听着太监们所弹的琴声，万历越发想见见这个西洋的使臣，无奈这个中国历史上上朝最少的皇帝，连中国大臣平时都很难见上他，又怎能随意见一个外国的远臣呢？万历想了个办法，那就是让画师们将利玛窦的画像送给他，当他看到画像上利玛窦高高的鼻梁时，万历若有所思：这不是个"回回"吗？

当万历皇帝还沉浸在利玛窦所献贡物带来的乐趣之中时，礼部的奏疏送了上来："大西洋不载《会典》，真伪不可知，且所贡天主女图，既属不经，而囊有神仙骨物等。夫仙则飞升，安得有骨！韩愈谓：'凶秽之余，不宜令入宫禁。'宜量给冠带，令还，勿潜住京师。"[①] 这段话是说，这个西洋人，过去从未见过，《会典》也从未记载，而且所带之物，都是神仙道士所带的那种东西，这等不明之人怎能将其留下来？万历接到这样的奏疏肯定心中不悦，就把奏疏压起来。礼部一看皇帝没有回旨，就又奏了一本：

---

① 谷应泰：《明史记事本末》卷六五，中华书局1977年版。

"臣等议令利玛窦还国,候命五月,未赐纶音,毋怪乎远人之郁病而思归也。察其情词恳切,真有不愿尚方赐予,唯欲山栖野宿之意。譬之禽鹿久羁,愈思长林丰草,人情固然。乞速为颁赐,遣赴江西诸处,听其深山邃谷,寄迹怡老。"[①]礼部这次口气软了许多,劝皇帝要替利玛窦考虑,不能将他留在京师,让他每天想家啊。就这样礼部连续上了四份奏疏,但万历就是不做回应。看到这个情况,吏部给事中曹于汴给万历写了一份奏疏,希望皇帝将两位神父留在京城。这话才说到了万历皇帝的心坎上,这份奏疏虽也没有批复,但万历让太监正式通知利玛窦一行人可以长期住在北京,每月皇帝会给他们相当于8个欧洲金币的生活费用,这也就是明史所记载的"已而帝嘉其远来,假馆授粲,给赐优厚"[②]。

从此,利玛窦成了万历的正式门客,拿着皇家的俸禄,在北京生活起来,其主要使命,就是每年进宫四次,修复自鸣钟。小小的自鸣钟敲响了中西文化交流的序曲,一场持续二百年的欧洲和中国文明的相遇由此开始了。

二 顺治皇帝的"玛法":汤若望

汤若望这位来自德国莱茵河畔的耶稣会会士,在明清鼎革之际留在了北京,他目睹了中国王朝的重大变革。在这重大的历史关头,他沉着冷静,终于躲过了可能发生的危机,并成功地获得了顺治皇帝的宠爱和尊敬。汤若望为什么如此成功呢?

现在看来大约有这么几条原因。第一,清军刚入关,脚跟未完全站稳,它需要尽可能地团结各方面的力量,这从多尔衮进北京后所采取的一系列政策中可以清楚地看出。特别是像天文历法这样事关全局的大事,作为新政权的清王朝是很注意的,正像当时的汉臣范文程对汤若望所说:"神父对中国历法深有研究,必知道新朝定鼎,要颁正朔于天下,现今我朝正需像神父这样的天算家,为我朝制定历法。"当时的摄政王多尔衮在看到钦天监

[①] 《神宗实录》卷三六一。
[②] 《明史》卷三二六。

图 1—5　德国来华耶稣会会士汤若望

所呈报的历书后说:"这种舛错百出的历书,其预测上不合天象,下不应地事。有一位叫汤若望的欧洲人,曾制佳之历书,尔等从速将此人唤来。"这说明,当时刚建立国家政权的清王朝需要像汤若望这样的天算家。

图 1—6　汤若望的故乡

第二，在与大统历和回回历的竞争中，汤若望的西洋历计算获得了胜利。1644年9月1日，在古观象台就日食的预测，汤若望的西洋历和大统历、回回历展开了较量，结果回回历差了一个时辰，大统历差了半个时辰，只有汤若望的西洋历计算得分秒不差。当时的大学士冯铨将测试的结果上报了多尔衮，当年12月23日，顺治帝正式任命汤若望为钦天监监正，使他在清王朝有了一个稳定的位置。

第三，汤若望本人与孝庄皇后建立了良好的关系。有一天汤若望的教堂来了三个满族的贵妇人，声称一位亲王的女儿生了病，特被派到神父这里询问。汤若望听她们讲述完郡主病情后，认为并不严重，就给了她们一个圣牌，说如果亲王的女儿将这个圣牌挂在胸前，四天病就会好了。果然，第五天，她们又来到汤若望这里，告诉他郡主的病已经好了。汤若望后来才知，派她们来的是孝庄皇后，而那位郡主就是未来的皇后博尔济吉特氏。孝庄皇后为此很感谢汤若望，并表示要做他的"义女"。后来，在9月27日顺治举行大婚的典礼上，汤若望见到了皇太后。皇太后脱下了手腕上的两只手镯派一名宫女送给了汤若望，以作为他来参加祝贺皇帝婚礼的报答。后来，多尔衮去世，英亲王阿济格想继续做摄政王，孝庄太后委托汤若望从中周旋，汤若望亲自去劝说英亲王，说得英亲王恍然大悟，于是"即日上朝，倡率百官，疏请皇上亲政。从此人心大定，朝野翕然"。从此，汤若望和皇太后一直保持着良好的关系。

顺治年轻好学的特点，也是造成汤若望特殊地位的原因之一。顺治14岁亲政，为治理朝政，他刻苦学习，为学习汉文，日夜读书，十分勤奋，以致用力过度，曾咯出血。在顺治看来，汤若望无疑是一个值得格外尊重的老人，他"上知天文，下晓地理，精通历算，身怀绝技"，而且，作为一名外国传教士却精通中国文化，这不能不使他敬佩。对于汤若望所介绍给他的西方的科学知识和文化，顺治更是感到新奇。汤若望神父的生活方式也使他感到好奇，为此，他甚至曾派人暗查汤若望的生活。从魏特的《汤若望传》一书中我们可以看到，顺治对天文知识十分渴求，对于西方基督教知识也很好奇。汤若望和顺治不仅是师生关系，更是一定意义上的"父子关系"。顺治帝免除了汤若望进宫的所有繁缛的礼节，汤若望就座时，他把自己的貂皮褥子当坐垫，并多次将汤若望接

图1—7　清顺治皇帝

到宫中深夜畅谈，甚至晚上入睡前也要让汤若望陪他谈话。一年之中，顺治竟有二十四次到访汤若望的教堂，在教堂中询问各种宗教事情，充满好奇之心。所以，顺治将汤若望称为"玛法"，这反映了他们之间这种亲密无间的关系：一位历经磨难的沧桑老人和一位年轻帝王之间的关系，一位知识渊博的老者和一位年轻学子之间的关系。

顺治对汤若望的信任、尊重和宠爱是中国历史上少有的，这突出表现在他对汤若望官爵的加封上。顺治十年三月因汤若望完成了《大清时宪历》，顺治认为他"为朕修《大清时宪历》，迄于有成，可谓勤矣！尔又能洁身持行，尽心乃事，董率群官，可谓忠矣！"特敕赐汤若望"通玄教师"。顺治十一年三月，汤若望希望将利玛窦墓旁的地赏予他作为将来的墓地，顺治同意了。顺治十四年二月，顺治在城中巡视路经宣武门天主堂时说："若望入中国已数十年，而能受教奉神，肇新祠宇，敬慎蠲洁，始终不渝，孜孜之诚，良有可尚，人臣怀此心以事君，未有不敬其事者也，朕甚嘉之。"顺治赏予汤若望其亲笔所写的"通玄佳境"堂额一方和御制的《天主堂碑记》一篇。顺治十五年，汤若望任职钦天监监正时，当时的吏部认为他是二品官，可考虑诰赠其两代，汤若望认为自己已经是"二品顶戴加一级"，希望能按一品的待遇对待，赠及三代。顺治十六年二月初四日，汤若望这个要求获顺治恩准，得到一品地份封赠三代。但这个诰命到康熙元年二月二十五日才正式颁赐。这就是《恩荣四世禄》记载的："汤若望在此一诰命中获授光禄大夫阶，其曾祖笃璟、祖父玉函以及父亲利因亦因此被赠为'光禄大夫、通政使司通政使、赐二品顶戴加一级'，曾祖母赵氏、祖母郎氏以及母亲谢氏则均获赠为一品夫人。"① 黄一农先生对汤若望在明清两代所获晋授或敕封的官衔列了一个表，十分清楚地显示了汤若望在明清两代所获的恩荣和政治待遇，现将其抄录如下：

崇祯十四年　加尚宝司卿、治理历法

顺治元年　修正历法、管钦天监监正事

顺治三年六月　加太常寺少卿、掌钦天监印务

顺治六年十月　加太仆寺卿、管钦天监监正事

顺治八年二月　加太常寺少卿、掌钦天监印务

顺治八年八月　通议大夫、加太仆寺卿、管钦天监监正事

顺治十年三月　敕赐通玄教师、加太常寺少卿、管钦天监监正事

顺治十二年八月　敕赐通玄教师、加二品顶戴、通政使司通政使、掌钦天监印务

顺治十四年六月　敕赐通玄教师、加通政使司通政使、用二品顶戴又加一级、掌钦天监印务

顺治十六年六月　敕赐通玄教师、通政使司通政使、加二品又加一级、掌钦天监印务

康熙元年二月　敕赐通玄教师、光禄大夫、通政使司通政使、掌钦天监印务

---

① 黄一农：《耶稣会士汤若望在华恩荣考》，《中国文化》1992年第2期。

这样，汤若望成为在中国历史上担任官衔最高的欧洲人之一。

汤若望和顺治有如此密切之关系，又被加封到如此高的官衔，他对顺治的影响到何种程度呢？这是一个很值得关注的问题。

图1—8　欧洲地毯画中的顺治皇帝和汤若望

由于顺治对汤若望的信任，当时的吏部等部门对汤若望的建议一般都采纳，据《汤若望传》的作者魏特研究，汤若望曾多次写奏疏希望给钦天监的监生们增加薪俸，1652年7月8日，汤若望要求将监生们的薪俸从二百零八两八钱增加到四百一十七两六钱，提高一倍。礼部照准。1655年，他又上奏吏部，认为观象台上只有4名观察人员，编制太少，使4名观察人员十分繁忙，他希望加到16名，经过多次协商，吏部也同意了这个意见。之后，他又向礼部要求给在观象台工作的观察人员每人加一件羊皮大衣，以便晚上御寒。礼部照准。从这些材料我们不仅看到汤若望是一个体察民情的好官，也可以看出汤若望在朝中的影响。

汤若望和顺治的关系十分特殊。顺治结婚以前，做了一件不好的事，汤若望得知后向他觐见，并当面批评了顺治。顺治竟恼怒起来，汤若望就暂时离开了顺治一会。片刻后，顺治返回向汤若望道歉，并希望其继续进谏。1655年，因城中闹瘟疫，顺治较长一段时间住在城外，为了解城中的情况，他半夜让骑兵将汤若望从教堂接到他的住处，让他反映朝中的各种情况，要毫不隐瞒，如实地将朝中的不合理、不好的事说出来。由此可见顺治对汤若望的信任。

正是由于顺治的信任，汤若望敢于在顺治面前直言进谏，当时在朝中敢这样说真话和对顺治有如此影响力的只有汤若望。所以，一些研究者认为，汤若望和清世祖福临"犹如魏征之于唐太宗"。下面这几件事就很说明问题。

1652年（顺治九年）一位亲王在一次战斗中战死，但他的部下打了胜仗，但按当时的规定，这位亲王的200多名部下将被处死，这是清军入关前定下的规矩。此时，汤若望大胆上疏，希望顺治宽恕他们。顺治对这种旧规也不太满意，有了汤若望的奏疏，他"即可以放心大胆地施恩泽，免除他们了。这二百余名军官们虽邀恩赦，得以保存性命，但仍一律俱皆降级"。1654年（顺治十一年），顺治想归省祭祖，谒陵。但当时清兵刚入关，全国局势不稳，那年又逢灾荒，显然此时归省祭祖不是时机。当时顺治年轻气盛，脾气暴躁，执意要去。此时，汤若望出面加以劝阻，并告诫他，根据往年的历书，此时离京不吉利。顺治听从了他的意见，放弃了原定的东北之行。此事不仅在《汤若望传》中有记载，在谈迁的《北游集》中也有记载："上之东巡满洲也，积念久矣。累为宗勋所留。去岁弥切。甲午春锐意四月往，通玄教师汤若望以象纬止之，而终未慊也。"

顺治任性闹得最大的一件事是1659年（顺治十六年）十月，郑成功反清大获全胜，几十万人马北伐，入长江，下镇江，一时局面紧急。此时顺治坐不住了，他要亲自率兵前往前线，征讨郑成功。从大局来看，这显然是盲动的行为，但顺治脾气倔强，一发起脾气无人可挡。当众臣劝他冷静处理此事，万不可冒险前往前线时，他竟拔出宝剑，劈下御座的一角，并说，如果谁再阻拦他，他将把谁劈死。大臣们找来孝庄皇后，同样没有任何效果。在此局面下，大家想起汤若望，认为只有他可以劝说顺治。汤若望赶到宫中苦心劝说顺治，他宁可粉身碎骨，也不愿不遵守自己的职守，有所见而不言。汤若望的忠心感动了顺治，他终于冷静了下来，宣布不再率兵前往前线。汤若望对清朝的忠心，对顺治的关怀常常使顺治很感动，他把汤若望的奏疏编辑成册，带在身边，经常阅读。他曾说："读了他的奏疏禀帖，我会被感动得几乎要涕下。"

汤若望和顺治的这种关系正如陈垣先生所说："吾尝为汤若望之于清世祖，犹魏征之于唐太宗。"他对顺治朝的贡献正如他七十大寿时文人龚鼎孳在贺文中所说："睹时政之得失，必手疏以秘陈。于凡修身事天，展亲笃旧，恤兵勤民，用贤纳谏。下宽大之令，慎刑狱之威。磐固人心，镆厉士气，随时匡建，知无不言……"[①] 这充分说明了汤若望在清初政治生活中的作用。

当然，我们也要看到，虽然汤若望在对顺治的天主宗教教化上下了很大的力气，但并不成功，这点顺治在他的《天主堂碑记》中说得很清楚："夫朕所服膺者，尧、舜、周、孔之道，所讲求者，精一执中之理，至于玄笈、贝文所称《道德》《楞严》，虽尝涉猎而旨趣茫然，况西洋之书、天主之教，朕素未览阅，焉能知其说哉？"所以，顺治对汤若望的褒奖也是对一个老臣进行的褒奖，而不是对其宗教的认可。同样，汤若望对自己的角色也很清楚，如陈垣所说："若望本司铎，然顺治不视为司铎，而视为内廷行走之老臣，若望亦不敢以司铎自居。"因传教不成，汤若望转而希望自己在朝中的地位来巩固天主教的地位，推动其传教事业。应该说，无论是顺治从统治的角度，还是汤若望从传教的角度，他们双方所遵守的这种君臣关系原则，给双方都带来了好处。汤若望以老臣的身份参与顺治朝的事务，对于帮助顺治的国家治理起到了一定的作用。

---

① 《赠言合刻》，载钟鸣旦、杜鼎克、黄一农、祝平一等编《徐家汇藏书楼明清天主教文献》第二册，方济出版社1996年版，第955—993页。

同时，顺治对汤若望这个老臣的褒奖也在一定程度上扩大了天主教在中国的影响。

三　康熙的近臣：南怀仁

图1—9　比利时来华耶稣会会士南怀仁

南怀仁，比利时传教士，1659年随卫匡国（Martin Martini，1614—1661）来华，入华后先和吴尔铎（Albert d'Orrille，1622—1662）、李方西（Jean—François Ronusi de Ferrariis，1608—1671）三人在陕西传教，后因汤若望年迈，吴尔铎和白乃心（Jean Grueber，1622—1680）又被派往欧洲，汤若望1660年（顺治十七年）2月26日向顺治皇帝推荐了南怀仁，希望他来钦天监协助自己工作，1660年5月9日，南怀仁奉诏进京，开始了他在北京的生活。1688年1月28日（康熙二十六年十二月二十六日），南怀仁病逝于北京。南怀仁死后，康熙十分惋惜地说："南怀仁治理历法，效力有年。前用兵时制造军器，多有裨益。今闻病逝，深轸朕怀。应得恤典，察例从优议奏。"在南怀仁死后，康熙又专门颁旨："上谕：朕念南怀仁来自遐方，效力年久；综理历法，允合天度；监造火炮，有益戎行；奉职勤劳，恪恭匪懈；秉心质朴，始终不渝。朕素嘉之，尚期医治痊可。今遽尔溘逝，用轸朕怀。特赐银贰佰两，大段十端，以示优恤远臣之意。特谕。"① 在安葬南怀仁时，康熙又特意委派了他的大臣、一等公、国舅、侍卫等人去送葬。送葬那天八十人抬着南怀仁的灵柩，高高的铭旗上写着南怀仁的姓名、官职，队伍里抬着南怀仁的巨幅画像，彩绸装饰的十字圣台，圣像和康熙的御批把长长的送葬队伍装扮得十分肃穆，路边挤满了看热闹的老百姓，一时间南怀仁的葬礼成为北京街头巷尾议论的大事。为使南怀仁的墓地更加肃穆，康熙还从国库批出银750两，交给传教士徐日升（Thomas Pereira，1654—1708），让他在南怀仁的墓地竖碑，建立石兽。1688年4月（康熙二十七年三月），康熙又根据礼部的奏疏，赐南怀仁谥号"勤敏"。《浪迹丛谈》中说，只有一品官以上才能予谥，二品之下无谥。所以，方豪说："怀仁为西教士在中国官级最高的。"② 同时，南怀仁也是来华传教士中唯一被皇帝赐谥号的传教士。陈垣先生当年曾说，利玛窦和汤若望是来华传教士中的"双雄"，但实际上，应是"三雄"：如果论传教士在清宫中的地位和对清廷的政治影响，除汤若望外南怀仁无人可比。南怀仁的历史地位可以从下面三点来加以说明。

（一）为清初历狱翻案，立下不朽之功

顺治年间，汤若望所制定的西洋历法毕竟是新法，不满的人相当多。汤若望在朝中的地位很快受到了挑战。顺治十四年（1657），吴明烜，这个被汤若望革职的回科秋官首先上书，认为汤若望的历法不准，说："汤若望推水星二八月皆伏不见。"顺治让手下的大臣登观象台验证天象，结果并未像吴明烜所说的那样。按清朝律法，本应杀头，但顺治赦免了吴明烜。1661年顺治皇帝去世，康熙三年七月六日（1664年9月15日），对汤若望西洋新法早有不满的杨光先首先发难。他上书礼部

---

① 方豪：《中国天主教史人物传》中册，中华书局1988年版，第165页。
② 同上书，第166页。

《请诛邪教状》指控汤若望三大罪状：一是指使历官李祖白所写的《天学传概》是妖书；二是汤若望所献的《大清时宪历》所写的"依西洋新法"的字样，有谋夺中国之意图；三是汤若望身在京城，但在全国各地布置党羽，内外勾结，图谋不轨。杨光先是个传统文人，对汤若望所介绍的天主教这一套十分不满，他自己其实并不懂天文历法，所说的这三个问题大多是从文化理解的角度来讲的。同时，杨光先也抓住钦天监在荣亲王葬期择日上"反用《洪范》五行，三项年月俱犯杀忌"，以致连累其母和顺治先后去世。所以，这就成了涉及重大问题的要案。但当时年幼的康熙刚刚即位，而四大辅臣中的苏克沙哈和鳌拜对顺治生前的许多政策多有不满，他们利用杨光先的上诉，令礼部会同吏部提审汤若望。

此时的汤若望已偏瘫，口齿不清，无法申辩。主要由南怀仁为他辩护。同时被打入狱中还有传教士利类思、安文思，钦天监的李祖白、许之渐以及潘尽孝等人。在狱中，汤若望、南怀仁等人受尽折磨。1665年4月（康熙四年三月），此案结案：判决汤若望及钦天监的李祖白等七人被处以凌迟，除南怀仁等三名传教士留京外，各地的传教士统统赶回澳门。然而，天有不测风云，相传就在判决的当天，北京发生地震，房倒屋塌，接着京城又发生大火。京城议论纷纷，朝中大臣都认为这是上天的愤怒和警告，皇太后看到汤若望案后，勃然大怒，斥责四名辅政大臣，怎么能这样对待先帝的宠臣。这样，1665年5月7日，他们改变了原有的结论，变为：汤若望无罪释放，李祖白等五名钦天监官员被处斩，许之渐等人被罢黜，除南怀仁等四名传教士留京外，其余皆返迁广州。

至此，传教士在中国的活动跌入最低谷，中西文化交流面临中断危险。康熙对鳌拜等辅政大臣对此事件的专断早有不满，其亲政后，他决心从历狱案入手，彻底搞清汤若望、南怀仁与杨光先等人的历法之争的真相。康熙七年（1668年）十一月二十三日命内阁大学士李霨、礼部尚书布颜等通知杨光先、吴明烜和南怀仁等人进行比试，看哪一方更为准确。康熙说："天文最为精致，立法关系国家要务，尔等勿怀宿仇，各执己见，以己为是，以彼惟非，相互竞争。孰者为是，非者更改，务须实心,将天文历法详定,以成至善之法。"① 经过三天的测试,南怀仁获得"正午日影正合所画之界"的结果,说明他预测的十分准确,杨光先一方的吴明烜则错误很多,南怀仁将其错误一一指出。这时杨光先恼羞成怒,把一个科学的问题转换为文化问题对南怀仁攻击,他说:"臣监之立法,乃尧舜相传之法也;皇上所正之位,乃尧舜相传之位也;皇上所承之统,乃尧舜相传之统也;皇上所颁之历,应用尧舜之历。皇上处处皆法尧舜,岂独于历有不然哉!今南怀仁,天主教之人也,焉有法尧舜之圣君,而法天主教之法也。"② 康熙皇帝听到他的议论,大怒。此后又经二十位满汉大臣对南怀仁和吴明烜的测试结果进行再度测试,经过数天的测试,和硕康亲王奏报康熙:"南怀仁测验,与伊所指仪器,逐款皆符;吴明烜所测验,逐款皆错。"③ 这样,康熙皇帝在康熙八年二月初七日下令将杨光先革职,吴明烜等人也被革职,并严加议罪。

康熙八年三月,清政府正式"复用西洋新法"④,同时,让南怀仁来管理钦天监,虽然当时没给予其正式的官职,但仍按监副俸禄供给,年给银 100 两,米 25 石。南怀仁主持钦天监后连续写下了《不得以辨》《妄推吉凶辨》《妄择辨》对杨光先进行反击。五月,鳌拜案发,康熙掌握实权,南怀仁又控告杨光先"依附鳌拜,致李祖白等各官正法"⑤。不久,在南怀仁的请求下,当年历狱中受害的人都得到了平反,汤若望及五名被杀的官员得到了昭雪恩恤,宣武门的南堂还给南怀仁,原押禁在广州的二十五名传教士也陆续被允许返回原传教区。杨光先则被判死刑,念其年老,从宽处理,令其出京回籍,在返乡路上,杨光先发病而死。至此,清初历狱最后得到了解决。在中西文化交流史上,这是一个非常重要而关键的重大事件,正是从清初历狱的彻底平反,历史翻开了新的一页,中西文化交流迎来了其最辉煌的康熙时代。而南怀仁的历史地位也由此而奠定。台湾学者黄一农认为,在清初的历狱之中,荣亲王的择

---

① 黄伯禄:《正教奉褒》,上海慈母堂第 3 次排印 1904 年版,第 44 页。
② 同上书,第 46 页。
③ 方豪:《中国天主教史人物传》中册,中华书局 1988 年版,第 169 页。
④ 《皇朝文献通考》第 256 卷,"象纬考"第 2 页。
⑤ 《清圣祖实录》卷 31。

日是一个真正的核心问题,双方"利用择日事攻讦对方(当时双方在选择上的争论,并非一场'科学'与'伪科学'的争论)"。这个看法是对的,因为,无论是西方的星占术,还是中国的五行,都是不科学的。过去,在评论这场争论的过程中,将其完全说成科学和伪科学之争并不太全面。因新公布的关于清初历狱的满文档案说明,双方的争论除历法以外,还有荣亲王择日之争。但康熙选择了南怀仁而没有选择杨光先,主要还是着眼于历法上双方的较量,这点康熙在事后说得很明白,他说:"朕幼时,钦天监汉官与西洋人不睦,互相参劾,几至大辟。杨光先、汤若望于午门外九卿前,当面赌测日影,奈九卿中无一人知其法者。朕思,己不知,焉能断人之是非?因自愤而学焉。"[①] 这说明,南怀仁对恢复天主教在朝中的地位还是很重要的。

图1—10 清康熙皇帝

[①] 《圣祖仁皇帝庭训格言》,吉林出版集团股份有限公司2005年版,第86页。

（二）扭转天主教在华局面，当属头功

清初历狱的平反并不等于传教士在中国就可以自由传教，因当时天主教仍被看作"邪教"，被列入禁止之列。南怀仁在获得了初步的胜利后就将彻底地恢复天主教的地位作为其努力的最重要目标。他在为汤若望平反的上疏中，就明确向康熙皇帝说明天主教不是邪教，他说"惟天主一教，即《诗经》云'皇矣上帝，临下有赫'，为万物之宗主。在中国故明万历间，其著书立说，大要以敬天爱人为宗旨，总不外克己尽性、忠孝廉节诸大端，往往为名公卿所敬慕。世祖章皇帝数幸堂宇，赐银建造，御制碑文，门额'通微佳境'，锡若望'通微教师'，若系邪教，先帝圣明，岂不严禁？"① 这是南怀仁用汤若望在顺治时期所获得的荣誉和地位来证明天主教不是邪教，进而说服年轻的康熙。但此时的康熙对天主教的认识刚刚开始，处理这个问题比较谨慎，康熙八年辛月末，大臣们上奏康熙，说杨光先捏造控告天主教系邪教。但现在看奉天主教的人，并无为恶乱行之处，不应该将天主教作为邪教，应让人自由供奉。但康熙批复说："其天主教除南怀仁等照常自行外，恐直隶各省复立堂入教，仍严行晓谕禁止。余依议。"② 这就是著名的"康熙八年禁教谕"。这说明康熙对天主教仍十分谨慎。但康熙在执行这个决定时比较宽松，当南怀仁希望传教士到各地去时，只要向康熙请示，他一般会同意。

历法之争激起了康熙对西方科学技术的强烈兴趣，这也就给南怀仁提供了接近康熙的机会。南怀仁曾两次随康熙巡视，一次到东北，一次到西北。他也总利用这些机会来向康熙介绍天主教的情况。在他所写的《鞑靼旅行记》中，南怀仁说："我在这次长途远征中，获得了向许多贵戚高官传布教义的机会，使他们明白我辈的使命和欧洲精神秩序的目的和性质。而且不仅限于贵戚和高官，皇族为了消磨旅途的寂寞，向我询问关于天空、星星和气象上的事情，我们的航海的情况，我回答时便趁

---

① 黄伯禄：《正教奉褒》，上海慈母堂第 3 次排印 1904 年版，第 55 页。
② 蒋良骐：《东华录》，"康熙九"，中华书局 1980 年版，第 35 页上。

机加进关于天主教教义和信仰的知识——人们目睹我骑着皇帝的一匹马,看见了皇帝像在讲坛上讲演一般地来同我讨论我们的信仰,又听到了我像在大集会上讲演一样的讲话。"①

南怀仁对康熙的这些颇费心机的布道并未起到太大的效果,但至少使康熙开始了解天主教,并也开始对天主教有了较好的印象,使事情向着好的方向发展。康熙十五年(1676)康熙来到耶稣会的住所慰问神父们。"御赐匾额,宸翰所书'敬天'二字,悬供堂中,谕云:朕书'敬天'即敬'天主'也。"② 这清楚地表明了康熙对天主教信仰的尊重。安文思去世后,康熙十分关心,专门派侍卫龚萨等人奉旨到传教士住处询问葬礼的情况,并同意以天主教葬礼来对其进行安葬,还专门拨出银两给传教士们。对南怀仁,康熙则更加爱护和关心,两人关系的密切程度远远超出了一般的君臣关系。在南怀仁随同康熙外出巡视时,南怀仁所有的费用均归入皇帝的费用之中,不需自己出资。旅行中他可以骑康熙的马,坐船时他可以和康熙坐同一条船,而其他大臣则无此可能。康熙常常请南怀仁到他的帐篷中来,吃饭时常把御餐分一部分给南怀仁,康熙的几位皇叔说,只要皇帝和南老爷在一起就会高兴。

正是在这个过程中,康熙了解了传教士。他曾说:"西洋人自南怀仁、安文思、徐日升、利类斯等,在内廷效力,俱勉公事,未尝有错,中国人多有不信,朕向深知真诚可信,即历年以来,朕细访伊之行实,一切非礼之事断不去做,岂有过错可指。"③ 康熙的这些认识进一步促进他的禁教政策的改变。康熙十八年(1679)南怀仁引荐耶稣会会士李守谦(Simon Rodrigues)进京来协助南怀仁做历法,后来他不但被康熙召见,康熙还赐其御书"奉旨传教,准往各省宣教"。④ 这说明康熙的天主

---

① 南怀仁:《鞑靼旅行记》,载杜文凯《清代西人见闻录》,中国人民大学出版社1985年版,第71—80页。
② 《钦命传教约述》,《徐家汇图书馆藏命名年轻天主教文献》第三册,(台北)辅仁大学神学院,1996年,第1255页。
③ 同上书,第1297页。
④ 黄伯禄:《正教奉褒》,上海慈母堂第3次排印1904年版,第11—18页。

教政策发生了很大的变化，已经完全突破了康熙八年的禁教令。

康熙朝发生了三大政治性事件：平三藩；统一台湾；抗击沙俄侵略。在这三个事件中，南怀仁都发挥了他特殊的作用。其中最主要的是制造西洋大炮。康熙二十年正月南怀仁奉旨研究火炮，并制成铜炮三百二十位，定名为"神威将军"，南怀仁亲自指导士兵使用方法。由于南怀仁教授了新的瞄准法，士兵发炮后准确率大大提高，康熙十分高兴。康熙二十八年南怀仁又铸"武成永固大将军"。从清康熙十四年到六十年，清政府所造的大小铜炮、铁炮多达905门，"而其中半数以上是由南怀仁负责设计监造的。就质量而言，其工艺之精湛，造型之美观，炮体之坚固，为后朝所莫及……南怀仁不愧为中国古代火炮发展史和合中西科技交流史上卓有贡献的著名人物"。① 康熙二十六年（1687）六月二十六日康熙下诏，准许天主教神父在全国行走，旁人不得阻拦。神父们只要持有南怀仁的印鉴就可以自由通行。② 虽然康熙并未明确解除他的"康熙八年禁教令"，但实际上已经对他的天主教政策做了根本性的调整。康熙三十一年正月三十日，即南怀仁逝世四年后，康熙下达了他的"弛禁教谕令"："现在西洋人治理历法，用兵之际修造兵器，效力勤劳，且天主教并无为恶乱行之处，其进香之人，应仍照常行走，前部议奏疏，著挚回销毁，尔等与礼部满堂官满学士会议具奏。"两天后，康熙又下了一道谕令，进一步说明天主教不是邪教："上谕：前部议将各处天主堂照旧存留，止令西洋人供奉，已经准行。现在西洋人治理历法，前用兵之际制造军械，效力勤劳，近随征阿罗素亦有劳绩，并无为恶乱行之处。江伊等之教目为邪教禁止，殊属无辜，尔内阁会同礼部议奏。"③ 二月初三，礼部作出决定："礼部等衙门尚书降一级臣顾八代谨题为钦奉上谕事：该臣等会议议得，查得西洋人仰慕圣化，由万里航海而来，现今治理历法，用兵之际力造军器火炮，差王阿罗素，诚心效力，克成其事，劳绩甚多。各省居住西洋人并无为恶乱行之处，又病非左道惑众，异端生事。喇嘛僧道

---

① ［美］魏若望编：《传教士·科学家·工程师·外交家：南怀仁》，社会科学文献出版社2001年版，第255—256页。

② 同上书，第425页。

③ 韩琦、吴旻校正：《熙朝崇正集 熙朝定案》外三种，中华书局2006年版，第184页。

等庙宇尚容忍烧香行走,西洋人并无违法之事,凡进香供奉之人,仍许照常行走,不必禁止。俟命下之日,通行直隶各省可也。"初五,康熙批复:"奉旨依议。"①

正是南怀仁的努力才促使康熙最后修改了康熙八年的禁教令,颁布了这个容教令,从而带来了天主教在中国的大发展,正如学者们所指出的,从天主教在历法斗争中获得胜利到"礼仪之争"② 之前,这四十年是康熙朝中西文化交流的黄金四十年,而这个基础是南怀仁奠定的。③

(三)汽轮机的最早发明者

南怀仁在将西方科学介绍到中国这一方面有着十分突出的成绩,在整个明清之际的来华传教士中,他是最突出的一个。关于他在向中国介绍西方的天文、历算、地理等方面知识的贡献,我们暂且不表,下面我们会一一介绍。这里我们只讲他所发明的汽轮机。如果说世界上第一台汽轮机的模型是在中国由南怀仁发明的,世界上最早的汽车模型也是南怀仁在中国发明的,读者们一定会大吃一惊。但这是一个事实。

南怀仁的这个"惊世之作"是记录在他所写的一本拉丁文著作《欧洲天文学史》(*Astronomia Europaea*)之中的。这本书是1687年在多瑙河畔的迪林根出版的,其书名标的虽是"欧洲天文学史",但实际上讲的是南怀仁在中国所做的各种科学技术活动,其中最吸引人的就是他关于制造汽轮机的记载:

> 三年前,我在研究蒸汽之力量的时候,曾用较轻的木头制作了一辆四轮小车,车长二尺,极易转动。在车子中部,我设置了一个盛满燃烧的煤的小火炉,炉上放有汽锅。在前轮的轴上装了一个青

---

① 韩琦、吴旻校正:《熙朝崇正集 熙朝定案》外三种,中华书局2006年版,第185页。
② "礼仪之争"是明清之际来华的不同天主教修会之间在如何认识中国礼仪上发生的争论。争论的主要内容是英文God一词的中文译名是用中文中已有的"上帝"一词还是直译为"德斯",以及加入天主教的中国人是否可以继续祭祖和祭礼。
③ [美]魏若望编:《传教士·科学家·工程师·外交家:南怀仁》,社会科学文献出版社2001年版,第430页。

铜制的齿轮，其齿伸出，水平横向。该齿轮与一立轴上的另一齿轮啮合。在立轴转动时，车子就会运动。在立轴上，又装了一个直径一尺的平放的轮子，轮缘四周装置翼状小叶片。当蒸汽气流由汽锅经一小细管子猛烈地喷射出，冲击到这些小叶片上时，气流就使得整个轮子快速转动，结果车子就被推动了。车子可在不慢的速度下，行使一小时以上（只要蒸汽气流持续从汽锅内猛烈地喷射出）。为了防止车子直行过远，在后轮的中部，我装了一个可任意改变方向的舵杆。舵杆的端部成叉状，另用一轴在叉头部装上一个直径较大且易于转动的轮子。这样，如果转动舵杆向右或向左偏斜，并用定位螺钉固定这一位置，由蒸汽气流驱动的小车就可以长久地沿一圆周行驶。并且依据舵杆偏斜的程度、场地宽窄的情况，可决定其行驶的圆周的大小。该机械表明了一种动力原理，我能够很容易地将此原理应用于装置在可动支架上的其他任何机械上。例如一艘小纸船，看上去像是风张满了帆，沿圆周不停地行驶。我曾制作过一台这样的机械赠献皇帝之长兄，机械本身将整个驱动部分隐蔽起来，人们只能听到蒸汽喷射出的蒸汽气流的嘘嘘声，就像船周围的风声或水声那样。[①]

这绝不是一个神话，当代学者谢尔认为南怀仁这本书如果按照南怀仁的说法，是1687年在欧洲出版的，算上由他的同伴将书稿带回欧洲的时间，南怀仁是在1670—1678年（康熙九年至十七年）做的这个汽轮机的模型要早于欧洲的发明者整整一百年。谢尔经过近二十年的研究，完全按照南怀仁的记载重新复原了南怀仁当年所造的汽轮机。从历史上来说，意大利人乔万尼·布兰卡（Giovanni Branca）曾进行冲击式汽轮机试验，利用喷嘴喷出的蒸汽的冲击作用，转动叶轮。他的著作《布兰卡德动力机械》（简称《机械装置》，*Le Machine Diverse*）于1629年在罗马出版。南怀仁很可能读过这本书，但南怀仁并没有完全模仿布兰卡，他进行了改进，谢尔认为，"较之布兰卡的设想，这是一个显著的改进"。毫

[①] 王冰：《勤敏之士：南怀仁》，科学出版社2000年版，第95—96页。

无疑问，南怀仁"制造了第一部文献记载的自动机器"①。虽然，我们将南怀仁作为当代汽车的最早发明者有点言过其实，因为他的发明主要是供年轻的康熙皇帝玩乐所用，南怀仁自己也不认为自己发明了汽车。但从世界技术史的角度来看，南怀仁的发明是应该被载入史册的。所以，在今天比利时的汽车博物馆里仍然放着身着清服的南怀仁和他制造的这辆人类最早的汽轮机车的模型的复制品。20世纪30年代末，美国人维因在麻省理工学院的《技术评论》上发表《汽车之始祖》一文，介绍了南怀仁的自动机器的成果，认为南怀仁在北京利用蒸气推动车和船的试验是前无古人之举。

四 中华帝国的外交官们

在清军入关并建立自己的政权时，葡萄牙人、西班牙人和荷兰人已经来到中国。清政府从建立政权起就面临着如何处理与外部世界的关系问题，特别是如何处理与西洋人的关系问题。从汤若望开始，在朝中的耶稣会会士就一直扮演着大清外交官的角色，凡是处理与西洋的关系，无论是顺治还是康熙、雍正、乾隆都会让传教士们参与其中，充当他们的外交翻译和助手。他们的这种外交官角色大体分为三个类型：一是在朝中担任翻译；二是派出担任翻译；三是派到欧洲担负外交使命。

（一）在朝中担任翻译

17世纪初，荷兰人占据了爪哇岛，赶走了那里的葡萄牙人，设立了巴达维亚首府（今雅加达），并以此为据点向四周扩张。被中国人称为"红毛子"的荷兰人看上了靠近广州的澳门，1622年竟派三艘船只，载着几百人去攻打澳门。贪婪的欧洲人是只认利不认理的，为了各自的利益在中国的大门口打了起来。结果，由于澳门防务坚固，荷兰人没有得手。

---

① ［美］魏若望编：《传教士·科学家·工程师·外交家：南怀仁》，社会科学文献出版社2001年版，第285页。

图1—11　清宫外交官汤若望

1653年，他们派出使臣来到广州，拜见了当时的南平王尚可喜和靖南王耿继茂。两位藩王见使臣空手而来，完全不懂中国的规矩，就把来使训斥了一顿，告之要带表文和贡品才能去北京。荷兰人还算聪明，第二年就带来了大批贡物，礼之丰厚竟需要900人来搬运。1656年7月，荷兰使团到达北京。汤若望担任了这次会见荷兰使团的翻译工作，当时的荷兰人也早就听说在清廷中有耶稣会会士，使团中的尼霍夫（Johann Niehof）记下他当时见到汤若望时的情景，"他是一位年龄很老、胸飘长须的人物，照满洲的习俗，薙发垂辫，而着满洲服……礼部尚书和一位西洋通事一件件清点礼物，并询问荷兰人，是否这些礼物真是来自荷兰，荷兰国家状况如何，这位通事就是有名的耶稣会会士汤若望。他当时深得顺治皇帝信任，任钦天监监正。又因其谙熟西语，在清初遇西洋各国来往时，常以他为通事"。① 汤若望担任这个通事是怀有私心的，因荷兰是新教国家，当时在欧洲天主教国家和新教国家闹得不可开交，他无论如何也不想让清朝和荷兰建交。另外，1622 年荷兰人偷袭澳门时，汤若望正好刚到澳门，他自己也参加了那场与荷兰人的战斗。这一点荷兰人心里也很清楚。他们在 1665 年出版的《东印度公司荷使晋谒鞑靼大汗》一书中说："汤若望在礼部大进谗言，说荷兰人是海盗，生活在小海岛上，所带的礼物是强劫来的，力劝礼部拒绝荷兰人前来贸易，因此礼部官员多次查问荷使，是否荷兰人没有陆地，像海盗一样生活在海上？所带来的礼品是否来自荷兰？甚至同样的问题问九次。荷使凯塞尔甚至这样报告公司：'由于这些神父或耶稣会会士的大肆诽谤造谣，我们被描绘得人不像人，鬼不像鬼。'"②

但是，顺治和礼部的官员们也并未完全按照汤若望的主意办，大清国很享受这种外邦不远万里来进献贡品时得到的那种感觉，顺治也仍会赐予荷使许多礼物，不过可能是汤若望的原因将荷兰国"五年一贡"改为"八年一贡"。

康熙八年五月十四日葡萄牙特使玛纳撒尔一行到京，当时南怀仁、利类思担任葡语翻译。但由于玛纳撒尔在返回途中死于南京，这次来访没有任何结果。1678 年，当年玛纳撒尔众使团的秘书白雷拉受澳门葡萄牙人的委托再次以葡萄牙国王的名义来访，并将在非洲捕获的一头狮子运到北京。这次在南怀仁和利类思的帮助下，澳门的葡萄牙人获得了香山至澳门陆路贸易的权利。

康熙十五年四月初三（1676 年 5 月 15 日）沙皇俄国派特使尼果赖（Nikolai G. Milescu Spathary，1636—1708）一行到达北京。俄国使团在北京期间，南怀仁作为译员，参与了双方谈判的全过程，并翻译了大量的官方文件。当尼果赖向康熙递交了沙皇给康熙的信时，康熙让南怀仁当即将信翻译成满文给他听。随后，康熙又让南怀仁将 1655 年顺治皇帝称

---

① ［荷］包乐史、庄国土：《〈荷使初访中国记〉研究》，厦门大学出版社 1989 年版，第 37 页。

② 同上书，第 42 页。

赞俄国使团朝贡和1670年康熙要求俄军停止在中国黑龙江流域抢劫盘踞的两封信翻译给特使。

但并不是所有的在宫中供职的传教士都能当好"通事",做好翻译工作的。在"礼仪之争"中为接待教宗的特使多罗(Msgr. Carli Tommaso de Tournon)和嘉乐(Carlo Mezzabarba)而担任翻译的传教士,主要有纪理安(Bernaard‐Kilian Stumpf,1655—1720)、白晋(Joachim Bouvet,1657—1730)、李若瑟(Joseph Pereira,1674—1731)、穆敬远(Jean Mourao,1681—1726)、冯秉正(Joseph‐François‐Marie‐Anne de Moyria de Mailla,1669—1748)、张诚(Jean François Gerbillon,1654—1707)、徐日升(Thomas Pereia,1645—1708)等,因传教士在"礼仪之争"中的立场不同,传教士在充当翻译的过程中往往带有自己的立场,从而产生了不少问题。

德理格(Theodoricus Pedrini,1671—1746)和马国贤(Matteo Ripa,1682—1745)是最早在清宫中供职的非耶稣会的传教士,因在"礼仪之争"中的立场不同,在翻译中也出了问题。1714年11月,当康熙知道了罗马教皇已经禁止中国教徒祭祖和祭孔后,便让德理格和马国贤给罗马教皇写信,告诉他们康熙对此的观点和立场,但他们在给罗马教皇的信中没有很好地表达出康熙的观点,没有明确地告诉罗马方面,在中国的传教士如果不遵守"利玛窦规矩"将被全部遣送回国,没有将康熙对多罗特使和颜珰(Charles Maigrot,1652—1730)的批评告诉罗马教皇。更重要的在于,他们的这封信的中文和意大利文两个文稿有出入。德国的耶稣会会士纪理安发现了这个问题。康熙怀疑德理格和马国贤做了手脚。康熙召集在京的传教士痛斥德理格和马国贤:"上召德理格同在京西洋人等面谕德理格云,先艾若瑟带去论天主之上谕,即是真的。你写去的书信与旨不同,柔草参差,断然使不得。朕的旨意从没有改。又说论中国的规矩,若不随利玛窦规矩,并利玛窦以后二百年来的人,你们传教不得。中国连西洋人也留不得,朕数次与你说和颜珰的坏处,尔为何不将朕的旨意带信与教化王去?倒将相反的信写与教化王。尔这等写就是你的大罪。若朕依中国的律例其可轻饶?尔害你教,害了众西洋人,不但现在，并从前的西洋人都被尔所害。"①

当然，整个"礼仪之争"的责任完全在罗马教廷，德理格和马国贤只是其中一个小小的插曲，但它说明了传教士在朝廷担任翻译一事也起着不同的作用，对清的外交政策或多或少也是有影响的。

(二) 派出担任翻译

这方面最典型的就是张诚和徐日升参加中俄边境谈判。早在顺治十三年二月（1656年3月）俄罗斯的巴伊科夫使团来北京时，汤若望就参与了谈判的过程，并发挥了一定的作用。

康熙二十八年（1689），张诚和徐日升作为清朝的使团成员参加与俄罗斯的谈判。在谈判中张诚和徐日升不仅很好地承担了谈判中的翻译工作，而且积极参与了谋划工作，起到了顾问的作用。这次与俄罗斯人的边界谈判是清历史上甚至是中国史上第一个具有现代意义的外交谈判，索额图等清朝官员对此缺乏经验和耐心，而传教士们来自欧洲，对国家间的战争的谈判比较熟悉，熟悉谈判中的技巧和策略，他们这些经验和策略对稳定清朝使团、取得谈判的胜利都是很重要的。而且，张诚和徐日升在谈判中及时揭穿了俄使的欺诈，其立场是很鲜明的。当俄方出尔反尔时，传教士们明确表示退场，在原则问题上决不退让。在条约的内容确定后，俄方又试图在文字上做文章，他们向耶稣会会士说："不必让中国使臣知晓，因为用拉丁文缮写的条约文本内容是什么，谁也不知道。"传教士们断然拒绝了这个要求，明确表示"他们永远不能做这种事，不能辜负汗（康熙）在这一点上给与他们的信任而背叛中国"②。耶稣会会士对清廷的忠诚昭然若揭。

正因如此，张诚和徐日升受到了索额图的夸奖："非张诚之谋，则和议不成，必至兵连祸结，而失其好矣。"③ 康熙也表扬传教士"为议和谈

---

① 陈垣：《康熙与罗马使节关系文书》，北平故宫博物院1932年版。
② 苏联科学院远东研究所等编：《十七世纪俄中关系》第2卷，第3册，商务印书馆1975年版，第853页。
③ 樊国梁：《燕京开教略》中篇，徐家汇馆藏书，第39页。

判立下有成效的劳绩"①。

但同时，由于荷兰人占据了通向印度洋的海道，在华的耶稣会一直想打通陆路，通过俄罗斯开辟一条和罗马联系的通道。这个想法，从南怀仁在世时就有。因此，这次和俄罗斯的谈判中，耶稣会会士虽然在原则问题上站在了清政府的一边，但他们在暗中也帮助了俄罗斯使团，以求获得俄罗斯的好感，为今后打通陆路交通打下基础。这点徐日升在他的日记中讲得很清楚，在条约签订后的第二天，他见到俄使戈洛文时说："我身处外国人之中，居住在中国多年，而且因为我是该国皇帝派来的，所以我不得不表现为他的忠实臣民，如果我不那样做，就会产生严重的后果。"戈洛文笑着回答："这样你就表现得合乎你的身份；如果你不这样做，那倒是不应该的。你吃中国的饭，穿中国的衣服，因此你也必须成为一个新人，并与此相应地行事。如果你这样做了，你就表现出你是真诚的。总而言之，我们清楚地知道，我们应该多么感谢你，你为了共同的利益给了我们多么大的帮助。"② 这一段对话，清楚地表明了耶稣会会士们的矛盾心理和复杂的心态。

这样一来我们可以看到，"清朝初年，由于特定的历史条件，在华耶稣会会士公开进入了中俄外交领域，形成了中俄两大帝国与耶稣会会士之间的微妙关系。清廷选派耶稣会会士当译员，是出于对他们的了解和信任。俄国方面，是为了争取他们。耶稣会会士积极参与中俄外交的真实目的，则是为了天主教。在中俄外交事务中，耶稣会会士发挥过积极作用，对于尼布楚条约的签订做出了一定的贡献，这是应该给予肯定的"。③

（三）派到欧洲担负外交使命

耶稣会会士作为中国政府的外交代表被派往欧洲担任外交使命，最早应是波兰的来华传教士卜弥格（Michel Boym，1612—1659）。来华的耶稣会会士在明清鼎革之际，表现出了极大的灵活性。汤若望留在了北京，

---

① 陈霞飞译：《张诚日记》，商务印书馆1973年版，第59页。
② 《徐日升日记》，商务印书馆1973年版，第208—209页。
③ 吴伯娅：《康雍乾三帝与西学东渐》，宗教文化出版社2002年版，第274页。

卜弥格像，见之于基歇尔《中国图说》

图1—12　波兰来华耶稣会会士卜弥格

被多尔衮认可；卜弥格、毕方济等跟随南明王朝，效忠于永历皇帝；利类思、安文思作为"天师"则活动在张献忠的农民起义军中。当时，永历皇帝已经逃到了广西，眼看着大势已去，他们把希望寄托在耶稣会会士身上，派卜弥格作为明朝的大使，返回罗马，求助罗马教廷的帮助。这真是异想天开，白日做梦，失败是必然的。当卜弥格从罗马返回时，狡猾的葡萄牙人已经不允许他在澳门登陆，因南明王朝已经灭亡，中国已是大清的天下了。此时，卜弥格虽身怀着罗马教廷致永历皇帝的国书，但已找不到他所效忠的永历皇帝，望着郁郁葱葱的南国山水，他郁郁寡欢，终于病逝在中越边境上。

大清一统江山后，派往欧洲的第一个正式代表是耶稣会的闵明我（Philippe‐Marie Grimaldi，1639—1712）。清初历狱平反以后，闵明我冒顶已从广州逃回欧洲的原来的多明会的闵明我（Domingo Fernandez Navarrete，1618—1686）之名被南怀仁招到北京，帮助其修历法。闵明我很聪明，动手能力也很强，给康熙做过供他玩赏的水动机，这使得康熙十分宠爱他，两次到塞外巡视都带着他。当时，康熙因俄罗斯在黑龙江流域不断侵扰，感到十分不安。于是他派闵明我返回欧洲，去见沙皇，商谈两国边界问题。这时的康熙皇帝在国家关系上实际已经突破了传统的"夷夏之分"的观念，开始以现代外交手段来解决国家间的问题。所以，闵明我临行时，康熙送给他镶宝石的金佩带一条，荷包三个，佩刀一把，并且命其完全着满人装，俨然一副大清帝国特使的装扮。闵明我的这次欧洲之行对来华的耶稣会也很重要，南怀仁也希望他到俄罗斯后，和沙皇谈判，同时也能为来华的耶稣会会士开辟一条从陆地返回欧洲的道路。这样，闵明我返回欧洲时是双重的身份，对外是康熙派往罗马和俄罗斯的特使，对内是来华耶稣会的代表。他返回欧洲后，在罗马时见到了莱布尼茨（Gottfrido Guilelmo Leibniz，1646—1716），当他得知莱布尼茨和沙皇关系较好时，便希望通过这个关系到俄罗斯。但俄罗斯拒绝了闵明我前往，他没有完成康熙交给的使命。不过通过与莱布尼茨的通信，他把康熙皇帝介绍给了整个欧洲。南怀仁病故后，康熙任命闵明我为钦天监监正，他就匆匆回国，结束了这次大清欧洲特使的工作。

白晋是康熙派往欧洲的第二位特使。白晋到北京后深得康熙皇帝信任，通过白晋和张诚的表现，康熙感到法国传教士很有能力，于是就委派白晋作为他的特使返回欧洲，觐见法王路易十四。临行时康熙赐予他在北京精印的书籍四十九册。但回到法国后由于少了一份康熙亲笔签发的外交信件，法国不认可他的外交身份。但他写下的《康熙皇帝传》打动了整个欧洲，此时欧洲人才知道在遥远的东方有这样一位英明的君主，他的才能、坚毅和勤奋好学使很多欧洲人为之感动，他对西方科学的热情，对待异教"天主教"的宽容和亲善，使不少启蒙运动的思想家们从中国看到了理想的国家模式。从文化上讲，白晋很好地完成了康熙特使的任务，他不仅从欧洲带回了一批法国的传教士，最重要的是，他对康熙皇帝和中国的介绍为18世纪欧洲的"中国热"揭开了序幕。

当多罗来华后，为了向罗马教廷表示友好，康熙提出让白晋作为多罗使团返回欧洲时的"报聘使"，作为他的代表和特使给教化王送礼品，同时也作为多罗的副手。但多罗对白晋所代表的耶稣会会士关于在"礼仪之争"中态度不满意，他婉言谢绝了康熙，说他已经任命其使团中的沙安国作为"报聘使",康熙同意了这个意见。第二天康熙又派赵昌告诉多罗,"报聘使"要会说中文,这样才能解释说明他送给教化王的礼品,遂命令白晋为正报聘使,沙安国为副报聘使。康熙给教化王的礼品由白晋携带。多罗认为康熙这样的安排按教廷的习惯是对他的侮辱,心中极为恼火。这边康熙让白晋和沙安国尽快赶到广州,乘英国的Emuis号轮船赶回欧洲,而多罗这边心中的怒火终于爆发,正式给康熙写函,说明他不希望白晋担任报聘使。康熙看到后十分宽容,说这样就不让白晋去了,让多罗宽心养病,也不必为此着急。

当多罗在南京宣布了教宗关于禁止中国教徒祭祖和祭孔的禁令后,康熙十分恼火。他认为他关于中国礼仪的看法,罗马教廷不知道,而且他怀疑教宗1700年的禁令可能是假的。康熙皇帝一直对罗马教廷怀抱着希望。为此,康熙四十五年(1706)他委派葡萄牙传教士龙安国(Antoine de Barros, 1664—1708)和法国传教士薄贤士(Antoine de Beanvollier, 1656—1708)带着他的正式外交文书出使欧洲,但天有不测风云,在龙安国和薄贤士坐的船快要到达里斯本附近时,风浪大起,船翻人落,两位传教士都落入水中,永沉大海,最终没有完成康熙的使命。康熙此时心中十分挂念龙安国和薄贤士,生怕其路上出差错。第二年,康熙又派意大利传教士艾若瑟(又名艾逊爵,Joseph-Antoine Provana, 1662—1720)和西班牙传教士陆若瑟(Raymond-Jeseph Arxo, 1659—1711)带着他的致教宗诏书,作为康熙的特使前往罗马。康熙四十六年(1707年10月27日)艾若瑟和陆若瑟从澳门出发,康熙四十八年(1709)到达葡萄牙,同年这两位特使到达罗马,但由于长期的海上颠簸,艾若瑟一到罗马就生了病。不久教宗就接见了他们,然而罗马教廷对康熙这个遥远的东方的君主的意见根本没给予任何重视。教宗会见完后,陆若瑟回到了老家西班牙,想从那里回中国,不料病故在家乡的方济格会的女修道院中。康熙五十二年至康熙五十六年(1713—1717)艾若瑟在米兰,而后在意大利旅行,他所带去的中国年轻的助手樊守义在罗马学习神学和拉丁文。康熙五十八年(1719)两人从里斯本出发回到中国。谁知艾若瑟受不了海上旅途的艰辛,一命归天,死在旅行途中。

在这期间,康熙为他所派的这四名特使的一去不复返感到十分着急,因在中国"礼仪之争"已经闹得不可开交，康熙极希望收到罗马教廷给他的亲笔回信。康熙曾不断地让沿海的地方官员们打听此事。康熙五十四年（1715），教宗格来门十一世颁布了《从登极之日》（Exilla die）的通谕，第二年八月转送到北京，康熙看后大怒，但他仍对罗马教廷抱有希望，认为这个通谕不一定是真的，就用朱笔写了一个红票，以拉丁文、中文、满文写成，刻印后送往欧洲。在这个红票中，他对自己派出的四名传教士外交官仍然记在心中："于康熙四十五年，已曾差西洋人龙安国、薄贤士；四十七年，又差艾若瑟、陆若瑟奉旨往西洋去了，至今数年，不但没有信来，所以难辨真假，又有乱来之信。因此，与鄂我斯的人又带信去，想是去到了。毕竟我等差去的人回时，事情明白之后，方可信得。若是我等差去的人不回，无真凭据，虽有什么书信，总信不得。唯恐书信不通，写此字兼上西洋字刊刻，用广州巡抚印，书不封缄，凡来的众西洋人，多发带回。"

康熙五十九年（1720），嘉乐（Carlo Mezzabarba）来华，当康熙看到嘉乐的奏本和八项禁约后，他彻底凉了心，就在此时他又想起他派出的四名传教士外交官，"朕理事最久，事之是非真假，可以明白。此数条都是阎当（即颜珰——引者注）当日在御前，数次讲过使不得的话。他本人不识中国五十个字，轻重不晓，词穷理屈，敢怒而不敢言，恐其中国至于死罪，不别而逃回西洋，搬弄是非，惑乱众心，乃天主教之大罪，中国之反叛。览此几句，全是阎当当日奏的事，并无一字有差。阎当若是正人，何苦不来辨别？况中国所使之人，一字不回，都暗害杀死。而且阎当之不通，讹字错写，被逼中国大小寒心，方知佛道各种之异端相同呼？钦此。"[①]康熙听不到他派到欧洲的四名传教士特使的消息，真是心急如焚，他甚至认为，他的这四名特使可能被罗马方面赞成颜珰观点的人暗杀了，不然怎么罗马又派来个嘉乐主教呢？为何他的意见罗马一点也不知道呢？

康熙五十九年（1720）六月十三日，樊守义带着艾若瑟的遗体返回广州，八月二十八日到北京，九月初五到热河，九月十一日得到康熙的

[①] 陈垣：《康熙与罗马使节关系文书》，北平故宫博物院1932年版。

接见，康熙对他"赐问良久"。不知康熙见到樊守义时是何种心情，此时真是人去楼空，康熙和教廷在中国礼仪上的争执已经走到了尽头。欧洲从此失去了中国。在梵蒂冈几千年历史上，这无疑是其最大的错误之一。这点我们在下面还要再论。

现在看来，康熙的现代外交思想的形成有两个直接的外因，一是同俄罗斯就东北边境展开的战争和外交谈判，一是"礼仪之争"中同罗马教廷的交往。而这两个事件都有耶稣会会士的参与，因而在一定意义上，耶稣会会士对康熙的全新的外交思想的形成起到了一定的外因作用，特别是在实践康熙的外交思想上，他们还是前仆后继，尽了自己的一分力量的。

第二章

西来孔子:明清之际的文人与传教士

一 利玛窦的适应政策"合儒易佛"

罗明坚和利玛窦1582年入住肇庆时身着僧服,自称"西僧"。后来利玛窦的朋友瞿太素告诉他,和尚历来为文人所鄙视,如果以僧为名会引起文人们的误会。因此,1592年利玛窦就开始考虑脱掉袈裟,换成儒服,1594年在经范礼安同意后,利玛窦和他的同事们开始正式留须留发,戴儒冠,着童生服,见客时施秀才礼。这就是后来李之藻所说的"即利氏之初入五羊也,以佛数年混迹,后遇瞿太素氏,氏乃辨非僧,然后蓄发称儒,观光上国"。一旦"合儒易佛"的路线确立,结交中国传统的士大夫就成为其重要的任务和传教方式了。

利玛窦在《交友论》中说:"吾友非他,即我之半,乃第二我也,故当视友如己焉。"这种态度就和中国传统的五伦结合了起来。冯应京对利玛窦的这种交友态度高度赞扬,说"西泰子间关八万里,东游中国,为交友业。其悟交之道也深,故其相求也切,相与也笃,而论交道独详……视西泰子迢遥山海,以交友为务,殊有余愧……"连冯应京这样的大儒都为利玛窦所倾倒,可见其影响之大,以至当时"四方人士无不知有利先生者,诸博雅名流亦无不延颈愿望见焉"。[1]尽管由于传教士采取了这样一种谦和的态度,很多文人学子愿意和传教士交往,但明清之际的文人们在与这些传教士的交往中表现出一种极为复杂

---

[1] 徐光启:《跋二十五言》,《利玛窦全集》,复旦大学出版社2001年版,第135页。

图2—1 利玛窦与徐光启

的心态。纵观明清之际的士人与传教士的交往，我们大体可以将这些文人分为两类：因求异而交往；因信仰而交往。

二 因求异而交往

一个大鼻子的洋人，开口"子曰"，闭口"诗云"，而且长期生活在中国，这本就是一件奇事，如果这个洋人手中又有奇物，又知天南海北之奇事，那就更令中国人关注了。当年与传教士交往的文人中求其异者占了绝大多数。这种因异而交往的大体分三种原因。

（一）因看传教士所带的奇物或想从中获得炼金术而与其交往

对当时的中国文人来说，传教士所带的物品中有两样是从未见过的，即钟表和三棱镜。这两件东西可谓奇物。罗明坚和利玛窦首次到肇庆时，

图 2—2　清宫藏西洋钟表

首先引起肇庆总督感兴趣的就是这两样东西。"他们献上表和几只三角形玻璃镜。镜中的物品映出五颜六色。在中国人看来,这是新鲜玩意儿,长期以来他们认为玻璃是一种极为宝贵的宝石。"[①] 在南京时,许多文人官宦听说有西洋人带有奇物,纷纷前来拜访利玛窦,他们是刑部侍郎王明远[②]、户部尚书孟南[③]、礼部侍郎叶向高[④]、国子监祭酒郭明龙[⑤]、翰林院编修杨荆严[⑥]。利玛窦将其钟表和三棱镜等准备带到北京献给皇帝的礼物放在屋中供文人们参观,一时间"大家都来看稀奇,看外国人穿中国

[①] 《利玛窦中国札记》,何高济、王遵仲、李申译,中华书局1983年版,第151页。
[②] 见《明史》卷二百二十一。
[③] 见《明史》卷二百二十一。
[④] 见《明史》卷二百四十。
[⑤] 见《明史》卷二百二十六。
[⑥] 见《明史》卷二百二十六。

衣服，讲中国语言，看西洋的自鸣钟和三棱镜。利玛窦从此便无安静之日了"。①

凡与利玛窦接触过的人，都感到他"性好施，能缓急人，人亦感其诚厚，无敢负者"。②这说明利玛窦给人的印象很好，但人们看到这些传教士吃住无忧，生活得很优闲，出手大方，"常留客饭，出密食数种"③，却不知其钱从哪里来，"因疑其工炉火之术，似未必然"④。袁中道说利玛窦"人疑其有丹方若五阳也。然窦实多秘术，惜未究"。传教士有秘术，能炼丹，这恐怕是当时的普遍看法。

当然，传教士们大多满腹经纶，熟读经书，很是令文人们喜欢，但他们航海九万里来中国干什么，这使很多文人不解。晚明画家、文学家李日华曾赠诗给利玛窦："云海荡朝日，乘流信彩霞。西来六万里，东泛一孤槎。浮世常如寄，幽栖即是家。那堪作归梦？春色任天涯。"这里他对利玛窦浪迹天涯，出家人的生活有所了解，但看到利玛窦虽近五十岁，却气质非凡，面如桃花，就觉得"窦有异术，人不能害，又善纳气内观，故疾孽不作"。因利玛窦气色好，使人感觉到他必会气功之类的养生之术。在南京时，有位专门研究长寿的人来找利玛窦，认为他能活两百年，希望利玛窦给他传授经验，真是闹得他哭笑不得。晚明大儒李贽对利玛窦也很欣赏，认为他"是一极标致人也。中极玲珑，外极朴实"，曾在纸扇上题诗给他："逍遥下北溟，迤逦向南征。刹利标名姓，仙山记水程。回头十万里，举目九万重。观国之光未？中天日正明。"⑤但李贽对他来华的目的也琢磨不透，说："不知（利玛窦）到此为何，我已经三度相会，毕竟不知到此地何干也。"如果说他是来中国为了学孔孟之道，恐怕也太傻了，一定有别的目的。⑥这样，越是对这些西洋人摸不透，就越觉其神奇，自然会往炼丹术上想。谈迁在谈到汤若望时对其的描述充满了

---

① 罗光：《利玛窦传》，台湾光启社1972年版，第91页。
② 沈德符撰：《万历野获编》卷三十，利西泰，中华书局1997年版，第785页。
③ 顾起元：《客座赘语》，中华书局1987年版，第194页。
④ 沈德符撰：《万历野获编》卷三十，利西泰，中华书局1997年版，第785页。
⑤ 李贽：《焚书》卷六。
⑥ 李贽：《续焚书》卷一。

神秘色彩，说他所藏的西洋书是从左到右看，而且是横排的。对这样的书籍中国文人是觉得很奇怪的。更重要是他"有秘册二本，专炼黄白之术……汤又善缩银，淬银以药，随未碎，临用镕之。故有玻璃瓶，莹然如水。忽现花，丽艳夺目。盖炼花之精隐入之，值药即荣也"。[①] 谈迁说得神乎其神，而且有鼻子有眼，有名有姓，说在清兵入北京时，陈名夏逃入教堂，想跟汤若望学黄白之术，未成。所以，很多人找传教士学点金术，这并非无道理。直到南京教案时，所罗列的传教士罪状之一就是"烧炼金银"，不然，他们的钱是从哪里来的？利玛窦自己也知道这一点，他在给友人的信中，谈到他在中国之所以受人重视有五个原因，其中第二条就是"有谣言我通点金术，因此许多人要跟我学此术，他们十分重视此术。我告诉他们，我对此术是门外汉，而且我根本也不信这一套"[②]。

（二）因对传教士所介绍的西方科学与知识好奇而与其交往

明末清初西学传入中国之时正是中国传统思想发生重大转变之际，从晚明开始思想界已经不满意王学的空疏，叶适、陈亮所倡导的实学已经得到了很多人的响应，徐光启所说的要求"实心、实行、实学"最鲜明地表达了这种实学的思想。而西学所介绍的西方科学思想之所以受到士人们的欢迎，与这个大的思想背景有很大的关系。

首先引起明清文人关注的是《万国舆图》。当文人们站在利玛窦的地图前时，眼睛为之一亮，看到天下原来如此之大，中国仅仅是世界的一部分，此时中国传统的华夏中心论顷刻间轰然倒塌。这个冲击是相当大的，从"天圆地方"到"地球是圆的"，这是一种世界观的转变。有的学者说这种影响"就好像于无声处听惊雷，引起明末有识之士的极大反响"。这完全是正确的。[③] 利玛窦的地图先后被刻印了十二次之多，仅此就可以看出他受人欢迎的程度。仕清的"贰臣"丁耀亢和汤若望有交往，

[①] 谈迁：《北游录》，中华书局1997年版，第278页。
[②] 利玛窦：《利玛窦书信集》，罗渔译，台北：光启出版社1986年版，第188页。
[③] 林金水：《利玛窦与中国》，中国社会科学出版社1996年版，第208页。

汤若望对其的吸引主要是由于西洋的天学和望远镜，如他在诗中所写的"璇玑法历转铜轮，西洋之镜移我神"①。和清初的顾、王、黄三大家都有着密切关系的方以智是中国思想史上的重要人物，他的《物理小识》已经成为我们今天研究"西学东渐"的最基本著作。方以智的思想之所以另类与他和传教士的直接接触有关。崇祯三十年（1657），方以智考中进士后来到北京，从此他和汤若望有了直接的联系，他跟汤若望所学的就是天学。后来在南京他又认识了耶稣会会士毕方济，虽然，方以智对毕方济"问事天则喜"，问历算、奇器等科学的内容则"不肯详言"颇为不满，但他还是跟毕方济学了不少西学的东西，所以才写下了赞扬毕方济的诗："先生何处至，长揖若神仙。言语能通俗，衣冠更异禅。不知几万里，尝说数千年。我厌南方苦，相从好问天。"学者们现在已经考察出，方以智的《物理小识》中其西学的内容绝大多数是抄录和转述耶稣会会士们的中文著作。方以智的儿子方中通继承父业，演天学，喜算学。而他的这些西学知识除了从家学而来以外，也是跟着传教士穆尼阁（Nicolas Motel，1617—1657）"学乘除历算，略知梗概"。清初启蒙思想的大家黄宗羲很可能和汤若望有过直接的交往，而他所羡慕的仍是汤若望的西洋历算之学，晚年作诗将汤若望作为自己的启蒙老师："西人汤若望，历算称开僻。为吾发其凡，由此识阡陌。"②他心中对汤若望的敬慕之情跃然纸上。

黄宗羲的公子黄百家对传教士多有褒言，在《明史》中对利玛窦等传教士所介绍的西方天文历算给予了很高的评价，"利玛窦等俱精天文历法。盖彼国以此为大事，五千年以来聪明绝群之士聚而讲之，为专门之学"③。在他的《眼镜颂》中对西洋器物倍加赞扬："西人制器，无器不精，水使锯纺，钟能自鸣，重学一缕，可引千钧。种种制作，不胜俱论。"④ 从这里可以看出黄百家对当时西洋器物的熟悉，字里行间流露出对西学的称赞之情。清初理学名士陆陇其曾在康熙十四年（1675）和康

---

① 丁耀亢：《陆舫诗草》卷四。
② 《赠百岁翁陈庚卿》，载黄宗羲著，吴光编《黄宗羲全集》第11册，浙江古籍出版社2012年版。
③ 《明史·历志》，下卷，《黄百家》。
④ 黄百家：《黄竹农家逆耳草　眼镜颂》上册。

图 2—3　晚明思想家李贽

熙十七年（1678）两次到北京与南怀仁和利类思谈西学，购买西学书籍，而他最主要的兴趣仍是西方的天文历算，他曾亲自向南怀仁询问过有关浑天仪的情况，并跑到传教士住的天主堂去参观浑天球，对传教士们带来的西洋器物赞不绝口。清初和传教士多有交往的熊明遇对耶稣会会士所介绍的西学赞扬有加，他说："诸公大雅宏大，殚间洽闻，精天宫、日历、算数之学，而犹喜言名理，以事天帝为宗，传华语，学华文，篝灯攻苦，无异儒生，真彼所谓豪杰之士也耶。"① 在熊明遇的眼中，这些身怀绝技的传教士们真可谓儒门之英才，文人雅士中的英雄。

与空谈心性的阳明心学的末流相比，耶稣会会士所展现的这些西洋科学，使人们有耳目一新之感。再加上晚明时徐光启和汤若望已经实行了从回回历向西洋历的重大转变，从天主教在历法斗争中的胜利到"礼仪之争"之前的四十年是康熙大力支持传教士的四十年。这样整个社会就形成了很好的学习西学的氛围，对西洋天文历算的学习成为文人学子

---

① 李之藻：《天学初函》影印本，第 2 册，台湾学生书局 1986 年版。

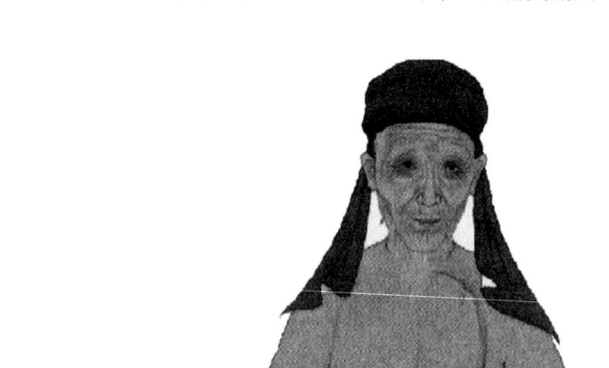

图 2—4 清初思想家黄宗羲

们接触传教士的主要原因。利玛窦也看到了这一点，他认为自己之所以受到文人的欢迎的原因，就是"我通数学，他们把我当成托勒密（Ptolemy – Tolomeo altro）第二，因为中国人日晷斜度只有三十六度，他们以为整个地球的日晷都只有三十六度高，不多也不少。他们来看我，实际上是想知道几点钟"。①

（三）因传教士的合儒路线使文人们感兴趣而与其交往

利玛窦在谈到他受到文人的欢迎的原因时，第一条讲的就是由于他了解中国风俗而受到文人的欢迎，他说："第一因为我是一位外国人，是他们过去未曾看见过的，且知中国的语言、学问与风俗习惯等。"② 这是耶稣会"合儒路线"的一个自然结果。正如叶向高这个内阁大学士在给利玛窦的诗中所写的"言慕中华风，深契吾儒理。著书多格言，结交多名士"。传教士们的儒雅之风，对经书理解的自如与熟悉赢得了文人们的

---

① 利玛窦：《利玛窦书信集》，罗渔译，台湾光启出版社1986年版，第188页。
② 同上。

好感。文人陈亮采在看了利玛窦的《畸人十篇》后十分感叹地说："其书精彩切近，多吾儒所推称。至其语语字字，刺骨透心，则儒门所鼓吹也。"看来利玛窦的书真是给文人们留下了刻骨铭心的印象。

我们可以从中国文人和传教士唱和的诗歌来看这个问题。《闽中诸公赠诗》是一份很重要的反映明清之际福建一带的文人和耶稣会会士艾儒略（Jules Aleni，1582—1649）关系的诗集，这份诗集中共有84首诗，是由74名儒家文人所作的。其中68名是福建省人，3名是外省人。[1] 这些诗中流露出这些文人们对艾儒略人格与学问的敬佩。黄鸣乔在诗中说："沧溟西渡片帆轻，涉尽风涛不算程。为阐一天开后学，绕能万里见先生。"[2] 对传教士不远万里来中国，路途遥远艰辛，而不畏惧的精神十分敬佩。福州王标在赠诗中说："载道南来一客身，艰关廿岁不知贫。"这是对艾儒略那种宗教献身精神的感动。在这批文人眼中，艾儒略是西方一伟儒，而晋江的李世英则把艾儒略看成像孔子一样的世代宗师，是唐代文豪韩愈的化身，道德文章，千古天下，论道说理，字字落地有声，这种赞扬简直到了神化的地步："道德文章洽，如公复几人。行将师百代，岂第表泉闽。宣圣堪齐语，昌黎的此身……字字均天响，编编掷地音。公真师百代，仪羽老有醒。"[3]

闽中的文人们对基督教的理解并不完全一致，但认为天儒相融则是大多数人的看法，他们对艾儒略的好评也正是因为他讲的虽是天学，听起来犹如儒学，像诗人们所写的"天原腔子里，人自儒家流"，"作者有西贤，异地同心理"。所以，《闽中诸公赠诗》一方面证明了利玛窦所确立的合儒路线，在中国知识分子中所产生的影响；另一方面，也揭示了为什么在明清之际耶稣会会士们受到不少文人学子们的欢迎，这些传教士和文人的结交的内在原因是什么。

如果说《闽中诸公赠诗》说明了耶稣会会士在民间的影响和下层文

---

[1] 林金水：《〈闽中诸公赠诗〉初探》，载陈村富编《宗教文化》第3辑，东方出版社1998年版，第77—106页。

[2] 张西平、罗莹主编：《东亚与欧洲文化早期相遇：东西文化交流史论》，华东师范大学出版社2012年版，第332页。

[3] 同上书，第339页。

人对传教士的接触,那么《赠言》则反映了清初北京上层人士与传教士的接触。顺治十八年(1661)农历四月初一是汤若望的七十寿辰,在京城和汤若望有过交往的文人们纷纷著文、写诗给汤若望贺寿,他们中有礼部尚书胡世安,礼部侍郎薛所蕴,礼部左侍郎、少保王铎,通家侍生金之俊、王崇简、龚鼎孳,翰林国史院庶吉士魏裔介,顺治三年的榜眼吕缵祖,顺治四年的进士庄冏,还有明崇祯十三年的进士沈光裕,崇祯十五年的进士艾吾鼎,以及潘治、董朝仪、徐文元、霍叔瑾和平民史学家谈迁。这些汉人士大夫中有不少原是明朝的官员,清入关后为自身的利益很快归顺了清王朝。

作为祝寿的贺文、贺诗,少不了恭维之词,溢美之词十分明显。但还是从中看出这些人对汤若望人格的称赞,说他"学博布以长衿,识精不以市诡,名业尊显不以形骄倨",此时,汤若望已经七十岁,学识渊博是很自然的。按照黄一农的考察,汤若望为了扩大教会的力量,还是不断让顺治皇帝对其加官封爵的。汤若望是出家之人,绝色、绝财是一个传教士必须要做的,但也仍因此受到文人的赞扬:"吾师有三绝,财色与私意。吾师有双绝,治历与演器。"《赠言》是我们研究清初传教士和士人之间关系的重要文献。一方面,我们看到汤若望以"合儒"为其基础,以天算历学为其手段,求其生存和发展,所获得的成功;可以看到清初这些文人们对汤若望的历算、天文方面的造诣的敬佩。它揭示了传教士和文人交往的一般的特点,反映了文人学子们和传教士相交的基本心态。另一方面,又能看到传教士和文人之间的关系除了纯粹的文化关系以外,也有着复杂多面的政治关系。这些仕清的贰臣希望借助汤若望的影响和力量,而汤若望又通过与这些贰臣们的交往,达到巩固其朝中的实力,进而维护教会在中国利益的目的。双方在政治上是相互合作的,这说明了宗教因素和政治因素的交合作用。① 不管如何说,一群文人士大夫,要么是朝中高官,要么是民间鸿儒,这些人和一个传教士推杯换盏,喝着洋酒,谈着天学,相互唱和,这足以说明当时文人们和传教士的关系。

---

① 参阅黄一农《王铎书赠汤若望诗翰研究:兼论清初贰臣于耶稣会会士的交往》,《故宫学术季刊》1993 年第 1 期。

学者们已经对利玛窦和艾儒略在中国活动期间所结交的全部人物做了统计①,利玛窦在中国所结交的人物共 129 人,其中像徐光启这样的文人教徒有 7 人,像游文辉这样干脆入了耶稣会当会士的有 8 人。这样我们看到在利玛窦所结交的人物中真正成为信徒的只有 15 人,占总数的 11%。而利玛窦交友之广实在惊人,上至皇族的王孙,下到僧人和尚,但绝大多数仍是文人和官宦,这些人中只有极个别人入了教,绝大多数是因文化的相异而结识进而才发生了联系。因此,这个统计很有力地说明了我们上面的论证和分析。艾儒略在华活动长达 39 年,仅在福建的传教活动就有 25 年,在这 25 年间,艾儒略交友达 205 人②,其所结交的人物中教徒 114 人,占 55%。这里我们可以看出艾儒略在交友上和利玛窦的三点不同。一是利玛窦交友多以官宦文人为主,而艾儒略除了这类人物外,"居多者则是青衿儒士和地方缙绅,如儒学教管、庠生和贡生之类,他们是艾儒略在闽传教活动的社会基础和依靠对象"③。这种不同当然和利玛窦当时地处北京,又在刚刚开教时期这些因素有关。二是利玛窦在华 28 年共结交了 129 人,而艾儒略在华 39 年,仅在福建地区的 25 年就结交了 205 人,比利玛窦多出 76 人,这说明天主教经过半个多世纪的时间,在民间社会已经有了相当的发展。三是与艾儒略结交的人物中教徒的人数占 55%,比利玛窦结交的教徒人数占比高出 44%。这可以看出,艾儒略虽然在坚持利玛窦的"合儒路线",但其所合之儒已经不再像利玛窦那样是地位显赫的鸿儒而更多的则是中国基层社会的乡绅儒生。

因此,在我们讨论传教士和中国文人的结交时,必须关注那些教徒文人,无论是像徐光启这样的鸿儒,还是像与艾儒略结交的乡间儒生。

三 因信仰而交往

在利玛窦时代士大夫真正入教的人很少,但到清康熙年间天主教已

---

① 林金水:《利玛窦与中国》,中国社会科学出版社 1996 年版,第 286—316 页。
② 林金水:《艾儒略与福建士大夫交游表》,载《中外关系史论丛》第 5 辑,书目文献出版社 1996 年版,第 182—202 页。
③ 同上。

在中国有了较大的发展,如果考察中国文人因接触传教士而最后改变信仰,加入天主教的情况,那以晚明时入教的徐光启、李之藻、杨廷筠、王征四人最为典型,方豪将徐、李、杨三人称为中国天主教的"三大台柱",将徐、李、杨、王称谓中国天主教的"四大贤人"。仅以本书篇幅不可能对他们四人进行详尽的研究,只能概而论之。在我看来,他们从一名文人士大夫演变成为一名文人教徒有四个原因:敬佩传教士的人格魅力;敬佩传教士所传授的西方科学;理想主义的宗教观;儒耶相融的天学理论。

图 2—5　徐光启

传教士们的儒雅之风,首先给了文人们极好的印象:"泰西诸君子、以茂德上才,利宾于国。其始至也,人人共叹异之。"徐光启在给崇祯的奏疏中说,他信服利玛窦等传教士并不是一时之冲动,而是经过了很长时间的考察,看到他们生活俭朴,待人谦和,学问渊博。而且,这些传教士绝不是无能之辈,他们在自己的国家都是"千人之英,万人之杰",与这样的人相处不能不为之心动。李之藻在为利玛窦的《畸人十篇》写序时也表达了这样的感受,他说,这些传教士不结婚,不求官,每日只是"潜心修德,以昭事上帝",可谓"独行之人"。一旦和他们接触,发现他们手不离卷,对经书了如指掌,可以倒背如流。谈话中涉猎极广,经史子集,象纬舆地无所不通,常常发前人未发之言,可谓"博闻有道术之人"。如果和他们相处,则发现他们内心安宁、沉静,"修和天和人和己之德,纯粹益精"。道德如此之高尚,可谓"为至人也"。李之藻对利玛窦等传教士的敬佩之情跃然纸上。

文人们与传教士接触,最大的冲击就是这些传教士所介绍的那些西方科学是他们闻所未闻的东西。这是他们最终入教的第二个原因。关西大儒王征在《远西奇器图说录最》中说,他和传教士相处多年,深感"畸人罕遇,绝学希闻,遇合最难",在国家、民生需要这些西儒的奇器时,我们怎能不学、不传?李之藻也说,他跟利玛窦学习多年"示我平仪,其制约浑,为之刻画重圆,上天下地,周罗星曜……"所以,愿意跟随利玛窦学习西方的科学。徐光启在《泰西水法》序中说:"久与处之,无不意消而中悦服者,其实心、实行、实学,诚信于士大夫也。"[①]这里的"实学"就是耶稣会会士所介绍的天文历算之学,这东西有用,特别是像利玛窦和徐光启两人所译的《几何原本》,作为一种数学的方法,可以说无所不能用,可用于农,可用于工,可用于兵,可用于商。如此一来,人们所学的不仅仅是一种小的技巧,而是一种新的方法。就好比过去只觉得别人的鸳鸯绣得好,但并不知是如何绣的,而传教士教给当时人们的是绣鸳鸯的方法,使人们拿起金针就会绣,这正是"金针度去从君用,未把鸳鸯绣与人"。爱屋及乌,如此一来,文人对传教士的敬仰就自然发展为对其所介绍的西学的敬佩了。

由于崇敬传教士的"实学",进而接受其宗教观,这是徐、李、杨、王四贤走入天主教的共同的思想逻辑。李之藻说:"儒者实学,亦唯是进修为兢兢;祲祥感召,繇人前知。"这里,他把实学向宗教和思想方向转化,认为"吾儒在世善世,所期无负霄壤,则实学更自有在,藻不敏,愿从君子砥焉"。[②]

[①] 徐光启撰:《徐光启集》,上海古籍出版社1984年版,第66页。
[②] 方豪:《李之藻研究》,海豚出版社2016年版,第29页。

有些文人对现实不满,期望一个理想的世界,由此而接受天主教。这方面徐光启十分典型。在韶州时他就认识了郭巨静(Lazare Cattaneo,1560—1640),1600年路经南京时第一次结识了利玛窦,利玛窦送给他一本《天主实义》和《天主教要》,整整过了三年,他又来到南京,利氏此时已经到达北京,他向罗如望(Jean de Rocha,1566—1623)神父提出要加入天主教,在接受了8天的天主教神学知识教育以后,正式受洗,教名保禄。像徐光启这样的硕学鸿儒加入天主教绝非一时之冲动,他是进行了深入的思考的。万历四十四年(1616)他在为传教士辩护而写的奏疏中,公开说明了他这种信仰的理由。第一,仅靠伦理的约束不能解决人生的全部问题。徐光启说这个问题早在司马迁时就已经提出,为什么颜回有德而早逝,为什么盗跖有罪而长寿?于是后世想通过立法来解决人的道德心问题,但结果更糟,历代统治者"空有愿治之心,恨无必治之术"。正是在这个背景下佛教才传入中国,但结果怎样?徐光启说,世道人心并未有任何进步。这样,他才认为耶稣会"所传天学之事,真可以补益王化,左右儒术,救正佛法者也"①。第二,传教士所介绍的天主教是一个理想的宗教。如果说上一条讲的是当时中国自己的问题,这一条讲的则是解决的办法,那就是采用西方的天主教。为什么呢?因为,这个宗教在西方实行了几千年,人们和睦相处"大小相恤,上下相安,路不拾遗,夜不闭关,其长治久安如此"②。显然,利玛窦等人只会讲天主教的好话,而徐光启也真的相信了。拿今天比较文学的话来说,这是文化交流中的"误读"。其实,西方天主教本身的问题绝不比中国的问题少,但徐光启是一个理想主义者,他当时也无法到欧洲去考察,所以,传教士们所介绍的西方成了他的理想之地,成了他心中的乌托邦。

徐光启在这里可不是说说而已,他是在给皇帝上奏疏,是有掉脑袋的风险的。所以,他也讲得很绝。他跟崇祯说,有三条可以检验他的说法:第一,让这些传教士来北京,让他们把西学的书翻译出来,然后请

---

① 徐光启撰:《徐光启集》,上海古籍出版社1984年版,第432页。

② 同上。

天下的儒生们来研究，如果这些书是旁门左道，他甘愿受罚；第二，把这些传教士叫来和中国的寺院的大师、道观的天师们论战，看谁说的有理，如果传教士们"言无可采，理屈词穷"，立即将他们赶走，他也情愿受罪；第三，如果翻译书太慢，可以先译一个择选本，看看这些道理是不是真的有助教化人心，如果不是，"臣愿受其罪"。徐光启在这里可谓破釜沉舟，而且他还提出了一个更绝的办法，就是让朝廷在凡有信天主教的地方做一个调查，三年中看犯罪的人中有无教徒，如果没有，则给教徒奖励；如果有，轻者受罚，重者杀头。这样就可以知天主教究竟是好是坏。从这里看出徐光启在信仰上的自信。在徐光启的全部著作和言论中，我们可以看到他对中华文化的热爱，对自己文化的坚信，对外来文化的热情和开放。自明朝以来，在中国思想上，像徐光启这样融融大度，涵养开明，既立足自己的文化，又很好地吸收外来文化的人实属罕见。

儒耶相融的天学理论，是儒生们和传教士接触的思想基础。当我们讲徐光启对传教士学术的坚定信奉时，他并不是被动地接受了耶稣会会士的那一套理论，他是一个在儒家文化的浸润中长大的文人，他对天主教的理解是建立在"补儒易佛"的基础上的。他在《〈二十五言〉跋》中说，利玛窦等人所讲的道理"百千万言中，求一语不合忠孝大指，求一语无益于人心世道者，竟不可得"[1]。这说明他自信所信的天主教是完全符合儒家的伦理道德的，而且也弥补了儒家之不足。李之藻和利玛窦相识了很久，但因有妾，一直未入教，后在北京重病之后，利玛窦每日照顾，使其感动，"利子劝其立志奉教于生死之际，公幡然受洗"。但他对天主教的认识，仍是建立在耶儒有其共同基础这个思想的认识之上的。他在利玛窦的《万国舆图》序中说，儒家讲事亲而推及于天，孟子讲要存养事天，这个天就是利玛窦所说的"天"。这样，从儒家的传统来说，"知天事天大旨，乃与经传所记"[2]。其实，儒家讲的"天"和天主教讲的"天"相去甚远，但在追求终极性关怀上有着一致性，李之藻由此说

---

[1] 徐光启撰：《徐光启集》，上海古籍出版社1984年版，第86页。
[2] 李之藻编：《天学初函》第一册，台北学生书局1965年版，第354页。

出了一句很有名的话:"东海西海,心同此理。"

在这"四大贤人"中,可能杨廷筠是唯一一个主要因信仰而加入天主教的,因他很少给传教士的科学著作作序,也从未像徐光启、李之藻、王征那样与传教士合作翻译西方科学的著作。他自己也说他不懂传教士讲的那些几何、圆之类的东西。1611年4月,在李之藻的介绍下,杨廷筠邀请郭巨静、金尼阁(Nicolas Trigault,1577—1628)等几位神父来他家小住,在这几天中,他和神父们彻夜畅谈,讨论神学和理论的问题。最后,杨廷筠决定正式领受洗礼,教名弥格尔。[①] 杨廷筠的入教与他一直比较关注的宗教、哲学这类问题有关,也和他看到在《七克》这样的传教士所写的伦理学著作和儒家伦理有着极大的相似性有关。但即便像他这样最关注理论思考的天主教教徒,其所理解的天主教也是和传教士所期待的理解有着很大的距离的。杨廷筠说得也很清楚:"唯我西方天学乃始一切扫除,可与我儒相辅而行耳。"[②] 难怪龙华民(Nicolas Longobardi,1559—1654)在和杨廷筠长谈了以后,对他写的评语是:"他的见解还是中国学说式的见解。"[③]

明清交替之际入教的文人士大夫们在接受了西方的宗教理论后,尽管有了"儒耶相辅"这样的理念,但文化上的冲突也时有发生,例如纳妾问题。最典型的莫过于王征,他在入教后因其妻所生的男孩都病故了,家中只有两个女儿,妻子和女儿都哭求他再续一房,父亲也严令他纳妾,以续王家香火。这样,王征在天启三年(1623)娶了年仅十五岁的申氏为妾。作为教徒这违反了《十诫》,王征六十六岁时公开写下了《祈求解罪启稿》,了断了他和申氏的夫妻关系,当然,并未休弃,而是留在家中作同志,"王征死后申氏仍被要求为王家掌理家务"[④]。这充分反映了中国文人在接受了天主教后所要面临的文化冲突和矛盾。

---

① [比]钟鸣旦:《杨廷筠:明末天主教儒者》,香港圣神研究中心译,社会科学文献出版社2002年版,第106—107页。
② 同上书,第116页。
③ 同上。
④ 黄一农:《两头蛇:明末清初的第一代天主教徒》,上海古籍出版社2006年版,第153页。

其实，这种冲突和矛盾是同时存在于传教士和士大夫双方的，如果说王征之事代表了中国文人的苦恼，那么传教士面对着一个比天主教文化还要悠久得多的中国文化时，也是进退两难。虽然利玛窦想出了"合儒易佛"的高招，但并不能解决根本问题。利玛窦尸骨未寒，他自己选的接班人、他的意大利老乡龙华民就举起了反对他的路线的大旗，一时间，耶稣会内部纷争四起，并最终导致了传教士乃至整个教会内部的为期两百年的"礼仪之争"。

第三章

西方天文历算的传入

天文历法在中国古代社会具有重要的意义。从政治上说,天文历法"观天"就是为王朝和帝王们的正统性获取依据。皇帝代表着上天,世俗权力的依托是天,皇帝替天行道,以"天子"自称。从生产上讲,天文历法就是"造历",古代是农业社会,农业生产必然对天文和季令的变迁很重视,《左传》中便有"匡以正时,时以作事,事以厚生,生民之道于是乎在矣。"(《左传·鲁文公六年》)传教士入华后逐渐了解到了中国这个特点,他们将自己的学问以"天学"为名,就是想获得中国士大夫们的重视。

一 介绍西洋历法

利玛窦的《乾坤体义》是传教士们第一本关于西方天文学的著作,他初步把托勒密(Ptolemy)的"九重天说"、亚里士多德的"四元行论"介绍了进来,后来由他口述,李之藻笔译的《浑天通宪图说》虽然也是把利玛窦的老师1593年出版的《论天文仪》(Astrolabium)一书的部分内容翻译了过来,但是,李之藻在翻译中已经糅进了很多中国古代天文学的知识。

1610年,于利玛窦死后来华的葡萄牙传教士阳玛诺(Emmanuel Diaz Junior,1574—1659)写了本《天问略》,他以问答的方式介绍了西方托勒密的天文学,还配图说明了太阳、月亮等天体的运动。这本书最有价值的是他首次向中国介绍了伽利略的最新著作《星际使者》一书,向中国的读者展示了伽利略所发现的木星的四颗小卫星。要知道，当时伽利略的这本书在欧洲刚出版了五年。

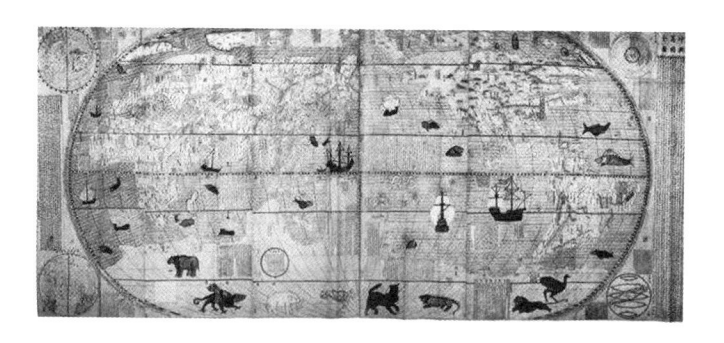

图 3—1　利玛窦绘制的世界地图

图 3—2　阳玛诺的《天问略》

耶稣会会士们向中国介绍西方的天文学知识最为成功的，也是在中国产生了重大影响的是他们和徐光启等中国的科学家们一起编写的《崇祯历书》。明代一直使用的是大统历和回回历，因时间久了误差逐年增大，常常月食和日食都推算得不准确，这样的改历呼声在嘉庆和万历年间一直都有。崇祯二年五月乙酉朔（1629年6月21日）日食，当时的钦天监依据大同历和回回历都测算不准，而此时只有徐光启按照西方历法预推而验。这样，改历之声再起。七月，崇祯帝同意开局修历，由徐光启主持历局的工作。徐光启就推荐了李之藻、龙华民、邓玉函（Jean Terrenz，1567—1630）参加历局，后来又将在外地的汤若望、罗雅谷（Jacques Rho，1593—1638）也调到了历局。

徐光启有句很有名的话："欲求超胜，必须会通，会通之前，先须翻译。"[1] 这样，他认为修历首要的是翻译介绍欧洲的天文学。《崇祯历书》从崇祯二年九月开始编写、翻译，一直到崇祯七年十一月全部完成，历时5年，共有137卷，分5次呈进给明朝政府，整个《崇祯历书》分为五大部分：一、《法原》；二、《法术》；三、《法算》；四、《法器》；五、《会同基本书目》。第一部分《法原》主要翻译的是西方天文学理论，为全书的核心，共有四十余卷。据学者们研究，传教士和历局的文人翻译的当时西方主要的天文学家的著作有13部之多，如第谷（Tycho Brahe）的《新编天文学初阶》（*Astronomiae Instauratae Progymnasmata*）和《新天文仪器》（*Astronomiae Instauratae Mechanica*），哥白尼（Nicolaus Copernicus）的《天体运行论》（*De Revolutionibus*），开普勒（Johannes Kepler）的《新天文学》（*Astronomia Nova*）、《天文光学》（*Ad Vitellionem Paralipomena*）和《哥白尼天文学纲要》（*Epitome Astronomiae Copernicanae*），伽利略的《星阶使者》（*Sidereus Nuntius*），现在这些书全部放在中国国家图书馆的《北堂藏书》之中。[2] 第二部分的《法术》和第三部分《法算》介绍的是西方天文学的计算系统和数学的知识，第四部分《法器》讲的是测天的天文仪器，最后的《会同基本书目》主要是中西方各种度量单位的换算表。

《崇祯历书》倒是翻译和编写出来了，但崇祯皇帝在故宫后的煤山上上吊自尽了。大明王朝就这样草草退了场，满清的铁骑踏进了北京。多亏多尔衮接受了汤若望，《崇祯历书》的成果才得以保存了下来。新的王

---

[1] 徐光启：《徐光启全集》第9册，上海古籍出版社2010年版，第198页。
[2] 江晓原：《天文西学东渐集》，上海书店出版社2001年版，第401—402页。

朝同样需要天文历法，同样要借助于天文的占卜证明自己的合法性。很快，汤若望被清廷接受，洋人第一次主持了钦天监，汤若望坐上了钦天监监正的宝座。汤若望将《崇祯历书》改名为《西洋新法历书》在全国发行。于是，西洋历法正式在中国登场。从此，清王朝的钦天监一直由西洋人掌管，长达两百年之久。

《崇祯历书》或者说《西洋新法历书》到底给国人带来了哪些新的东西呢？相对于过去的《授时历》，它的特点表现在哪里呢？

首先，和传统的历书相比，它在计算的方法上改变了。中国古代历书的天文学方法是一种纯代数的方法，这是根据观测和实测，建立起来的一套天体位置的运算方法，这个方法可以根据观察的情况，对计算的公式进行不断的修改，使其更为精确。这种方法不需要任何几何图像。而《崇祯历书》中完全采用了西洋的几何模型方法，通过构造几何模型和实际观测确定模型中的参数，"然后据此模型用几何方法演绎推导，即可获得对天体运行位置之预告；若预告与实测不合，则修改模型结构或参数，至预告与实测吻合为止"[①]。这实际上使中国天文学的计算方法从传统的代数学体系转变为欧洲古典的几何学体系。其次，在天文学中明确地引进了"地圆"的概念，认为地是圆球形的，而不是"天圆地方"。每250里相当于天之一度，经纬度的概念开始被正式引入。这不仅对于破除旧有的观念十分重要，而且为预测月食和日食奠基了基础。最后，它还引进了一整套的不同于传统天文学的度量和计算制度与方法。这包括分圆周为360度，一日96刻，60进位制，黄赤道坐标制，从赤道起算的90度纬度制和12次系统的经度制等等。

这样的改变使中国的天文学产生了两个重要的结果。

第一，使中国的天文学和欧洲的天文学非常接近。根据学者们的考察，当时中国的天文学的水平和欧洲也就是相差十年左右的时间，基本在一条起跑线上。例如，伽利略用望远镜所发现的新的天文现象，五年后就被介绍到中国，最新的欧洲天文学家的著作不到七八年就在中国有了译本，开始被运用到天文计算中。现在天文学是在欧洲近代天文学的

[①] 江晓原：《天文西学东渐集》，上海书店出版社2001年版，第408页。

基础上发展起来的，四百年前，在耶稣会会士和中国科学家的共同努力下能做到这一点是很不简单的。

第二，促使了中国民间天文学的发展。天文占卜事关皇权，"私习天文"是犯法的，有被砍头的风险。但自耶稣会会士来华后，开始出版天文学方面的书籍，展示西方天文学的仪器设备，不但没被杀头，还备受欢迎。特别是汤若望主持的《西洋新法历书》在全国刊行后，有多种版本刻印。这无疑推动了民间天文学的研究。清初时在民间能产生王锡阐、梅文鼎这样很有成就的布衣天文学家，和《西洋新法历书》在全国的刊行有着直接的关系。

应该如何看待耶稣会会士所介绍进来的西方天文学呢？这在学术界一直有争论。一种意见认为，耶稣会会士的这些介绍工作促进了中国天文学和西方近代天文学的接触，对中国天文学有着积极的意义；另一种意见认为，这些来华的耶稣会会士在中国没做好事，他们介绍进来的东西都是中世纪的科学："正是由于耶稣会传教士的阻挠，直到十九世纪初中国学者（阮元）还在托勒密体系与哥白尼体系之间徘徊。"对这个争论，江晓原先生已经进行了很深的研究，并较为全面地回答了后一种意见。在他看来，耶稣会会士的工作的确促进了中国的天文学发展，他做了如下三条分析。

第一，耶稣会会士们所介绍的托勒密天文学是合适的。在《崇祯历书》中，耶稣会会士们采用的是第谷的体系，而且对托勒密给予了很高的评价。《崇祯历书》在谈到托勒密时说："西洋之于天学，历数千年、经历百手而成……日久弥精，后出者益奇，要不越多禄某范围也。"这里的"多禄某"就是"托勒密"。他们把托勒密的《至大论》说成"历算之纲维，推步之宗祖也"，这就是批评耶稣会会士的学者的论据之一，言下之意是传教士们介绍的是中世纪托勒密的落后的天文学体系。但是，这种意见没有看到，哥白尼理论出现后，虽然人们开始转向日心说，而逐步抛弃了地心说，但天文学是一个逐步进步的过程，在开普勒的行星运动三大定律发现之前，人们还是要采取托勒密的计算方法。耶稣会会士们介绍了西方的天文学，那他们就必须说明托勒密在西方天文学历史中的地位和作用，这样，给予托勒密较高的评价是很自然的，正如江晓原所说:"《崇祯历书》成于1629—1634年间,但基本上未超出开普勒发现行星运动三定律之前的西方天文学水平。在这个限制条件之下,根据上面的讨论,不难看出《崇祯历书》给予托勒密天文学的评价和地位基本上是恰如其分的、合理的。"①

第二,耶稣会会士们为何采用了第谷体系而没有采用哥白尼体系?这一点是对耶稣会会士的主要批评,但在我们看来,这个观点是对历史的无知。因为在当时,哥白尼虽然最早提出了日心说,但并未发展出成熟的计算系统,而当时最为成熟的计算系统是第谷体系,更何况在当时的欧洲也尚未公认哥白尼的理论是最先进的。一种说法是传教士们向中国的科学家们隐瞒了哥白尼的学说,另一种说法是直到乾隆时代的蒋友仁(Michel Benoit,1715—1774)来中国后才介绍了哥白尼的学说。这显然不符合基本的事实。汤若望在《西洋新法历书》中就已经介绍了哥白尼(哥白泥),文中说:"悉本之西洋治历名家曰多禄某、曰压而封所、曰哥白泥、曰第谷四人者。盖西国之历学,师传曹习,人自为家,而四家者首为后学之所推重,著述既繁,测验益密,历法致用,俱臻至极。"汤若望在他所写的《历法系传》一书中专门为托勒密、哥白尼、第谷三个人的四部著作进行了详细的提要说明。

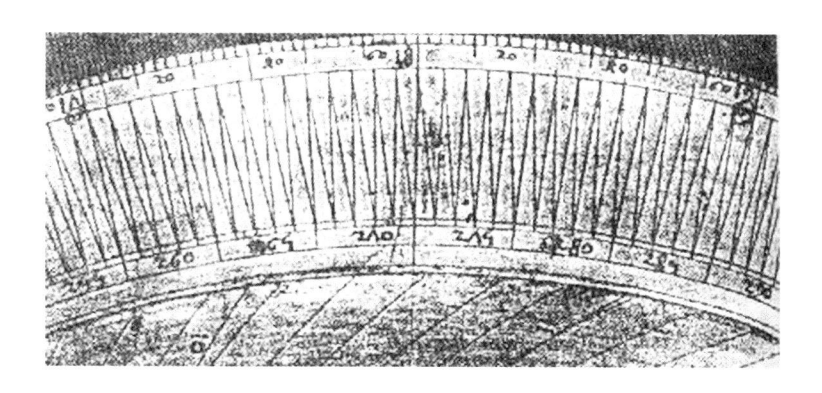

图3—3 星盘的横截线刻度

---

① 江晓原:《天文西学东渐集》,上海书店出版社2001年版,第328页。

第三，耶稣会会士们这样做的目的何在？耶稣会会士们来中国是为了传教，的确不是为了中国的现代化，而是为了"中华归主"。但他们为实现这个目的，首先是以科学为手段，通过向中国文人们介绍西方的科学，进而使中国人相信西方的宗教。他们向中国文人们展示的西学是"经世致用"之学，特别是他们所用以取代回回历和大统历的西洋历法就是以测验准确而著称的。而第谷体系的特点就是测试准确，正是这一点才赢得了中国科学家们的认可。以"科学传教"为手段的耶稣会会士，越想在中国获得影响，就越要拿出实用、可靠的科学技术，以吸引当时的文人士大夫。正如江晓原先生所说："耶稣会会士既然想通过传播西方天文学来帮助传教，他们当然必须向中国人显示西方天文学的优越性，这样才能获得中国人的钦佩和好感。那么，他们只能，而且必须拿出在中国人也同意使用的判据之下为优的东西，才能取得成功。这个东西在当时不是别的，只能是第谷天文体系。"

二　制造测天仪器

从耶稣会会士入华的初期开始，制作一些西方的天文仪器，作为礼物送给中国的达官文人就是他们常做的一件事。利玛窦就制作过天球仪、地球仪、日晷、象限仪、纪限仪等。汤若望在他和徐光启等中国学者主持的《崇祯历书》中就不仅介绍了西方天文学的理论，而且也介绍了西方天文学的仪器。如果我们把《崇祯历书》中所介绍的西方天文仪器列个表，则有以下17种：①古三直游仪；②古六环仪；③黄赤全仪；④古象运全仪；⑤弧矢仪；⑥纪限仪；⑦象限仪；⑧地平经纬仪；⑨平面悬仪；⑩星盘；⑪赤道经纬全仪；⑫赤道经纬简仪；⑬黄道经纬全仪；⑭天球仪；⑮演示浑仪；⑯木候仪；⑰望远镜。

按照学者们的考察，"通过《崇祯历书》的编撰，传教士们已经把1619年以前的绝大多数欧洲天文学仪器介绍给钦天监"[1]。传教士们不仅仅是在书本中介绍，也实际地制作这些天文仪器，一是为了实际的天文

---

[1] 张柏春：《明清测天仪器之欧化》，辽宁教育出版社2000年版，第154页。

图 3—4 西洋天文仪器

观察；二是为了向皇帝们展示西洋的天文仪器，晚明时传教士和中国的天文学家们也曾联合制作过一些天文仪器，但大规模地制作西方天文仪器的是清初时比利时来华的传教士南怀仁。

经过清初的"历狱之争"，南怀仁取得了康熙的完全信任，康熙八年（1669年3月11日）礼部建议授南怀仁为钦天监监正，4月1日康熙正式下旨，让南怀仁"治理历法"。如此一来，南怀仁便开始大规模地制作西方天文仪器，根据南怀仁自己的记载，他在四年期间制作了六样大型的天文仪器，康熙十三年（1674年3月6日），吏部正式奏报给康熙，说："钦造之仪象告成。"同时，南怀仁还写下了《新制灵台仪象志》，将他所制造的各种天文仪器的制作过程以及安装到观象台的全过程进行了详细的介绍。

图 3—5　北京古观象台

这样，六台崭新的西洋天文仪器便矗立在北京的东南角的古观象台上，给古老的北京增添了新的气象。

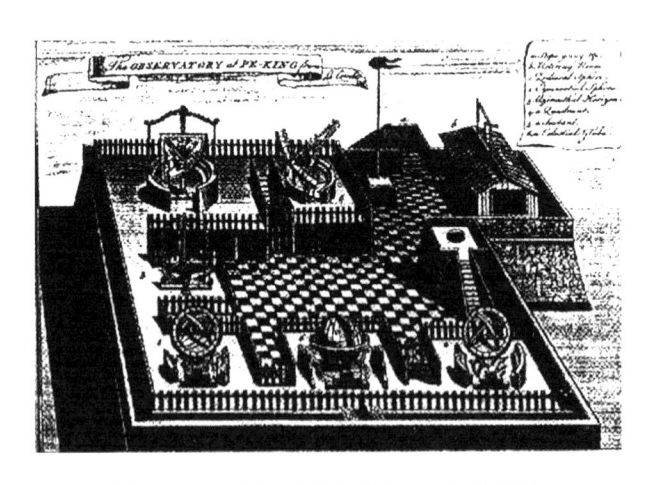

图 3—6　康熙年间北京观象台的仪器布局

从以下的对比图中，我们可以看到南怀仁所制的六件天文仪器和欧洲天文仪器之间的关系。

ARMILLÆ ZODIACALES.

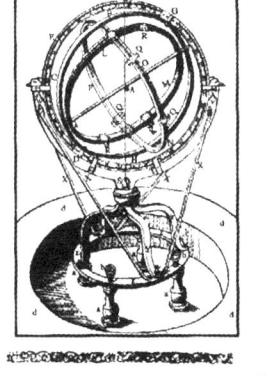

（Wandesburg，1598）

图 3—7

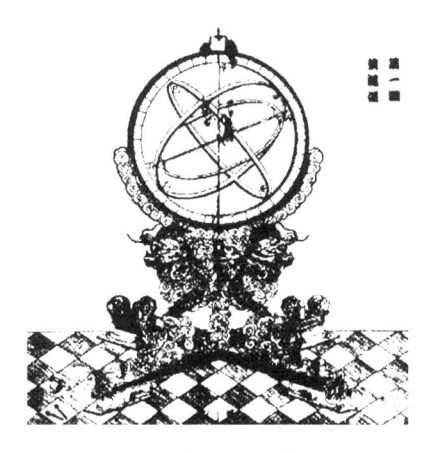

（北京，1674 年）

图 3—8　黄道经纬仪

ARMILLÆ ÆQVATPRIÆ

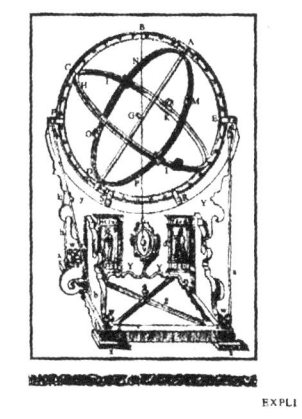

（Wandesburg，1598）

图 3—9

（北京，1674 年）

图 3—10　赤道经纬仪

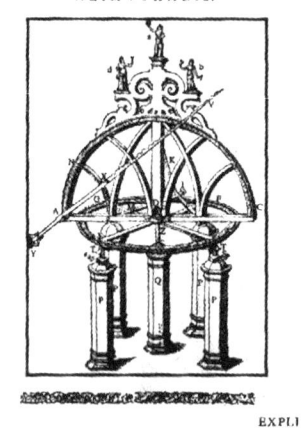

（Wandesburg，1598）

图 3—11

（北京，1674 年）

图 3—12　地平经仪

（Wandesburg，1598）

图 3—13

（北京，1674 年）

图 3—14　象限仪

第三章 西方天文历算的传入 / 75

(Wandesburg, 1598)

图 3—15

(北京, 1674 年)

图 3—16 纪限仪

(Wandesburg, 1598)

图 3—17

(北京, 1674 年)

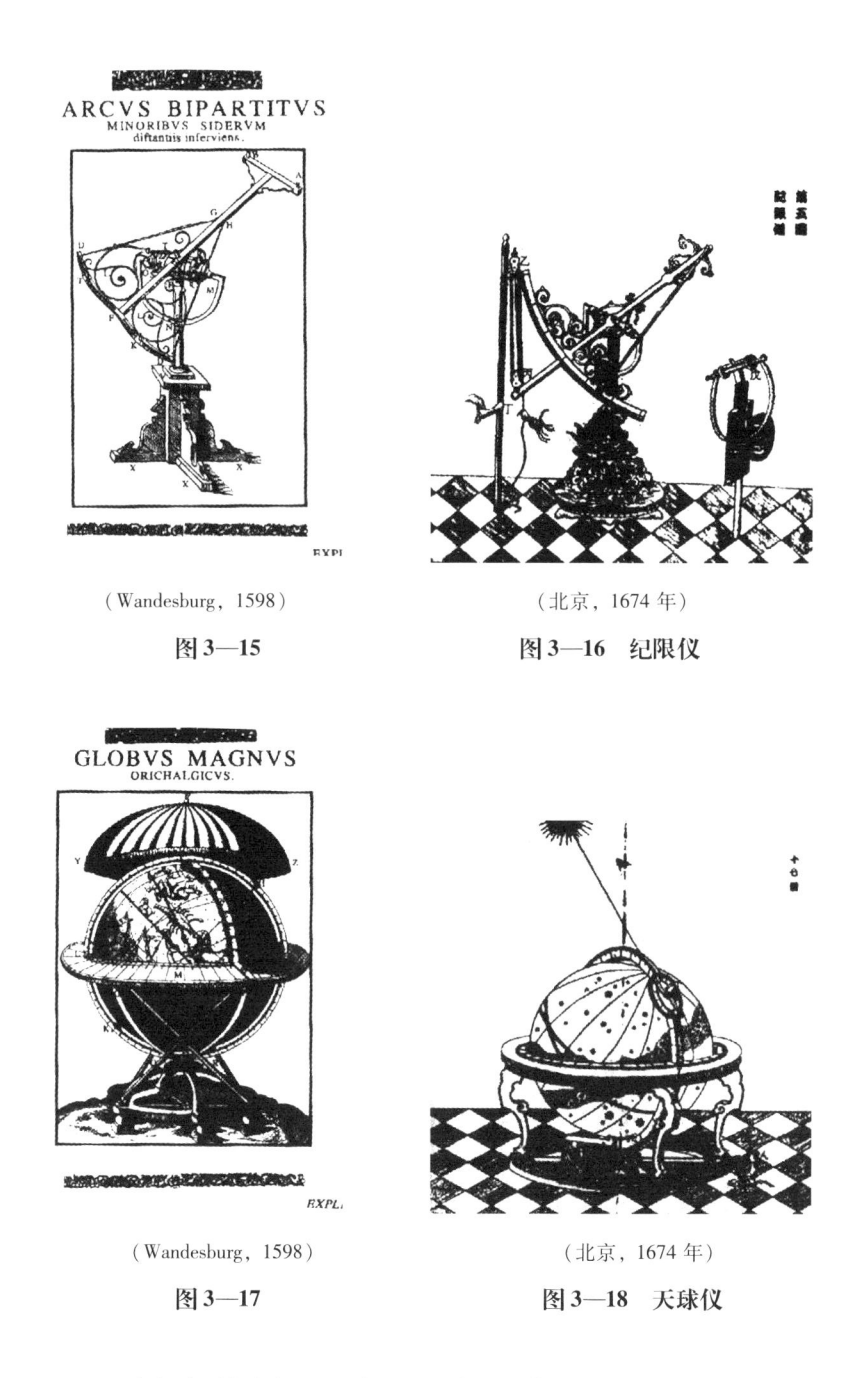

图 3—18 天球仪

那么,南怀仁制造的这些新的西洋天文仪器给中国的天文学带来了哪些新的东西呢？关于这个问题专家们已经进行了极为深入的研究。

首先，从中西文化交流的角度来看，传教士们所制作的这些天文仪器毕竟是西方天文仪器在中国的第一次登场，它促进了当时的中西文化交流，使中国的天文学家们在传统的天文仪器制造之外，还看到了地球的另一个文明的天文仪器和制作方法。

其次，从纯粹的技术工艺上讲，这些天文仪器的制作也有自己的特点，和中国的传统天文观测仪器相比，结构更为简洁，使用也更为灵活，机械构造的方法上有些更为合理。

最后，特别是望远镜的介绍和使用具有十分重要的意义，欧洲的近代天文学的发展最主要的就是得益于望远镜的使用。

但当南怀仁制作这些天文仪器时，他离开欧洲已经近二十年，他已经不太了解欧洲天文学的新进展了。因此，如果同当时的欧洲天文仪器相比南怀仁制作的这批仪器已经有点落后了，但这样的设备是和他所使用的第谷天文学理论相匹配的，因此，还是说得过去的。但是后来的戴进贤（Ignace Kögler，1680—1746）、刘松龄（Augustin de Hallerstein，1703—1774）等传教士在接替南怀仁的工作以后，由于受到南怀仁已定的思路，大体上仍是在这个方向做的，仍未做出超过欧洲天文学的仪器。而这之后欧洲的天文学开始有了较大的进步，这样，原本比较接近欧洲天文学的中国天文学和西方渐渐拉开了距离。所以，有的学者甚至认为，北京古观象台的这些巨大的天文仪器如果和后来欧洲所发展起来的现代天文仪器相比，好像是"科学的恐龙"。

工作在古观象台的传教士们一代接着一代，替天朝的皇帝守护着这个通天的阶梯，但是很遗憾，他们在这个高高的观测台上，并没有做出任何新的科学的发现，没有获得任何推动近代科学的成果。这是为什么呢？大概有以下两条原因。

第一，传教士们的心思不在科学上，科学只是他们的敲门砖。作为传教士，传教是其首要目标，而科学只是其为达到传教目的所采取的一种手段。这点南怀仁讲得很清楚："我们的天文学成为保持我们宗教在整

图 3—19 欧洲地毯画中的传教士天文学家

个中国生存最重要的根基。"① 传教士们认为:"如果欧洲的天文学(而对中国人来说,正像他们自己偶尔承认的那样,天文学仅仅是被置于次要地位的一种乐事)能够如此准确地说明天体运行的规律及其形成原因,那么天主教将一定能更加完美地与这些真实的规律和起因相适应!这就是穿越了半个地球之后才来到中国的宗教所恳切表达的意图,也是这一宗教唯一的宗旨,正像它再三声明的那样。"② 所以,只要算得准,测天没有差误,也就说得过去了。传教士们并不太关心天体运动的新规律,并不想要推动天文学的新发展,他们关心的是清王朝帝王对天主教的态度,他们想推动的是天主教在中国的发展。所以,我们不能脱离历史去责难这些传教士,从传教士的角度来看,他们做得已经足够多了,他们已经大大超出了常规传教的范围了。

第二,清朝的帝王们也只是将"观天"作为维护其政治统治的手段,

---

① [比]南怀仁:《欧洲天文学史》,余三乐译,大象出版社 2016 年版,第 2 页。
② 同上书,第 55 页。

从未想过推动科学的发展。如果把中国天文学落后于欧洲天文学的责任推到几个传教士身上，那就想得太简单了。从根本上讲这是中国自身的问题。中国天文学的传统从根本上说就具有政治性，帝王们关心的是要测准天体运动，特别是日食和月食，以证明王朝的合法性。当然也要算准季节的转换，以不误农时。如此一来，他们对钦天监的要求也只是算准、测准就行。"当家的"是这样的要求，传教士们当然不可能主动请缨去研究天文学的最新发展。实际上，当传教士把代表欧洲最新科学仪器的望远镜送给乾隆皇帝时，他也只是用它来看看月亮。实际上，传教士已经把当时很多欧洲最新的发明带到了宫中，但这些都成了帝王和妃子们茶余饭后消遣的观赏品。另外，巍峨的古观象台也只是皇家科学的象征，平民是无法站在那里看北京的日出日落的，更不要说在那里连续地观察天文。这样一来，这些西洋的仪器并未能真正走向民间，或为民间天文学家所用。

从晚明汤若望执掌钦天监开始，经清初南怀仁力辩杨光先，将清初历狱彻底翻了过来，重掌钦天监，到 1826 年葡萄牙的传教士高守谦（Serra）因病回国，西洋传教士掌握钦天监长达两百多年。无论是天文学理论还是天文观测仪器，西洋的天文学在中国开始占据主导地位，使中国的天文学发生了脱胎换骨式的变化，并且深刻地影响了中国天文学的发展，改变了不少优秀的民间天文学家的研究方向，推动了他们的天文学研究。

清代中国的著名天文学家梅文鼎的一首诗很好地说明了西方天文学在中国的影响。他写道："窃观欧罗言，度数为专攻。思之废寝食，奥义心神通。唯恨栖深山，奇书亦罕逢。我欲往从之，所学殊难同。讵忍弃儒先，翻然西学攻。或欲晰学历，论交患不忠。立身天地内，谁能异初衷？晚始得君书，昭昭如发蒙；曾不事耶稣，而能彼术穷。乃知问郯者，不坠古人风。安得相追随，面命开其朦。"① 正是这种"翻然西学攻"的精神，使得清代的一些天文学家虽然"曾不事耶稣"，但确能吸收西学，"能彼术穷"，从而出现了梅文鼎、薛凤祚等一批精通西方天文学的天文

---

① 转引自阎宗临《传教士与法国早期汉学》，大象出版社 2003 年版，第 14 页。

学家。从这一点，我们就可以看出经传教士介绍后，西方天文学在中国的影响和传播。

三 介绍西方数学

数学和天文历法不可分，所以在传教士向中国介绍西方的天文学时，西方数学研究成果也就随之被介绍了进来，例如，利玛窦在他的《乾坤体义》中，上卷言天象，下卷就讲算数。讲到西方数学在中国的传播，首先就要提到利玛窦和徐光启合作翻译的《几何原本》。阮元在谈到西学在中国的传播时说"《天学初函》诸书，当以《几何原本》为最"，梅文鼎认为"言西学者以几何为第一义"，日本学者小川琢治则认为把《几何原本》看成利玛窦向东方所介绍的最好的纪念物。当年，利玛窦死后葬在何处成了一个问题，当时的内阁大学士叶向高说，不要说别的贡献，利玛窦就凭他的《几何原本》这一本书就足可以让皇帝赐他葬地。由此可见《几何原本》在当时的影响。

图3—20 《几何原本》

实际上《几何原本》在元代时就传入中国，但当时只是阿拉伯文，并未翻译成中文。这次利玛窦和徐光启的合作，才让中国人真正看到西

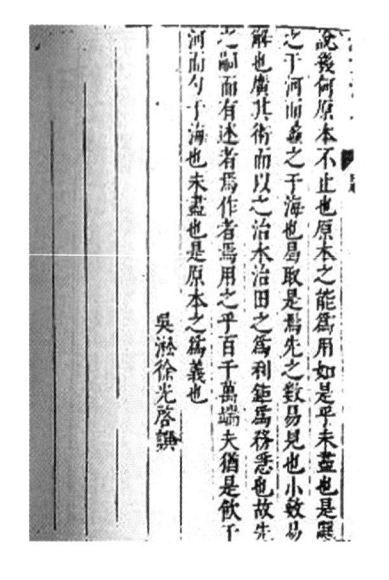

图 3—21 《测量法义》（1）

方数学的真面目，其重要性正如徐光启所说的："算术者工人之斧斤寻尺，历律两家旁及万事者，其所造宫室器用也。此事不能了彻，诸事未可易论。"数学如做工的斧头和尺子，如无斧子和尺子，如何造房，没有数学万事都做不成。徐光启跟着利玛窦学习数学一发不可收，1608 年前后一下子完成了三部数学著作，这就是《测量法义》《测量异同》《勾股义》。《测量法义》实际上一半是翻译，一半是他自己的创作。他把利玛窦的口述和自己对中国传统数学的理解结合了起来，解释了如何将西方的测量学用于实际的测量。《测量异同》是他将西方的测量方法和中国测量方法的比较，而《勾股义》则是徐光启根据《几何原本》的原理对中国古代的勾股弦定理的证明。徐光启真的把《几何原本》悟透了，从中获得了灵感，他认为《几何原本》"能令学理者祛其浮气，练其精心，学事者资定法，发其巧思，故举世无一人不当学"[①]。

[①] 《徐光启集》上卷，上海古籍出版社 1986 年版，第 76 页。

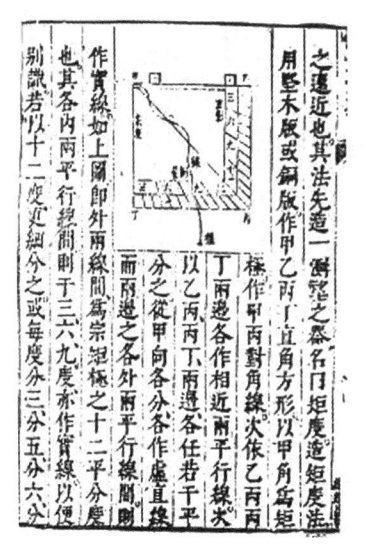

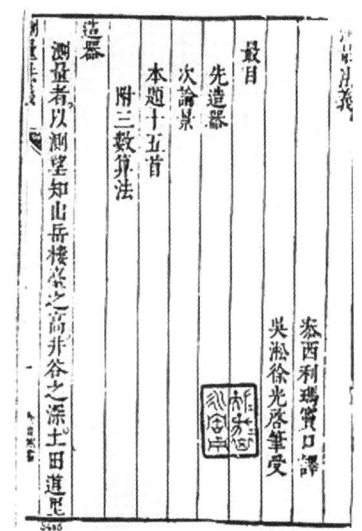

图 3—22 《测量法义》（2）

徐光启还和罗雅谷合作翻译了《测量全义》，介绍了西方数学的三角形的知识，瞿式穀和艾儒略合作翻译了《几何要法》，受老师徐光启的影响，孙元化也写下《几何用法》一书。由此可见，当时学习西方的几何之学已成为士大夫们学习西学的重要内容。

对数学的介绍首推利玛窦和李之藻合作的《同文算指》，在介绍西方的笔算方面，《同文算指》的贡献最大，因为在耶稣会会士们来华之前，中国的算术主要还是筹算和珠算，通过这本书，西方的笔算方法被介绍了进来。虽然从内容上看，它并未超过中国古代的数学传统，但毕竟介绍了一种新的方法。当时对西方数学有热情的不仅是士大夫，连皇帝也对其兴趣极大。康熙即位不久就请南怀仁为其讲授天文数学，后又将张诚、白晋等留在身边为他讲授几何学，还把《几何原本》翻译成了满文。

西方的代数学一开始传入中国时被称为"西洋借根法"，也叫"阿尔热巴拉"或"阿尔朱巴尔"，这都是 Algebra 的译音。康熙皇帝一度对此很感兴趣，在梵蒂冈档案馆和中国的满文文献里还留下了他在承德避暑山庄跟传教士们学习"阿尔热巴拉"的文献。康熙五十二年

图3—23 满文《几何原本》

(1713)六月十七日和素给康熙的奏报称:"西洋人吉利安,富生哲,杨秉义,杜德海将对数表翻译后,起名数表问答,缮于前面,送来一本。据吉里安等曰:我等将此书尽力计算后,翻译完竣,亦不知对错。圣上指教夺定后,我等再陆续计算,翻译具奏,大约能编六七本。"[1]这说明康熙当时在研究对数问题,对数学有着极大的兴趣。康熙五十一年(1712),康熙到热河避暑山庄,将陈厚耀、梅珏成等人都带到承德,同他们讨论《律历渊源》的编写问题。[2] 第二年命诚亲王胤祉等人"修律吕,算法诸书"[3]。

西洋的数学著作除了上面介绍的以外还有:邓玉函的《大测》二卷,《割圆八线表》六卷,《测天约说》二卷,汤若望的《浑天仪说》五卷,《共译各图八线表》六卷,罗雅谷的《比例规解》一卷,《筹算》一卷,

---

[1] 中国第一历史档案馆编:《康熙朝满文朱批奏折全译》,中国社会科学出版社1996年版,第878页。

[2] 李迪:《中国数学史简编》,辽宁人民出版社1984年版,第266页。

[3] 《清史稿》卷四十五《时宪志》第七册,中华书局1997年版,第169页。

这些都是收录在《崇祯历书》中的数学著作。其他还有像穆尼阁（Nicolas Motel，1617—1675）在南京传教时和薛凤祚合作的《比例四线新表》《比例对数表》。这些西洋数学书之后很多被收入了《数理精蕴》和《历象考诚》之中。

康熙喜欢数学也并不仅仅是自己玩玩而已，他还认识到这些西洋的玩艺是有用的，他重视对数学人才的培养就说明了这一点。康熙五十二年（1713），康熙下谕："谕和硕成亲王允祉等，修辑律吕算学诸书，着于蒙斋立馆，开志定坛庙宫送殿乐器。举人照赵海等四十五人……，学算法之人。"① 于是，他开始建立清朝的算学制度。他要求每个旗要选送10人，交钦天监安排在不同的科中学习，待以后钦天监缺人时立即补上。康熙五十二年（1713）所设立的"蒙养斋"实际就是安排八旗子弟学习数学、天文的地方，雍正元年（1723），《数理精微》和《历象考成》正式出版发行之时，在八旗官学中开始设立算学，有教习十六人，每旗中挑选资质较高的孩子三十余人学习算学。这个算学制度一直延续到了乾隆时期，乾隆三年（1738）正式停止了八旗官学的算法，但专设算学，这个机构一直存在。这说明，从康熙朝开始，清朝对西洋算学的重视。

西洋数学的传入对中国数学还是产生了不小的影响的。晚明以后，中国文人中研究西方数学的人明显增加，例如王锡阐的《晓庵心法》，薛凤祚的《天学会通》，方中通的《数度衍》，李资金的《算法通义》《几何易简集》《天弧象线表》，杜知耕的《集合论约》《数学论》，黄百家的《句股矩测解》，陈世仁的《稍广补遗》，梅文鼎的《历算全书》《勿庵历算书目》，黄宗羲的《割圆八线解》《西洋秝法》等等，这样的人物和著作我们还可以列出一长串，方豪统计有42名文人写下近73部数学著作，这足以反映当时西方数学在中国数学家中的影响。

实际上，西洋数学的传入对中国数学的影响大体分三个阶段：第一个阶段是从晚明利玛窦等人开始到康熙末年《数理精微》的出版，这大约经历了一个半世纪，这一阶段主要是以翻译介绍西方数学为主；第二个阶段是从雍正朝开始到基督新教入华前，此时在西方数学的影响下，

---

① 《清圣祖实录》卷256，康熙五十二年五月甲子。

更多的中国学者转入了对中国传统数学文献的整理，这当然是和当时整个的文化氛围连在一起的，但如果没有第一时期传教时所介绍的西方数学，也不可能有中国学者自觉地对自己传统的重视；第三个阶段是在基督新教入华后，西方数学的第二次传入。在第二阶段，由于"西学中源说"的观点日益被官方和不少学者接受，在对西方数学的评价上产生了分歧，有人说，"西算不如中算"，也有人说"中算和西算没有太大的差别"，还有人说"中西算法各有自己的问题"，而同意"西洋算法在中国古代早已有之"的观点也为数不少。今天我们看来，其实这些争论的出现本身就说明了西方数学在中国的影响，它直接推动了中国本土数学的发展。这正是：西学之风韫新雨，古树新芽借西潮。

第四章

从《山海舆地全图》到《中国新图》

对大航海后西方地理学知识的介绍是入华传教士们所做的一个重要的工作，它首先表现在绘图上，接着是详细地介绍西方的地理学知识。这件事在当时中国的影响和传教士们所介绍的西方天文学、数学一样，真可谓石破天惊，一石激起千层浪，对中国人的思想产生了重要的影响。同时，传教士们也开始在西方绘制和出版中国的地图，从而揭开了中国神秘的面纱。

一 明末利玛窦的《山海舆地全图》

利玛窦在肇庆时，凡到他的房间去的文人们最喜欢的东西之一就是他挂在墙上那幅"山海舆地全图"。利玛窦在日记中记载，许多中国人第一次看到这幅地图时，简直目瞪口呆，不知说什么好。因为几千年来的"夷夏之分"使中国人自认为在世界上只有自己的国度是最文明的，其他地方都是蛮荒之地；中国历来地处世界的中心，是文明的中心。现在这幅地图上竟然在中国之外仍有那么多的文明国家，更不可容忍的是，中国在世界上竟不处在中心地位，与整个世界相比，中国竟如此之小。利玛窦看出了这幅地图对中国文人们的冲击，为了使中国人更好地接受，他重新绘制了这幅地图，只是这次将中国放在地图的中心位置，这样可以使中国人在心理上舒服些，满足了"华夏中心"的想法，反正地球是圆的，利玛窦这样画时也倒没有违反什么原则。目前尚不能肯定利玛窦绘制地图所参照的原本是哪本书，但大多数学者认为很可能是1570年出版的奥特里乌斯的《寰宇概观》一书。这本书现在藏在北京的国家图书馆。

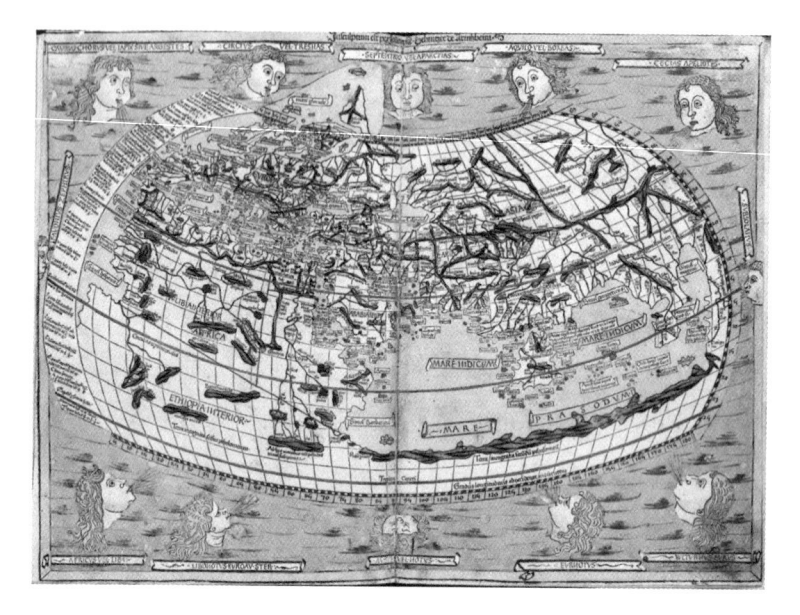

图 4—1 克劳迪亚斯·托勒密《宇宙志》，球行投影的世界地图

一时间，利玛窦的《山海舆地全图》成为文人的热门话题，根据洪煨莲先生的考察，在短短的时间里这幅图竟然在全国先后被翻刻了十二次之多，他们分别是：1584 年在肇庆由王泮刻印的《山海舆地全图》，1595 年在南昌刻印的《世界图志》，1598 年赵可怀、勒石在苏州两度刻印的《山海舆地图》，1596 年在南昌刻印的《世界地图》和《世界图志》，1600 年吴中明仔南京刻印的《山海舆地图》，1601 年冯应京在北京刻印的《舆地全图》，1602 年李之藻在北京刻印的《坤舆万国全图》，1603 年在北京刻印的《两仪玄览图》，1604 年郭子章在贵州刻印的《山海舆地全图》，1606 年李应试在北京刻印的《世界地图》，以及 1608 年宫中的太监们摹绘的《坤舆万国全图》。①

---

① 黄时鉴、龚缨晏：《利玛窦世界地图研究》，上海古籍出版社 2004 年版。

第四章 从《山海舆地全图》到《中国新图》 / 87

图 4—2 奥特里乌斯《寰宇概观》，东印度群岛地图，安特卫普，1570 年

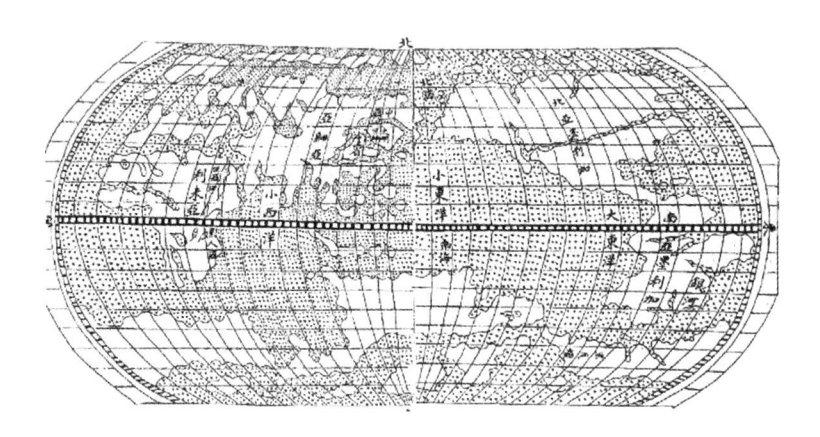

图 4—3 《山海舆地全图》

当代学者黄时鉴和龚缨晏在洪煨莲先生研究的基础上，对利玛窦所绘制的地图和流传进行了总结性的研究，提供了大量新的材料，令人耳目一新。从他们的研究中我们看出，当时利玛窦地图在知识分子中的传播是相当广泛的。例如，1595年在南昌刻印的《世界图志》已经找不到了，但利玛窦在南昌时所结识的理学大家章潢却把利玛窦的《世界地图》摹绘了下来，收入了他的《图书编》中，使我们可以看到当年南京刻印本的样子。1601年冯应京在北京刻印的《舆地全图》今天也完全看不到了，但在章潢的《月令广义》中确有冯应京的摹本。

他们在王圻的《三才图会》中也发现了《山海舆地全图》的摹绘本；利玛窦绘，冯应京刻印的《世界舆地两小图》至今尚未发现，但他们在明末程二百的《方舆胜览》中发现了它的翻刻印本；王在晋的《周天各国图四分之一》实际上是一幅包含东亚的投影世界地图，作者注明是利玛窦绘的，但利玛窦自己从未提到过。黄和龚两位学者认为，从地图的知识内容来看不可能是中国学者所绘，很可能就是利玛窦所绘。这至少说明当时利玛窦地图流传之广。

利玛窦的地图不仅在中国广为流传，同时也传到了日本和朝鲜。朝鲜弘文馆副提学李晬光在他1614年所写的《芝峰类说》一书中说朝鲜使臣李光庭将利玛窦的地图带回来朝鲜，"我们知道，《坤舆万国全图》是1602年秋在北京问世的，次年即已传入朝鲜，可见其传播速度之快"。传入日本的利玛窦地图除了传教士带去的外，也有通过各种途径传入日本的。目前，藏在日本的利玛窦地图有三幅，分别藏于京都大学、宫城县县立图书馆和日本国立公文馆内阁文库。另外，如上面提到的中国文人所摹绘的利玛窦的地图也被日本的各种书籍转录。利玛窦的地图在日本流传之广真是超出我们的一般想象。在"江户时代的著述，有三十余种利用或提到了利玛窦的世界地图，另有二十五部文献中描绘的世界地图参考了利氏地图。这五十余种文献具有这样一些明显的特点：一、时间跨度长，从1661年一直延续到1863年；二、作者身份庞杂，包括官员、学者、军事家和翻译家等；三、书籍种类多，不仅有天文地理著作，而且也不乏小说随笔，以及《节用集》《唐土训蒙绘图》之类面向一般读者的简易百科辞典。通过这些不同类型的读物，在整整两个世纪中，利玛窦世界地图对江户时代各阶层人们的世界地理观产生了广泛影响"。[①]

后来，利玛窦到北京时，打动万历的除了那件定时会响的自鸣钟以外，还有这幅万国全图。据说，当年万历让利玛窦将这幅万国全图做成分图，然后贴在屏风上，成为屏风上的图案，每天坐卧起居之时，他都

[①] 黄时鉴、龚缨晏：《利玛窦世界地图研究》，上海古籍出版社2004年版，第128页。

要将身边的这幅屏风地图看上几遍。万历是有感于地图上那些异国风情的图案,还是因其内容冲击了他的心灵,我们不得而知,不过每天几次不自觉地站在这幅地图前发呆,就足以说明,他深深地被利玛窦的这幅地图吸引了。

那么,利玛窦的这幅"万国全图"给当时的中国人带来了什么新的东西呢?它凭什么得到了上至皇帝、下到书生们的喜欢呢?或者说为什么会受到另一些人的强烈反对呢?这幅地图为何如此受到朝鲜人和日本人的喜爱,被其不断地翻刻和收藏呢?

我想大约有以下两条。

第一,打破了"夷夏之分"的传统观念。"夷夏之分"是儒家的一个重要看法。远在春秋时代,孔子从政治统一的观点出发,在《春秋》中他主张尊王攘夷;从文化的角度出发,在《论语》中他主张用夏变夷。这样夷夏之分的思想就成了儒家的主要传统思想之一。先秦儒家通过"吾闻用夏变夷者,未闻变于夷者也"(《孟子·滕文公上》)的"夷夏之辨"确立了华夏文化的"远人不服,则修文德以来之"(《论语·季氏》)的自信心和"夷狄之有君,不如诸夏之无也"(《论语·八佾》)的优越感。宋代理学家石介所谓《中国论》说得最为明白:"天处乎上,地处乎下,居天地之中者曰中国,居天地之偏者曰四夷,四夷之外也,中国内也。"[①] 这种文化上的自信心和优越感,一直是中国士大夫们的天下观的支撑点。今天,在利玛窦的地图面前,文人们突然发现华夏并不等于天下,在这个世界上,中国之外也并非都是蛮夷之地,遥远的欧罗巴其文明程度几乎和中华文明一样悠远和灿烂,那里工皆精巧,天文地理无不通晓,俗敦实,重五伦,物汇甚盛,君臣康富,四时与外国相同,客商游遍天下。如此一来,几千年脑中的"夷夏之分"瞬间倒塌,这种冲击是可想而知的。

所以,利玛窦的地图所介绍的这种文化观念始终受到了不少人的批评,晚明时文人李维桢看到利玛窦的地图上中国画得很小(实际上,利玛窦为了满足中国文人的华夏中心的观念,已经把中国放到了地图的中

---

① 石介著,陈植锷校:《徂徕石先生文集》,中华书局1984年版,第116页。

央)很生气,认为地图"狭小中国",当时接受了西学知识的文人陈祖绶解释说:"夫西学非小中国也,大地也。地大,则中国小。"那些坚决反对传教士的人更是气不打一处来,说:"乃利玛窦何物?直外国一狡夷耳!"这些人拿出《尔雅》《说文解字》考证"亚"字,就是"小",就是"次",就是"醜(丑)",就是"微",反正是不好的意思,而利玛窦把中国所在地说成"亚细亚洲",居心何在。利玛窦的地图触动了几千年来的"华夏中心"的观念,这样的反对声音是很正常的。

当然,拥护、赞同利玛窦地图的人也不少。刻印利玛窦地图的郭子章有句话很典型,他在自己所刻印的《山海舆地全图》的序言中说:"利生之图说"是"中国千古以来未闻之说者"。当别人说,利玛窦是一个老外,他怎么可能与中国古代的天地观念一样呢?郭子章用孔子说过的"天子失官,学在四夷"为自己辩护,寻找理由。文人学子们在接受利玛窦的世界观念的同时,实际上开始逐渐地走出了华夏中心的老观念。和传教士多有接触的瞿式榖说:"且夷夏亦何常之有?其人而忠信焉,明哲焉,元元本本焉,虽远在殊方,诸夏也!"[1] 这里他已经完全消除了夷夏之分,在他看来,像利玛窦这些西洋人,人忠厚老实,思想深刻,待人本本分分的,虽然,他们在八万里之外,但那里也和我们华夏一样,同样是礼仪之邦。李之藻在《坤舆万国全图序》中则完全突破了传统的夷夏观念,以一种开放的态度看待东方和西方,力求会通中西:"昔儒以为最善言天,今观此图,意与暗契。东海西海,心同理同,于兹不信然乎?"

一幅地图,是一个新的世界观;一幅地图,是一个新的文化观。利玛窦的地图,从文化上第一次打破了中国几千年来的"华夏中心论",就此而言,给予利玛窦的地图再高的评价也不为过。

第二,它打破了"天圆地方"的观念。在中国第一个宣传地圆说的并不是利玛窦,而是道明会的传教士高母羡(Juan Cobo),他写了一篇名为《无极天主正教真传实录》的书,在书中已经明确提出"地圆说",但这本书在中国并未流传,只是方豪1952年在西班牙的国家图书馆里发

---

[1] 艾儒略:《职方外记校释》,谢方校释,中华书局1996年版,第9—10页。

现的。而利玛窦的地图是广为流传的，实际上中国文人所知的地圆学说也是从利玛窦这里听到的。利玛窦在他的地图中说："地与海本是圆，而合为一球，居天球之中，诚如鸡子黄在清内。有谓地为方者，乃语其定而不移之性，非语其形体也。"① 文人们见到这样的文字感触是很深的，对传教士所介绍的西学一直抱有热情的杨廷筠说："西方之人，独出千古，开创一家，谓天地俱有穷也，而实无穷。以其形皆大圆，故无起止，无中边。"（《职方外记序》）利玛窦可谓"独创新说的千古伟人"。对绝大多数的文人来说地圆说也是前所未闻，所以刘献廷在《广阳杂记》中说："如地圆之说，直到利氏西来，而始知之。"利玛窦自己也说："他对中国整个思想界感到震惊，因为几百年来，他们才第一次从他那里听到地球是圆的。"②

当然，反对的大有人在，张雍敬在他的《定历玉衡》一书中的观点最为典型。他认为，按照地球是圆形的观点，地球的四处都有人，如果是这样，那么，在球的下面的人岂不是头朝下站着吗？球两边的人岂不是横躺在球面上吗？平常我们看到小虫爬在梁上，但如果小虫是背向下的，就一定会掉下来，那么，在球下面的人难道不会掉下来么？由于他不懂万有引力规律，这些问题今天看起来是很可笑的。但当时张雍敬的观点受到了很多人的称赞，朱彝尊说："是书传足以伸儒者之气，折泰西之口。"杨燮则赞扬张雍敬是"以一人之独信，释千古之大疑，岂不畅然快事哉！"③ 同意张雍敬的人并不在少数，如果说他是从自然常识上反对地球是圆的这一观点的，那么，更有甚者，将这个基本的常识问题说成一个文化高低的问题，许大受这位对传教士一直很反感的文人认为，如果地球是圆的，那么在中午时我们不就转到了西洋人国家的下面了么？这样我们巍巍中华成了"彼西洋脚底所踹之国，其轻贱我中夏甚已！"④ 由此，他甚至认为"宁可使中夏无好历法，不可使中夏有西洋人"。

当然，对利玛窦的地圆说还有另一种看法，即认为中国古代早就有

---

① 《坤舆万国全图》，禹贡学会1933年本。
② 林金水：《利玛窦输入地圆学说的影响与意义》，《文史知识》1985年第5期。
③ 见《定历玉衡》，载《续修四库全书本》，上海古籍出版社2002年版。
④ 杨光先：《不得已》，黄山出版社2000年版，第60页。

之,并非西洋人所发明,清初天文学家梅文鼎说:"地圆之说,固不自欧逻西域始也。"这涉及中国古代的浑天说理论,如中国汉代天文学家张衡认为:"浑天如鸡子,天体圆如弹丸,地如鸡子中黄,孤居于内,天大而地小。"但这种浑天说实际上仍是主张"天圆地平"的,这点徐光启曾说过:"近世浑天之说明,即天为圆体无疑也。夫天为圆体,地能为平体。"① 重要的是中国古代的浑天说只是一种理论的设想,而西方的地圆之说是大航海后经过实践"所证明的正确学说"②。这种观点是当时清初时流行的"西学中源说"的体现,其实,这种观点恰恰也说明了传教士所介绍的西学对中国学问家们的冲击,正是在传教士们所介绍的西学的刺激下,很多文人开始重视自己的科学传统,清理自己的古代文献。不论如何理解"西学中源说",这种观点的产生从另一个方面反映了西学的影响,这是无可怀疑的。

二 清中前期西方地理学在中国的传播

西方地理学在明代的传入第一次是利玛窦所绘制的《坤舆万国全图》,第二次影响较大的就是艾儒略和中国文人杨廷筠合作出版的《职方外记》。艾儒略是意大利人,他继承了他的同乡利玛窦的传统,走适应中国文化的传教路线,获得了很大的成功。后来,他到福建传教和文人打得火热,被称为"西来孔子"。《职方外记》就是他在中国做的一件重要的事情。这本书的明刊本的署名是"西海艾儒略增译,东海杨廷筠汇记",所谓"增译",艾儒略在书的序言中说:"兹赖后先同志,出游寰宇,合闻合见,以成此书。"这些"同志"就是先后来到中国的耶稣会会士们:庞迪我、熊三拔(Sabbathin de Ursis,1575—1620)、邓玉函、鄂本笃(Benoî de Goës,1562—1606),艾儒略根据这些耶稣会会士所带来的西方地理学的书,以及他们在世界各地的所见所闻,加以翻译和整理而成。特别是邓玉函、鄂本笃所提供的知识都是最新的世界地理知识,

---

① 《徐光启集》上册,中华书局 1984 年版,第 63—64 页。
② 林金水:《利玛窦输入地圆学说的影响与意义》,《文史知识》1985 年第 5 期。

如此一来，艾儒略的这本书"不单对中国人来说是一部陌生的世界地理，而且对西方来说也是一部有着十七世纪最新材料的世界地理"①。

很可能是杨廷筠的主意，这本书的名字很有特点，因在周代的官职中就有"掌天下之图，以掌天下之地"职方氏，在传统的职方记中无非是"四夷""八蛮""七闽""九貉""五戎""六狄"这些地方，这就是中国人心中的天下，但艾儒略以《职方外记》为名，就是要告诉中国人，在你们传统的天下之外还有天，这可谓天外有天、楼外有楼，用意十分明显。艾儒略这本书一共有五卷，卷首为万国全图和五大洲总图及分图。他的图画得不如利玛窦的地图大，但介绍的地理知识，特别是人文地理知识是前所未有的。第一卷为亚细亚总说及分说十三则；第二卷为欧罗巴图和欧罗巴总说及分说十二则；第三卷为利未亚图和利未亚总说及分说十三则；第四卷为亚墨利加图和亚墨利加总说及分说十五则，另在最后有墨瓦拉尼加总说；第五卷为四海总说，有海名、海岛、海族、海产、海状、海舶、海道等。艾儒略这本书和利玛窦地图的不同在于，他不仅展示了世界地图，而且他比利玛窦更为详细地介绍了西方当时最新的地理知识。例如，在介绍、南北美洲，即卷四南北亚墨利加和墨瓦拉尼加时说："初，西土仅知有亚细亚、欧罗巴、利未亚三大洲，于大地全体中止得什三，余什七云是海。"② 应该说传教士很老实，真实地告诉中国文人，他们一开始也是只知道地球只有三个洲，其他地方是海。"至百年前，西国有一名大臣阁龙者，素深于格物穷理之学，又生平讲习行海之法……阁龙遂率众出海，辗转数月……"这里的"阁龙"就是哥伦布，它讲的是哥伦布发现新大陆的事，这是传教士首次在中国介绍哥伦布的事迹，意义重大。在人文地理方面艾儒略也进行了很多的介绍，我们将在下面的章节中再加论述。

清初在介绍西方地理学方面影响最大的是南怀仁。他做了两件事，一是绘制了一幅世界地图，二是编写了几本介绍西方地理学的书。他所

---

① 谢方：《职方外记校释》，中华书局1996年版，第4页。
② （宋）赵汝适原著：《诸蕃志校释》，杨博文校释，［意］艾儒略原著：《职方外记校释》，谢方校释，中华书局2000年版，第119页。

绘制的世界地图名为《坤舆全图》，南怀仁1676年所绘的这幅世界地图尺幅很大（179厘米×432厘米），包括两个半球图，共有8个屏幅。南怀仁在绘制这幅地图时充分地吸收了他的耶稣会同事们的成果，他和利玛窦一样，在绘制时采取了尊重中国传统的天下观的做法，把中国放在世界的中央。和利玛窦不同的是，他的这幅地图是给康熙看的，所以，在地图上的署名完全不同，南怀仁署的是他的官名，完全看不出其传教士的身份。正因如此，这幅地图不像利玛窦的地图那样，得到很多文人们的赞扬，有多位士人为其写序。这幅地图不如利玛窦的地图之处在于，它没有很好地吸收利玛窦地图的汉文译名，有很多地名的翻译读起来很奇怪。当然，南怀仁的地图看起来比利玛窦的地图更好看，因为他在地图上绘制了14种饰物，如飘动的云，圆圆的月，被风吹起的三维帆等等，这些饰物使地图变得很有吸引力，我想当年康熙看后一定十分高兴。南怀仁的这幅地图不仅画得好看，在许多方面也比利玛窦的地图更为精确，例如，地图中对东亚地形的描绘，对中国曲折的东海岸的绘制都更准确些。

为了让康熙在看这幅地图时更为方便，南怀仁围绕这幅地图写了三本书：《坤舆图说》《坤舆格致略说》和《坤舆外记》，这几本书在清代多次被翻刻，《坤舆图说》和《坤舆外记》分别被收入皇家的丛书《四库全书》和《古今图书集成》之中，由此可见其被重视的程度。这几本书除介绍世界的地理知识外，也介绍了人文地理的知识，许多内容也多采用艾儒略《职方外记》一书的内容。

南怀仁1674年呈献给康熙的地图是康熙接触西方绘图的开始，以后他逐渐注意到绘图在治理国家中的重要性，他说："朕于地理从幼留心。凡古今山川名号，无论边徼遐荒，必详考图籍，广询方言，务得其正。"[①]传教士冯秉正在给友人的信中也曾说到这一点，康熙"觉察到传教士进呈御前的欧洲地图，在程度上，十分清晰，完全符合天体现象，而中国地图则远非如此完美，他通过内阁颁布上谕，令欧洲人和鞑靼人，以公费测绘整个帝国，并绘出全国地图"。这里所讲的全国地图就是康熙时代

---

① 《康熙政要》第18卷，第19页a面。

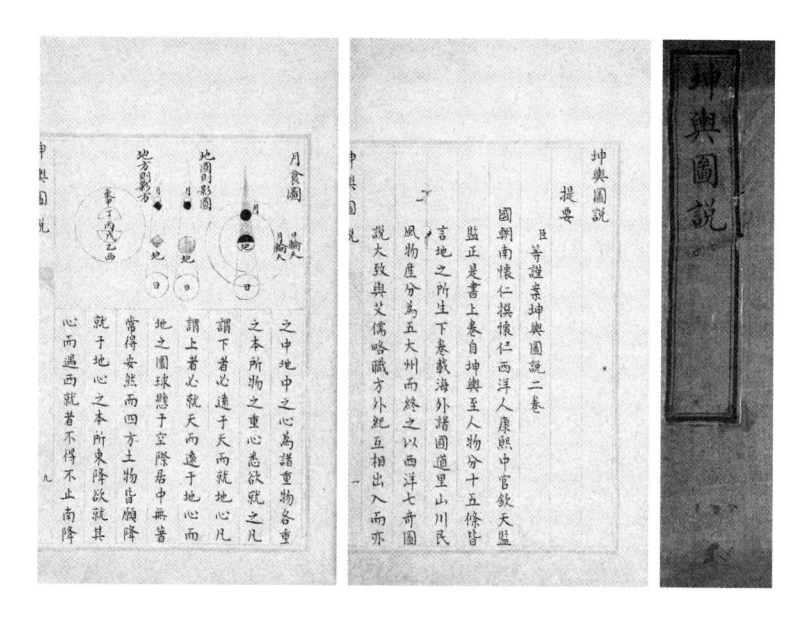

图 4—4 《坤舆图说》

由传教士所绘的《皇御全览图》。

《皇御全览图》正式测量始于康熙四十七年四月十六日（1708 年 6 月 4 日）。白晋、雷孝思（Jean‑Baptiste Régis，1663—1738）和杜德美（Pierre Jartoux，1668—1720）在康熙的安排下开始测量长城的确切位置，从而拉开了这个巨大测绘工程的序幕。接着雷孝思等人又先后完成了东北地区和北直隶地区的测绘工作。为了加快测绘的速度，康熙五十年（1711）他将测绘人员分为两队，一队由雷孝思和麦大成（Jean‑François Cardoso，1676—1723）负责绘制山东的地图；杜德美和费隐（Xavier‑Ehrenbert Fridelli，1673—1743）等人出长城去绘制现在的哈密以东的东蒙古地区。接着，麦大成和汤尚贤（Pierre‑Vincent de Tartre，1669—1721）等人完成了陕西、甘肃、山西等地的测量工作。冯秉正和肯特雷（P. Kenderer）协同雷孝思又测定了河南的地图，几人随后又一起测绘了江南、浙江和福建的地图。汤尚贤和麦大成绘制了江西、广东和广西的地图，费隐等人则绘制了四川、云南和贵州的地图。康熙五十三年至五十六年（1714—1717），"又派在钦天监学习过数学的喇嘛楚儿沁藏布兰木占巴合理凡援助事胜住通往西藏测绘。测量人员直达恒河而止"①。

到康熙五十六年（1717）一月，各地的测绘工作基本完成，康熙将绘制全图的工作交给杜德美，到康熙五十七年（1718）全图合成完成。《皇舆全览图》是康熙朝中西文化交流的重要事件，也是康熙所做的大事之一，正如大臣们所说的，这是"从来舆图所未有也……皇上精求博考，积三十年之心力，核亿万里之山河，收寰宇于尺寸之中，画形胜于几席之上"（《清圣祖实录》卷二八三）。

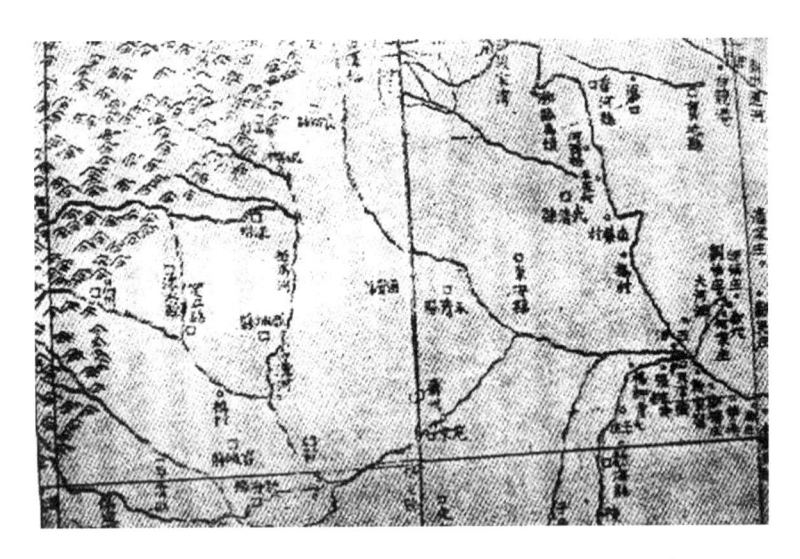

图4—5 康熙《皇舆全览图》之北京及其附近地区图

乾隆二十年（1755）乾隆用兵西北，收复伊犁，乾隆即下令："西师奏凯，大兵直抵伊犁，准噶尔诸部尽入版图，其星辰分野，日月出入，昼夜节气时刻，宜载入时宪书，颁赐正朔，其山川道里，应详细相度，载入皇舆图，以昭中外一统之盛……带西洋人二名，前往各该处，测其北极高度，东西偏度，及一切形胜，悉心考订，绘图呈览，所有坤舆全图，及应需仪器，俱著酌量带往。"（《清高宗圣训》卷二一七）由此，开始了乾隆《内府图》的绘制。参加绘制的传教士主要有蒋友人（Mi-

---

① 赵荣、杨正泰：《〈中国地理学史〉（清代）》，商务印书馆1998年版，第135页。

chel Benoit，1715—1774)、高慎思 (Joseph d'Espinha，1722—1751)、傅作霖 (Félix da Rocha，1713—1781)、鲍友管 (Antoine Gogeisl，1701—1771)、刘松龄 (Augustin de Hallerstein，1703—1774) 等人以及清朝的大臣刘统勋、何国宗等人。乾隆二十六年 (1761) 六月，传教士们完成了《西域图志》，乾隆又专派一批官员进行修订，历时 20 年，于乾隆四十七年 (1782) 完成了《钦定皇舆西域图志》。

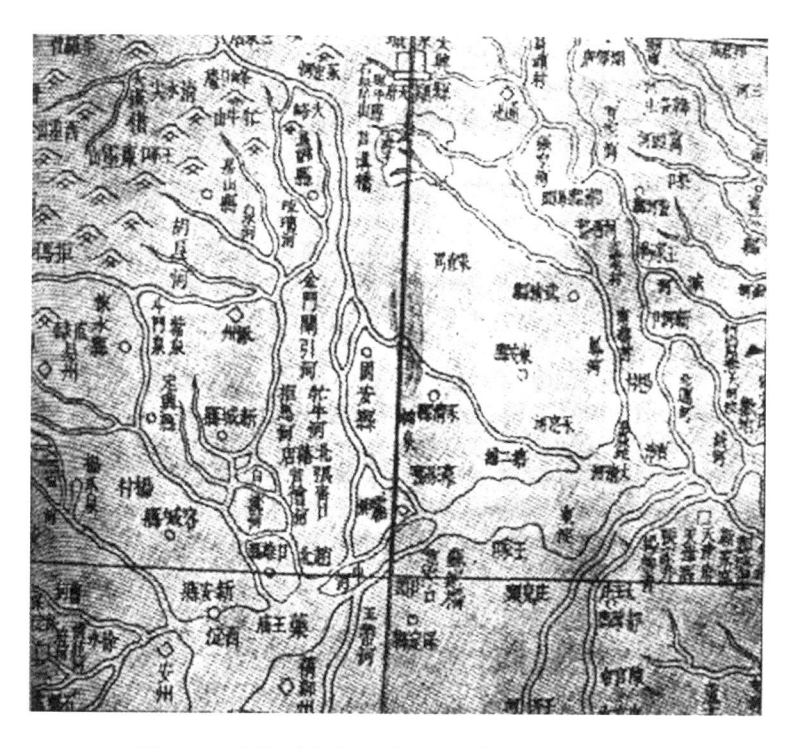

图4—6 乾隆《内府舆图》之北京及其附近地区图

同时，在康熙《皇舆全图》的基础上，吸收了乾隆二十一年 (1756) 和乾隆二十四年 (1759) 两次在新疆、西藏等地的绘制成果，于乾隆二十五年 (1760) 编绘成全国实测地图。并由蒋友仁制成铜板 104 块，以纬度 5 度为 1 排，共 13 排，故又称《乾隆十三排》。"《乾隆内府图》不仅是一幅历来被认为是奠定了今天疆域版图的中国全图，同时也是当时世界上最早、最完整的亚洲大陆全图,其覆盖面积远远超过康熙图。"①

康熙时代的《皇舆全览图》和乾隆时代的《乾隆内府舆图》不仅是"亚洲当时所有地图中最好的一种,而且比当时所有欧洲地图都更好、更准确。"它表明了"中国在制图学方面又再一次走在世界各国的前面"。②它们在清代地理学史上,乃至在整个中国地理学史上都有着重要的意义。

第一,这是中国历史上第一次在实测经纬度的基础上绘制的地图。当时传教士们所使用的主要测绘方法是三角测量法。雷孝思在给友人的信中说:"因为我们尺不离手、精确分割半圆、在两地间多设测定点,使之连成环环相扣的三角网。持续进行三角法测量,还有其有利之处,这可以测出一地的经度、纬度,以后通过测定太阳或北极星在子午圈的高度加以校正。"③ 这是当时世界上测量地形的最先进的方法,《皇舆全览图》也是当时世界上最大的地图。正如翁文灏先生所说:"十七、十八世纪间欧洲各国大地测量亦尚未经始,或未完成。而中国全图,乃告竣,实为中国地理之大业,虽出异国专家之努力,亦足见中国计划规模之远大焉。"④

第二,传教士和中国测绘人员所绘制的这些地图,对中国清代的地图绘制产生了重要的影响。到晚清时,清政府所绘制的一些重要地图,如道光十二年(1832)董立方绘,李兆洛编的《皇朝一统舆地全图》,同治二年(1863)胡林翼、阎树森编制的《大清一统舆图》都是在《皇舆全览图》和《乾隆内府舆图》的基础上加以改进的。应该说在胡林翼、阎树森编制的《大清一统舆图》前传教士所绘的地图影响有限,但此后开始在民间传播。同时,它也成为外国人绘制中国地图的蓝本,如1735年法国人唐维尔(D'Anville)所绘制的《中国分省图》《满蒙藏图》都是以《皇舆全览图》和《乾隆内府舆图》为蓝本和基础的。

第三,促成了中国传统地理学的分化和发展。首先,我们应看到这些

---

① 孙喆:《康雍乾时期舆图绘制与疆域形成研究》,中国人民大学出版社2003年版,第62页。
② 李约瑟:《中国科学技术史稿》第5卷,科学出版社1976年版,第238页。
③ [法]杜赫德:《测绘中国地图纪事》,《历史地理》第2辑。
④ 转引自王庸《中国地理学史》,台湾商务印书馆1986年版,第113页。

地图绘制的过程就是中西文化交流的过程。我们当然首先必须肯定，在清中期以前的地图绘制中，入华的传教士起着重要作用，或者说起着主导作用。但在这个过程中中国方面的作用也是十分重要的，在测绘中中国的测绘人员也做了大量的工作。更重要的在于，如果没有康熙和乾隆的大力支持，这项工作几乎不可能完成。这两幅地图的绘制实际上并不是传教士们的一次单纯的科学活动，它更是一项清王朝的重要的国家行为。在这个绘制的过程中，传教士带来了欧洲新的绘制地图的方法，中国的测绘人员也学习了这种方法。其次，传教士绘制这些地图使西方的绘图方法进入了中国的官方，得到了官方的认可，从而使原有的中国传统地图绘制方法开始分化，也就是说，开始有了一种新的绘制方法在中国出现，并居于官方地位。当然，传教士在绘制这些地图时也大量吸收了中国传统，从利玛窦到艾儒略和南怀仁在绘制地图时，都参考和使用了中国传统地图的内容，特别是在地名的译名上。《皇舆全览图》中西藏的地图也是中国人独立绘制的，后经传教士检查，他们所绘制的《拉萨图》《雅鲁藏布江图》《冈底斯阿林图》存在一些错误，后因发生了其他事件，导致测绘人员无法继续测绘，从西藏撤了回来，但这些图仍附在了《皇舆全览图》中。

《皇舆全览图》和《乾隆内府舆图》多次刻版，既有木刻版也有铜刻版，还有摹绘本[①]在民间还是有一定的影响的。但此时中国的传统绘制地图方法仍然存在，这说明他们的影响有限，康熙以后各地的地方志中大量绘图仍采用传统的方法，像《西藏图识》《西招图略》《卫藏图识》《西藏图考》等，都不著经纬，也不明比例。所以，学者们认为"清统治集团上层的制图观念深受西方的影响，某种程度上接受了西方制图术；而在地方上的地图绘制者从总体上说未被朝廷所引进的新的测绘方法和观念所触动"。[②] 或者说"中国国古来地图，自裴秀以迄明末，即有计里开方之法与传统之通俗绘法相重叠。及清初测绘地图，经纬图法输入，

[①] 李孝聪：《欧洲收藏部分中文古地图叙录》，国际文化出版社1996年版，第160—182页。

[②] 孙喆：《康雍乾时期舆图绘制与疆域形成研究》，中国人民大学出版社2003年版，第62页。

而地图绘法乃成三重之局"①。清中前期中西文化交流基本正常，所以，那是一个文化开始融合的时代，文化开始出现多元的时代，在地图绘制上是一个三重奏的时代，这是一个比较客观的看法。

三　来华耶稣会会士与中国地图的西传

来华的欧洲传教士们是一批不知疲倦的文化探险者，他们不仅向中国介绍西方的地图，同时也开始关注中国的地图，这些从教堂里走出来的神父对中国这个广大而又陌生的土地充满了好奇之心。最早开始绘制中国地图并带回西方的是意大利的耶稣会会士罗明坚。罗明坚的这部地图名为《中国地图集》（*Atlante Della Cina*）于 1987 年才被人发现的，它原来一直深藏在罗马国家图书馆之中。1993 年经过罗马档案馆和 Istituto Poligrafico e Zecca dello Stato 的整理后正式出版，得以重见天日。

图 4—7　当代出版的罗明坚地图集的封面

这本地图集共有 37 页说明和 28 幅地图，其中有些是草图，有些绘制

---

① 王庸：《中国地理学史》，台湾商务印书馆 1986 年版，第 125 页。

得很精细。这个地图集有以下几个特点。

1. 它第一次较为详细地列出了中国的分省地图。罗明坚介绍了中国的十五个省份，他对每个省份都进行了分析性的介绍，从该省的农业生产、粮食产量、矿产，到河流及流向，以及各省之间的距离及各省边界、方位，对"皇家成员居住的地点、诸如茶叶等特殊作物、学校和医科大学以及宗教方面的情况"[①] 也都有较为详细的介绍。

2. 在它的文字说明中，首次向西方介绍了中国的行政建构，国家的组织结构等，这正是当时欧洲感兴趣的问题。他从"省"到"府"，从"府"到"州"和"县"按照这个等级顺序逐一介绍每个省的主要城市、名称，甚至连各地驻军的场所"卫"和"所"都有介绍，所以这个地图集的编辑者说："这部作品最突出之点也是作者试图准确地说明中国大陆的行政机器在形式上的完善性。"

3. 突出了南方的重要性。意大利学者认为罗明坚的中国地图肯定受到了中国地图学家罗洪先《广舆图》的影响，罗明坚所使用的许多基本数字来源于《广舆图》，但在对中国的介绍上，罗明坚表现了西方人的观点，他不是首先从北京或南京这两个帝国的首都和中心开始他的介绍的，而是从南方，从南方沿海省份逐步展开了他的介绍，"这种看待中国的方式与那个近代葡萄牙人的方式完全相同"，因为对当时的欧洲人来说，他们更关心的是与他们贸易相关的中国南部省份。

在向西方介绍中国地图方面罗明坚之后最重要的人物就是波兰的来华的耶稣会会士卜弥格。这位传教士是南明永历王朝的重臣，在吴三桂的铁骑赶着永历皇帝在西南到处乱跑时，永历朝的宰相庞天寿提出派人到罗马搬兵，因此时除永历皇帝外，宫中的大多数皇后、妃子已经加入了天主教。卜弥格被选为派往罗马的特使。这位特使也不负永历皇帝的重托，历经六年之艰辛带着罗马教廷的信函返回了东方。但此时，南明永历王朝已经灭亡，他到哪里去找那个早已死在清军刀下的庞天寿呢？在风雨交加中，他一头栽倒在中国和越南的边界旁，从此，再也没有起来。但正是这位"中国使臣"留在了罗马梵蒂冈图书一幅珍贵的《中国

[①] 洛佩斯：《罗明坚的〈中国地图集〉》，澳门《文化杂志》第34期。

地图册》。

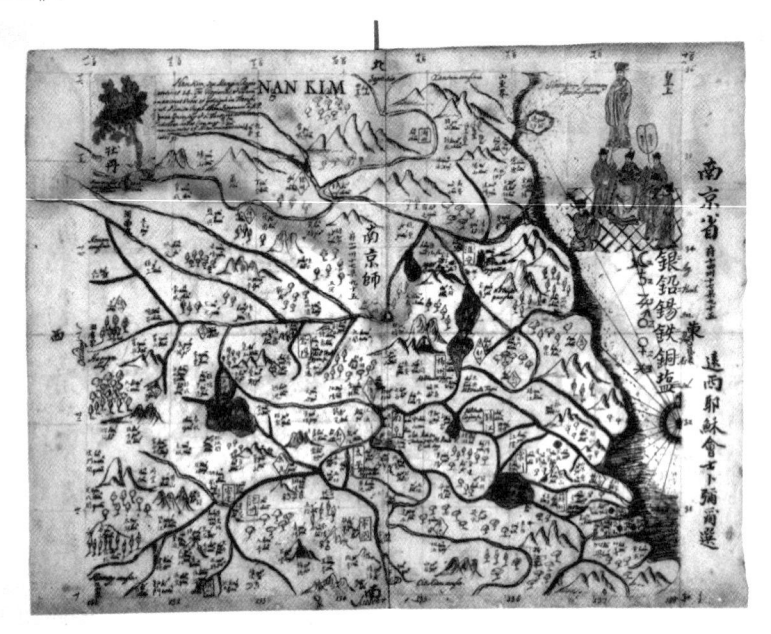

图4—8 卜弥格绘制的中国地图中的南京

卜弥格这幅地图的全名是《大契丹就是丝国和中华帝国，十五个王国，十八张地图》（*Magni Catay quod olim Serica et modo Sinarum east Monarchia, Quindecim Regnorum, Octodecim geographica*），简称《中国地图册》或者《中国拉丁地图册》，这部地图册共有十八张地图。它包括十五张当时中国的行省图、一张中国全图、一张海南岛图和一张辽东地图。从西方所绘制的地图史上来看，卜弥格这幅《中国地图册》有以下两个重要的特点。

首先，比较详细地介绍了中国人文地理。在每幅地图上，卜弥格都写有说明性文字，配有图案。这些文字介绍了中国的历史、风俗和简单的社会生活。德国汉学家福克斯（Walter Fuches）根据卜弥格在地图中的说明文字，把这些内容分成了若干章，从中我们可以看出，这幅地图的丰富性。这些章节是：

第一章：中国人的起源，他们认为什么样的上帝才是造物主

第二章：中国人认为他们的国土是什么样子的？他们是如何描绘自己的地理位置的？他们对天空、星辰和星星的运行有什么样的概念？他们根据什么来计算年月

第三章：古代的丝国和大契丹是不是中国？"中国"这个名称是怎样来的

第四章：中国人的起源，他们最早的一些人，他们的皇帝和皇帝的谱系

第六章：中国的疆域、人口、长城、沙漠、峡谷、省份、城市、黄河和长江、农耕、收成、贸易、居民的服装、礼仪和品德

第七章：汉语、书籍、文学发展的水平、高雅的艺术和力学

第八章：中国的教派，在中国传播福音的使徒圣托马斯，澳门市

第九章：圣方济各·沙勿略，尊敬的利玛窦和其他来华的耶稣会会士神父

第十章：讲授福音的情况和对未来的展望。传教士的居住条件和在中国建立的教堂，受洗的人数和皇宫里最重要的受洗

通过这些，我们便可以看出，卜弥格的《中国地图册》实际也是一本介绍中国的书，他对中国人文地理的介绍十分突出。

其次，卜弥格在地图中对《马可·波罗游记》中的介绍进行了对比性的研究。因为当时的欧洲并不清楚"契丹"和"中国"的关系，大多数人认为这是两个国家。卜弥格为此下了很大的力气，可以这样说，他是近代以来欧洲最早的马可·波罗的研究者。他想全力证明的就是他的地图集的标题所说的"大契丹就是丝国和中华帝国"。

所以，"卜弥格的地图虽然从来没有发表过，但它在早期耶稣会的制图学中占有很重要的地位，因为它和卫匡国的地图册一样，乃是最早向西方世界提供的一部绘得很详尽的中国地图册"[①]。

[①] ［波兰］爱德华·卡伊丹斯基：《中国的使臣：卜弥格》，张振辉译，大象出版社2001年版，第181页。

在西方真正产生影响的中国地图是意大利来华耶稣会会士卫匡国的《中国新图》(*Novus Atlas Sinensis*)，这是因为罗明坚和卜弥格的地图虽然早于卫匡国，但他们都长期没有出版，只是放在图书馆中，除被少数的地理学家们翻阅、研究过外，一般大众根本不知道有这两幅地图的存在。由于卫匡国这幅中国地图册绘制精细，介绍详细，在西方却一版再版。甚至到1840年鸦片战争后，西方的传教士再次来中国传教，或者那些殖民的强盗们想来中国淘金时，手头拿的还是卫匡国的这本中国地图册。《中国新图》共有17幅地图，其中全国地图1幅，各省的分图15幅，附日本地图1幅。

图4—9　意大利来华耶稣会会士卫匡国

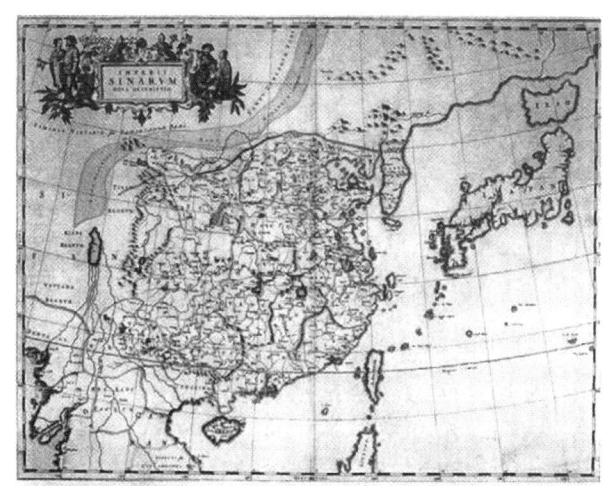

中国 (cm 60×45.7, 比例尺约 1:8461500)

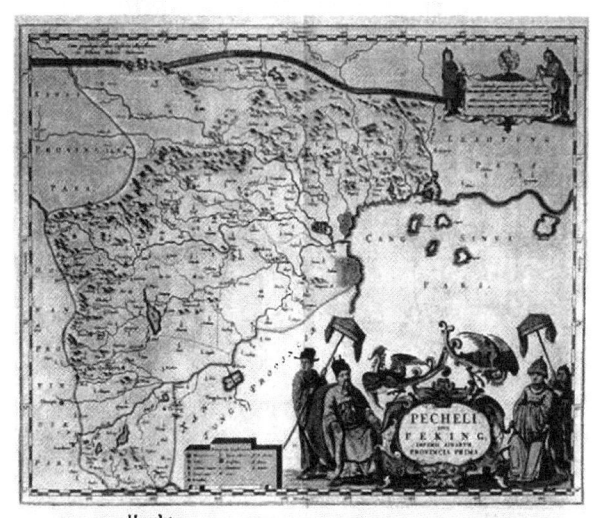

北京 (cm 48×39.6; 比例尺约 1:1594000)

图 4—10　《卫匡国地图册》中国全图和北京地区地图

从西方汉学史的角度来看，卫匡国的地图有着重要的学术意义和文化意义。

首先，它是西方出版史上第一幅关于中国的地图册。在欧洲出版的第一幅中国地图是 1584 年奥特里乌斯（Abraham Ortelius）在他的著作

《寰宇概观》中所附的一幅中国地图,但这幅地图错误百出。以后,从中国返回欧洲的耶稣会会士曾德昭(Alvare de Semedo,1585—1658)在他的《大中国志》(*Imperio de la China*)一书中有一张中国地图,但只是作为附录。《中国新图志》是在欧洲第一次出版的有分省图的真正中国全图,仅此一条,卫匡国就功不可没。

其次,卫匡国的地图更为精确。在卫匡国以前的中国地图中的东海岸线都很不准确,基本上是一条直线,把山东半岛给截掉了,同时,还存在朝鲜半岛不和中国大陆相连的问题。这些在卫匡国的地图上都得到了解决。同时,他的这幅地图也是欧洲历史上第一幅有经纬线的中国地图。[1]

最后,《中国新图》是在欧洲出版的第一本中国地理志。卫匡国的这份地图册有图17幅,同时有文200页,这实际上"是一部以志文为主,以图为辅的著作"[2]。例如,在介绍浙江的绍兴时,书中说:"绍兴师爷闻名全国,博学、善辩、刁钻是他们的特点。在中国几乎所有官员的师爷都来自绍兴。"对一个小城市的特点介绍竟详细至此,实在让人吃惊。

正是从卫匡国的地图开始,一个幅员广大、美丽富饶、神秘多彩的中国才真正第一次展现在欧洲人的面前。

---

[1] 高泳源:《卫匡国的〈中国新图〉》,《自然科学史研究》1982年第4期。
[2] 马雍:《近代欧洲汉学家先驱马尔蒂尼》,《历史研究》1980年第6期。

第五章

穷理学：西洋学问之总汇

南怀仁在康熙二十二年（1683）给康熙上了一个很重要的折子——《进呈〈穷理学〉疏奏》，在这个奏疏中南怀仁说："进呈《穷理学》之书，以明历理，以开百学之门，永垂万世。"他认为，《穷理学》"是百学之根"，他提醒康熙，如果要学习西方的天文历算，最重要的是学习好《穷理学》。那么，南怀仁所说的《穷理学》究竟是一本什么样的书呢？从南怀仁所讲的作用来看，这本书所讲的应该是西方的逻辑学，因为只有逻辑学才是所有学科之基础，正如他所说的："若无穷理学，则无真理之学，犹木之无根，何从有其枝也？"当年南怀仁进呈给康熙帝的《穷理学》有六十卷之多，但大部分遗失了，现在保留下来的也只有十余卷[①]，现在保留的这些卷目中，最重要的内容就是当年李之藻和傅汎际（François Fuetado，1587—1653）合作翻译的《亚里士多德逻辑学》的"推理"部分的内容，这部分内容没有收入当年他们两人合作翻译出版的《名理探》一书中。从这个角度看，《穷理学》的确是一部反映西方哲学的著作。但从现存的残卷的内容中，我们发现《穷理学》其实并不是仅仅介绍西方哲学的著作，它实际上汇集了当时许多传教士关于西方各类科学著作的译本，或者说是当时西方传教士所介绍的西学总汇。所以，本章就以"穷理学：西洋学问之总汇"为题目，介绍传教士们在明清之际，向中国所介绍的除天文历算之学、地理学之外的其他西方自然科学

---

① 参阅张西平《传教士汉学研究》，大象出版社2005年版，第84页。近期学界对南怀仁的《穷理学》文献整理有了进展，参阅宋兴无、宫云维点校的《穷理学》（外一种），浙江大学出版社2016年版。

的知识,并把南怀仁的这份奏疏附在本章之后,使读者可以看到当年南怀仁奏疏的原文,以了解南怀仁当年所写奏疏的基本内容。

一 西洋物理学与机械学的传入

"嫦娥应悔偷灵药,碧海青天夜夜心。"李商隐的这句诗写出了中国文人夜夜遥望星空的心情,到耶稣会会士来华以后,遥远的星空便可以更清晰地呈现在他们面前了,所凭借的就是汤若望介绍给国人的望远镜。1609年(明神宗三十七年),伽利略制成了世界上第一架望远镜,第二年他就根据自己的观察纂写了《宇宙使者》(Siderus Nuncius),十六年后,汤若望就写下了《远镜说》将伽利略的望远镜的原理介绍给中国。从文化交流来看,在四百年前,这个知识传播的速度是相当快的。汤若望所介绍的望远镜是西方近代光学知识在我国的首次传播。《远镜说》后被收入《西洋新法历书》,乾隆间被收入《四库全书》,后又被收入吴省兰辑《艺海珠尘·木集(辛集)》,它在文人中有着广泛的影响。嘉庆二十五年(1820)阮元在广州做两广总督,写下《望远镜中望月歌》,诗中有这样的诗句:

> 月中人性当清灵,也看恒星同五星。
> 也有畴人好子弟,抽镜窥吾明月形。
> 相窥彼此不相见,同是团圞光一片。
> 彼中镜子若更精,吴刚竟可窥吾面。
> 吾与吴刚隔两洲,海波尽处谁能舟?
> 羲和敲日照双月,分出大小玻璃球。
> 吾从四十万里外,多加明月三分秋。[1]

从诗中,我们看出阮元在清风月白之时,举着望远镜遥看明月时的

---

[1] 阮元:《揅经室四集》卷十一,见邓纪元点校本《揅经室集》下册,中华书局1993年版,第971—972页。

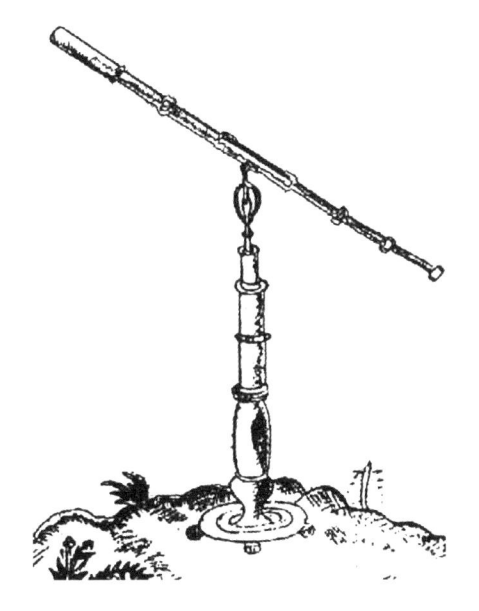

图5—1　西洋望远镜

愉悦心情。

　　《远西奇器图说录最》是晚明时将西方物理学介绍到中国的重要著作，这本书是由德国的传教士邓玉函口述，王征笔录并绘制的，于明天启七年（1627）在北京刊印。王征在书的序言中说："丙寅冬，余补铨如都会。龙精华（龙华民），邓函璞（邓玉函），汤道末（汤若望）三先生，以候旨修历寓旧邸中。余得朝夕晤，请教益甚也。暇日因述外记所载质之，三先生笑而唯唯，且曰诸器甚多，悉著图说，见在可览也，奚敢妄。余亟索观简帙不一。第专属奇器之图说者，不下千百余种，其器多用小力转大重，或使升高，或令行远，或资修筑……然有物有像犹可览而想象之……凡器用之微，须先有度有数，因度而生测量；因数而生计算；因测量，计算而有比例，而又可以穷物之理，理得而后法可定也。不晓测量，计算，则必不得比例，不得比例则此器图说必不能通晓。测量另有专书，算指具在同文，比例亦大都见几何原本中。先生为余指陈，余习之数日，颇亦晓其梗概。于是取诸器图说全帙分类而口授焉。余辄信笔疾书不次不文，总期简明易晓，以便人人览阅。"

这说明王征赴京候任，结识了龙华民、邓玉函、汤若望三人，并接受了他们的引导与启发，对"远西奇器"产生兴趣，于是萌发出要把它们翻译成中文的念头。最后，王征跟从邓玉函学习测量、计算、比例等数学知识，终于"信笔疾书"写下邓玉函的口授。

全书共分四卷。第一卷是"绪论"和"重解"。此卷先论重之本体，以明立法之所以然。然后分四节详细论述了力学中的基本知识和原理，以及与力学相关的知识，即"重解""器解""力解"和"动解"。以后又分六十一条，分别讨论了地心引力，重心，各种几何图形重心的求法、稳定和重心的关系，各种物体的比重、浮力等。这里第一次向中国人介绍了阿基米德浮力原理，王征将之译为"亚而几墨得"。第二卷为"器解"，讲述了各种简单机械的原理与计算的问题，例如，天平、戥子、杠杆、滑轮、轮盘、螺旋和斜面等，共九十二条。前两卷可以说是物理学的"力学"部分的理论说明，第三卷则转入机械的应用。该卷全为图说，共绘了五十四幅图，介绍各种机械原理的应用，每图后均有说明。其中，起重有十一幅图说，引重有四幅图说，转重有二幅图说，取水有九幅图说，转磨有十三幅图说，最后有两幅图，但没有说明，因阅图可自明。最后一卷为"新制诸器图说"，这一卷实际是王征自己的研究，可以说是中国第一部近代物理学著作。这一卷共载九器，分别是：虹吸，鹤引，轮激，风硙，自行磨，自行车，轮壶，代耕，连弩。

李约瑟说王征是中国近代第一位工程师，这个评价非常客观。方豪研究后发现，王征还另著有《额辣济亚牖造诸器图说》，在书中发明了各种奇器，如龙尾车，运重机器，千步弩，十矢连发弩，生火机等。王征已经完全摆脱了传统儒家的那些迂腐的观念，正如他所说的："学原不分精、粗，总期有济于世；人亦不问东西，总期不违于天。"一种开放的心态跃然纸上。他认为，这本书所介绍的一切，"实有益于国家兴作甚急也"。其爱国之心令人感动。

明清鼎革，清入关主政。这个时期，介绍西方物理学和机械学最多的就是南怀仁。他在介绍西方天文学的同时，就已经涉及物理学的不少知识，如他所编的《灵台仪象志》一书中就介绍西方的近代光学知识：光的折射和色散。在他的《穷理学》一书的"形性之理推"卷九中，有

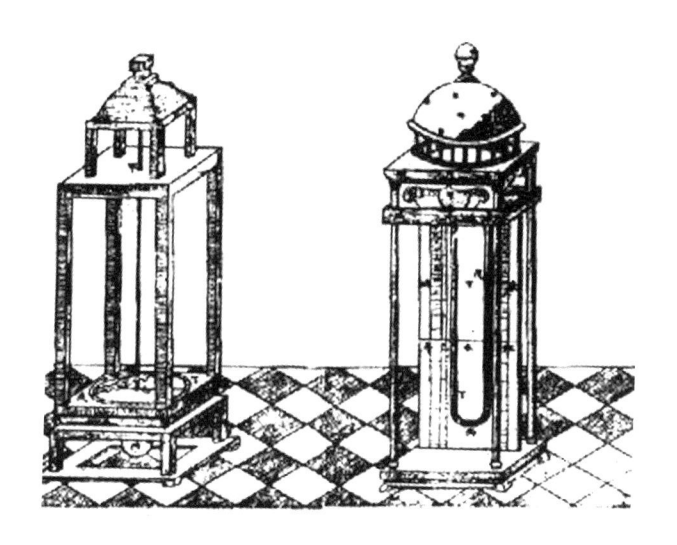

图 5—2　南怀仁制作的温度计（右）和湿度计（左）（采自《仪象图》）

"气水等差表"和"气水差全表"都是介绍的光学的折射原理。南怀仁是个动手能力很强的人，他不仅在书中介绍了西方的知识，而且还亲手制作了物理仪器和机械用具。1679年前后他制作了温度计和湿度计送给康熙。最使康熙高兴，也是最令人震惊的是，南怀仁在北京制作了一台燃气自动车，这是世界上的第一台"汽车"。南怀仁在《欧洲天文学史》（*Astronomia Europaea*）一书中详细地介绍了他这台燃气自动车。他说："三年前，当我研究蒸汽发动机动力的时候，我用轻质木材制造了一辆2英尺的小四轮车。在车中间安装了一个小容器，里面填满了烧红的煤块，以此做成一个蒸汽发动机，凭借这个机器，我很容易就驱动了这辆四轮小车。"①

这辆蒸汽车有闸、有舵、有方向盘，能跑、能停、能转弯，基本上具备现代汽车的主要功能。虽然，南怀仁的蒸汽自动车并未对现代汽车的发展产生过影响，因为它主要是供康熙皇帝玩赏的。但南怀仁在蒸汽车历史上绝对具有重要的地位，他完全可以归为"蒸汽机的先驱者"之

---

① ［比］南怀仁著：《南怀仁的〈欧洲天文学史〉》，［比］高华士英译，余三乐中译，林俊雄审校，大象出版社2016年版，第213页。

图5—3　南怀仁制作的燃气自动车局部图（1）

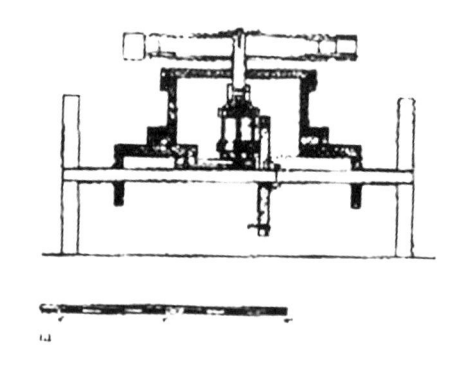

图5—4　南怀仁制作的燃气自动车局部图（2）

图5—5　南怀仁制作的燃气自动车局部图（3）

列。如方豪所说："南怀仁之试验，其眼光及应用范围，实较西洋同时期者为远大。就利用蒸汽为行车之原动力言，较司蒂芬孙（Stephenson）之火车早一百五十年；就利用蒸汽为轮船之原动力言，较西敏敦（Symington）之轮船早一百二十年；就利用蒸汽力为汽车之原动力言，较波尔（Bolle）之蒸汽车早二百年；若就用汽轮于轮船言，则早于帕孙兹（Parsons）二百十八年；就利用汽轮于火车言，则早于翁斯脱隆（Liungström）二百四十三年。故在世界热机史上，南怀仁之试验及其广泛之建议，实为勃朗伽发明雏形冲动式汽轮后，所当大书特书者。"① 方豪这话并不为过，如果今天你到比利时的汽车博物馆参观，就会看到里面有一尊南怀仁的塑像，这是汽车行业对其贡献的认可。当代学者谢尔（Jorgen Ditlev Scheel）费二十年之力四处收集有关南怀仁蒸汽自动车的文献，并根据南怀仁的记载，真实地重新复制了一台南怀仁式的蒸汽自动车，这更是一段佳话。②

制造各种机械玩具供清王朝的皇帝们玩赏，一直是耶稣会会士和皇帝拉近关系，保持接触的重要手段。早年的葡萄牙传教士安文思在宫中时就制造了一些好玩的机械玩具，以此来讨好年幼的康熙。有一次他就献给康熙一个机器人，这个机器人"右手持剑，左手持盾，能自行行走，亘十五分钟不息，又有一次献自鸣钟，每小时自鸣一次，钟鸣后继以乐声，每时乐声不同，乐止后继以枪声，远处可闻"③。

后来的法国耶稣会会士蒋友仁步安文思之后尘，在机械玩具和器械的制造方面，青出于蓝而胜于蓝，从而深得乾隆的赏识。蒋友仁作为圆明园的设计者之一，其最得乾隆欣赏的便是喷泉的设计，它在大水法前设十二生肖代表十二小时，每一生肖一小时喷水一次，轮流喷水，周而复始。乾隆喜欢机械玩具是出了名的，法国耶稣会会士汪达洪（Jean-Mathieu de Ventavon，1733—1787）在给友人的信中说："我作为钟表匠被召至皇帝身边，不过说我是机械师更为恰当，因为皇帝要我做的其实不是钟表，而是稀奇古怪的机器。在我到达前一些时候去世的杨自新（Thibau）修士为皇帝制造了一头（机械）狮子和一只老虎，它们能独自行走三四十步。现在我负责制造两个能拿着一盆花走路的机器人。我已

---

① 方豪：《中西交通史》下册，浙江大学出版社2016年版，第756页。
② 参阅《传教士·科学家·工程师·外交家：南怀仁（1623—1688）》，社会科学文献出版社2001年版，第259—291页。
③ 费赖之：《在华耶稣会士列传及书目》上册，中华书局1995年版，第258页。

经干了八个月，还需要整整一年方可完成。"① 汪达洪后来还给乾隆制造了抽气机，并给乾隆讲解了抽气机的原理，操作方式，给他表演了空气的压缩与膨胀以及其他性能。②

如果从世界机械制造史来看，1662年，日本的竹田近江利用钟表技术发明了自动机器玩偶，并在大阪的道顿堀演出。这个时间和安文思制造机器人的时间大体接近，而如果和欧洲最早的机器人制造相比，安文思应是欧洲机器人制造第一人。当1738年，法国天才技师杰克·戴·瓦克逊发明了一只机器鸭，它会嘎嘎叫，会游泳和喝水，还会进食和排泄。此时大体和杨自新为乾隆制造机器狮子和老虎的时间接近。应该说，来华的耶稣会会士个个身手不凡，他们在清宫中制造的蒸汽自动车、机器人、机器狮子、机器老虎，在当时都是最新的机械发明。但这些发明大部分没有走出乾隆的皇宫，没有真正转化为民间实用的技术，这不能不说是一个很大的遗憾。

过去的研究认为，传教士所介绍的这些西方科学技术完全没有传到民间，对中国社会基本没有产生影响。应该说，这个结论有其合理的一面，如上面我们所介绍的，如果康熙皇帝将南怀仁给他制造的蒸汽自动车变成产业，把安文思的机器人加以推广，将蒸汽机应用于生产，那中国的科技发展可能早就领先于西方，但他们没有这样做，所有这些只供玩赏之用。但同时也要看到，虽然，传教士所介绍的西方科学技术没有全部传入民间，但毕竟在清宫外的传教士还是和文人学子们有所接触的，这使这些技术也被中国文人们注意到。明末四公子之一的方以智就是这样一个典型。他在自己所写的《物理小识》一书中讲天文历算，研风雨雷电，画人体脏器，其内容大多来自传教士，书中的内容大致可与西方的历算、地球科学、生理学、医药学、生活科学、矿物学、植物学、动物学、心灵科学等相通。根据方豪的研究，清初时有黄履莊自己制造各种光学镜二十多种，其中有千里镜、取火镜、取水镜、显微镜等，有诗

---

① [法]杜赫德：《耶稣会士中国书简集》下册，郑德弟等译，大象出版社2005年版，第211页。

② 同上书，第58—59页。

描绘他的显微镜:"把镜方知匠意深,微投即显见千斤。"可见,传教士所介绍的这些西洋器物,在民间仍有流传和研究。实际上,西洋的物理机械被介绍到中国后,虽然大部分被放在清宫中作为清帝的玩赏之物,但仍有一些技术和物品对中国的历史发展和经济发展产生了一定的影响,甚至可以说是较大的影响,这就是大炮和钟表。

二 红衣大炮的传入与明清历史的变革

利玛窦在《几何原本引》中已经间接地介绍了西洋的火器,提出"唯兵法一家,国之大事,安危之本"。汤若望在《火攻挈要》一书中也已经介绍了火炮的使用方法。当时不少天主教文人已经开始对西洋火器进行研究和介绍。张焘和孙学诗合著有《西洋火攻图》,天主教徒徐光启的弟子孙元化著有《西法神机》,赵士桢著有《神器谱》。台湾学者黄一农在他的《红夷大炮与明清战争:以火炮测准技术之演变为例》一文中认为,西洋大炮的技术优于中国火炮之处主要在瞄准系统。他在文中说:"中国虽早在十三世纪中叶已发明火炮,并于明代成为军队作战的'长技',但几乎所有明以前的兵学著述中,均不曾定性或定量地论述火炮瞄准技术。相对地,西方的自然哲学家则一直在尝试寻找一个正确的表述方式,以描述炮弹的运动。"在晚明的传教士介绍西方大炮的著作中,已经将火炮和数学紧密地结合起来,并将西方火炮的瞄准系统和方法介绍了进来。

但真正开始重视西洋的火器大炮还是在辽东战事吃紧之时,万历四十八年(1620),李之藻就开始派他的门生张焘和孙学诗到澳门商谈购买火炮之事。天启元年(1621),徐光启在奏疏中就提出,必须取西洋火炮,这样才能守住城池。其间传教士毕方济,陆若汉(João Rodriguea Tizzu,1561—1634)等人参与了此事。方豪于民国期间还在北京青龙桥的天主教墓地发现了当年葡萄牙炮手在北京试炮失手死亡后的碑文。

最近大陆学者汤开建在韩霖的《守圉全书》中发现了澳门的葡萄牙人"委黎多"的《报效始末疏》一文,并认为这是澳门葡萄牙人的第一份对明朝廷所上的奏章,"也是第一份向明朝廷汇报澳门开埠及澳门葡人

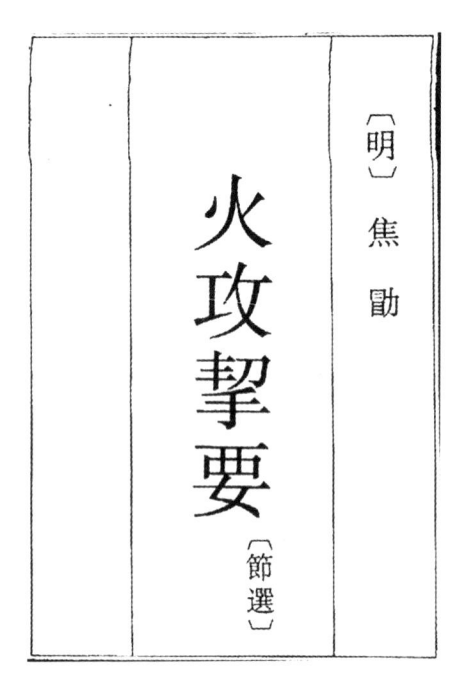

图 5—6　《火攻挈要》

与明廷早期关系的最为详细的中文文献"①。这份文献证明了傅泛济火器大炮的传入对明末政治局势的影响。

按照汤先生的研究，在晚明时，为对抗后金，明王朝三次从澳门引进火炮。第一次是在万历四十八年（1620），辽东战事紧张，徐光启当时在通州练兵，急需西铳。万历皇帝在世时，曾报告要求派人入澳招募人铳，万历帝未批。故徐氏利用万历帝驾崩，新帝即位之机，移书在杭州的教中人士李之藻与杨廷筠，要求李之藻派张焘、孙学诗秘密入澳购炮。由于这次购炮是徐光启等人的个人行为，因此他们只买了四门炮，雇了四名炮手。而澳门的商人一直试图讨好明王朝，使以徐光启为代表的天主教官宦集团更有实力，所以很可能这次购炮的费用是澳门的商人出资的。但徐光启的这个要求并未得到熹宗皇帝的支持，而他私自购炮又受到了反对派徐如珂等人的强烈批评，于是徐光启只好暂停练兵，李之藻

---

① 汤开建：《委黎多〈报效始末疏〉笺正》，广东人民出版社 2005 年版，第 4 页。

也因此被调离了北京。

　　天启元年，辽东战局紧张，徐光启和李之藻重新受到熹宗皇帝的重用。徐光启和李之藻又派张焘和孙学诗前往澳门购炮。最后购买到24门炮，并随同24名铳师一起进京。这支炮队于1623年5月18日受到了熹宗皇帝的接见，并在北京进行了三场试炮的表演。其间发生了上面提到的在演练中炮手死亡之事。于是反对派又找到理由大做文章，熹宗皇帝也以葡萄牙人在北京水土不服为理由，让他们返回。1623年9—10月，这支炮队离开北京，返回澳门。

　　宁远之役，明军由于使用了西洋大炮，获得胜利。明政府更加认识到西洋火器的威力，于是，崇祯元年（1628）徐光启再次被起用，明朝再次到澳门购炮募兵。这次澳门派出了由传教士陆若汉陪同，葡萄牙军官公沙·的西劳（Simão Coelho）为领队的，携带40门大炮，有32人之多的远征部队前往北京。在到达北京附近的涿州市时，由于后金军队已经逼近，城中境况混乱。这支炮队很快稳定了队伍，并修筑工事与敌军相持。不久，后金军队撤回。1630年2月14日，葡萄牙的这支炮队进入北京，并进宫参拜了皇帝。

　　这样我们可以看到，"从万历四十八年到崇祯三年输入西铳西兵的全过程。其中包括万历四十八年天主教集团私自入澳门购炮四门，天启元年葡人主动进献红夷炮26门，天启二年入澳门招募的铳师24人，及崇祯元年招募葡兵32人及西铳40门等史实"[①]。期间，在是否引进西铳、西兵问题上，明王朝内部始终存在着斗争，以徐光启为代表的天主教政治集团和以广州商人及保守势力为代表的力量不断进行着博弈。而澳门议事会和耶稣会想通过献西铳和西兵的方式，引进西方的军事科学技术帮助明王朝抵御后金在辽东地区的侵扰，同时，这也加强了以徐光启为代表的天主教集团的政治力量。宁远大战的胜利也说明西洋大炮在明清之间战争中的作用。这说明，晚明时西洋技术的引进始终是和明朝内部与外部各种政治势力的斗争连在一起的。

　　这种技术与政治的关系在山东的登州事件后就更为明显地表现了出

[①] 汤开建：《委黎多〈报效始末疏〉笺正》，广东人民出版社2005年版，第15页。

来。崇祯四年（1631），由于后金开始对朝鲜半岛入侵，山东的登州成为抗击后金的前线，此时在登州主持军务的是徐光启的弟子孙元化。天主教徒王徵、张焘，西洋领统公沙和他率领的葡萄牙铳师，以及传教士陆若汉等都在登州协助孙元化。但孙元化的部下孔有德在登州附近的吴桥发生兵变，孙元化大败，西洋领统公沙和他率领的葡萄牙铳师大多战死，孙元化、王徵、张焘被押回北京，孙元化和张焘被斩首，王徵被削职归田。后孔有德和耿仲明率部从登州登船投降后金，携带大量西洋红夷大炮、西洋大炮等西洋精良武器。这支由孙元化所领导的，由葡萄牙人所训练的，掌握了西洋火器的先进技术的军队此后成为后金的主力。从此后明和后金的军事力量发生了明显的变化。实际上除孔有德、耿仲明外，清初所封的其他二王——尚可喜和吴三桂也都曾是孙元化的部属。正如黄一农所说，"孙元化和徐光启完全不曾预料它们借助西洋火器和葡籍军事顾问所装备和训练的精锐部队，竟然大部分转而为敌人所用"①。西洋火炮在明末清初的战争中发挥了重要的作用，对其的掌握和使用，成为各种政治力量较量的重要武器，它在明清之际的社会变化中发挥了不可忽视的作用。

三　西洋自鸣钟与中国近代钟表制造业②

　　从西洋人来到中国，钟表就随之传到了中国。上面我们也提到，利玛窦送给万历的礼物中就有自鸣钟，他就是靠着修理自鸣钟，才得以进入皇宫，当时，万历不同意礼部的意见，硬是将利玛窦留了下来，很大可能是因为需要他修理自鸣钟。康熙年间，清宫开始设立"自鸣钟处"，主要是负责保管宫中的自鸣钟。除了上面我们谈到的安文思以外，先后曾有6位传教士在宫中从事钟表制造。他们是：陆伯嘉（Jacques Brocard，1661—1718）、杜德美、林济格（François-Louis Stadlin，1658—1707）、严嘉乐（Charles Slaviczek，1678—1735）、安吉乐（Angelo

---

　　① 黄一农：《天主教徒孙元化与明末传华的西洋火炮》，《"中研院"历史语言研究所集刊》第67本第4份，1986年12月。
　　② 本节的写作主要参考了汤开建的《清朝前期西洋钟表的仿制与生产》的论文抽样稿，在此表示感谢。

Pavese)等。在这些传教士钟表匠的努力下，清宫中的造表技术不断提高。康熙四十七年（1708），当江西的巡抚向康熙进贡了一件西洋钟时，康熙说："近来大内做的比西洋钟表强远了，以后不必进。"① 这说明，此时清宫中的造表技术也已经达到相当的规模和水准。

图5—7　清乾隆皇极殿大自鸣钟

到乾隆时期，清宫中的造表技术有了较大的发展。乾隆本人对西洋的钟表一直有很大的兴趣。他作过一首名为《咏自鸣钟》的诗：

　　奇珍来海舶，精制胜宫莲。
　　水火明非籍，秒分暗自迁。
　　天工诚巧夺，时候以音传。
　　针指佛差舛，转推互转旋。
　　晨昏象能示，盈缩度宁愆。
　　抱箭金徒愧，絜壶铜史捐。
　　钟鸣别体备，乐律异方宣。
　　欲得寂无事，须教莫尚弦。②

---

① 《康熙朝汉文朱批奏折汇编》第8册。
② 《清高宗御诗三集》卷八十九。

从这里可以看出乾隆对西洋钟表的喜爱。为了获得新的西洋钟表，他常常让两广总督注意为其收集，如乾隆十四年（1749）二月五日，他传谕两广总督硕色："从前进过钟表、洋漆、器皿，亦非洋做，如钟表、洋漆器皿、金银丝缎、毡毯等件，务是在洋做者方可。"（《乾隆朝贡档》）以后，他感到仅靠进表不能满足，就进一步加强了原有在宫中让传教士制作钟表的工作，在康熙朝时已经设立了"做钟处"，到乾隆时达到了高潮，最多时该机构人员有一百多人。对那些制作钟表有贡献的传教士，乾隆也常有褒奖。如法国传教士沙如玉（Valentin Chalier，1697—1747）在"做钟处"制作钟表，两次得到过乾隆的奖赏。现在，在故宫博物院仍收藏有大量 18 世纪的西洋钟表，这些西洋钟表，既有乾隆时期由英国输往广州，再由粤海关监督购置，作为贡品进贡内廷的，也有清宫做钟处的传教士和中国的匠人在宫内生产的。一些钟表是被英、法、瑞士等国家的使节，作为珍贵的礼物赠送给中国皇帝的。以天朝自居的中国皇帝在接受礼物以后，会以超出礼物价值几倍的厚重的珠宝来赏赐他们。于是，各国使节在回国以后，又积极筹集一批新的钟表送来。当时，欧洲各国钟表的贸易量比较大，以至于法国的思想家伏尔泰也曾设计了一个和中国做钟表贸易的庞大计划，虽然这个计划最终并没成功，但这说明了当时中国和欧洲的钟表贸易量已经不小。同时，清宫内的钟表生产也在大幅度地提高。从乾隆十一年到乾隆二十年，做钟处生产出钟表 44 件，根据现存的清宫《做钟处钟表细数清册》的统计，从乾隆二十二年到乾隆五十九年，做钟处生产的钟表保存在宫中的达 116 件。

目前，故宫中的现有的西洋表主要是由上述这两部分组成的。这些钟表大多数为铜镀金，外观金碧辉煌，绚丽多彩；造型精致，人物形象逼真，飞禽走兽栩栩如生。许多钟表装饰有珐琅绘画，色彩鲜艳，绘画工整，人物传神，工匠们很好地利用玻璃镜反光折射作用，使这些钟表更加炫目，成为精美的艺术品。目前故宫收藏的西洋钟表既有代表了欧洲当时制造业的最高水平的作品，也有代表了中国本土钟表生产最高水平的作品。这些钟表的内部机械构造复杂，钟表镶嵌在恰当部位，与机械巧妙地结合为一体，还有各式的转花、跑人、水法、转轮等随着时针的移动，伴随着钟表里人物或鸟兽的表演，不时演奏出悦耳的乐曲，使

图 5—8　铜镀金四象转花水法钟（1）

图 5—9　铜镀金四象转花水法钟（2）

每座钟都能给人以妙不可言的享受。现在，故宫中最大的玩具钟表是高 231 厘米的"铜镀金写字人钟"。一旦钟表上好弦，表中间的机器人就可以写下"八方向化，九土来王"的汉字。据说这个钟表是乾隆皇帝亲自设计的，他退居太上皇后，仍将这座钟表搬到他居住的宁寿宫，每日把玩坐看。

同时，西洋钟表的传入也逐渐催生了中国民间钟表业的发展。根据

图 5—10　铜镀金转八宝亭式表

图 5—11　铜镀金嵌料石迎手钟

汤开建的研究，在晚明时，江南地区就开始有了民间的钟表制造。万历年间的《云间杂识》中记载："西僧利玛窦，作自鸣钟，以铜为之。一日十二时，凡十二次鸣，子时一声，丑时一声，至亥则声十二。利师同事之人郭仰凤，住上海时，上海人仿其式亦能为之，第彼所制高广不过寸许，此则大于斗矣。"这里的郭仰凤就是意大利传教士郭巨静。这说明，传教士的钟表已经为民间所模仿。到乾隆时期，民间钟表业又有所发展，上海地区的徐朝俊就是一个典型。徐氏是徐光启的五世孙,由于家学的原因对西学一直较为关注,曾作《高厚蒙求》一书,全书共分四集:初集"天学入门",二集"海域大观",三集"日晷测时图法、星月测图表、自鸣钟表图法",四集"天地图仪、揆日正方图表"。他在"钟表图说自序"中说:"余自幼喜作自鸣钟,举业暇余,辄借以自娱。近日者精力渐颓,爰举平日所知所能,受徒而悉告之。并举一切机关转捩利弊,揭其要而图以明之,俾用钟表者如医人遇疾,洞见脏腑,知其病在何处。去病宜何方,保其无病宜何法,悉其机关何患,触手辄敝。"(《高厚蒙求》)在书中,他对钟表的名称,钟表的制作,钟表的图,钟表的组装、拆卸都进行了详细的分析。方豪认为,徐朝俊的这本书是中国第一部研究钟表的著作,"在我国机械学上自有其重要地位"[1]。有人写书,就有人读,这说明当时中国南方已经有了一定数量的使用钟表的人,据学者们调查,在康熙中期,南京至少有四家钟表作坊,一年一个作坊能制作十架钟。但到1851年,南京已经有了40家钟表作坊,清乾嘉人钱泳说:"自鸣钟表皆出自西洋……近广州、江宁、苏州工匠亦能造。"[2] 这说明当时钟表制造业在江南已经比较普遍。根据汤开建的研究,苏州的钟表制造到嘉庆年间已经形成了行业,钟表匠们已经有了自己的同行业的墓地,而且,钟表业生产也开始有了分工,乡间生产零件,苏州作坊进行组装。他认为:"嘉庆时创设的钟表业'义冢'不仅可以证明,苏州钟表制造业发展到嘉庆时已具有了相当规模,而且已成为一个成熟的行业。"[3]

在康熙时,宫内的钟表生产数量已经很大了。康熙将钟表分给每一个皇子,皇孙,雍正八年(1730)在《庭训格言》中就说:"少年皆得自鸣钟十数以为玩器。"《红楼梦》中多处提到西洋钟表,刘姥姥进大观园时,第一次看这些自鸣钟,被这些西洋玩意"吓得不住的展眼儿"。贾宝玉手中就有一个核桃大的金表,他所住的怡红院也放有自鸣钟。第五十八回中说晴雯看到表坏了说:"这劳什子又不知怎样了,又得去收拾。"

---

[1] 方豪:《中西交通史》(下),上海世纪出版集团2015年版,第643页。
[2] 钱泳:《履园诗话》上册卷12,中华书局1980年版,第321页。
[3] 汤开建:《清朝前期西洋钟表的仿制与生产》抽样本。

图5—12　铜镀金冠架钟

图5—13　铜镀金自开门寿星葫芦式钟

当时,身为宗室的昭梿就感叹地说:"近日泰西氏所造自鸣钟钟表,制造奇邪,来自粤东,士大夫争购,家置一座,以为玩具。"①

由于钟表的大量生产和进口,当时在"城市里的教堂、商馆、衙署

---

① 汤开建:《清朝前期西洋钟表的仿制与生产》,抽样稿,在此对汤开建先生提供抽样稿表示感谢。

及公共建筑，均安装自鸣钟者；人群中的官员、教士、商贾、仆役、妓女亦配有西洋表者"。当时的高官中大多收藏西洋表，少则十架，多者达数百，著名的大贪官和珅被抄家时，从家中竟查出钟表590多件，由此可见西洋钟表在清前期的流传、制造和使用的广度。

第六章

西方艺术的传入

明清之际，西方文化在中国的传播是全方位的，这些来华的传教士真是个个身手不凡，他们中不仅有科学家、数学家、物理学家，同时也有艺术家，其中包括音乐家和画家等各种的人才。当然，这也是康熙后期，"礼仪之争"后，康熙对天主教的宗教失去兴趣，而对西方的科学技术和文化的兴趣不减，只要有这方面的人才，康熙一概接受。这个传统被雍正和乾隆继承了下来。这样康雍乾三朝，就成为西方艺术传入中国的第一个高潮时期。

一 西方音乐艺术传入中国

乾隆时的著名诗人赵翼曾作《瓯北诗钞》，其中有一首《同北墅漱田观西洋乐器》，诗中写道：

斯须请奏乐，虚室静生白。初从楼下听，繁响出空隙。
嚛呟无射钟，嘹亮蕤宾铁。渊渊歌悲壮，坎坎缶清激。
镎干于且宁，磬折拊复击。琴希有余铿，琴澹忽作霹。
紫玉凤唳萧，烟竹龙吟笛。连桐控揭底，频栎钼锯脊。

由此可见，到乾隆时期，西洋音乐已经成为北京的一景。西洋音乐的传入还是从葡萄牙人到澳门开始的，晚明的王临亨在他的书中记载了澳门教堂中的管风琴和古琴："澳中夷人食器无不精凿。有自然乐、自然漏。制一木柜中，中笙簧数百管，或琴弦数百条，设一机以运之。"（《粤剑编》，明万历刻本）清初的文学家屈大均在《广东新语》中说"寺有风乐，藏革柜中，不可见，内排牙管百余，外按以囊，嘘吸微风入之，有鸣自柜出，音繁节促，若八音并宣"。管风琴是西洋教堂中的必备之物，这种乐器中国没有，自然引起人们的注意，文人梁迪在《西堂集·外国竹枝词》中更是以诗颂之：

  西洋风琴似凤笙，两翼参差作凤形。
  青金铸管当偏竹，短长大小递相承。
  以木代匏囊用革，一提一压风旋生。
  风生簧动众窍法，牙签戛击音研訇。

  利玛窦进北京时给万历的礼物中就有"西琴一张"，据陶亚兵考证是当时欧洲流行的"击弦式古钢琴"（Clavichord），万历想享受一下这西洋乐，就让庞迪我到宫中教太监们学习演奏西洋古琴，太监们还真聪明，居然学得不错。庞迪我教的这个曲子的词实际上是当时意大利流行抒情诗，利玛窦将它重新填上新词，起名《西琴八曲》，歌词文采飞扬，典雅古朴："呜呼！世之茫茫，流年速逝逼人生也。月面日易，月易银容，春花红润，暮不若旦矣。若虽才，而才不免肤皱，弗禁鬓白。衰老既诣，迅招乎凶，夜来瞑目也。定命四达，不畏王宫，不恤穷舍，贫富愚贤，概驰幽道。"在古朴的词中唤起人们对生命和死亡的追思，宗教情感悠然而生。利玛窦无处不在传播天主教，但其传播方式之巧妙，对中国文化之熟悉，真是无人可比。我想，当年万历皇帝听到这西洋古琴伴奏下的古曲，也会觉得感伤，也会发思古之幽情。到崇祯皇帝时，这位心比天高，命比纸薄的年轻皇帝常常被政务搞得心烦，于是就找来了当时在北京的汤若望，让他把早扔到仓库中利玛窦带来的这架古琴找来，修好，再次演唱弹奏，以解心头之闷。

  明朝的万历和崇祯只是偶尔听一下洋人们的"夷曲"，解解闷，谈不上欣赏。而真正喜欢上西洋音乐的是清朝的康熙和乾隆，也正是在康乾时期，西方的音乐才真正传入中国。首先应该提到是葡萄牙传教士徐日升,此人的音乐修养极高,他是由南怀仁引荐给康熙的,康熙听说他在音乐方面造诣很高,就叫南怀仁先演奏一首中国的曲子,然后命徐日升弹一遍,结果徐日升弹的音调丝毫不差,康熙大为吃惊,称"是人诚天才也",马上赏缎二十四匹。看来徐日升是自幼练过试唱练耳,音记得极准。徐日升不仅琴弹得好,音乐理论修养也很高,他写下一本名为《律吕纂要》的书,这本书应该说是第一本介绍西洋音乐理论的书。这本书最早被历史学家吴相湘发现,但关于这本书和《律吕正义·续编》的关系有多种说法,很不统一。今人陶亚兵经过对这两个原稿的分析后认为,《律吕纂要》这本书是徐日升自己所作。该书分为两个部分,第一部分"介绍西洋理论知识;后一部分名《律吕管窥》,介绍中国传统律学理论"①。在《律吕正义》的总序中是这样评价徐日升的:"有西洋博尔都哈儿国人徐日升者,精于音乐。其法专以弦音清浊二均递转和声为本。其书之大要有二:一则论管律弦度声之由,声学相合不合之故;一则定审音合度之规。用刚柔二记以辨阴阳二调之异。用长短迟速等号,以节声字之分。从此法入门,实为简洁。"

白晋在《中国现任皇帝传》一书中记载了康熙对西洋音乐的喜爱,"他非常欣赏所有欧洲音乐,很喜欢西洋音乐的乐理、乐器及其演奏方法。在处理国政余暇,他只要认真练习几次,就能够像演奏中国及鞑靼的大部分乐器一样,演奏西洋乐器"②。

德理格是西洋音乐东传中国的另一个重要人物。他是在徐日升逝世后来到中国的,由于他精通乐理,很快受到了康熙的重视。现存一封经康熙皇帝所修改过的德理格和马国贤(Matteo Ripa,1682—1745)写给教宗的一封信,信中就讲到传教士在中国讲授西洋音乐之事:"至于律吕一学,大皇帝犹彻其根源,命臣德理格在三皇子、皇十五子、皇十六子殿下前,每日讲究其精微,修造新书。此书不日告成,此《律吕新书》内,凡中国、外国钟磬丝竹之乐器,分别其必例,查算其根源,改正其错讹,

---

① 陶亚兵:《明清间的中西音乐交流》,东方出版社2001年版,第48页。
② [法]白晋著:《中国现任皇帝传》,杨保筠译,载[德]G.G.莱布尼茨《中国近事:为了照亮我们这个时代的历史》,大象出版社2005年版,第54—55页。

无一不备羡。"① 从这封被康熙亲自修改的信中可以看出,康熙对学习西洋音乐的重视,也可以看出德理格在宫中所扮演的西洋音乐教师的重要性。他不仅仅是一名音乐理论家,也是一名作曲家。在今天的中国国家图书馆的"北堂藏书"中仍藏有德理格所创作的一首小奏鸣曲。曲名是用意大利文写的,经陶亚兵整理和郑荃教授翻译后,这首小奏鸣曲的中文描述如下:"奏鸣曲,小提琴独奏与固定低音谱,作者:德理格,作品:第三号,第一部分;前奏曲,阿勒芒德舞曲(Allemande),库朗特舞曲(Correti),萨拉班德舞曲(Sarabande),加沃特舞曲(Gavotte),小步舞曲(Minuetti),及牧歌,第二部分。"②

图6—1 小奏鸣曲谱例

笔者在国家图书馆工作时也查看过这份文献,看到德理格当年的手稿如今仍保留完好,仿佛一下子回到了那个中西文化交流的年代。在学者们看来,德理格的这首小奏曲在写作方面"浓厚的复调风格也是与这一时期欧洲音乐相吻合的,与同时代的意大利作曲家 D. 斯卡拉第(Scarlati, D.)、德国作曲家巴赫(Bach, J. S.)的一些作品的风格有相似之处"。无论如何,德理格的这首曲子是在中国最早创作的欧洲乐曲,具有重要的学术价值和意义。

乾隆皇帝继承了康熙对西学充满好奇与热情的特点,对西洋音乐也同样重视,他在敕撰《律吕正义·后编》时,也同样注意到了传教士的作用,

---

① 陈垣整理《康熙与罗马使节关系文书》。
② 陶亚兵:《明清间的中西音乐交流》,东方出版社2001年版,第41—42页。

乾隆六年（1741）十月三十日他曾让张照统计宫中懂西洋音乐的传教士的情况，张照在奏疏中说："臣问得西洋人在京师明于乐律者三人：一名德理格，康熙四十九年来京；一名魏继晋，乾隆四年来京；一名鲁仲贤，今年十月内到。德理格年已七十一岁，康熙年间考定中和韶乐，纂修《律吕正义》时，伊亦曾预奔走，能言其事，较二人为明白。考其乐器，大多丝竹之音居多，令其吹弹，其音不特不若大乐之中和……但德理格能以彼处乐器作中国之曲，魏鲁二人倚声和之立成，可知其理之同也。其法以乌勒鸣乏朔拉西七字统总音，乌勒鸣乏朔拉为全音，乏西为半音，可旋转为七调，则古乐之五声二变，伶人之工尺七调同也……可知声音之道，无间中西，特制器审音不相侔耳。"① 乾隆在看到这份奏疏后表示：知道了，尔与庄亲王商量即可。②

乾隆不仅研究西洋音乐还组织了清宫中的第一支西洋乐队，在对西方文化的欣赏方面，乾隆显然是青出于蓝而胜于蓝。杨乃济先生在其《乾隆朝的宫廷西洋乐队》一文中对这支宫中乐队进行了详细的研究，我们现在来看一看这支乐队的规模：小提琴10把，大提琴2把，低音提琴1把，木管乐器8件，竖笛4件，吉他等4件，木琴1件，风琴1件，古琴1件。③ 应该说，这是一个不小的乐队。为了真实，在演奏时，所有演奏者都有一身"行头"，戴西洋假发，穿西洋古服。据学者们考证，这支中国最早的西洋乐队大约在宫中活动了十年之久。

乾隆时期，宫中不仅有乐队，也有西洋剧团。在宫中曾上演过稍加改动的意大利歌剧《好姑娘》，上演过西洋木偶戏（Puppet-show），在这些演出中，西洋乐队都发挥了重要的作用。

实际上，清宫中的这些活动对整个社会对西洋音乐的了解的促进作用并不大，特别是到乾隆时期，西洋音乐完全成了他消遣的途径。但从西洋音乐理论来说，《律吕纂要》《律吕正义》的编撰对西洋音乐在中国的传播还是起到了积极作用的。在民间，西洋音乐在中国的传播主要是

---

① 转引自陶亚兵《明清间的中西音乐交流》，东方出版社2001年版，第60页。
② 同上。
③ 杨乃济：《乾隆朝的宫廷西洋乐队》，《紫禁城》1984年第4期。

通过教堂宗教活动中的宗教音乐。正如清人赵翼的诗中所写的那样："万籁繁会中，缕缕仍贯脉。方疑宫悬备，定有乐工百。"

二 西方绘画艺术

（一）晚明时期西洋绘画的传入

西方绘画艺术传入中国也要从利玛窦说起。在利玛窦献给神宗的礼物中就有"天主图像一幅，天主母图像二幅"，这些画他不仅献给了皇帝，也常挂在家中，让来访的文人学子们观看，并重新刻印作为传教的手段来发放，所以，在民间看到利玛窦所带来的西洋画的人并不算少。徐光启第一次看到圣母的画像后，触动很大，半天说不出话来，如他所说："入堂宇，观圣母像一，心神若接，默感潜浮。"据说，后来徐光启加入天主教与他看到这幅油画有一定的关联。利玛窦所展示的西洋画的不同画法也引起了文人们的关注，顾启元在谈到利玛窦的圣母画像时说："所画天主，乃一小儿，一妇人抱之，曰天母。画以铜板为帧，而涂五彩于上，其貌如生，俨然隐起帧上，脸之凹凸处，正视与生人不殊。人问画何以致此？答曰'中国画但画阳不画阴，故看之人面躯正平，无凹凸相。吾国画兼阴与阳写之，故面有高下，而手臂皆轮圆耳。'"（《客座赘语》卷六利玛窦）

利玛窦本人的画技也算可以，他在《万国全图》上画的那些中国人从未见过的小动物倒也吸引了不少人的注意，20世纪80年代，在辽宁博物馆突然发现了一幅利玛窦画的油画《野墅平林图》，一时引起轰动。但至今尚无确凿的证据说明这是利玛窦所作。[1] 不过利玛窦翻刻了四幅西洋版画是确凿无疑的，这四幅西洋版画是：《信而步海，疑而即沉》《二徒闻实，即捨空虚》《淫色秽气，自速天火》《古代圣母（天主）像》。据伯希和考证，第四幅画为金尼阁在日本时所做，其他三幅的原作者均为当时欧洲的名家。利玛窦将这四幅画以及他所配的中文和拉丁文的说明

---

[1] 林梅村最新研究，此画实乃利玛窦手下的耶稣会士倪雅谷所绘，利玛窦在画上题款后将其献给万历皇帝。参阅林梅村《观沧海：大航海时代诸文明的冲突与交流》，上海古籍出版社2018年版，第174页。

图6—2 利玛窦油画《野墅平林图》

一起给了明代的版画家程大约，程大约将其收入《程氏墨苑》中发表，一时洛阳纸贵。

图6—3 《程氏墨苑》中的西洋版画插图

利玛窦的这四幅版画及文字说明使中国的读者获得两个重要的收获：一是知道了"西洋画及西洋画理盖俱自利氏而始露萌芽于中土也"[1]；二是开创了汉字拉丁字母拼音之先河。所以，利玛窦的这四幅版画及说明在中国艺术史和文化史上都有着重要的意义。

晚明时翻刻西方版画的书还有罗如望（Jean de Rocha，1566—1623）的《诵念珠规程》，这本书共有版画14幅，西方学者认为，这14幅版画的作者可能和董其昌有关，中国学者认为，作者是否是董其昌，尚不能肯定，但"至少可以肯定，这些版画的制作者是生活在南京地区具有相当实践经验的专业画家与雕版家"[2]。

汤若望的《进呈图像》有画64幅，图48幅。艾儒略的《天主降生出像经解》，又称《出像经解》，也刊出了大量的西洋木刻版画。特别值得一提的是中国修士游文辉所画的利玛窦像，他信奉天主教后曾到日本学习过西洋油画，这幅油画虽然并不杰出，"但却十分重要，因为这幅画可能是可以考察到的最早留下名字的中国画家用西方绘画的方式画出的作品"[3]。这里也有个误会，苏立文认为传教士毕方济的《画答》是关于论述西方绘画的著作，其实完全不是，这是一本关于天主教伦理的著作，和绘画无关。[4]

这个时期西方的绘画在中国有了一定的流传，对中国画家在画技上还是有一定的影响的，国内学者莫小也将这种影响概括为四个方面："1. 透视知识。2. 明暗关系。3. 构图形式。4. 人物比例及动态。"[5] 日本学者则认为，这种影响已经是"众所周知的事实了"。

---

[1] 向达：《明清之际中国画所受西洋之影响》，载向达《唐代长安与西域文明》，生活·读书·新知三联书店1987年版，第499页。

[2] 莫小也：《十七—十八世纪传教士与西画东渐》，中国美术学院出版社2000年版，第116页。

[3] 苏立文：《东西方美术交流》，陈瑞林译，江苏美术出版社1998年版，第48页。

[4] 钟明旦、杜鼎克编：《耶稣会罗马档案馆明清天主教文献》第六册，利氏学社2002年版，第379—402页。

[5] 莫小也：《十七—十八世纪传教士与西画东渐》，中国美术学院出版社2000年版，第122—123页。

图6—4 耶稣被钉,灵迹迭现

(二) 康熙时期西洋绘画的传入

康熙时期来华的西人中传播西洋绘画的主要是两个人:切拉蒂尼(Giovanni Gheradini)和马国贤(Matteo Ripa,1682—1745)。他们二人都是意大利人,都继承了文艺复兴的传统,擅长绘画。切拉蒂尼是白晋在欧洲招募传教士时,他出于一时的兴趣跟着白晋来到了中国,他和耶稣会会士们不同,是一位世俗画家,在中国待了四年就回欧洲了。但他还是在中国历史上留下了他的痕迹。他主要是在北京教堂的绘画装饰上做了不少工作,当年在北京的传教士杜德美在给别人的通信中讲了他对切拉蒂尼教堂绘画的感受。他说:"这座教堂的建造和装饰用了整整四年的

图 6—5　天主降生出像经解

时间……会客厅中陈列着路易十四、法国大主教及历代君王、西班牙摄政王、英国国王及其他许多君王的肖像……天花板全由绘画组成。它分三部分：中间绘有开阔的苍穹，布局绚丽多彩……苍穹两侧是两幅椭圆形的充满欢乐令人愉悦的油画。祭坛后部放置的装饰上与天花板一样也有绘画；两侧的远景画使教堂更显深远。"① 在切拉蒂尼的工作下，北堂可以被称作"东方最漂亮、最正规的教堂之一"。清代文人谈迁曾谈到南堂的宗教绘画，他以为是郎世宁所画，其实应为切拉蒂尼所作。谈迁说：

---

① ［法］杜赫德：《耶稣会士中国书简集》下册，郑德弟等译，大象出版社 2006 年版，第 2 页。

"南堂内有郎世宁线法二张,张于厅室东、西两壁,高大一如其壁。立西壁下,闭一眼以觑东壁,则曲房洞敞,珠帘尽卷。"① 这说明切拉蒂尼的教堂绘画对当时的中国文人是有影响的。

马国贤是在"礼仪之争"中,罗马梵蒂冈的传信部为抑制耶稣会在华的势力而直接派到中国的神父。到中国后在广州停留期间,康熙通过两广总督赵弘灿考察了马国贤的绘画能力,对他的绘画能力十分满意(参阅《康熙朝汉文朱批奏折汇编》),康熙四十九年(1710)十一月二十七日离开广州,前往北京,第二年二月五日到达。马国贤是作为画师被引进到宫中来的,因此,在觐见完康熙后,他就开始了他的画室工作。如他在回忆录中所说的:"根据陛下的旨意,2月7日我进宫,被带到了一个油画家的画室。他们都是最早把油画艺术引进中国的耶稣会会士年神父的学生。一番礼貌的接待之后,这些先生给了我一些画笔、颜料和画布,让我可以开始画画。"②

如果从中西绘画交流史的角度来看,马国贤的历史性贡献在以下两个方面。

第一,开创了中西绘画结合之路。在马国贤之前的切拉蒂尼画的只是教堂里的宗教画,至今没有文献记载他的绘画是如何与中国绘画发生关系的。马国贤不同,他生活在宫中,实际上是御用的帝王画师,他的绘画并不完全是自由的,他必须考虑自己的绘画康熙是否满意的问题,而这就使他必须面对西方和中国两种不同的绘画方式的结合问题。他在自己的回忆录中也说:"我知道自己的技艺只是在设计艺术上,就从来不敢去画自己发明的题材,而是把我的雄心都限制在临摹工作上。但是因为临摹一点都不为中国人看重,我发现自己不只是有一点点麻烦了。无论如何我必须观察所有别的画家(大约七八个人)的作品,然后鼓起勇气来仅仅画一些风景和中国的马匹。皇上对人物画没有什么兴趣……对于任何一个只有中等人物画知识的人来说,是没有办法画好风景画的,

---

① 谈迁:《北游录》,中华书局1981年版,第45页。
② 马国贤:《清廷十三年》,李天纲译,上海古籍出版社2004年版,第48页。李天纲将Gerardino译为耶稣会的神父有误,实际此人就是切拉蒂尼。

我只能把自己的努力交给天主的指引了，开始做一些我从来没有做过的工作。很高兴我取得了如此的成功，以至于皇帝非常满意。"①

图6—6　意大利来华传教士马国贤

马国贤早期画了一些人物画，如《桐荫士女图屏》《各国人物屏》《通景山水屏》等，在画这些作品时，他一定注意了中国画家的作品，如他所说，"无论如何我必须观察所有别的画家（大约七八个人）的作品"。同时，他在制作铜版画时，对中国画家的作品也按照西洋画的特点进行了修改。当时，中国的画家描绘了避暑山庄三十六景，然后由一位中国的刻工来制作。马国贤说："他是忠实地根据画家的设计，把线条大致转刻到版子上。可是他没有理解光和影的和谐，因此图画从他的版子上揭下来的时候，外观非常糟糕。"② 此后，马国贤重新制作这些铜版画时，就将西方绘画的透视学的知识应用到中国画家的这些作品上，从而获得

---

① 马国贤：《清廷十三年》，李天纲译，上海古籍出版社2004年版，第48页。
② 同上书，第63页。

了极大的成功。从艺术上讲,铜版画《避暑山庄三十六景》是中西绘画的结合,这个完成者就是马国贤。所以,苏立文(Michael Sullivan)说得好:"马国贤是一个关键的人物,他把西方艺术介绍到中国来,但更多是把中国审美观念传递到欧洲。"①

第二,将西方的铜版画介绍到中国。马国贤来华前也并未制作过铜版画,只是听过一些课,有一些基本的了解。但他仍自己动手制作了制作铜版画的设备,自己试验并取得了成功。看到马国贤的镌刻铜版的技术已经成熟后,康熙五十二年(1713),康熙让马国贤主持印制铜版《御制避暑山庄三十六景诗图》的工作,它是在木刻本《避暑山庄三十六景诗图》完成后的次年完成的。如果将木刻本和镌刻本的两个版本相比较,铜版印本景物刻画得更为繁细,更注重透视的表现,明暗对比更强烈,立体感更强。这是因为马国贤在镌刻铜版画时已经糅进了西洋画的特点,在这个意义上,铜版诗图实际是对木刻本的再创造、再升华,是中西绘画艺术、版画雕造艺术珠联璧合的第一次完美结合。马国贤作为中国镌刻铜版画的创始人而载入中国艺术史。

康熙年间,中国画家中吸收西洋画法最有影响的作品是焦秉真的《耕织图》,焦秉真在钦天监任职时和传教士有较多的接触,了解了西洋画法的特点。莫小也认为:"焦氏所绘组画采用透视画法是十分明显的,即使清中、后期重绘的《耕织图》也没有焦氏组图画中那样显著的西方特色。"张庚在《画征录》中谈到焦秉真的绘画时说:"焦秉真,济宁人,钦天监五官正,工人物,其位置之自远而近,由大及小,不爽毫毛,盖西洋法也。"

(三) 乾隆时期的西洋绘画

康熙以后在清王朝服务的西方传教士画家有郎世宁(Joseph Castiglione,1688—1766)、王致诚(Jean-Denus AttiRet,1702—1768)、艾启蒙(Ingace Sichelbarth,1708—1780)、潘廷璋(Joseph Panzi,1733—1812)、安德义(Joannes Damascenus Salusti)、贺清泰(Louis de Poirot,1735—

---

① 黄时鉴:《东西文化交流论坛》第一辑,上海文艺出版社1998年版,第326页。

1814）等，这些传教士画家各有特长。

王致诚是法国耶稣会会士为平衡郎世宁作为葡萄牙传教区的势利而被派到中国来的，来华以前他已经是一名职业的画家，至今在欧洲的许多博物馆还可以看到他的一些作品。他以《三王来朝》这幅画赢得了乾隆的赞扬，并成为皇帝的专业画家。在旁人看来，作帝王的画师好像很荣耀，其实所受的苦也只有他自己知道。正像他给友人的信中所说的，一大早就要起来，穿过层层由警卫所把守的大门，来到皇帝专门为他设立的画室。这个画室夏天奇热无比，冬天冷得提不起画笔。乾隆对他十分宠爱，常常赏其饭菜，而这些御膳拿到他的面前时，早已冰凉，无法入口，但也只好强装笑脸吃下。最为痛苦的是，在绘画上他并不是完全自由的，他必须放弃自己原来喜爱和擅长的西洋油画，而主要来画乾隆所喜欢的水彩画。这一度使王致诚内心很苦恼。但经过郎世宁的劝导，王致诚逐渐适应了自己作为帝王画师的角色，先后创作了清代的人物画像 200 多件，成为一个深受乾隆喜爱的西洋画师。

艾启蒙是乾隆最喜爱的三位西洋画家中的一位，其地位和影响虽不及郎世宁和王致诚，但亦深得乾隆宠爱。有一次在宫中举行庆典时，乾隆问他为何手不停地发抖，当得知艾启蒙已经七十岁时，乾隆说应该为他祝寿。几天后，乾隆亲自接见了他，"赐给他绸缎六匹，朝服一领，玛瑙一串，御笔'海国耆老'匾一方"。乾隆接见他后，又命艾启蒙乘坐八抬大轿，前面以十字架开路，乐队随其后，在北京城内转了一周，真是风光一时。

在来华的传教士画家中影响最大，最受乾隆喜爱的无疑是郎世宁。郎世宁在康熙五十四年（1715）十一月二十二日到达北京，乾隆三十一年（1766）六月十日在北京病逝，在中国生活长达 51 年，历经康雍乾三朝，创作了近百件反映清中前期社会文化生活的作品。他在雍正年间创作的《聚瑞图》《百骏图》《平安春信图》《岁朝图》《羚羊图》，在乾隆年间创作的《十骏图》《八骏图》《十骏犬》《哈萨克贡马图》《准噶尔贡马图》《木兰图》《春郊阅骏图》，都成为中国绘画史上的重要作品。郎世宁除了自己从事繁重的绘画工作以外，还为清廷培养和造就了为数众多的兼通中西画艺而又各有独特专长的宫廷画家。早期他所教授徒弟中的班达里沙、王玠等在学习西方油画方面很有成就,他们的画也都曾得到雍正的高度评价,他后来的徒弟中有王玠之子王幼学、王儒学、张为邦、丁观鹏、戴正等,其中以丁观鹏、王幼学、张为邦画艺为高。流传于世的名作有:丁观鹏《十八罗汉图》,陈枚《耕织图》等,这些图画都有明显的西洋画风。

图 6—7　清宫西洋画家作品(1)

图 6—8　清宫西洋画家作品(2)

杨伯达先生在谈到郎世宁在中国绘画史上的贡献时讲了两条。其一,"郎世宁是内廷线法画的创始人",在清宫中称焦点透视为"线法",称焦点透视画为"线法画",实际上这就是西方绘画中的"透视学"。年希尧所编的《视学》就介绍了郎世宁关于西方绘画透视学的基本理论,年希尧在书中说:"近数得郎先生纬世宁者往复再四,研究其源流。凡仰阳合复,歪斜倒置,下观高视等线法,莫不由一点。"(《视学精蕴》序言)年希尧将其称为"定点引线之法",他认为郎世宁所介绍的这种点线之法,妙不可言,它是"泰西画法之精妙也哉!"其二,"郎世宁是融合中西画法的新体绘画的创始人和推动者"。他将西方的绘画理论通过中国的画笔、颜料、纸绢等东方的材料去表现静物、工笔花鸟、人物肖像都取得了很突出的成就,他的这种"以西法为主,适当参酌中法"的画法,与明清之际受西洋画影响的曾鲸、焦秉真、冷枚等中国画家的那种"以中法为主、西法为用"的画法完全不同,这就形成了独特的"郎世宁新体绘画的特征"[①]。

图6—9 郎世宁所绘的马

谈到郎世宁,我们必须谈一谈乾隆时期的反映乾隆战功的铜版画系

[①] 杨伯达:《郎世宁在清内廷的创作活动及其艺术成就》,载杨伯达《清代院画》,紫禁城出版社1993年版,第170—171页。

图6—10　郎世宁所绘战图

列。铜版画传入中国是从康熙朝开始的，到乾隆时达到高潮。乾隆朝期间，高宗为表现自己两次平定准噶尔，一次平定回部，两次平定金川，一次平定台湾，一次攻打缅甸，一次征伐安南，两次攻打廓尔喀的"十全武功"，采取以画记史的方法，让宫中传教士制作了8套铜版画，共98幅，从而使西洋的铜版画在中国的传播达到了高潮。这8套铜版画分别是：《乾隆平定西域得胜图》共16幅、《平定两金川战图》共16幅、《平定台湾战图》共12幅、《平定安南战图》共6幅、《平定苗疆战图》共16幅、《云贵战图》共4幅、《廓尔喀战图》共8幅、《圆明园东长春园西洋楼图》共20幅。这些套铜版画是宫中的传教士画家和中国画家的集体之作，郎世宁、王致诚、艾启蒙、潘廷璋、安德义等都参加了创作。当时首先创作的是名为《乾隆平定西域得胜图》，或称《乾隆平定准部回部战图》。这组图共16幅，每幅纵55.4厘米，横90.8厘米，纸本印制。这些图真实地记载了当时的历史。例如，在《平定伊犁受降》的铜版画中，就记录了1755年平定准噶尔部达瓦齐叛乱后的史实。艺术专家莫小也认为，这些"版画的部分起草者也曾跟随进入战地，因而他们记录的环境、人物服装、武器、战船直至小道具对研究军事史、民族史有重大参考价值"①。

图6—11　清宫西洋画家作品

《凯宴成功诸将》这幅画描绘的是乾隆在大内西苑中的紫光阁设宴庆功的场面。在当时的庆功会上，西征中立有战功的傅恒、兆惠、班弟、富德、玛常、阿玉锡等100多人的画像被置于紫光阁内，以示表彰。

这组铜版画的作者是清宫中的传教士画家意大利人郎世宁、法国人王致诚、波希米亚人艾启蒙和意大利人安德义。

1762年，乾隆命郎世宁起草《乾隆平定西域得胜图》的小稿16幅，三年后，这四位传教士画家奉命每人绘制正式图稿1幅。同年5月，乾隆亲自审阅已经完成的4幅图稿。这4幅图稿是郎世宁画的《格登鄂拉斫营》、王致诚画的《阿尔楚尔之战》、艾启蒙画的《平定伊犁受降图》和安德义画的《呼尔满大捷》。乾隆皇帝阅后颇为满意，并规定画家，其余的12幅底稿，分三次绘制呈进。

郎世宁等四人的图稿完成后，乾隆在每幅画前均作御笔题诗。乾隆

---

①　莫小也：《十七—十八世纪传教士与西画东渐》，中国美术学院出版社2002年版，第213页。

皇帝决定将它送往欧洲制作成铜版画。经多次协商,把这批图稿送往巴黎制作成铜版画。当时的法国著名雕刻家勒巴(Le Bas)、圣多本(St. Dubin)、德劳内(N. de Launay)等参加了制作,前后历时11年,乾隆三十九年(1774)这批铜版画全部完成,并被运回中国。关于《乾隆平定西域得胜图》的绘画和制作,法国汉学家伯希和在《乾隆西域战功图考证》和聂崇正在《清宫铜版画》中都有详细的研究。

《平定两金川战图》《平定台湾战图》《平定安南战图》《平定苗疆战图》《云贵战图》《廓尔喀战图》这6幅战图完全是在国内制作的,这就说明当时中国的艺匠很可能已经消化了技术性很强的铜版画制作技法。

图6—12 郎世宁《哨鹿图》

清代时西洋绘画在民间的影响主要是通过教堂中的宗教题材的绘画。如文人蒋士铨在《泰西画》中对西洋画的特点格外赞扬:"有阶雁齿我欲躛,踢壁一笑文绫。乃知泰西画法粗能精,量以钿黍争。纷红骇绿意匠能,以笔着纸纸不平。日影过处微阴生,远窗近幔交纵横……若对明镜看飞甍,一望浅深分暗明,就中掩映皆天成……"① 其实,这种影响不仅在中国,对当时东亚其他国家的文人、使者都有影响。如当时的朝鲜来

---

① 钱仲联:《清诗纪事》乾隆朝卷,凤凰出版社2003年版,第5714页。

图6—13　郎世宁《平安春信图》

使朴趾源在其《热和日记》中写下了他看到西洋绘画时对其的冲击和震撼："今天主堂中，墙壁藻井之间，所画云气人物，有非心智思虑所可测度，亦非言语文字所可形容。吾目将视之，而有赫赫如电，先夺吾目者，吾恶其将洞吾之胸臆也！吾耳将听之，而有俯仰转眗，先属吾耳者，吾慙其将贯吾之隐蔽也！吾口将言致，则彼亦将渊默而雷声。"① 由此可知，西洋画震撼了他的全身，五官所致，天翻地覆，这是全方位的冲击！

尽管从中西文化交流的角度来看，郎世宁所代表的西洋画派的成就远远超过他们的前辈，但对其批评之声也始终存在，正如莫小也所说："就郎世宁画风来看，中西结合毕竟是折衷，它并没有尽力去发挥各自的优势，而是一味地调和。因为工笔接近西洋画法，似乎以此可以完成中西绘画的融合，岂知这仅是表面的参用。当郎世宁强调西洋绘画的科学性一面时，艺术性一面就有所丧失了。"② 同时，我们也应看到，要求一个传教士去理解中国文人画，去理解那种人与自然的融合给人的精神境界带来的提升，这几乎是不可能的。历史是不可能进行设计的。郎世宁所创作的那些为乾隆所欣赏的绘画随着他和传教士的去世，已随风而逝

---

① ［朝］朴趾源：《热河日记》，上海古籍出版社1997年版，第326页。
② 莫小也：《十七—十八世纪传教士与西画东渐》，中国美术学院出版社2000年版，第260页。

了,但郎世宁等人的作品及其西方的绘画理论仍如涓涓细流,汇入变动中的中国绘画艺术之中。

三 西方建筑艺术的传入

西方建筑艺术在中国的传入首先要从澳门讲起。当时葡萄牙人进入澳门后一般在高处建房,而原来的澳门原住民一般住在平地。香山县志称:"因山势高下,筑屋如蜂房者,澳夷之居也。"这些葡萄牙人所建的这些"高栋飞甍,栉比相望"的楼房主要是传教士们所居住的教堂和葡萄牙商人们住的洋房。

康熙二十三年(1684),钦差大臣、工部尚书杜臻在他的《香山澳》诗中这样描写澳门的西洋教堂:

> 西洋道士识风水,梯航万里居于斯。
> 火烧水运经营惨,雕墙峻宇开通衢。
> 堂高百尺尤突兀,丹青神像俨须眉。
> 金碧荧煌五彩合,珠帘绣柱围蛟螭。

澳门最早的教堂是望德寺,建于1567年,是澳门主教的座堂。堂前现存十字架一座,上有拉丁文"望德十字架,1637年立"。因为当时教堂建在疯人院附近,当地人又将之称为"发疯堂"。《澳门纪略》中说:"东南城外有发疯寺,内居疯番,外卫以兵……"圣老楞佐堂,建于1575年前后;圣安多尼堂,建于1565年。当地人称为"花王庙",即它是教友举行结婚仪式的地方。圣保禄堂,始建于1572年,第二次重建完成于1640年。这就是有名的"大三巴"。

汤显祖在《牡丹亭》中称"大三巴"为"多宝寺"。在1762年葡萄牙当局奉葡王之名驱除耶稣会以前,它一直是耶稣会在东方传教的中心。在它因1835年的大火被焚毁之前,一直是澳门最为雄伟的建筑。康熙年间任过两广总督的吴兴祚写过一首关于"大三巴"的诗,最为有名。

图6—14 澳门大三巴

三巴堂

未知天外教，今始过三巴。树老多秋色，窗虚迎月华。
谁能穷此理，一语散空花。坐久忘归去，闻琴思伯牙。

在澳门除教堂外，西洋式的民间建筑也是其特色之一。《澳门纪略》中说："多楼居，楼三层，依山高下，方者、圆者、三角者、六角者、八角者、肖诸花果状者；以覆俱为螺旋形，以巧丽相尚；垣以砖或筑土为之，其厚四五尺，多凿牖于周垣，饰以垩。牖大如户，内阖双扉，外结琐窗，障以云母。楼门皆旁启，历阶数十级而后入……已居其上，而居黑奴其下。门外为院，院尽为外垣，门正启。又为土库楼下，以殖百货。"正如当时的诗人所写："有户皆金碧，无花自陆离"，"到门频拾级，窥牖曲通楼"。一种新的建筑风格和艺术在澳门开始出现。

当传教士在中国内地开始传教，并得到发展时，随着教会的发展，西洋式的教堂也开始在内地出现。在北京最著名的教堂是汤若望主持建造的南堂，这是一座典型的欧洲教堂建筑，体现了当时欧洲的巴洛克风格，教堂的全部地基作十字形，长八十尺，宽四十五尺。魏特在《汤若望传》一书中，对教堂的建筑进行了详细的介绍："教堂内部借立柱之行列把教堂之顶格辟为三部。各部皆发圈，作窟窿形，有若三只下覆之船身。其中顶格之末端作圆阁状，高出全部教堂，圆阁上绘种种圣像。中部顶格两边之顶格，为一块一块方板所张盖。教堂正面门额上，用拉丁大字母简书救世主名字 HSJ 三字（实为耶稣会的标志——作者注），四周更以神光彩饰。"① 徐日升与闵明我改建后，在教堂两侧，建高塔两座，一塔置大风琴，一塔置时钟，悬大小不等之钟，能发中国曲调之钟乐。当时的方济格会神父利安当（Antonius de Santa）来到北京看到教堂后说："此一建筑物使北京居民无不惊奇不止，前来瞻仰者，势如潮涌。"

图 6—15　北京南堂旧照

由于康熙时期的天主教政策较为温和，天主教在各地得到较大的发

---

① 魏特：《汤若望传》上册，商务印书馆 1949 年版，第 250 页。

展，各地的教堂纷纷建立。杭州的天主教教堂在康熙时是最为宏伟的，当时的建筑风格"造作制度，一如大西"，当年法国耶稣会会士李明（Louis le Comte，1655—1728）路经杭州时对杭州天主教教堂的建筑赞不绝口，他说："杭堂之美，未能以笔墨形容。堂中所有，悉镀以金；壁画挂图，无不装璜精致，秩然有序。堂内盖概以红黑色好漆饰成，华人最善用此。陈饰物中有金花及其他贵重品，为世界之大观。"

西洋建筑随着教堂的建立，其风格和建筑方法在民宅中也逐渐被采取。《浮生六记》在描述广州的外国商行建筑时说："十三行在幽兰门至西，结构与西洋画同。"十三行是西洋人的建筑，这当然是可以理解的，但在中国人的民宅中也同样开始采用西洋的建筑法。《浮生六记》也记载了安徽所见的民宅的建筑风格，"南城外又有王氏园，其地长于东西，短于南北，盖北紧背城、南则临湖故也。既限于地，颇难位置，而观其结构，作重台叠馆之法。重台者，屋上作月台为庭院，叠石栽花于上，使游人不知脚下有屋。盖上叠石者则下实，上庭院者则下虚，故花木仍得地气而生也。叠馆者，楼上作轩，轩上再作平台。上下盘折，重叠四层，且有小池，水不漏泄，竟莫测其何虚何实。其立脚全用砖石为之，承重处仿照西洋立柱法。幸面对南湖，目无所阻，骋怀游览，胜于平园。真人工之奇绝者也"。当时，西洋建筑法在江南一带已经比较普遍，李斗在其《扬州画舫录》中记载了扬州的"澄碧堂"的建筑风格："盖西洋人好碧，广州十三行有碧堂，其制皆以连房广厦，蔽日透月为工。是堂效其制，故名澄碧。"

清代西洋式建筑最为典型和辉煌的是乾隆时期在圆明园中的西洋式建筑。西洋楼位于圆明园的长春园北界，始于乾隆十二年（1747），乾隆四十八年（1783）最终添建成高台大殿远瀛观，标志工程的最后完工。整个西洋楼是由郎世宁设计的，喷水池是由蒋友仁设计的，整个工程是由中国匠师建造的。这是中国首次仿建的一座欧式园林，它由谐奇趣、黄花阵、养雀笼、方外观、海晏堂、远瀛观、大水法、线法山、线法画等十余座欧式建筑和庭院组成。在整个建筑的过程中乾隆对其十分关注，几乎是每天都要到建筑工地去一次。为了让蒋友仁更方便地组织建设，

图6—16　圆明园大水法

图6—17　圆明园图（1）

甚至"宫苑任何时候对他都是敞开的，他可随意独自前往"①。西洋楼的这些建筑在体形及立面上的柱式、檐口基座、门窗细部俱为欧式建筑做法，但细部雕饰也掺杂了中国式的纹样。学者们认为"西洋楼建筑是欧

---

①　［法］杜赫德：《耶稣会士中国书简集》下册，郑德弟等译，大象出版社2005年版，第67页。

图 6—18　圆明园图（2）

图 6—19　圆明园图（3）

洲建筑文化第一次传入中国的完整作品，也是欧洲与中国两大园林体系首次结合的创造性尝试。"《御制圆明园图咏》中有咏西洋楼之境的词，在其序中说："用泰西水法引入室中，以转风扇，泠泠瑟瑟，非丝非竹，天籁遥闻，林光逾生净绿。郦道元云：'竹柏之怀，与神心妙达；智仁之性，共山水效深。'此景有焉。"

西洋楼是中西文化平等交流之见证，无奈，1860 年英法联军用一把火将其烧毁，这是不可饶恕的罪过。西洋楼建于西人之手，后又毁于西人之手,百年之间,中国和西方的关系发生了翻天覆地的变化,西洋楼记载了中西文化交流史上的悲欢离合。如今,在荒草中茕茕孑立的残墙壁柱,只留给人们无限的深思。

第七章

西方社会思想观念及文学的传入

来华的耶稣会会士各个都是学富五车，满腹经纶的高手，他们来华之前已经在西方受过严格的学术训练。无论是在民间还是在皇宫，他们所展现的自己对天文历法的熟悉，所表现的在绘画、制图、机械上的技能，都是为了一个目的：证明其宗教信仰的正确与伟大。科学只是手段，传教才是目的。因此，我们在研究这些经传教士所介绍的西方文化时，就不能仅仅停留在对他们所介绍的科学文化的评价上，只有对其所介绍的思想文化、文学宗教观念进行分析，我们才能把握住这些洋教士们所介绍的西学的核心是什么。

一 传教士对西方社会文化的介绍

利玛窦第一次去见建安王时，所带的见面礼就是他的新著《交友论》。此时利玛窦在中国已经生活了十三年，知道友道是中国的五论之一，所以闭口不谈宗教，滔滔不绝地大讲了一番西方的交友之道。他的这种做法赢得了中国文人十分好感，冯应京感叹地说："益信东海西海、此心此理同也。"[①] 实际上，利玛窦在《交友论》中已经开始介绍西方的思想文化了。据方豪考证，《交友论》共引用了26位西方名人的格言，其中7条出自亚里士多德，7条出自奥古斯丁，2条出自苏格拉底，13条出自西塞罗，8条出自柏罗多亚尔各，6条出自塞内加，这些人物全部是

---

① 朱维铮主编：《利玛窦中文著译集》，复旦大学出版社2001年版，第116页。

西方思想文化的名人，这可能是中国人第一次听到希腊和文艺复兴时期的著名哲学家的格言。

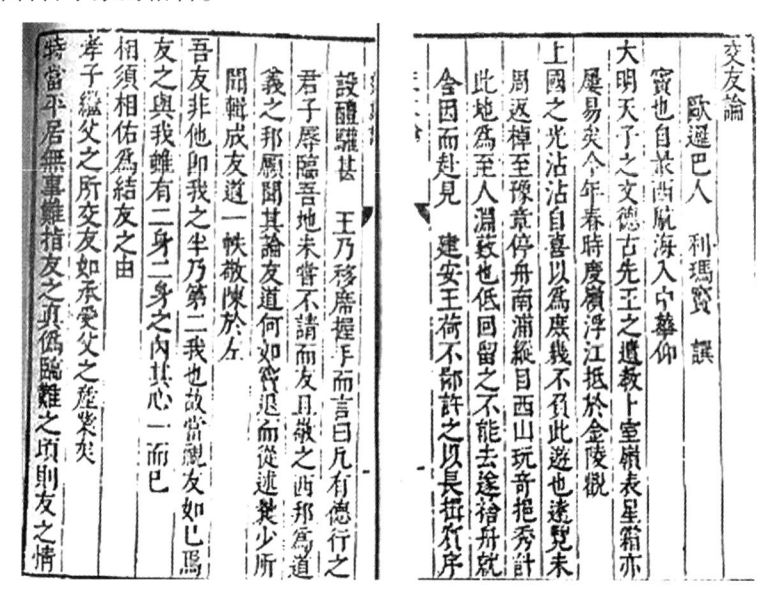

图7—1　利玛窦《交友论》

艾儒略这位被闽中儒生们称为"西来孔子"的传教士，在向中国文人介绍西方文化时有一个很有名的著作《西学凡》。这本书就是对西方文化的一种整体性介绍，如许胥臣在序言中所说："艾氏所述西方之学者，读其凡、其分有门，其修有渐，其诣有归。"[①] 他说西方的学问共分六科：一为"文科"，一为"理科"，一为"医科"，一为"法科"，一为"教科"，一为"道科"。然后，对这六科分别加以介绍。为什么要把"文科"作为六科之首呢？他认为"语言止可觌面相接，而文字则包古今，接圣贤，通意胎于远方，遗心产于后世。故必先以文辟诸学之大路"。他所说的"文科"和中国的学问很近似，它包括：读古圣贤之名训；学各国之历史；念各种诗文；练写作，学文章之章法。

艾儒略的《西学凡》是写给中国的读书人看的，难免文绉绉的。后

[①] 张西平、[意] 马西尼、任大援、[意] 裴佐宁：《梵蒂冈图书馆藏明清中西文化交流史文献丛刊》（第一辑）第35卷，大象出版社2014年版，第201页。

来，南怀仁要给年轻的康熙讲课，介绍西方的文化，就自己另编了一本名为《御览西方纪要》的书，将艾儒略等传教士关于介绍西方的书做了个简编。将欧洲各国的国土，土特产，国家制度，国王名姓，国家的历史，每个国家的风俗习惯，穿着服饰，法律制度，道德伦理，经济贸易，饮食习惯，医药卫生，城市建筑，国防兵备，老百姓的婚丧娶嫁，家庭的离婚、续弦与女人的守贞，天文历法，数术占卜与择日等一一进行了介绍。康熙也经常和传教士们讨论中国和欧洲之间的文化比较，有一次康熙听到白晋介绍欧洲人的建筑情况后，问白晋是否西洋人大多住在楼式的建筑中，白晋答："是。"康熙大笑，说看来西洋人的土地太少了，无法住平房，而改住楼房。正是在和传教士的长期接触中，康熙、乾隆对西方社会有了更多的了解，从而使他们的视野比较开阔，初步具有了中国历代帝王中所没有的那种对整个世界的知识与看法。蒋友仁在一封信中详细记载了耶稣会会士潘廷章（Joseph Panzi，1733—1812）在给乾隆画肖像时，乾隆与蒋友仁的谈话，从这个谈话中我们可以看到乾隆所关心的问题以及传教士们给乾隆所介绍的西方的知识，从而看出西学在清宫中的传播情况。

  皇帝问道：是国王派你们来的，还是你们自己要来中国的？

  我答道：康熙朝时，这位君王赏赐法国人在宫墙内建起了教堂；我们国王得知了这一善行后便命令我们耶稣会的长上在本会中遴选数学家和各类艺术家，给他们提供了可助其完成使命的仪器和其他物品后把他们派到了这里，因为伟大的康熙皇帝赏赐文明建立教堂也正是出于同样的目的。

  问：你们长上选派你们到这里来时是否需要告诉国王？

  答：我们都是奉国王之命由他出资并搭乘到广州的法国船只来华的。

  问：那么你们的船只是到广州的了？

  答：是的，陛下让雕刻的铜版画和《得胜图》版画也正是它运来的。

  问：看来雕刻家要数贵国的最能干了？

答：欧洲其他某些王国也有很能干的雕刻家；使我们感到荣幸的是广东总督更喜欢敝国，所以他委派我们的船长执行这项工作。

问：莫非是尔等之辈从这里指定了你们王国并为此写了信？

答：我们是修道士，在世俗社会中无任何职权，因此绝不会把涉及陛下的如此重大的事情揽载自己身上。

问：你们欧洲铜版画中有不少是展现你们历代君王的胜利的，他们对谁取得了这些胜利？他们要战胜哪些敌手？

答：为了本国利益，他们要战胜损害其利益的其他国家。

问：在你们欧洲的众多军之中难道没有一个可以以其权威来结束其他君王间可能出现的纷争，因而凌驾于其他君主之上的君主吗？例如这个中华帝国以前曾被好几个各自独立的君主统治过，其中之一后来成为了他们的首领，于是拥有了"皇帝"称号。

答：德国是由许多诸侯国组成的，这些诸侯国的君主中有一个凌驾于他们之上、拥有皇帝称号的君主；尽管拥有皇帝称号，他只是本诸侯国的君主，有时还要抵御其他诸侯国向他发动的战争。

问：你们欧洲诸多王国各自实力不同，是否会出现这样的情况，即某个较强的国家吞并了几个较弱的国家后进一步增强了实力，逐步再去吞并其他较强的国家，从而慢慢成为全欧洲的主宰呢？

答：自欧洲所有国家都接受了基督教起，人们就不该设想这样的动乱了。基督教劝导臣民服从君主，同时劝导君主们相互尊重。一个君主或许会丢失几个城池、几块甚至几个省份，然而如他面临倾国之险，其他君主便会站在他一边帮助他保全他的国家。

问：你们国王是如何处理继位问题的？

答：在我国由王长子或其孙子（如果他有子孙的话）继位。如长子已去世且无嗣，则有王次子或其子孙继位。

问：俄罗斯那里女子可继承王位，你们那里是否也有奉行此法之国家？

答：文明那里有些国家的女子可继承王位，但敝国自君主制确立之初便已立法不准女子继承王位。

问：若贵国君主死后无嗣，王位由谁继承？

答：多少世纪以来，上帝厚爱我主，使其不仅有足够的子孙继位，还可为欧洲其他王室提供继位人。①

在这次谈话中乾隆还询问了关于欧洲国家之间战争的各种问题，关于俄罗斯的问题，关于欧洲国家间交往的语言等问题，通过这个谈话，我们可以看到当时传教士们在清宫中所介绍的西方社会知识的一般情况。

在传教士们的笔下，欧洲是一个天堂和乐园。庞迪我在他的《七克》中介绍了西方司法制度的公正，他说："大西之俗，罪人有未服者，得上于他司更谳。国王费理薄视朝，怒一大臣，辄欲论死。其臣不服曰：'当上他司更谳耳。'王愈怒曰：'更谁居我上者，得谳尔。'答曰：'今王怒，更上于王不怒，更谳则是矣。'后王怒解。果明其无罪贳之。"法权高于王权，这显然是针对中国来讲的。这种法律健全不仅表现在对帝王权力的限制，也表现在对民众不良习惯的限制上。如他还介绍，说在西洋有专门禁酒的法律："大西诸国之俗，好酒者不得与闻国事。防不密也。"人喝酒易醉，醉后胡说八道，固好酒的人不得参与国事。"大西国之俗，生平尝一醉者，讼狱之人，终不引为证佐，以为不足信。故也或詈人以醉，则为至辱，若挞诸市焉。"人喝了酒，就不能当证人，不能起诉别人，因为酒鬼嘴里无真言。正因为此，庞迪我说，在大西洋国，人人谈酒色变，女人如果喝了酒，如同失身与其他男人有了奸情；少年男子在三十岁前要滴酒不沾。西方人将酒和淫看成两大罪恶。中国的文人们听到庞迪我的这种介绍，一定会觉得震惊，因喝酒对中国人来说是人生之快事。在中国文人看来，喝酒多了也会有问题，但绝不会将其列为罪恶之列。

在传教士们笔下，西方人的道德规范绝不低于中国人。尽管他们实际上给中国人介绍的是天主教的伦理观，但他们在对西方伦理做介绍时，尽量淡化了其宗教色彩，侧重从社会文化的角度来介绍西方的伦理，这是一个相当高明的方法。高一志在《修身西学》《齐家修学》《幼童教

---

① ［法］杜赫德：《耶稣会士中国书简集》下册，郑德弟等译，大象出版社2005年版，第35—36页。

育》,庞迪我在《七克》,利玛窦在《畸人十篇》中都是从社会文化的角度来介绍西方的道德伦理,从这个角度展示西方社会文化的文明程度和社会发展水平的。在传教士所展示的西方文化中使中国文人们最为震动的是西方社会的婚姻制度。

利玛窦在《天主实义》中说:"道德之情至幽至奥,人心未免昏昧,色欲之事,又恒钝人聪明焉。若为色所役,如以小灯藏之厚皮笼内,不益朦呼?岂能达于道妙矣!绝色者如去心目之尘垢,益增光明,可以穷道德之精微也。"这里,利玛窦实际上是在介绍西方中世纪的那种将"色"与"智"对立起来的观点,似乎有了情,脑袋就会糊涂。但在早期儒家的思想中也有这样的思想,孔子所提出的"君子三戒",就有戒色之说,告诫青年时期"血气未定,戒之在色"(《论语·季氏》)。所以,他的这个说法是会被人接受的,也显示出这些传教士所介绍的西方社会伦理之高尚。

如果说利玛窦还是在一般意义上介绍西方的婚姻伦理,那么,庞迪我则直接将批评的矛头指向了中国婚姻制度中的纳妾问题。他在《七克》中首先介绍西洋各国在婚姻制度上一夫一妻制的合理,他说:"敝乡千国之俗,皆以伉俪为正,上自国主,下至小民,一夫特配一妇,莫或敢违,妇没,得更娶正妻,不得娶妾也。"[1] 他在论证一夫一妻制的合理性之后,就直接批评了中国的一夫多妻制,即纳妾制。庞迪我认为纳妾制有以下的问题。

第一,纳妾会造成社会不安。如果一个男性有多个女性为妾,就必然会使另一部分男性无妻。再者,如果一个男人纳多个妾,天下哪有那么多的女人呢?所以,纳妾"苟为不然,不将使世有旷夫,而无女可配乎?失一正配,即失多子女,是害人类也"。

第二,纳妾制必导致家庭不和。男人在一个家庭中有妻又有妾,妻妾成群,必然引起妻妾不和,因为他认为女人多欲、多疑、易忿、易妒,在多个女人面前如何平衡?这是很难办的事。"妻恃尊,妾恃宠,两相不

---

[1] 张西平、[意]马西尼、任大援、[意]裴佐宁:《梵蒂冈图书馆藏明清中西文化交流史文献丛刊》(第一辑)第6卷,大象出版社2014年版,第694页。

下，其乱不已；两妇为仇，两妇之子，岂得相合？是一家犯罪，罪悉由尔，尔之负罪不已重乎？"庞迪我所说的这些观点在张艺谋所导演的《大红灯笼》中得到了艺术的再现，不管他是从什么动机出发来讲这件事的，他都的确揭示了中国社会的一个严重的问题，而这一切庞迪我在四百年之前就已提出了。

第三，纳妾制真正的受害者是男女双方。由于男人有妻又有妾，这样，他无心照顾孩子，同时，妻妾也在争爱，无心照顾孩子。"父好色，母惟色，欲其贞心，不亦难乎！"这样父尽不到父道，母尽不到母责。最终双方也都受了害。①

当然，庞迪我实际上是从天主教的禁欲思想来谈纳妾的问题的，但整个论述的方式"适应晚明社会中人对劝善书既有的理解，在用语与编撰形式上与劝善书相似"②。所以这本书受到不少文人的认同。山东按察司副使陈亮采在《七克》的序中说："其书精实切近，多吾儒所雅称。至其语语字字，刺骨透心，则儒门鼓吹也。"

耶稣会会士们向中国的儒生们所描绘的西方世界的确使儒生们产生了"误读"，徐光启竟然认为西方世界在基督教的影响下，西洋各国"千数百年以至于今，大小相恤，上下相安，路不拾遗，夜不闭关，其长治久安如此。然犹举国之人，兢兢业业，惟恐失坠，获罪于上主。则其法实能使人为善，亦既彰明较著矣。此等教化风俗，虽诸陪臣自言，然臣审其议论，察其图书，参互考稽，悉皆不妄"③。其实，当时的欧洲问题绝不少于中国。以性伦理为例，15世纪的英国，"由诺福克（Norfolk）法庭所审理的73件淫乱案件中有15件涉及到教士；在里斯本（Ripon）的126个同类案子中则有24个与教士有关；在兰勃斯（Lambeth）的58个同类案子中有9个与教士有关——犯规教士是犯规总人数的23%左右，而教士人数却不到总人数的2%"④。异文化之间相遇时，双方对对方的

---

① 张西平、[意]马西尼、任大援、[意]裴佐宁：《梵蒂冈图书馆藏明清中西文化交流史文献丛刊》（第一辑）第6卷，大象出版社2014年版，第604—707页。
② 何俊：《西学与晚明思想的裂变》，上海人民出版社1998年版，第274页。
③ 《徐光启集》下册，上海人民出版社1986年版，第432—433页。
④ 林中泽：《晚明中西性伦理的相遇》，广东教育出版社2003年版，第162页。

认识都有着各自的想象，而这种想象是由其自身的文化背景决定的。16—18世纪中西文化交流史的最有魅力之处就在于：双方都在想象着对方，都将对方当成自己乌托邦的理想。由此产生了文化的互动，双方文化的变异和发展。

二 西方文学在中国的传播

传教士对西方文学的传播首先表现在对古希腊《伊索寓言》的翻译和介绍。据中国学者最近的研究，明清之际在华传教士或译或讲，一共介绍了近五十则伊索寓言（孙红梅《伊索寓言在中国》抽样本）。第一个介绍《伊索寓言》的是利玛窦。天主教史专家裴华行在他的《利玛窦传》一书中对利玛窦给文人们传播《伊索寓言》也有记载，他说："有一位官员见了一本讲述救世主事迹的小册子，竟看得出神，我便说这是我们教中的书籍，不能相赠……却送了他一本《伊索寓言》，他欣然收下……"

利玛窦在他所写的《畸人十篇》中介绍了《伊索寓言》。这是利玛窦和十位中国文人围绕着道德伦理谈话的一本书，如李之藻在序中所说："其言关切人道，大约淡泊以明志，行德以俟命，谨言苦志以裋身，绝欲广爱以通乎天哉。"[1] 利玛窦在书中将"伊索"翻译成"阨琐伯"，他说："阨琐伯氏，上古明士。不幸本国被伐，身为俘虏，鬻于藏德氏，时之闻人先达也，其弟子以数千。"[2] 这里他对伊索本人进行了简要的介绍。利玛窦在《常念死后备死后审》这篇谈话中引用了伊索的《肚胀的狐狸》的寓言，他写道："野狐旷日饥饿，身瘦癯。就鸡栖窃食，门闭无由入。逡巡间，忽睹一隙，仅容其身，馋亟则伏而入。数日，饱饫，欲归，而身已肥，腹干张甚，隙不足容。恐主人见也！不得已，又数日不食，则身瘦癯，如初入时，方出矣。"[3] 也是在这篇谈话中，他还引用了《伊索

---

[1] 李之藻编：《天学初函》第一册，台湾学生书局1986年版，第103—104页。
[2] 朱维铮主编：《利玛窦中文著译集》，复旦大学出版社2001年版，第466页。
[3] 同上书，第458页。

寓言》中的《孔雀足丑》的寓言。在同李水部谈话的《斋素正旨非由戒杀》一文中引用了《伊索寓言》中的《两猎犬》的寓言，在《善恶之宝在身后》的谈话中引用了《伊索寓言》中的《狮子和狐狸》及《两树木》的寓言，在《富而贪吝苦于贫窭》一篇中用了《伊索寓言》中的《马和驴》的寓言。这样，利玛窦在《畸人十篇》中共引用了《伊索寓言》中的六篇寓言。

戈宝权在研究了庞迪我的《七克》后认为，在《七克》中庞迪我一共引用了《伊索寓言》中的七则，并将《七克》的明刻本和晚清刻本中的这七个寓言进行了对比性研究。《七克》中所介绍的七个《伊索寓言》中的故事分别是：

1. 《乌鸦与狐狸》，卷一《戒德誉》一章内；
2. 《树木与橄榄树》卷一《戒好贵》一章内；
3. 《孔雀足丑》卷一《戒好贵》一章内；
4. 《贫人鬻酒》卷二《解贪篇》内；
5. 《兔子与青蛙》卷四《以忍德敌难》一章内；
6. 《马和驴》卷五《塞饕篇》内；
7. 《狮子、狼与狐》卷六《戒谗言》一章内。①

庞迪我《七克》引进并介绍《伊索寓言》是该书获得成功的重要因素，正如学者们所说："读《七克》时，中国的文人自会将东西方不同风格但同样富有教育意义的寓言相比较，这时他们自然也会惊叹：原来在八万里之外的西方国家，也有警世的寓言啊！这无形中增加了中国知识分子对西方传教士的几分敬重。"②

《伊索寓言》全面地被介绍到中国则是明天启五年（1625）由金尼阁口述，张赓笔译的《伊索寓言》的全译本《况义》的出版。这位西海金公在中西文化交流史上是一个重要的人物，他不仅将利玛窦的《天主教进入中国史》一书带回欧洲，改写成拉丁文出版，一时轰动欧洲，而且又和关西大儒王徵合作写下了《西儒耳目资》，开始了汉字拼音化的研

---

① 戈宝权：《中外文学因缘》，北京出版社1992年版，第391—400页。
② 张凯：《庞迪我与中国》，北京图书馆出版社1997年版，第426页。

究。《况义》则是他介绍西方文学的一个重要性成果。戈宝权先生对此书的出版、翻译等情况都进行了认真的研究，他指出在巴黎的一个《况义》藏本后所附的《罴说》和《蝜蝂》两则寓言并不是《伊索寓言》的内容，而是中国文人柳宗元所作。① 《况义》是西方文学在中国流传的一个标志性的事件，"它的出现，欲在文学史上，替西书中译的过程奠下一个明显的里程碑"。②

耶稣会会士不仅仅在中国介绍了《伊索寓言》，还介绍了希腊和罗马等其他的寓言，这些寓言在文学的类型上都是欧洲的"证道故事"，后来，教士们通过这些《圣经》或文学作品的故事讲述来隐喻宗教的思想，成为西方文学中的一个重要的文类。在西方"证道故事"这类文体并非耶稣会所发明，但耶稣会会士却正是采取这种形式，使欧洲的文学和中国文学首次相遇。为何传教士们较多地采取这种形式来传播宗教思想呢？或者说，为何他们更乐意采用文学的形式来表达其宗教的关怀呢？台湾学者李奭学给了一个很好的回答，他说："在中国，寓言本是先秦诸子的看家本领，从庄子到韩非都能说善道。七国既亡，寓言在中国有江河日颓之势，迄有明一代方能重振，是以郑振铎称明世为'寓言复兴'……耶稣会会士赶在此时刻入华，难免濡染时代的文风。"③ 过去很长一段时间对耶稣会会士在文学上的贡献研究较少，对其布道中所采取的文学形式也较少研究，继戈宝权先生之后，李奭学将这个问题进行了彻底的研究，他认为："我们如果从中西文学关系——甚至是从善书文化合流——的角度再看，当会发现此时耶稣会会士有一封号仍然有待追加：他们也会化身成中世纪圣坛上'讲故事的人'，在明室国祚犹苟延残喘之际把源于希腊罗马的证道故事大致用纸用笔细说起来，而且为数可观，从而为中国文化添砖加瓦，再增文学上的文类新血。"④

---

① 戈宝权：《中外文学因缘》，北京出版社1992年版，第419页。
② 张错：《东西文化比较研究：利玛窦入华及其他》，香港城市大学出版社2002年版，第77页。
③ 李奭学：《中国晚明与欧洲文学》，台湾联经出版公司2005年版，第118页。
④ 同上书，第352页。

三 希腊和中世纪宗教哲学在中国的传播

在对来华传教士在中西文化交流史上地位和作用的研究中，对其所介绍的西方哲学和宗教的在中国文化史的作用评价最低。目前的研究也主要集中在他们所介绍的西方科学等方面。这是一个重大的忽略，因为，传教士来中国传教是目的，科学与文化只是其传教的手段，他们用心最多，下力最大的是西方的哲学和宗教著作，如果我们缺少了对传教士这一部分的研究，"我们就无法把握传教士在华活动的全貌，甚至抓不住他们在华活动的心魂所在"。[①]

耶稣会会士对他们的中文著作中对希腊哲学多有介绍。高一志在《幼童教育》一书中说："古学名宗罢辣多（即柏拉图——引者注）治国妙术，凡著述正道之书，必重酬之。著述非道之书，必严罚之。"这时对柏拉图的介绍，在说到亚里士多德时，庞迪我在《七克》中说："亚利思多者，古名师也，西国之为格物穷理之学者宗焉。"耶稣会会士们在介绍希腊的思想时是很有针对性的，他们已经发现中国思想的特点之一是逻辑性较弱，如利玛窦所说："在学理方面，他们对伦理学了解最深；但因他们没有任何辩证法则，所以无论是讲或写的时候，都不按科学方法，而是想直觉能力之所及，毫无条理可言。"[②] 这样，他们在介绍希腊思想时，对亚里士多德的逻辑学介绍格外关注。

艾儒略在《西学凡》中说，西方的哲学源于"西士古贤，观天地间变化多奇"，而"亚里士多德，其识超卓，其学渊源，其才广逸"。亚里士多德的功劳之一就是开创了"洛日迦"（即逻辑学——引者注），使逻辑学成为"立诸学之根基，辨其是与非，虚与实，表与里"。传教士对亚里士多德逻辑学的介绍首推傅汎际和李之藻合作翻译的亚里士多德的《逻辑学》，中文书名为《名理探》。当时，李之藻已经65岁高龄，眼睛有疾，虽然书全部翻译出来，但没有全部定稿，这样只出了前半部分，后半部分被南怀仁

---

① 张西平：《中国与欧洲早期宗教和哲学交流史》，东方出版社2001年版，第146—147页。
② 利玛窦：《中国传教史》，台ux：湾光启社1986年版，第23页。

编到了他的《穷理学》中。《名理探》在中国的出版是一件很有意义的事，它对亚里士多德的逻辑学的介绍对当时的中国思想文化来说有着重要的意义。这是西方逻辑学在中国的第一次登场，中国古代虽然有"墨辩"，但以后中国自己的逻辑并未发展起来，这对中国文化的特点形成有着重大的影响。因此，在这个意义上，亚里士多德的逻辑学的传入对中国思想来说是一次革命性变革。当年，李之藻翻译这本书时，难度是很大的，这本书的翻译为中国近代逻辑学的发展奠定了基础。以后严复在翻译《穆勒名学》时，不少逻辑学的概念就是直接借用了李之藻翻译时的概念。

基督教哲学的传入是耶稣会会士们的着力之处。从罗明坚开始，耶稣会会士们就很重视基督教义的翻译，罗明坚的《圣教天主实录》是传教士在中国出版的第一本基督教教义的著作。阳玛诺的《圣经直解》是最早介绍《圣经》的书，阳玛诺在书的序中说："祖述旧闻，著为直解，以便玩译。"因此，这本书并不是《圣经》的直译，而是"此则解经意也"。贺清泰的三十四卷的《古新圣经》是对《圣经》的直译，但这是一个伪刻本，流传不广。特别值得一提的是利类思和安文思两人所翻译的中世纪神哲学家托玛斯·阿奎那的《神学大全》（*Somme Thiologue*）一书。《神学大全》是托玛斯的代表作，也是中世纪神学的代表作，被称为"是一部空前绝后的巨著"。利类思在《超性学要》序中说，这本书为"诸理之正鹄，百学之领袖，万圣之师资"。这部书的翻译，标志着来华传教士将西方中世纪基督教神学的基本理论和基本概念都介绍给了中国。我们只需要告诉读者一个基本的事实就可以看出，利类思和安文思所翻译的《超性学要》在中西文化交流史上的贡献，直到今天，中文出版界仍没有将托玛斯这部巨著翻译成中文。但传教士们在四百年前已经将其翻译成中文，仅此可见他们眼光的远大。

由于中国教区广大，所来的欧洲神父远远不够管理中国这个庞大的教区，所以，从利玛窦时代起，出版神哲学著作就是其弥补人手不足的一个重要的办法。来华的传教士们在写书和翻译书籍上用力之大，所出版的中文书籍之多是我们想象不到的，至今对传教士所写的和翻译出版的中文书籍仍未有一个总书目，对其中所翻译和出版的介绍西方哲学和基督教神学的著作的数量也未有一个比较明确的统计和说明。我们在这里可以将来华传教士的汉语文献的情况进行一个简单的梳理，这样也可考察一下当时他们所出版的有关西方宗教和哲学著作的情况。

法国学者裴化行（Henri Bernard, S. J.）在他的《欧洲著作之汉文译本》一文中列举出了七种目录中所记载的传教士汉文著作的情况：

1. 1627 年，西班牙文本的目录用西班牙文记载了 35 种汉文书目；

2. 1643 年，拉丁文的目录中用拉丁文记载了 59 种汉文书目；

3. 1642 年，葡萄牙文的目录中用葡文记载了 119 种汉文书目，其中天主教教理和道德的书有 68 部，哲学数理的书有 51 部；

4. 1654 年，卫匡国在罗马所做的目录中用拉丁文记载了 55 种汉文书目；

5. 1667 年，基歇尔所做的目录中用拉丁文记载了 38 种书目；

6. 1676 年，苏士卫所做的目录中用拉丁文记载了 136 种汉文书目；

7. 1686 年，在《圣教信证》和《道学家传》两本汉文书目的基础上翻译成拉丁文的目录中记载了 251 种汉文书目。①

以上均为在外文文献所记载的传教士和信徒们用中文所写的关于基督教和中西文化交流的书目，在中文文献中对这批重要的书籍和文献也有记载。

表 7—1　　明末清初教内出版物中的基督教中文书目统计

书名	数量
1.《道学家传》	224 部
2.《天主圣教书目》	122 部
3.《历法格物穷理书目》	89 部
4.《福州钦一堂书版目录》	52 部
5.《北京刊行圣教书目》	123 部
6.《浙江杭州天主堂书目》	36 部
7.《广东圣方济各会堂书版目录》	23 部
8.《广东圣方济各会堂书版目录后附书目》	30 部
9.《圣教信证》	229 部

---

① 冯承钧：《西域南海史地考证译丛》，商务印书馆 1995 年版，第 195—242 页。

根据这9个中文书目的统计,其中关于基督教教理和西方基督教神哲学的著作约占70%[①]。由此可见,来华的传教士的重心仍是以传教和宣传基督教神学为其根本目的的。从文化交流的角度来看,来华的传教士这样的做法无可厚非,因为历史上宗教是文化间交流的重要桥梁,宗教体现了各个文化的本质特点,在宗教思想的交流中,文化的其他侧面也就展开了。就西方来说,整个中世纪是基督教神学的世纪,传教士们在介绍基督教教义和中世纪神哲学的同时,也就把希腊思想,把西方思想的基本特点介绍了进来,这对于中国人理解世界文化的多元性,对改进中国的思维方式都是有益的。当然,传教士所介绍的这套基督教教义和基督教神哲学对中国思想界来说是全新的,它必然在中国文人中产生完全不同的反映。风乍起,吹皱一池春水。一场思想文化的冲突由此展开。

四 中国文人对西方宗教思想的反映

方豪当年在谈到明清之际天主教在中国的传播时认为,以利玛窦为代表的耶稣会会士之所以能在中国站住脚有八条原因:一是当时中国科学的需要;二是耶稣会会士上层传教策略的成功;三是入教人士的信仰坚定;四是传教士和教徒的安分守己;五是传教士们所确定的和儒策略的正确;六是传教士所采取的书籍传教方法的正确;七是中国教徒勇于护教;八是教徒也同样致力于儒耶会通。尽管方豪神父的这些观点有明显的"扬教"心态,但也揭示了一个基本的事实:利玛窦入华后,天主教在中国已经被一些儒家知识分子接受。梁启超在《中国近代三百年学术史》中说:"当时治利(玛窦)徐(光启)一派之学者,尚有周子愚,瞿式穀,虞淳熙,樊良枢,瞿汝夔,曹于汴,郑以伟,熊明遇,陈亮采,许胥臣,熊士旗等人皆尝为著译各书作序跋者,又莲池法师,亦与利玛窦往来,有书札见《辩学遗牍》中,可想见当时此派声气之广。"

从现在来看,当时的儒生们接受传教士所介绍的西学大体有以下几个原因:首先,利玛窦所确立的"合儒路线"起到了作用,不少文人认

---

① 张西平:《传教士汉学研究》,大象出版社2005年版,第189页。

为，天学和儒学是相通的。谢肇淛在《五杂俎》中说："天主国在佛国之西，其人通文理，儒雅与中国无别。"他认为利玛窦所写的《天主实义》"往往与儒教相互发明……余甚喜其说为近世于儒，而劝世较为亲也"。而那些已经入教的儒生教徒们其信仰的根基，也是建立这样的基础上的，张星曜说得最为明白："天学非泰西创也，中国帝王圣贤无不尊天、畏天、事天、敬天者，经书具在，可考而知也……爰据中国经书所载敬天之学，与吾泰西之教有同符者，一一拈出。颜曰合儒……"其次，天学迎合了晚明时儒学发展的趋势。阳明心学到晚明时日趋空疏，经世致用的实学之风日渐高涨，求"实文、实行、实体、实用"（颜元《习斋记余》卷三）已成大势。此时，以科学为其手段的天学必然受到儒生们的欢迎。如徐光启所说："久与之处，无不意消而中悦服者，其实心、实行、实学，诚信于士大夫也。"① 最后，儒生和士人们的心态也较为健康。陆九渊的名言成为当时儒生们看待天学的一个重要思想基础，这就是"东海有圣人出焉，此心同此理同也；西海有圣人出焉，此心同此理同也"。② 仅从对待传教士所介绍的宗教思想来说，绝大多数儒生是从儒家本体的角度来理解天主教的，只讲其同，而忽略其异。如闵王弼在《天儒印正》的序中说："略四子数语，而故以天学解之，以是为吾儒达天之符印也。"文化交流中的任何会通必然是自身文化基础上的变异，是从自我对"他者"的解释。从今天来看，以徐光启为代表的这批儒生所写下的著作是中国思想上的重要的历史文献，直到今天仍有很高的思想和学术价值。这批著作可谓真正的"汉语神学"的奠基者。

但在明清之际，接受这种西方宗教学说的人只是一部分，反对者的力量仍然很大。代表批评天主教的著作主要有两本：一本是《圣教破邪集》，一本是《不得已》。《圣教破邪集》主要是福建漳州的黄贞收集僧俗文人的各类文章汇集而成的，而《不得已》则是被称为孟子之后第一人的清初历狱中的重要人物杨光先所作。虽然"理学家反对西学的论著，

---

① 《徐光启文集》上，第66页。
② 陆九渊《象山全集》卷三十六。

大多出自草野山林之儒生，鲜有精辟宏论"①，但他们对天主教的批评还是揭示了中西文化的巨大差异。

这些儒生反对天主教的理论的主要依据仍是"夷夏之辨"和儒家传统思想。从"华夏中心论"出发，他们认为天主教文化是一种邪教，传教士们"潜入我国中，公然欲以彼国之邪教，移我华夏之民风，是敢以夷变夏者也"②。从传统儒家思想来看，天主教最难理解其天主论。反对天主教的儒生认为："细查天主之义，谓天主生天、地、人、禽兽、草木之魂。禽兽草木死则随灭，独人死，其魂不灭。所作善恶，俱听天主审判。"③儒家对这种西方的灵魂论是完全生疏的。从宋明理学出发，天即理，即道，即心，即性，"吾儒惟有存心养性，即事天也"。因此，对于人格神的天以及基督的"道成肉身"，一般的儒生们是觉得很奇怪的，正像他们所说："削越祖宗，去抛神主，排礼法，毁典籍，滴圣水，擦圣油，崇祀十字刑枷，而以碧眼高鼻者为天主乎？"（《圣教破邪集》卷六）不能说这些儒生们对天主教的批评完全无道理，就是已经加入天主教的杨廷筠在理解基督教的"天主"概念时仍是从儒家的观念出发的，他在谈到对待天主的态度时说："论名分，天主视人无非其子，无贵贱，无贤愚，皆一大父所生。故谓之大父母，尊而且亲，无人可得远之。子事父母惟力自视，善事父母者，则谓之能竭其力，岂有父母之前，可一日不尽其分。"④将神人关系比喻成血缘关系，将对父母的亲孝之情比作对天主的崇敬之情，这是典型的基督教中国化的表述。杨廷筠尚且如此理解天主，对那些反对天主教的儒生来说以中国的视角去衡量天主教是很自然的。

今天看来，儒家思想和基督教思想是东西方不同的文化表达形式，无高低之分。在这场文化的对话中，其实"传教士仍如同中国文人一样，无意中也成了一整套文明的代表者。如果他们如此经常地遭遇到传统的

---

① 陈卫平：《第一页与胚胎》，上海人民出版社1992年版，第224页。
② 《圣教破邪集》卷五。
③ 周岩编校：《明末清初天主教史文献新编》（下），国家图书馆出版社2013年版，第1857页。
④ 杨廷筠：《代疑篇》，见《天主教东传文献》第1册，学生书局1966年版，第567页。

困难，那是由于不同的世界观和人生观而以不同的逻辑通过语言表达出来的"[1]。谢和耐通过这场文化的对话揭示了中国文化和西方文化本质之别，从而指出中国基督教化是不可能的，这个观点并没有错。不仅利玛窦没有从理论上解决这两种文化的会通问题，就是在今天也未完全解决这个问题。无论是传教士还是那些反天主教的儒生们的价值在于揭示了两种文化相遇后所产生的问题。这段历史应引起我们注意的原因在于，近些年来，不少基督教理论的研究者们仍然主张要原汁原味地将基督教介绍到中国，他们对文化间交流的历史所知甚少，对中西文化相遇所产生的问题的理解尚达不到利玛窦的水平，这是很可惜的。理论必须接受实践的考验，而历史已经给理论指出了发展的方向，我们应从历史中汲取智慧。

---

[1] 谢和耐：《中国和基督教：中国和欧洲文化之比较》，上海古籍出版社1991年版，第3页。

第八章

明清之际基督教的发展与"礼仪之争"

宗教、战争和贸易是人类各文化间相互交流的三种最基本的形式。大漠之中的丝绸之路将东方和西方连接了起来，据说，罗马帝国当时的王公贵族都以穿丝绸的服装为荣耀，凯撒在盛大的节日都是着丝绸服装，甚至一些历史学家认为罗马帝国的灭亡有两大原因：一是罗马的自来水系统是铅做的，由此造成了罗马人的慢性铅中毒；二是罗马人过于奢侈地使用中国的丝绸，从而掏空了国库。而唐王朝和大食国在公元751年的怛逻斯之战，使中国的四大发明开始传入欧洲，被大食俘虏的那些军中工匠们将中国的技术带到了西亚，并逐步传向西方。培根甚至认为，正是怛逻斯这一战，西方迈开了超越中国的步伐。东汉时传入中国的佛教则对中华文化产生了重大的影响，而佛教也在其传播的漫漫历程中形成了真正属于中国自己的佛教——禅宗。基督教在东方和西方之间也充当了这样一种文化交流的桥梁。

一 基督教在华史之回顾

基督教最早传入中国是在唐贞观九年（635），波斯僧阿罗本到达长安，太宗命房玄龄出城迎接。其实，这是基督教当时的异端教派——聂斯托利派（Nestorians）。这段历史被后来于明天启五年（1625）在西安出土的《大秦景教流行中国碑》证实。景教一度在唐代得到很大的发展，

《大秦景教流行中国碑》上说"法流十道","寺满百城",从唐太宗到德宗六代帝王均很优待景教。景教的没落主要在于唐武宗信奉道教,会昌五年(845)八月颁布了《毁佛寺制》,"在唐灭佛教的同时,连同景教和火祆教亦予取缔"①。

史学家认为唐武宗灭佛后,景教在边疆地区仍然存在,特别是在蒙古地区。1279年元灭宋后,随着蒙古人主政,景教在元代重新有了发展,但名为"也里可温"。据《元至顺镇江志》记载,在1278—1282年,曾任镇江副达鲁花赤的马·薛里吉思在镇江建立了六所景教寺,在杭州建了一所景教寺。这点在《马可·波罗游记》中也可以得到证实,马可·波罗在他的游记中多次提到了元代的景教。元代时,罗马天主教也开始传入中国,这是基督教的第二次入华。1289年,罗马教宗尼古拉四世派遣了意大利籍的方济格会传教士约翰·孟德高维诺来中国传教,1294年来到元大都,受到元始祖的欢迎,并允许他在大都传教。从他寄回欧洲的信来看,虽然,在大都期间一度受到景教徒的排斥,但总体发展得不错。他在大都修建了教堂,还给大约8000人施洗,并且将《新约全书》翻译成了蒙古文。但由于元代的天主教基本上是在蒙古人中传教,这样随着元朝的灭亡,元顺帝撤离大都,天主教在中原地区几近绝迹。

二 明清之际基督教在华之发展

经过沙勿略等人的不断努力,耶稣会终于进入中国内地。在罗明坚、利玛窦刚入华时,天主教在华的发展比较缓慢,根据利玛窦在他自己书中的回忆,1584年在中国信奉天主教的教徒仅3人,1585年有教徒19人或20人,1586年有教徒40人,1603年有教徒500人,到利玛窦逝世的1610年,中国天主教教徒已经有了2500人。

(一)南京教案

南京教案是天主教在华发展所遇到的第一次较大的教案。万历四十

---

① 林悟殊:《唐代景教再研究》,中国社会科学出版社2003年版,第101页。

图8—1 沙勿略

四年（1616）南京礼部侍郎沈㴶上疏，要求皇帝参劾传教士，认为传教士劝人不祭祀祖先，违背儒家之大德，"盖儒术之大贼，圣世所必诛"。五月的奏疏皇帝未准，八月又再上奏疏说："王丰肃（Alphone Vagnoni，1566—1640，后相继改名为高一志，王一元。——引者注）神奸，公然潜住正阳门里，洪武冈之西，起盖无梁殿，悬设胡像，狂诱愚民，从其教者，每与银三两，尽写其家人口生年日月。云有咒术，后有呼召不约而至。"① 这次奏疏仍未得到答复，他又上了第三次奏疏，说："据其所称天主，乃是彼国一罪人，顾欲矫诬称尊，欺诳视听，亦不足辨也。"此时，万历皇帝仍未批复奏疏，沈㴶联络在北京的同乡礼部尚书兼东阁大学士方从哲帮助，太监魏忠贤也从中帮助。1616年8月20日，方从哲写信给沈㴶："所称西洋人在内地传教，不妨先获监禁，再请旨治罪。"有了京官相助，沈㴶立即发兵包围了南京教堂，抓捕了传教士高一志、谢务禄（Alvare de Semedo，1585—1658，后改名曾德昭），并抓教徒30余

---

① 转引自杨森富编《另基督教史》，台湾商务印书馆1991年版，第67页。

人。1616年12月18日，朝廷下旨："这奏内远夷王丰肃等，立教惑众，蓄谋叵测，尔部移咨南京礼部，行文各该衙门，速差员役递送广州抚按，督令西归，以静地方。其庞迪我等，去岁尔等公言晓知历法，请与各官推演七政，且系向化来京，亦令归还本国。"① 这样，南京教会遭到毁灭性打击，教案迅速向全国波及。

此时，徐光启、杨廷筠和李之藻这三位中国天主教的"台柱"为天主教奔走，不少传教士暂住杨廷筠家中，徐光启则写下著名的《辨学疏章》为传教士和天主教辩护，终于使天主教渡过这一难关。

（二）南明朝基督教

清军入关后，在华的传教士一部分留在京城，一部分跟随南明王朝南迁。永历朝时有耶稣会会士瞿纱微（André‑Xavier Koffler, 1613—1651）给皇太后、皇后在宫中的小堂中行授洗礼，同时领洗者还有宫中的五十余人。皇太后的洗名为玛利亚，皇后的洗名为亚纳。最初永历皇帝不同意给新生的皇太子慈煊受洗，但后来太子重病也就同意了，洗名为公斯当定，瞿纱微给他起这个圣名是希望太子能像西方的公斯当定大帝那样，率中国人奉教。

当时永历朝的局势十分动荡，太后决定派波兰神父卜弥格返回欧洲，向罗马教廷报告永历朝的情况。卜弥格作为南明王朝的使臣，带着庞天寿所写给罗马教宗、耶稣会会长等一系列罗马要人的信返回罗马。1910年，张元济在欧洲考察时发现了这批文献的原始中文本，后《东方杂志》的主编杜亚泉以高劳的名义撰写了《永礼太妃遭适于罗马教皇考》在《东方杂志》上发表。最近，中国台湾学者黄一农先生在他的《两头蛇：明末清初第一代天主教徒》，一书中对于卜弥格带回的三份中文文献《王太后致谕罗马教宗因诺曾爵书》《王太后敕耶稣会总会长书》《司礼太监庞天寿上罗马教宗因诺曾爵书》根据顾保鹄神父从罗马带回的原始文献的胶片进行了新的校正，这些文献是明清中国基督教史的重要文献。

---

① 《圣教破邪集》，香港建道神学院1996年版，第81页。

王太后致谕罗马教宗因诺曾爵书

大明宁圣慈肃皇太后烈纳致谕于因诺曾爵——代天主耶稣在世总师、公教皇主圣父——座前：窃念烈纳本中国女子，忝处皇宫，惟知闺中之礼，未谙域外之教；赖有耶稣会会士瞿纱微在我皇朝敷扬圣教，传闻自外，予始知之；遂尔信心，敬领圣洗。使皇太后玛利亚、中宫皇后亚纳及皇太子当定，并请入领圣洗，叁年于兹矣！虽知沥血披诚，未获涓埃①荅②报，每思躬诣圣父座前，亲聆圣诲；虑兹远国难臻，仰风徒切！伏乞圣父向天主前怜我等罪人，去世之时，赐罪罚全赦；更望圣父与圣而公一教之会，代③求天主保佑我国中兴太平。俾我大明第拾捌④代帝、太祖第拾贰⑤世孙主臣等，悉知敬真主耶稣；更冀圣父多遣耶稣会会士来，广传圣教。如斯诸事，俱维怜念；种种眷慕，非口所宣。今有耶稣会会士卜弥格，知我中国事情，即令回国，致言我之差，圣父前復⑥能详述鄙意也！俟太平之时，即遣使官来到圣伯多禄、圣保禄台前，致仪行礼，伏望圣慈鉴兹愚悃，特谕！⑦

永历四年十月十一日

王太后敕耶稣会总会长书

大明宁圣慈肃皇太后烈纳敕谕耶稣会大尊总师神父：予处宫中，远闻大⑧主之教，倾心既久；幸遇尊会之士瞿纱微，遂领圣

---

① 据黄一农研究原文为"涘"，实应为"埃"。方豪用"埃"。参阅黄一农《两头蛇：明末清初第一代天主教徒》，第358页；方豪《中国天主教人物传》上，中华书局1988年版，第295页。以下简称"方豪"。

② 据黄一农研究原文为"荅"，通"答"。方豪用"答"。以下均以黄一农本为准。简称"黄本"。

③ 方豪处缺"代"字。

④ 冯承钧本用"十八"，见冯承钧译《西域南海史地考证译丛》第三卷，第77页。以下简称"冯本"。

⑤ 冯本用"十二"。

⑥ 冯本用"彼"。

⑦ 黄一农的标点和方豪的标点亦有不同，这里不再一一标出。

⑧ 方豪已经指出，冯承钧本78页，改为"天主之教"。见方豪本297页。

第八章　明清之际基督教的发展与"礼仪之争" / 175

洗,使皇太后玛利亚、中宫皇后亚纳及皇太子当定,并入圣教,领圣水,阅三年矣。今祈尊师神父并尊会之友,在天主前,祈保我国中兴、天下①太平,俾我大明第拾捌②代帝、太祖第拾贰③世孙主臣等,悉知敬真主耶稣;更求尊会相通功劳之分,再多送老师来我国中行教。待太平之后,即著钦差官来到圣祖总师意纳爵座前致仪行礼。今有尊会士卜弥格,尽知我国事情,即使回国,代传其意,谅能备悉。可谕予怀。钦哉,特敕!永历四年十月十一日。④

司礼太监庞天寿上罗马教宗因诺曾爵书

大明钦命总督粤闽、恢剿联络水陆军务、提调汉土官兵、兼理财催饷便宜行事,仍总督勇卫营、兼掌御马监印、司礼监掌印太监庞亚基楼——契利斯当,膝伏因诺增爵——代天主耶稣在世总师、公教真主、圣父——座前、窃念亚基楼,职列禁近,谬司兵戎,寡昧失学,罪过多端;昔在北都,幸遇耶稣会会士,开导愚懵,劝勉入教,恭领圣水,始知圣教之学,蕴妙宏深,夙夜潜修,信心崇奉,二十余年,罔敢少息;获蒙天主庇佑,报答无繇,每思躬诣圣座,瞻礼圣容,讵意邦家多故,王事靡盬,弗克遂所愿怀,深用悚仄。但罪人一念之诚,为国难未靖,特烦耶稣会会士卜弥格归航泰西,代请教皇圣父,在于圣伯多禄、圣保禄座前,兼于普天下圣教公会,仰求天主慈我大明,保佑国家,立际升平,俾我圣天子,乃大明拾捌代帝、太祖第拾贰世孙、主臣、钦崇天主耶稣,则我中华全福也。当今宁圣慈肃皇太后,圣名烈纳;昭圣皇太后,圣名玛利亚;中宫皇后,圣名亚纳;皇太子,圣名当定,虔心信奉圣教,并有谕言致圣座前,不以宣之矣。及愚罪人,恳祈圣父,念我去世之时,赐罪

---

① 冯承钧本无"天下太平"。冯本78页。
② 冯本用"十八"。
③ 冯本用"十二"。
④ 方豪:《中国天主教史人物传》,卷一,第297页。参阅爱德华·卡伊丹斯基著《中国的使者——卜弥格》,张振辉译,大象出版社2001年版,第340页。

罚全赦；多令耶稣会会士来我中国，教化一切世人悔悟，敬奉圣教，不致虚度尘劫。仰徼大造，实无穷矣！肃此，少布愚悃，伏惟慈鉴，不宣。永历肆年，岁次庚寅，阳月弦日书。慎余。①

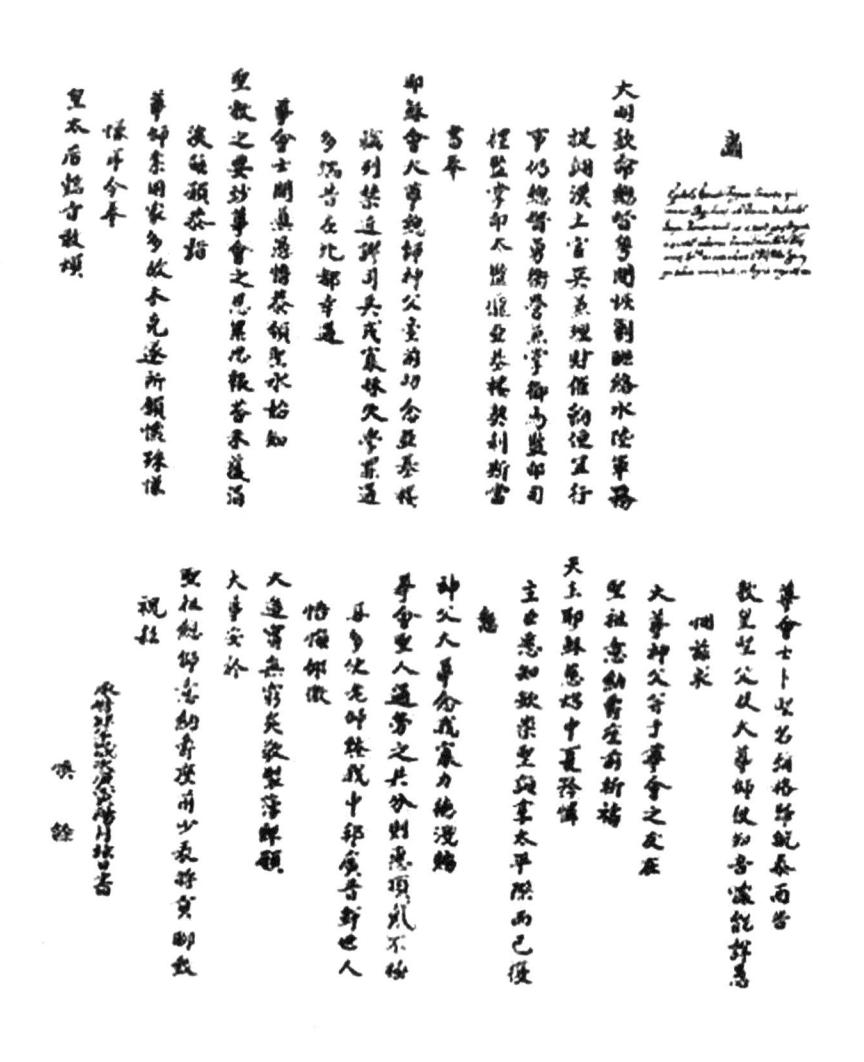

图8—2　南明王朝外交文书

① 方豪：《中国天主教史人物传》，卷一，第297页。参阅爱德华·卡伊丹斯基《中国的使者——卜弥格》，张振辉译，大象出版社2001年版，第341—432页。

第八章 明清之际基督教的发展与"礼仪之争" / 177

卜弥格在罗马整整等了三年多，教廷终于消除了对他身份的疑虑。1655 年 12 月 18 日，亚历山大七世接见了他，并给了他教宗给王太后和庞天寿的信，同时，他回来时也带了耶稣会会长给王太后的信。很可能是在卜弥格离开罗马时将罗马方面给南明王朝的这些回信给他在罗马的保护人基歇尔看了，基歇尔抄录后在《中国图说》上公开发表了这三封信。① 三年后，即 1670 年在《中国图说》的法文版中，这些信又被翻译成法文。这些回信使我们看到了卜弥格代表南明王朝在整个欧洲之行的最后结果，同时也看到教廷在不同时期对待中国的不同态度。

教宗亚历山大七世致南明永历王皇太后复信内容如下：

明皇太后：

请让我以基督的名义问候上帝的女儿，愿他赐你福祉和恩惠。从你的来信中，我们得知上帝以他的智慧和真理之光，引导你走出了错误和迷茫。上帝不忘施恩，也不吝惜恩赐。你已经是上帝的女儿，万能的上帝一定会注目于你，他宁愿被称为仁慈的父，无人能阻挡他赐恩于属民。宿敌施用诡计夺取了大片的土地，沙漠和遥远的距离隔开了我们与你们的美丽国家，使它被错误的信仰和崇拜所统治。真理怎么才能穿越如此广阔的海洋和漫长曲折的道路呢？那里的星空都如此不同，海岸对商人都不开放，他们甚至都不以黄金进行贸易，而代之以珍珠和宝石。高山、海洋和法律都使得那里的人如此不敬。你对真理的渴望给了你克服重重困难和阻碍的决心。作为基督的爱女，这样做的益处你应该铭记，也应该告诉你的儿子

---

① "自称代表明廷'出使'的卜弥格，于 1656 年 3 月搭船离开里斯本，随身携带着两封教宗的复书、六封耶稣会总会长致明廷中人的信、两封葡萄牙国王约翰四世致永历帝和庞天寿的信，而法国国王路易十四（Louis XIV，1643—1715）据说当时亦曾致函皇太后，其中葡王或是唯一有具体回应的，他应允将提供明廷军援。"黄一农：《两头蛇：明末清初第一代天主教徒》，第 383 页，参阅《中国的使者——卜弥格》第 128 页，Malatesta,"The Tragedy of Michael Boym", p. 363。

这样做。把希望寄托在基督身上,不要忘记并且遵从他的教导。我们一直很高兴,你为人们树立了榜样。愿皇子康斯坦丁茁壮成长,他不仅是王国的希望,也是破除迷信的希望。我们诚挚地接受他和其他所有人。我们赐予你们所要求的一切仁慈,我们会代你们向上帝祈祷你的分裂的王国重又合一,你的王国从灵魂上和信仰上与我们一致。

①

1655年12月18日,教宗亚历山大七世致庞天寿复信内容如下:

亲爱的庞天寿:

亲爱的信徒,首先你将拥有信仰天主的人应得的福祉。看到你的书信真令人高兴。无论在东西南北的什么地方,天主都会恤悯你,施与大慈大悲。上帝曾给嘎扎(Gaza)的一个受洗的太监降福。上帝现在召唤你,他的爱子,你为众多的尘世事物所缠绕而无暇顾及基督教的信仰,这在圣人们看来是多么的愚蠢啊。上帝召唤你是想让你和他的孩子一样荣耀,像他们那样得以永生不朽。我们想到这样的荣耀内心充满快乐。你知道我们希望你也能如此,他就是你的榜样。因此,竭尽全力去完成你的使命吧,你的王国如此广袤。横亘在我们之间的距离不应成为信仰的障碍,信可以将大山移走,爱导致永生,它们是万事万物的准则。我们深爱着你、你的王国和人民,即使远隔重洋,这种爱也不会因困难险阻而消失,也不会减少直至消亡。我们准许你所要求的一切。

---

① 参阅爱德华·卡伊丹斯基《中国的使者——卜弥格》,张振辉译,大象出版社2001年版,第340页。参阅沙不烈《明末奉使罗马教廷耶稣会士:卜弥格传》,载冯承钧译《西域南海史地考证译丛》第三卷,商务印书馆1999年版,第136—137页。

于罗马圣伯多禄殿

1655 年 12 月 16 日①

耶稣会总会长答王皇太后的信：

> 耶稣会总会长高斯温·尼格尔上大明中国睿智大皇帝书：忆昔会士利玛窦趋赴大明中华，进呈天主图像及天主母图像于今先祖睿智万历皇帝，得蒙俯赐虔心收纳，并敬谨叩拜。嗣是中邦钜公，奉行天条者不乏其人。又有帝王亲当敝会士多人，褒扬圣道。近皇太后遣敝会士卜弥格来此，得知寰宇对陛下崇敬圣像，均表敬仰。深信陛下不久必能师法皇太后，倾心圣教，恭领圣水。亟愿至尊天主赐四溟升平，止沸定尘，一如昔时唐太宗文皇帝、玄宗至道皇帝、高宗大帝、建中圣神文武皇帝时代，使大明皇图璀璨，德合天地。耶稣会全会为此祝祷，为此不断虔求天主。谨请敝会瞿、卜二会士与其他将赴中夏敷扬圣教者，托庇于陛下，并愿为大皇帝陛下竭诚效忠。

1655 年 12 月 25 日吾主耶稣基督圣诞瞻礼日肃。罗马。②

（三）清顺康时期的天主教

清军入关后，顺治皇帝和汤若望的关系以及以后所造成的清初历狱，康熙在南怀仁的影响下转变对天主教的态度，颁布容教令等情况，我们在第一章中已经进行了介绍。这里仅从教会发展的角度，对清初天主教在中国的发展进行一个简单的回顾。

1669 年，罗马教廷将中国分为十二个主教区：1. 澳门教区，广东、

---

① 杨森富：《中国基督教史》，台湾商务印书馆 1968 年版，第 149 页。参阅爱德华·卡伊丹斯基《中国的使者——卜弥格》，张振辉译，大象出版社 2001 年版，第 342 页。参阅沙不烈《明末奉使罗马教廷耶稣会士：卜弥格传》，见冯承钧译《西域南海史地考证译丛》第三卷，商务印书馆 1999 年版，第 137—138 页。

② 方豪：《中国天主教史人物传》，卷一，台中光启出版社 1984 年版，第 311 页。参阅爱德华·卡伊丹斯基《中国的使者——卜弥格》，张振辉译，大象出版社 2001 年版，第 343 页。

广西隶属之下；2. 南京教区，江南、河南隶属之下；3. 北京教区，直隶、山东、辽东隶属之下；4. 福建教区；5. 云南教区；6. 四川教区；7. 浙江教区；8. 江西教区；9. 湖广教区；10. 山西教区；11. 陕西教区；12. 贵州教区。

关于1664年教会在全国各地的教堂和教徒数量，徐宗泽有一个表如下：

表8—1　　1664年教会在全国各地的教堂和教徒数量

省别	地名	教堂数（座）	教徒数（人）
直隶	北京	3（南堂、东堂、利玛窦墓堂）	15000
	正定	7	不详
	保定	2	不详
	河间	1	2000
山东	济南	10（全省）	3000
山西	绛州	不详	3300
	蒲州	不详	300
陕西	西安	10（内城1、城外9）	20000
	汉中	21（城内1、城外5、会口15）	40000
河南	开封	1	不详
四川	成都、保宁、重庆	不详	300
湖广	武昌	8	2200
江西	南昌	3（城内1、城外2）	1000
	建昌	1	500
	吉安	不详	200
	赣州	1	2200
	汀州	不详	800
福建	福州	13（含兴化、连江、长乐）	2000
	延平	不详	3600
	建宁	不详	200
	邵武	不详	400
	彝山、崇安	多所	不详
浙江	杭州	2	1000

续表

省别	地名	教堂数（座）	教徒数（人）
江南	南京	1	600
	扬州	1	1000
	镇江	不详	200
	淮安	1	800
	上海	城内老天主堂、南门、九间楼、乡下共计66座	42000
	松江	不详	2000
	常熟	2	10900
	苏州	不详	500
	嘉定	不详	400
	泰仓、昆山、崇明	不详	不详

根据表8—1，在当时全国的11个省38座城市中共计有教堂120余座，教徒114200人。方豪统计到清初时教徒人数达164400人，而据法国当代耶稣会神父荣振华统计，在清初耶稣会的教堂有159座，教徒达20万人。以上仅是耶稣会在中国传教的情况，道明会1578年进入澳门，到康熙三年（1664）时已经建教堂21座，住院11处，受洗教徒3500人；方济各会到1660年时在中国拥有教堂13座，住院11处，受洗教徒3500人。

到康熙四十年（1701）时，中国的天主教发展达到高潮，表8—2至表8—7中的各修会在中国的住院、教堂和传教士人数都有较大的增长。

表8—2　　　　　　　　　　耶稣会情况

	住院（处）	圣堂（座）	教士（人）
直隶	6	21	11
江南	16	130	15
山东	4	12	1
山西	3	10	2

续表

	住院（处）	圣堂（座）	教士（人）
陕西	4	4	1
河南	2	2	1
湖广	8	8	3
江西	8	8	6
浙江	4	4	2
福建	7	7	6
广东	1	1	1
广西	7	7	10
共计	70	214	59

表8—3　　　　　　　　　方济各会

	住院（处）	圣堂（座）	教士（人）
江南	2	2	2
山东	6	6	10
江西	4	4	5
福建	3	2	3
广东	3	3	5
广西	5	7	不详
共计	23	24	25

表8—4　　　　　　　　　多明我会

	住院（处）	圣堂（座）	教士（人）
江南	1	1	不详
浙江	2	2	3
福建	5	3	5
共计	8	6	8

表8—5　　　　　　　　　奥斯定会

	住院（处）	圣堂（座）	教士（人）
湖广	1	不详	不详

续表

	住院（处）	圣堂（座）	教士（人）
江西	1	不详	不详
广东	4	4	6
广西	1	不详	不详
共计	7	4	6

表8—6　　　　　　　　　　巴黎外方传教会

	住院（处）	圣堂（座）	教士（人）
浙江	2	不详	不详
福建	3	不详	不详
湖南	1	不详	不详
江南	1	不详	不详
广东	5	2	2
云南	1	不详	不详
四川	1	不详	2
共计	14	2	4

表8—7　　　　　　　　　　遣使会

	教堂（座）	教士（人）
四川	2	2

根据以上表格的总计，到1701年在华的传教士已经有115人（实际数要大于这个数），教堂257座，传教地区达14个省，教徒达30万人。这说明，到康熙晚年，天主教的发展达到其在华历史的最高潮。

三　"礼仪之争"及其后果

"礼仪之争"是清代中国和西方关系中最重大的历史事件。一开始，这个争论完全是来华传教士内部的争论，之后演化成清政府和梵蒂冈之间的争论，争论并未使中国和梵蒂冈达成任何的和解，从此，清政府和梵蒂冈以及整个西方的关系发生了根本性的逆转。

（一）"礼仪之争"的内容

"礼仪之争"最初仅仅是一个译名之争，即基督教中的造物主 Deus 如何翻译成中文。从罗明坚时起，他将这个词翻译为"天主"或"上帝"，利玛窦继承这种翻译，并从他所明确的"合儒"政策出发，认为这样的翻译符合中国的文化传统，因为这两个概念均为中国传统中自己的概念。利玛窦的说法不错，很多文人儒生在接受和理解天主教时，大多认为天主教和中国三代时讲的"上帝"是有共同性的。另外，还有祭祖和祭孔的问题，传教士们所争论的是这两种仪式究竟算不算宗教仪式。这两个问题看似简单，实际上表明了传教士们是从自己的文化背景对中国文化的发问，问题的实质是中国文化的宗教性，即从基督教的宗教观念来审视中国文化的宗教性问题。

利玛窦明确地认为祭祖和祭孔不是宗教活动。他在自己的著作中说："每月之月初及月圆，当地官员与秀才们都到孔庙行礼，叩叩头，燃蜡烛在祭台面前的大香炉中焚香。在孔子诞辰时，及一年的某些季节，则以极隆重的礼节，向他献动物及其他食物，为感谢他在书中传下来的崇高学说……使这些能得到功名和官制；他们并不念什么祈祷文，也不向孔子求什么，就像祭祖一样……关于来生的事，他们不命令也不禁止人们相信什么，许多人除了儒教外，同时，也相信另外那两种宗教。所以我们可以说，儒教不是一个正式的宗教，只是一种学派，是为了齐家治国而设立的。因此，他们可以属于这种学派，又称为基督徒，因为在原则上，没有违反天主教之基本道理的地方。"[①]

很明显，利玛窦认为中国的祭祖和祭孔没有任何宗教性，也并非迷信，只是中国文化的一个重要的传统而已，利玛窦的这个理解奠定了天主教在中国文人中发展的基础，正是基于这样一种理解，利玛窦才吸收了像徐光启、杨廷筠和李之藻这样的高级知识分子入教。然而，利玛窦

---

① ［意］利玛窦：《中国传教史》，台北光启社1986年版，第85—87页。

尸骨未寒，耶稣会内部就发生了争论。利玛窦自己所选定的接班人、他的意大利老乡龙华民就带头反对利玛窦的这种解释。起因是当时的耶稣会在远东的负责人接到在日本的耶稣会的报告说，在不少日本人看来利玛窦所解释的"天主"和"上帝"概念有问题，从中国的理学观念来看，中国文化中的这两个概念和基督教所说的创造万物的"上帝"概念根本不是一回事。耶稣会在远东的负责人就写信给龙华民，让他调查此事。龙华民就向中国的著名基督教徒徐光启和李之藻询问此事，他们当然是完全赞同利玛窦的理解和解释的。龙华民心中不悦，就联合和他观点相同的熊三拔给耶稣会上级写信，反对利玛窦的这种理解，主张在中国和日本教区禁止使用"上帝"和"天主"这两个概念，同时也要禁止教徒去祭祖和祭孔。当然，在耶稣会内部支持利玛窦的人仍是多数，当时，耶稣会在远东的负责人卫方济（François Noël，1651—1729）就让庞迪我和高一志这两个传教士对这个问题发表意见，他们很显然是站在利玛窦一边的。卫方济将他们的意见转给熊三拔看，熊三拔和龙华民不服，又写文章主张彻底废除使用"上帝"和"天主"的概念，直接用直译的"徒斯"一词代替。耶稣会的会长和远东的视察员不同意龙华民和熊三拔的意见，于是1612年耶稣会在澳门召开会议讨论此事。结果会议一致同意继续执行利玛窦的解释，否认了龙华民等人的解释。但龙华民丝毫不退让，反而写书把利玛窦的《天主实义》逐条加以反驳，高一志立即回击龙华民，论战继续。这样，耶稣会1628年在嘉定召开了第二次会议讨论这个问题，结果是双方妥协，在祭祖和祭孔的问题上按利玛窦的理解，在Deus的译名上按龙华民的意见办。

（二）各修会之间的争论

一波未平一波又起，当耶稣会内部在争论不休时，来华的道明会和方济各会也开始对这件事发表自己的意见。道明会的黎玉范把自己对祭祖和祭孔的看法写了17条直接寄给了罗马的教宗。道明会在福建传教，他们看到的是中国民间的信仰，这和利玛窦的那种出门坐轿，结交的都是些会写诗论道的知识分子完全不同，道明会的传教士们也不可能理解中国文化中的"大传统"和"小传统"的区别及联系这样根本性的问题。

结果，远在几千里之外的罗马教廷竟然赞成了黎玉范的意见，因为在整个天主教神学的解释上，道明会在罗马的地位要比耶稣会高得多。要知道，当年的宗教审判所的神学家们主要是道明会的人。所以，英诺森十世很快下达了对中国教徒祭祖和祭孔的禁令是完全可以理解的。

在华的耶稣会知道了罗马的这个禁令后，一下子慌了神，他们很清楚这意味着什么。如果按照这个禁令去做，那么利玛窦以来耶稣会的努力和成果就可能付之东流。于是，在华的耶稣会马上派出了卫匡国这员大将返回欧洲，向罗马教廷申述耶稣会的立场，希望罗马教廷收回1643年的禁令。卫匡国果然不负耶稣会所望，他在罗马又重新说服了教宗，使其站在了耶稣会的一边，因为，这时的教宗已经是亚历山大七世了。他在1656年3月又批准了中国教徒可以参加祭祖和祭孔，并在教宗的批复中说："孔庙中既无偶像崇拜的祭品，也无司祭人员。这里所有的一切都不是为了偶像崇拜，儒生们和文人们来到这里，向作为他们老师的孔子致谢。自始至终这些礼仪都被认为是民俗性的和政治性的，仅仅是一种民俗性的崇敬。"

罗马教廷的教宗不断更换，政策也不断变化，前后两个完全不同的文件使在华的传教士们前后为难。道明会的传教士就写信问罗马教廷，我们究竟应该执行哪个文件，罗马的圣职部1669年的答复也很巧妙：两个文件都有效，"后者并不否认前者"。[①] 此时，在中国的传教士们正处在杨光先教案的困难时刻，大部分传教士被集中在广州。他们在广州开了40天的会议，会议认为，应该执行1656年亚历山大七世所颁发的文件，显然，耶稣会的意见占了上风。但在此后不久，教廷直接派到福建的主教颜珰又一次挑起战火。他命令所有在福建的教堂将康熙所题的"敬天"的匾额拿下，所有教徒不许祭祖和祭孔，并且再次给罗马教宗写信。颜珰的信使罗马又一次动摇，经过多次讨论，1704年11月20日，教宗克莱孟十一世发出禁令，禁止中国教徒参加祭祖祭孔仪式，并明确指出卫匡国的报告不实。从此，罗马教廷结束了政策的混乱，开始了全面否认耶稣会利玛窦路线时期。

---

① 罗光：《教廷与中国使节史》，台湾光启社1967年版，第94页。

罗马方面为了表明自己的立场,也为了统一在华各修会传教士之间的口径和观点,正式派出了多罗主教来华。如此一来,天主教在华的各修会之间的争论到此告一段落,一个纯粹的文化问题终于演化成了清政府和梵蒂冈的关系问题,文化的理解所产生的矛盾开始上升到国家关系层面。

耶稣会得知多罗来华,就提前做好了康熙皇帝的工作,使其赞同耶稣会的观点。耶稣会在这方面是老手,这样的上层活动曾使他们在欧洲的不少国家频频得手。康熙三十九年十月二十日(1700年11月30日)在宫中耶稣会的传教士闵明我、徐日升、安多(Antoine Thomas, 1644—1709)、张诚等人很恭敬地给康熙帝写了一封信表达他们对中国文化的看法,信中说:"窃远臣看得西洋学者,闻中国有拜孔子,及祭天地祖先之礼,必有其故,愿闻其详等语。臣等管见,以为拜孔子,敬其为人师范,并非祈福佑、爵禄也而拜也。祭礼祖先,出于爱亲之义,依儒礼亦无求佑之义,惟尽忠孝之念而已。虽立祖先之先碑,非谓祖先之魂,在木牌之上,不过抒子孙极本追远,如在之意耳。至于效天之黄礼,非祭苍苍有形之天,乃祭天地万物根源主宰,即孔子所云:'郊社之礼,所以事上帝也'。有时不称上帝而称天者,犹主上不曰主上,而曰陛下,曰朝廷之类,虽名称不同,其实一也。前蒙皇上所赐匾额,御书敬天二字,正是此意。远臣等鄙见,以此答之。但缘关系中国风俗,不敢私寄,恭请睿智训诲。远臣不胜惶悚待命之至。"当天康熙看到传教士们的奏疏后就批下:"这所写甚好,有合大道。敬天及事君亲、敬师长者,系天下通义,这就是无可改处,钦此!"[①]

耶稣会做好了中国这方面的工作后,便开始做罗马方面的工作。康熙四十二年(1703)又派卫方济与庞嘉宾(Gaspard Kastner, 1665—1709)到罗马,向新上任的教宗申诉耶稣会的立场。这次耶稣会是进行了充分的准备的,他们带了中国各个教区的教徒们的亲手写的誓状,上面说明了祭祖、祭孔氏的含义,教徒们如何理解"天主"和"上帝"的概念等,每份誓状都有教徒们的签字画押,并由耶稣会会士们将其翻译

---

① 黄伯禄:《正教奉褒》。

成拉丁文。但此时巴黎外方传教会的梁弘仁（Artus de Lyonne）也到了罗马，双方唇枪舌剑进行了一番论战。一年后（康熙四十三年，1704），教宗克莱门十一世和教廷的枢机委员会终于再次进行裁决。"（一）应用'天主'，而非'天'、'上帝'来称呼神。（二）'敬天'字样应从教堂中撤出。（三）如果传信部有过答复，并非是对原来上诉的真与伪的判定。（四）禁止在庙堂上以隆重的礼仪祭祖祭孔，但允许在牌位前或私宅里举行私人仪式。至于坟墓前或宾礼中的公共仪式，准许被动性质的列席和提供物质上的协助。至于可以容忍什么，采取什么措施预防，这两个问题需留待圣座决定。（五）禁止在牌位上刻一般人使用的碑文，但准许在牌位上刻亡者的名字，同时注明基督信仰对于死亡的解释。（六）关于中国宗教的性质，传信部承认没有足够的资料加以判定，宗座视察员可以与中国主教以及代牧磋商以后决定。"[1] 如此一来，著名的克莱门十一世的谕旨就于11月20日公布了，正式判定了"中国礼仪"为异端，应予禁止。

（三）多罗来华

1705年（康熙四十四年）4月2日，多罗使团终于到达澳门，4月5日进广州。7月17日在宫中的耶稣会正式将多罗特使来华一事告诉了康熙，康熙便让广东巡抚好好接待，并派人随同多罗特使一同来京，又派张诚等传教士到天津迎候多罗使团。9月9日，多罗使团坐船从广州出发北上，出发前忽然得了风湿病，半身不遂。多罗年纪太大了，罗马教廷让这样的老人来完成这样重大的历史使命，实在难为他。从广州走水路缓慢，康熙皇帝数月仍未听闻多罗使团的消息，十分惦记，又怕水路旅途太慢，过于辛苦，遂派亲王到山东临清迎候使团，改为陆路进京。康熙此时的心情可以略见一斑，他对多罗使华给予了不少的希望。12月4日，多罗使团进京，住在北堂。

1705年12月31日，康熙热情地接待了多罗，其接待的规格前所未有，元宵节时让太监陪他观灯，并多次送他食物。康熙在会见时询问罗

---

[1] 顾卫民：《中国天主教编年史》，上海书店出版社2003年版，第220页。

马方面关于礼仪的态度,多罗总是支支吾吾,不敢正面回答。多罗来华后在 1706 年 3 月从马尼拉方面得知了罗马教廷 1705 年 11 月 20 日的决定,但此时康熙完全不知罗马方面对待中国礼仪的态度。6 月 29 日,康熙在畅春园第二次接见多罗,多罗仍不敢正面回答他的问题,总是躲躲闪闪,说教化王让他来给康熙请安。康熙聪明过人,他认为多罗一定带有教化王的使命,绝不会让多罗跑几千里海路来只给他问个好。所以,康熙在畅春园接见多罗时就明确地告诉他,中国几千年来奉行孔子之道,如果在华的传教士反对中国的礼仪,那将很难在中国留下来。多罗无话可对,只好说不久后会有一位精通中国问题的神父要来北京,这就是福建主教颜珰。

康熙在第二次接见了多罗以后,很快到了热河行宫,8 月 1 日就召颜珰来见。结果,颜珰说着一口福建话,说话还需要巴多明翻译,康熙就问他自己御座后面的四个字如何读,颜珰只能读出一个字,这使康熙大为恼火。第二天康熙就写下御批"(阎)愚不识字,擅敢妄论中国之道"。两天后康熙气仍未消,下谕说:"颜珰既不识字,又不善中国语言,对话须用翻译。这等人敢谈中国经书之道,像站在门外从未进屋的人讨论屋中之事,说话没有一点根据。"① 自见了颜珰以后,康熙对多罗心生厌恶,当多罗向康熙请求离京时,康熙立即应允。

多罗到南京后,康熙立即下谕将颜珰和他的秘书 Guetti 以及浙江主教何纳笃(Mezzaface)驱逐出境,将多罗的秘书、在华的传教士毕天祥(Luigi Antonio)遣回他原传教的四川就地拘禁。同时提出,在华的所有传教士必须向朝廷领票,声明遵守利玛窦的规矩,否则将不准其留在中国。12 月 18 日在京的所有耶稣会会士被召到内廷中向他们宣布了康熙的御旨:"朕念你等,欲给你等敕文,尔等有票据,地方官晓得你们来历,百姓自然喜欢进教。遂谕内务府,凡不回去的西洋人等,写发票用内务府印给。票上写明西洋某国人,年若干,在某会,来中国若干年,永不复回西洋。已经来京朝谕陛见。为此给票兼满字,将千字文编成号数,

---

① 陈垣编:《康熙与罗马使节关系文书》,载 [意] 马国贤著《清廷十三年:马国贤在华回忆录》,李天纲译,上海古籍出版社 2004 年版,第 146 页。

挨次存记。将票书成款式进呈。钦此。"一个月后，1707年1月25日，多罗在南京宣布了罗马教廷的禁教令。

实际上，康熙此时并不想完全和罗马教廷一刀两断，在他看来，罗马教廷之所以做出这样的决定完全是颜珰这样的人坏的事。正因为这样，康熙在1706年派出了他所信任的龙安国和薄贤士返回欧洲，向罗马教廷讲明他的态度。1707年10月，他又派出了艾逊爵和陆若瑟两名耶稣会会士返回欧洲。但天不助康熙，薄贤士和龙安国死于海难，艾逊爵和陆若瑟虽到达了罗马，但陆若瑟病逝故乡，艾逊爵则病逝于返回中国的途中。如此一来，罗马方面倒是知道了康熙的想法，而康熙始终不知教廷的观点是否在见到艾逊爵后有所变化。而在梵蒂冈和中国之间第一次承担起外交关系的多罗在离开广州之后就落入了澳门教会手中，耶稣会终于可以在那里发泄他们的不满了。最后，多罗客死澳门，永远没再回到罗马。

（四）嘉乐来华

1720年6月，将艾逊爵遗体带回的中国年轻人樊守义在热河受到了康熙的接见。罗马方面也派人告知康熙，他们将再派特使嘉乐（Carlo Mezzabarba）来华。康熙一方面让耶稣会了解嘉乐的情况；另一方面答应罗马方面的要求，同意嘉乐来华。嘉乐到北京城外窦店时，康熙派人问嘉乐来华之使命，嘉乐说："一件求中国大皇帝俯赐允准，着臣管在中国传教之西洋人；一件求中国大皇帝俯赐允准，中国入教之人，俱依前岁教王发来条约内禁止之事。"嘉乐倒是开门见山，直话直说。康熙也毫不客气地批示说："尔教王所求二事，朕俱俯赐允准。但尔教王条约与中国道理，大相悖逆戾。尔天主教在中国行不得，务必禁止。教既不行，在中国传教之西洋人，亦属无用。除会技艺之人留用，再年老有病不能回去之人，仍准留存，其余在中国传教之人，尔俱带回西洋去。"[①]

康熙这样一讲，耶稣会几十年的努力就要付之东流了。于是，在北

---

① 陈垣编：《康熙与罗马使节关系文书》，载［意］马国贤著《清廷十三年：马国贤在华回忆录》，李天纲译，上海古籍出版社2004年版，第157页。

京的传教士就开始和嘉乐讨论一种妥协办法,尽量将梵蒂冈的要求和康熙的要求协调起来。这样,在北京的耶稣会就商量出八条办法:1. 准许教徒在家祭祖,但在牌位旁要注明天主教孝敬父母的道理;2. 准许教徒对亡人追悼的礼仪,但应是非宗教性的社会礼节;3. 准许非宗教性的祭孔;4. 准许在亡人的棺材前磕头;5. 准许在丧礼中焚香点烛,但不从迷信;6. 准许在亡人棺材前放供果,但声明不是迷信;7. 准许节日在牌位前磕头;8. 准许在牌位前焚香点烛,但声明不是迷信。[①] 耶稣会会士真是煞费苦心。

康熙在对待嘉乐来朝一事处理得十分得当,有理有据,宽严适度,显示了他极高的统治水平和统治艺术。康熙第一次见到嘉乐时,康熙赐酒给嘉乐并问他,为何西洋图中有生羽翼之人,嘉乐热情地解释其中的道理,康熙听后说:"中国人不解西洋字义,故不便尔西洋事理。尔西洋人不解中国字义,如何妄论中国之是非?朕此文即此意也。"[②] 这个对话显示了康熙的机智和聪明。嘉乐作为梵蒂冈的外交使臣,康熙对待他是彬彬有礼的,赐他貂冠,赠他青呢袍,并让嘉乐带话回去给教化王,一是收下教化王赠送的礼物,二是让嘉乐代他向教化王表示感谢。但对嘉乐的观点,康熙据理驳斥,毫不留情。十二月十七日康熙召见嘉乐和传教士,问嘉乐,从利玛窦以来,传教士们在中国有何违反你们天主教的地方?嘉乐说利玛窦称天帝,给亡人设供牌就不合教规。康熙认为,这等小事何至于到此来讨论。嘉乐申辩,康熙批驳,并说要与他辩论到底。在嘉乐的坚持下,传教士们将教宗的禁约翻译成汉文,读给康熙听。康熙听后完全明白了教廷的用意,认为这些禁约完全是颜珰的那套理论,这也说明教廷方面完全没有听康熙派到罗马的使臣们的意见,康熙甚至怀疑艾逊爵和陆若瑟是否是被罗马方面害的。康熙大怒,下旨:"览此《条约》,只可说得西洋人等小人,如何言得中国之大理。况西洋人等物一通汉书者,说言议论可笑者多。今见来臣《条约》竟是和尚、道士、异端小教相同,彼此乱言者莫过如此。今后不必西洋人在中国行教,禁

[①] 罗光:《教廷与罗马使节史》,台湾光启社1962年版,第152—153页。
[②] 同上书,第165页。

止可也，免得多事。钦此。"嘉乐被礼貌地送回了罗马，中国和罗马教廷的第一次外交以双方的分歧而结束。

"礼仪之争"是中西文化交流史的一个重要的事件，从这个事件中我们可以看到天主教这个西方的文化在面临中国文化时所产生的问题。无论是颜珰所代表的巴黎外方传教会及道明会、方济各会等反对利玛窦路线的传教修会，还是多罗和嘉乐所代表的罗马教廷，都表现出了一种强烈的欧洲中心主义的倾向，表现出一种按照欧洲文化来裁剪其他文化的倾向。康熙和教廷之间当然存在着皇权和教权之争，但这主要不是一种权力之间的争论，如果把这场争论仅仅归结为一种权力之争就大大削减了对其文化意义的理解。因为，在"礼仪之争"之前，康熙对天主教曾表现出强烈的兴趣，而正是在"礼仪之争"中他看到了天主教的僵化的观念，从而使他对天主教彻底丧失了信心。但作为一国之君，他在"礼仪之争"中又表现出了泱泱大国的气度和成熟的外交技巧。无论从历史上来看，还是从今天来看，天主教都需要进行真正的反思。"礼仪之争"是留给西方人的一份重要的文化遗产，直到今天，西方仍应认真反思这份宝贵的文化遗产，从这个事件中检讨他们对待东方和不同文化的态度和立场。很可惜，在"礼仪之争"后不久，中国和西方之间的力量发生了变化，西方沿着一种自我扩张的殖民主义路线在中国和东方发展。他们完全忘记了这个重要的历史事件对他们的意义。今天，当中国和东方重新回到世界秩序的中心时，西方需要彻底地反思他们同中国打交道的历史，需要彻底地反思自己那种文化扩张主义的问题，而这个思考的起点应该就是"礼仪之争"。

正是从"礼仪之争"开始，基督教停止了融入中国文化的步伐，开始了长达数百年的与中国文化长期冲突的历史，中国基督教进入了艰难时期。同时，中国方面也逐渐失去了接触西方世界的桥梁，随着基督教的蛮横的文化态度，中国也渐渐失去了观察世界的窗口。对罗马教廷和清政府来说，这是一个双败的结局，但在这个重要的历史事件中确实有一个收获者，这就是欧洲社会。

第九章

中国文化之西传

美国汉学家费正清在谈到基督教传教士在中西文化交流的作用时说，这些传教士站在中西文化的双行线上，一方面他们把西方文化介绍给中国，另一方面，他们把中国文化介绍给西方。这个评价是很恰当的。明清之际的中西文化交流史的魅力就在于，它是在一个世界范围内讨论着中国文化和西方文化的。在中国，从文人到皇帝在思考和讨论着基督教所代表的西方文化，而在西方，从思想家到帝王则在讨论着以儒家为代表的中国文化。这场世界范围内的中西文化的大讨论首先是从传教士对中国的典籍翻译开始的。

一 明末清初传教士对中国典籍的翻译

欧洲在大发现以前的年代里对中国的认识基本上是从陆地的旅行家、探险家的各种描述的游记中得到的。著名的《马可·波罗游记》虽对中国的宗教生活有所报道，但对中国文化的主流——儒家思想几乎一字未提，难怪有人说马可·波罗只是以一个威尼斯商人的眼光来看中国的。

对中国的深入认识是从大航海以后开始的。在耶稣会会士到达东方以前已有西班牙人和葡萄牙人关于中国的一系列报道。葡萄牙首任赴华特使皮雷斯（Thome Pires）在马六甲所写的《东方志》，托旺·维埃拉（Cristqvao Vieiro）和加尔沃（Vasco Calvo）从广州狱中所写的信都是关于大航海以后西方认识中国的重要文献。16世纪上半叶有两个人的两部

图 9—1 马可·波罗一家离开欧洲

重要著作把西方对中国的认识推向了一个新阶段,他们是巴洛斯(joao de battos, da china e de ormuz)及门多萨(Juan González de Mendoza,1545—1618)的《中华大帝国史》。

最早向西方报道中国人精神生活特点的应是耶稣会的创始人之一沙勿略。他是第一个来到东方的耶稣会会士,于1542年5月6日到达印度的卧亚城(GOA),后经日本商人介绍辗转来到日本。日本人对中国文化的敬仰使其感到震惊,而且日本人在反驳基督教时总是以"汝教如独为真教,缘何中国不知有之"而对。为此,沙勿略认为:"要使日人信服基督教,莫若先传福音于中国。"他在中国大门口徘徊数年,终不能入内,最后于1552年12月3日死于中国的上川岛。

虽然沙勿略没能进入中国腹地,但他在日本及中国外围待了多年,并时常与中国人接触,对中国文化有所体悟,这正是他和商人出身的马可·波罗所不同的。他在写给欧洲的六封信中说:"据曾住中国的葡萄牙人报告,中国为正义之邦,一切均讲正义,故以正义卓越著称,为信仰基督教的任何地区所不及。就我在日本所目睹,中国人智慧极高,远胜日本人;且善于思考,重视学术。"另一封信中说:"中国面积至为广阔,奉守法,政治清明,全国信于一尊,人民无不服从,国家富强。凡国计民生所需者,无不具备,且极充裕。中国人聪明好学,尚仁义,重伦常,

图9—2 道明会传教士高母羡翻译的《明心宝鉴》

长于政治,孜孜不倦。"沙勿略在这几封信中虽未提到孔子和儒家,但对中国文化特点的概括还算准确。这是16世纪西方人最早对中国文化的评断之一。

大航海以后当西方的传教士来到东方和中国时,这些读拉丁文,用鹅管笔写信的传教士们对这些用方块字排成一本本的文化典籍充满了好奇之心,传教的实践又使他们认识到,这是一个崇尚文化的民族,一个外国的传教士如果不会说"子曰""诗云"是很难在中国站住脚的。第一个开始研究中国典籍,并将其翻译成西方语言的是西班牙的传教士高母羡(Juan Cobo,？—1592),这位西班牙道明会的传教士是在菲律宾的华人区传教，为了更好地传教，他开始研读中国文化的典籍，并被《明心宝鉴》这本书吸引。《明心宝鉴》是明代文人范立本于洪武二十六年（1393）所辑录的一本中国历代儒家名言和长期流传于民间的道德格言的书籍，主要用于儿童识字和道德教育，由于书中辑录的内容很好，长期以来一直受到官方和民间的欢迎，并在东南亚一带的华人区受到欢迎。高母羡很可能是将《明心宝鉴》作为他最初的汉语学习读本，在他学习时，书中的"儒家圣贤的哲学思想、伦理学观念以及'齐家治国平天下'的理念很可能引起他对中国文明的强烈的兴趣"[①]，这样才决定将此书翻译成西班牙文。

在中国的耶稣会会士第一个将中国的典籍翻译成拉丁文的是意大利的传教士罗明坚。罗明坚在1583年2月7日的信中说："去年我曾寄去了一本中文书，并附有拉丁文翻译……"[②] 有的学者认为罗明坚1582年寄回罗马的译文是《三字经》。这个译本没有发表，也未产生影响。罗明坚返回欧洲后在波赛维诺所主编的《历史、科学、救世研讨丛书选编》（*Bibliotheca Selecta qua agitur de Ratione Stucliorum in historia*, *in disciplines*, *in Salute omniun procuranda*）书中发表了关于"四书"中《大学》的部分译文，这本书是1593年在罗马首次出版的，之后又分别在1603年和1608年在威尼斯和科隆两次再版。

《大学》原是《礼记》中的一篇，后被宋儒重视，朱熹在《四书语类》中所说："《大学》是为学纲目。先通《大学》，立定纲领，其他经皆杂说在里许。"[③] 罗明坚所翻译的只是《大学》在波赛维诺主编的书中发表的一段。这一段的原文为："大学之道，在明明德，在亲民，在止于至善。知止而后有定，定而后能静，静而后能安，安而后能虑，虑而后能得。物有本末、事有始终。知所先后，则近道矣。古之欲明明德于天下者，先治其国。欲治其国者，先齐其家。欲齐其家者，先修其身。欲修其身者，先正其心。欲正其心者，先诚其意。欲诚其意者，先致其知。

[①] 张凯：《中国和西班牙关系史》，大象出版社2003年版，第204页。
[②] 《利玛窦通信集》，台湾光启社1986年版，第446页。
[③] 《朱子语类》卷一，第224页。

致知在格物。"

  罗明坚是用拉丁文翻译的①,我们今天只有再将罗明坚的拉丁文译文回译成中文才能考察出他对《大学》这一段的理解正确与否。他的翻译为"人类制度的理性在于认识与遵循自然之光,在于成全他人,而且还在于能正确地行和止。当人明白在哪里要停止时,他就停止,而停止时他便安静,且安静后他就感到安全,而安全后方能推理与判断,就能实现他的愿望。事物本有秩序,有的事物是前提,有的事物是后果。能够掌握住事物秩序的人离自然所规定的原理就不远了。因此,愿意探究自然固有、先天光明,为了治理世界的人们,首先要管理好自己的王国,而要恰当地管理好自己的王国,则应先以正确的规划来建立自己的家庭。那些要以正确的规则建立自己家庭的人,则应先建造自己的生活。要建造自己生活的人,要先建造自己的精神,要建造自己精神的人们,应先端正自己的心灵的意向与行动,而要指挥自己心灵的意向与行动的人们,要为自己准备知识(Sciutiam)。而知识的圆满在于认识事物的根源与规律"。②当代已故的丹麦汉学家龙柏格(Kund Lundback)认为,罗明坚的这段译文有三个特点:一是说明了中国伦理与政治的不可分性,这点罗明坚把握得是可以的;二是如果和《大学》的原文相比,罗明坚的翻译太过凌乱;三是这段译文给人最深的印象是中国这样古老的伦理思想史是要劝告人们去研究事物的性质和原因。应该说,龙柏格的前两条评价基本是正确的,第三条罗明坚的翻译和他的理解都是有问题的。罗明坚和龙柏格都是被《大学》这段话中的最后一句"致知在格物"迷惑了。从字面上看,"格物"就是探求自然,这样儒家全部的伦理修养最后的落脚点在探求自然的规律,探求事物的性质和原因。显然,罗明坚和龙柏格都是从西方哲学来理解的。其实,在儒家的伦理系统中和探求自然没有关系,朱熹所讲的"格物致知"主要是"穷天理,明人伦,讲圣言,求世故"。而不是求自然之因,科学之真。

  尽管,罗明坚的译文在对儒家思想的理解上有一定的偏差,但总的

---

① *China Mission Studies*:*1500—1800*,Bulletin 1,1979,p. 11.
② 张西平:《中国和欧洲早期哲学与宗教交流史》,东方出版社 2000 年版,第 241 页。

理解还是没有问题的,关键在于:罗明坚是在欧洲第一个翻译并发表了儒家原典的人。高母羡翻译《明心宝鉴》功不可没,但《明心宝鉴》毕竟是一本通俗读物,其思想价值和学术价值是无法和《大学》相比的。从罗明坚开始,在华耶稣会会士开始了一个漫长的对儒家著作的翻译和介绍的历史过程。

曾德昭也是早期向西方介绍中国的教育制度和孔子的人,他认为孔子作为一个四处奔走的教育家和哲学家,总希望各国君主采纳他的哲学,尽管屡遭挫折,但孔子不屈不挠。曾德昭对孔子这种人格给予了很高的评价。他说:"孔夫子这位伟人受到中国人的崇敬,他撰写的书及他身后留下的格言教导,也极受重视,以致人们不仅供他当圣人,同时也把他当先师和博士,他的话被视为是神谕圣言,而且在全国所有城镇修建了纪念他的庙宇,人们在那里举行隆重的仪式以表示对他的尊崇。考试的那一年,有一项主要的典礼是:所有生员都要一同去礼敬他,宣称他是他们的先师。"①

曾德昭认为"四书"是在强调一个圣人政府应建立在家庭和个人的道德之上。他说:"这九部书是全中国人都要学习的自然和道德哲学,而且学位考试时要从这些书中抽出来供学生阅读或撰写文章的题目。"

他在孔子及其儒家世界观的介绍上,基本遵循了利玛窦的路线。他介绍了儒家所强调的五种道德:仁、义、礼、智、信;介绍了儒家在处理父子、夫妻、君臣、兄弟、朋友之间关系的原则,这就是孟子在《孟子·滕文公上》中所说的"父子有亲,君臣有义,夫妇有别,长幼有序,朋友有信"。虽然曾德昭注意到儒家的世界观表现为天、地、人三个方面,但他对儒家所强调的天人合一、天人相通的基本立场并不太感兴趣。他所关注的和利玛窦一样,是早期儒家的崇拜上帝和敬天的传统。

他们以孔夫子为宗师。他们不崇信浮屠即偶像,但承认有一个

---

① [葡]曾德昭:《大中国志》,何高济译,上海古籍出版社1999年版,第59—60页。

能奖惩的上天，即神祇。不过他们没有礼祷，没有神父、教士为神祇服务。他们在书籍里很崇敬地记述并谈到他们的先师，把他当作神人，对他不可以有丝毫不敬之心，如我们的祖辈对待他们的神灵。但因为他们并不完全清楚地认识真实的上帝，他们礼拜世界上三样最著名的强有力的东西，并将之称为"三才"（San，Cai），即天、地、人。只有在北京和南京的宫殿才有祭天、祭地的壮丽庙宇，但这只属于皇帝，也只有皇帝本人才能献祭……

至于来世的灵魂，他们既不期望，也不祈求，他们仍然要求今世的现实利益、财富，并能取得佳绩和成就。

他们以此去激发人们的信仰，因为他们把天地当作自然父母去礼拜，他们同样可以尊敬自己的亲生父母；同时，因为前代著名的圣贤得到崇敬，他们在此极力仿效他们，又因他们去世的前辈备受祭享，他们可以学习如何孝敬活着的父辈。总之，在可能导致家族内的治理、和谐、安宁、和平时，他们把一切都安排妥善，并实行德行。

曾德昭这里对儒家宗教信仰特点的介绍基本属实，尤其是对敬天以及如何祭祀的介绍较为具体，这些在西方产生了较大的影响。从社会伦理层面来看，他认为儒教的"敬"主要在于教导人们对家族中父亲的崇拜，对圣人政府的尊敬，从而演化成一种社会生活层面上的伦理实践。在这点上，曾德昭倒是看得比较准确。

曾德昭这本书的另一特点是对中国基督教史尤其是对明末南京教案的介绍。在这个报道中可使人们感受到在东方传教的困难与特点，使西方人进一步了解到儒家对基督教的态度以及它的宗教观念，同时这也是对中国明代社会的一个实际报道，使欧洲人进一步加深了对中国的认识。[①]

葡萄牙传教士安文思所写的《中国新志》由柏应理带回欧洲，托人译成法文出版，法文书名为：*Novelle Relation de la china*，这本书详细向西

---

① ［葡］曾德昭：《大中国志》，何高济译，上海古籍出版社1999年版，第59—60页。

图9—3 葡萄牙来华耶稣会会士曾德昭

方报道了中国各方面情况，尤其是对北京和清政府的介绍极为细致入微、引人入胜。

二 "礼仪之争"与中国文化的西传

"礼仪之争"对中国和西方产生了完全不同的两种结果。在中国，由于教廷不再遵守"利玛窦规矩"，因此，从康熙到雍正、乾隆，逐步冷淡传教士，甚至出现全面禁教的情况，从而使已经取得显著成就的中西文化交流中断，西方科技、文化的传播受到了直接的影响。虽然在清政府中始终有耶稣会会士供职，但在对待传教士和西方科技文化的态度上，清政府已发生了很大的变化。康熙的那种宽阔的视野和大度气象，在乾隆时期已大大减弱，对他来说，西方科技的成果只是一种玩赏的玲珑精品，因而，许多传教士所介绍进来的西方最新的科技成果被长期置于"冷宫"中，不再发生广泛的社会影响和作用。

这里当然有中国社会经济文化的更深层原因,但"礼仪之争"的发生,教廷对中国传统习俗的蛮横无理的要求不得不说是一个重要的外因。

然而,对西方来说,"礼仪之争"却产生了一个意想不到的结果:欧洲持续的"中国热"和汉学的兴起,从而使中国思想和文化传入西方。正如当时法国最大的史学家圣西门(Sain Simon)公爵在《人类科学概论》中所说的:"有关中国的争论在尊孔和祭祖等问题上开始喧嚣起来了,因为耶稣会会士们允许其新归化的教徒们信仰之,而外方传教会则禁止其信徒们实施之,这场争执产生了严重的后果。"

正是在礼仪之争中,来华的各修会传教士为维护自己的传教路线,多次派人返回欧洲,向罗马教廷和欧洲社会申诉自己的观点。他们著书立说,广泛活动,都将自己所了解的中国介绍给欧洲,企图争取同情和支持。在考狄的书目中关于"礼仪之争"的著作就有260余部。这样,一个有辽阔的国土、悠久的历史、灿烂的文化的东方大国的形象一下子就涌现到了欧洲读者面前。17世纪欧洲关于中国的消息十分迅速地增长。一时间,中国成为最热门的话题。中国对欧洲有了"一种特殊的魅力"。欧洲在"礼仪之争"之中了解了东方,了解了中国,"在几乎所有的科学部门中,中国变成论战的基础"。它为欧洲的启蒙运动直接提供了思想的材料。所以,欧洲是"礼仪之争"的受惠方。

金尼阁是较早被派回欧洲的传教士,利玛窦托他带回《中国传教史》,他在途中将其从意大利文改译为拉丁文,并于1615年在欧洲公开出版。这部书在欧洲产生了轰动性效果,被誉为欧洲人叙述中国比较完备无讹之第一部书,是自门多萨的《中华大帝国史》以来,在西方影响最大并产生持续影响的书。

道明会士闵明我在1667年所有在华的传教士讨论礼仪之争时站在耶稣会的对面,拒绝在全体传教士讨论的决议上签字。1669年12月12日,他潜离澳门,乘船到欧洲,1673年到达罗马,到处演讲反对广州二十三人的结论书。1676年,他在马德里出版他的《中国历史及宗教风俗概念》,这本书一出版,全欧骚然,天下从此多事了。

以后被来华耶稣会派回欧洲陈述传教会之需要的是曾德昭,他1637年在澳门登舟出发,1638年在果阿完成其《中国通史》,于1640年抵葡萄牙，1642 年至罗马。《中国通史》又称《中华大帝国志》，是来华耶稣会会士的第一部关于中国历史的著作。第一部分介绍了中国历史、地理各方面情况，第二部分介绍了中国的思想情况。

图 9—4　卫匡国《中国新图》的封面

受同样使命返回欧洲的卫匡国也是来华耶稣会会士中的早期的汉学家，他的《中国新图》（*Novas atlas Sinensis*）、《中国上古史》（*Sinicae hiseoriae decas Prina*）、《鞑靼战记》（*De bello tartarico historia*）更为详细地介绍了中国的情况。他在《中国上古史》一书中也对孔子及其儒家思想进行了介绍。他说孔子出生于周灵王二十一年（公元前 551 年），19 岁结婚，父亲在鲁国为官。孔子为追求自己的哲学和更加自由、悠闲的生活离开了家庭。23 岁时孔子曾向老子求教，之后他离开鲁国是因为自己的政治主张在鲁国无法实现。为了自己的政治理想，孔子开始周游列国，但各国诸侯都未采纳他的主张。孔子退而著书。卫匡国说,孔子在中国享有很高的地位,所有的帝王都尊重他,人们把孔子的话当作圣言,中国的每座城市都建有孔庙。

另外,他还介绍了儒家的经典著作"五经"和"四书"。他说《大学》是"中国全部哲学的基础",同时他也把《大学》的第一段译成了拉丁文。这是继罗明坚后有关《大学》的译文又一次在西方公开出版,因它在出版时间上早于柏应理等人的《中国哲学家孔子》,因而在中国哲学在欧洲早期传播的历史中,《中国上古史》占有一定的地位。

《中国上古史》的另一引人注意之处是他对孟子的介绍,他说孟子是一位"非常高尚和极有雄辩能力的哲学家",孟子在儒家中的地位仅次于孔子,占有十分显赫的地位。他还简略地将孟子与梁惠王的谈话转译成了拉丁文。相比较于孔子,卫匡国认为孟子"有些学说是有碍于基督教的"[1]。由此看来,卫匡国的《中国上古史》是儒学西传史中的一篇重要文献。它至少以下两点特殊地位:第一,他较之以前更多地介绍了孔子和儒家思想翻译了儒家思想的重要文献《大学》的片段。他的这个努力"对于欧洲了解关于中国的消息产生了重要的影响"[2]。第二,他第一次将孟子及其著作和思想介绍到了西方,如果对比一下在其后出版的柏应理等人的《中国哲学家孔子》,就更体现出他的价值,因后者所谓的"四书直译"恰恰遗漏了《孟子》这篇重要的文献。

继续卫匡国的工作并直接从事儒家经典著作翻译的是比利时来华的耶稣会会士柏应理。费赖之在《在华耶稣会士列传及书目》中将《中国哲学家孔子》作为其主要代表作之一。其实《中国哲学家孔子》并非一蹴而就,也并非柏应理一人之作,而是经历了一个过程,实际上它是来华耶稣会会士的集体之作。

柏应理1659年来华,后来在江西省建昌府传教三年。在此期间,于

---

[1] Melis Giogio, "Chinese Philosophy and Classics in the Works of Martini S. J. (1614 – 1661)", International Symposium on Chinese – Western Cultural Inter – Change in Commemora the 400th Anniversary of The Arrival of Matteo Ricci, S. J. in China, p. 483, taipei, 1983.

[2] D. E. Mungello, Curious Land : Jesuit Accommodation and Origins of Sinology, Stuttgart, 1985, p. 110.

1662年和同伴用拉丁文翻译了《大学》和《论语》的前五章,为书起名为《中国箴言》(Sapientia Sinica)。这里有几点需要说明,有的学者认为,利玛窦最初的《四书》译稿已经丢失,有的学者认为利玛窦的《四书》译稿不是丢失了,而是传了下来,作为后面新入华的传教士的语言教科书,因而利氏的这个译本成为柏应理《中国箴言》以及之后的《中国哲学家孔子》的蓝本。这说明柏应理最初的这两篇译稿很可能是在利氏的译稿上发展起来的。[1]

其中《大学》的译文出自葡萄牙传教士郭纳爵(Ignace da Costa,1599—1666),他1634年来华,这时的他完全有这样的语言能力。费赖之在《在华耶稣会士列传及书目》中说:"拉丁文《大学》译本,雷慕沙云:《四书》译书首经欧罗巴人刊者即为是本。"

《论语》第一部分的前五章,即"学而第一"的前五章译文出自何人之手,至今没有定论。我认为,这位译者很可能是柏应理。因为"书的封面注有殷铎泽、郭纳爵同述"的汉字。而殷铎泽1659年才到中国,语言能力尚达不到这一程度。孟德卫教授也是这样认为,书的署名是柏应理,他不可能无功而名。所以,很可能《论语》的这五章出自他的手。这本书"木雕整板,用纸、体裁都是沿革中国风格,一方面用阿拉伯字注明页数,另一方面并用字注明"。[2] 书内有2页儒学书目,14页《大学》译稿和几页《论语》译稿。

柏应理之后,殷铎泽在1671年返回罗马期间,在旅途之中翻译了《中庸》,书名为《中国的政治道德学》(Sinarum Scientia Politic Moralis)。书中除了《中庸》译文外,还附有《孔子传》。这本书共有3个版本,即1667年广州版、1669年果阿版和1672年巴黎版,这部书包括一个前言,54页《中庸》的拉丁文译稿,8页儒学书目。[3]

经过这两个阶段才产生了《中国哲学家孔子》一书。这部书实际上

---

[1] D. E. Mungllo, "Aus Den Anfangen Der Chinakunde In Europa 1687 – 1770", Hartmut Walravens, China Illustrata Das Europaische Chinaverstandnis In Spiegel Des 16 bis 18 jahrhunderts, S. 68, Herzog August Bibliothek Wolfenbuttel, 1987.

[2] 石田幸之:《中西文化之交流》,张宏英译,商务印书馆1930年版,第96页。

[3] 费赖之:《在华耶稣会士列传及书目》上册,中华书局1995年版,第331—332页。

图 9—5 《中国哲学家孔子》的插图

是来华耶稣会会士集体创作的产物。当时正值杨光先教案期间，来华的耶稣会会士除汤若望以外，大多被集中于广州，正是在这期间，他们共同商榷，完成这本书的工作。

共有17名传教士参加此项工作，除了上面提到的柏应理、殷铎泽以外，还有：聂伯多（Pierre Cunevari，1594—1675），热那亚人；何大化（Antoio De Gouvea，1592—1677），葡萄牙人；潘国我（Francois Brancati，1607—1671），意大利人；李方西上（Jean-Francois Ronusi De Ferrariis，1608—1671），意大利人；成际理（Felicien Pachco，1622—1686），葡萄牙人；利玛弟（Mathias De Maya，1616—1670），葡萄牙人；聂仲仟（Adrien Greslon，1614—1695），法国人；穆迪我（Jacques Motel，1618—1692），法国人；刘迪我（Jacques Favue，1610—1676），法国人；洪度贞（Humbert Augery，1616—1673），法国人；鲁日满（P. François de

Rougemont，1624—1676），比利时人；恩理格（Pedrini theodricas，1670—1746），奥地利人。但 1687 年在巴黎出版时，直接署名的只有殷铎泽、恩理格、鲁日满、柏应理，书的副标题是用汉字形式出现的"四书直译"。

对这部书贡献最大的是柏应理，书稿是由他带回欧洲，由 Daniel Horthemels 出版。柏应理为此书写了一篇很长的序言，对全书的重要内容进行了介绍，并附了一份 8 页长的儒家书目和一幅孔子的肖像。在这篇序言中，柏应理开宗明义地说明这本书并不是为欧洲读者写的，而是为了传播福音所作的，供来华的传教士们使用的。为了这个目的，他们从中国文献中挑选出这些内容，以便使赴华传教士对中国文化有所了解。如果一些外行人看这部书，也应从传播福音的角度来理解。柯蓝妮（Claudia Von Collani）认为，柏应理的这篇序言"不仅是一个历史性的报告，同时它对传教学的理论也有贡献。柏应理试图从现实主义的立场，毫无偏见地探讨中国传统活动的问题"[①]。在这个序言中，他继承了利玛窦的思路，对新儒家展开了批评，其中提到朱熹、二程（程颢、程颐）、周敦颐、张载。他认为新儒家的根本问题在于脱离了孔子传统，在"本质上是一种唯物主义哲学"。因为在他们看来，在孔子那里是敬天的，在孔子以前更是崇拜上帝的。而在理学那里，中枢性的概念是"太极"和"理"。柏应理引用了《易经》中的"易有太极，是生两仪，两仪生四象，四象生八卦"的话，说在孔子那里，"太极"并不是一个根本性的概念，而在新儒家那里，太极成了一个根本性的范畴。就新儒家的解释来看，太极就是万物之根，是原初的物体（Prime Matter）。

凡熟悉中国哲学的人都知道，"新儒家正式成立在北京。新儒家以古代儒家思想为本，而融合老庄思想、佛教思想及道教思想，更有所创造，以建成新的系统"[②]。新儒家是儒家思想家在中国古代发展的高峰，它将原儒的伦理化向一种抽象化、本体化方向发展。在朱熹那里，"太极"和

[①] Claudia Von Collani, "Philippe Couplets Missionary Attitude towards the Chinese 'Confucius Sinarum Philosophus'", Jerome Heyndrickx, C. L. Cm: Philppe Couplet, S. J. (1623 - 1693) The Man Who Brought China to Europe, Steyler Verlag, 1990.

[②] 张岱年：《中国哲学大纲》，中国社会科学出版社 1982 年版，第 20 页。

"理"并不是一种物质性的东西,他说:自下推上去,五行只是二气,二气只是一理;自上推而下来,只是此一理,万物分之以为体。万物之中,又多具理,所乾道复外化,多正性命,然总只是一理。①

实际上朱熹的"理"和"太极",很类似于柏拉图的理念和黑格尔的"绝对理念"。但传教士们则把他们理解成了德谟克利特或伊壁鸠鲁的学说,把孔子的思想解释成一种自然理性,把新儒家判定为一种唯物主义学说,传教士的这两个基本点直接影响了17—18世纪的欧洲思想家,从而产生了完全意想不到的解释和结果。

在《中国哲学家孔子》一书中,柏应理除这篇长篇序言以外,还写了三篇历史年表,"第一表始纪元前2953年纪元初,第二年表纪元年1683年,第三表三皇系表,载2457年间黄帝以下86帝王世系"。

书中另有殷铎泽的《孔子传》和《大学》《中庸》《论语》的译文。据美国学者孟德卫研究,他们在对《中庸》《大学》《论语》翻译中并没有忠于原文含义,而是从基督教的角度进行了重新说明。但首次全译《中庸》,殷铎泽功不可没,而他的《孔子传》亦是西方第一本专题研究。

孟德卫把《西书直解》称为"耶稣会会士在中国适应的最高成就"。这本书在欧洲产生了广泛的影响,由于柏应理在扉页上写的是"献给法王路易十四",因而得到了路易十四的支持。著名哲学家莱布尼茨也看到了这本书,并对他产生了影响。丹麦学者龙柏格在谈到这部书的影响时说:"孔子的形象第一次被传到欧洲。此书把孔子描述成了一位全面的伦理学家,认为他的伦理和自然神学统治着中华帝国,从而支持了耶稣会会士们在近期内归化中国人的希望。"②

柏应理等人的《中国哲学家孔子》一书于1688年由法国人 Pierre Savouret 出版了法文的改编版 "*La Morale de Confucius, Philosophe de la Chine*"。1691年由英国人 Randal Taylor 在伦敦又出版了改编的英译版 "*The Morals of Confucius, A Chinese Philosopher*"。在这个英译版中孔子被

---

① 朱熹:《读书大纪》卷七十。
② 龙柏格:《理学在欧洲的传播过程》,《中国史动态》1988年第7期,参阅龙柏格的《宋程理学在欧洲的传播》,《国际汉学》2000年第5期。

描绘成一个自然理性的代表,一个传统文化的守护者。书中是这样介绍孔子的:

> 在孔子的祖父去世以后,孔子自己专心于老子理论,他是孔子时代的一位很有声望的学者。在这样一位博学大师的指导下,孔子对中国古代风俗习惯进行系统的整理和研究,并取得了长足的进步。孔子为了获取这些知识耗尽了一生的精力。
>
> 有一天孔子同一个有权力的人谈话,这位贵族对中国的古书并不清楚,他对孔子说没有必要费时间去研究这些书。孔子说人们总是很草率地看待这些书籍,实际上一个人如果不读这些书,就无法获得完善的知识……孔子的批评很有效,那位贵族哑然无声。①

英译本的这个介绍虽然错误不少,但孔子的形象还是比较生动的。孔子的思想也对英国产生了影响。《西文四书直解》出版后几十年,奥地利传教士白乃心于1679年在佛罗伦萨出版了他的《中华帝国杂记》一书,书中附《孔子传》及《中庸》译文。其中《孔子传》《中庸》译文都是采用了《中国哲学家孔子》一书中的内容。

基歇尔在他的《中国图说》中也简要介绍了孔子的思想,他说:"在中国最古老、土生土长的是儒家,他们统治着这个王国,儒家有很多书,比其他学派的人受到更多的赞扬。他们承认孔子是其学派的奠基人,是第一位哲学家,正像埃及人对待自己的神那样。同样,中国的儒家不崇拜偶像,正像孔子所教导他们的那样,他们只尊崇一种神,他们称之为'天',也就是上帝。"②

在当时对中国宗教、哲学思想的介绍中引起最大争议的是李明的《中国现形势志》(*Nouveax Memoire sur L etat present de La chine*)这本书1696年在巴黎出版,它深深地卷入了"礼仪之争"之中,Sorbonne 神学

---

① E. Letes: "Confucianism in Eighteenth Centenary England: Natural Moralty and Social Reform" Actes Du Ii Coiioque International De Sinologie Iv, p. 68, Paris, 1980.

② Athanasius Kircher, *China Iiiustrata*(《中国图说》)。

院花了整整两个月的时间开了三十多次会议对李明这部书进行了审查，有160个神学家发表意见，在后来的投票表决中有114个人赞成出版，有46个人反对，一时间这本书成为耶稣会护教的代著作。

在这部书中，他用了6页纸的篇幅介绍宋代儒学，他向欧洲介绍了三个人，即周敦颐、邵雍和朱熹。李明并没有采用"新儒家的概念"，而是说他们是一个"哲学学派"。在介绍他们的哲学观点时，他认为宋代哲学家主张自然以外不存在任何东西，而"理"则是自然中最根本的原则。李明说，中国人把宇宙比喻成一个大的建筑，在这个建筑中，"理"处于顶端，也就是这个理作为基本原则联结和支撑着构成这个结构的所有部分，维持着自然的整体。

李明还专门介绍了朱熹的《太极解义》。我们知道，《太极解义》是朱熹的重要著作，是其太极本体论和太极本源论的建构之论。他说："太极者，本然之妙也；动静者，所乘之机也。太极，形而上之道也；阴阳，形而下之气也。"这里朱熹说明了"本体是太极，动静阴阳是理（太极）借以表现的外在过程"[①]。李明认为，朱熹过分强调了这个原则，太极在周敦颐那里虽然是一个不依赖于其他的原则，但朱熹扩展了这个含义，使太极成为第一原则。显然，李明并不明白宋明理学从周敦颐经张载到二程最后到朱熹的演化过程。值得注意的是，李明在这里对理学的介绍采取的是一种同情式的描述，并没有像龙华民那样对理学采取批判的态度。

龙华民的《关于中国宗教若干点之纪录》一书是来华耶稣会会士向西方介绍中国哲学和宗教的重要代表著作之一。如果说利玛窦表现的是原儒，强调原儒与基督教的一致性以阐明传教的必要，那么龙华民表现的则是新儒家，强调新儒家中的"唯物主义成分"，以说明祭孔是不应该的。龙华民的原文为西班牙文，载于闵明我神父所撰的《中华帝国的历史、伦理和宗教纲要》（*Tradados Historicos, Politicos, Ethicos, Religiosos de Mornarcdia de China*）一书中。该书经西塞（De Cice）主教译为法文，后译为英文 *An Account of the Empire of China, Historical Political, Moral and Religious*。龙华民认为利玛窦等人把"中国人的上帝等同于西方人的

[①] 陈来：《朱熹哲学研究》，中国社会科学出版社1988年版，第7页。

上帝……是错误的"①。他认为中国哲学是自然主义的,是与基督教思想不同的,尤其是宋儒所说的"理""太极",实际上讲的是一种物质世界的本原,它们本身也是物质性的,而不是神性的。龙华民对理学的介绍引起了当时德国哲学家莱布尼茨的极大关注。这以后,莱布尼茨及其弟子沃尔夫专门深入地研究了理学和西方哲学的关系,开创了中西比较哲学之先河。②

白晋是来华法国耶稣会会士的重要人物,来华后深受康熙帝器重。1693年被康熙派回欧洲,先后两度招收新人来华,白晋在欧洲期间也直接参与了"礼仪之争"。但他在欧洲出版的书《康熙皇帝》,产生很大影响。

白晋将康熙帝与路易十四比较,书中对康熙帝充满敬重之情,这是欧洲第一本关于一位中国皇帝的传记本,在欧洲产生了广泛的影响。莱布尼茨将白晋此书收入自己的《中国近事》一书中,白晋也是与莱布尼茨保持通信的人之一,对莱氏的思想曾产生了重要的影响,这点我们下面再具体介绍。

三 传教士汉学的兴起

在"礼仪之争"中,这些被派回欧洲的传教士在中国居住少则几年多则十几年,回到欧洲以后,有的得以重返中国,有的后来因各种原因再未返回中国。他们著书立说,介绍中国文化;他们广交社会名流,与当时欧洲思想界的许多重要人物如莱布尼茨、孟德斯鸠等,都发生过各种关系。他们的这些著作和活动大大促进了当时欧洲对中国的了解,从而在欧洲的学术界和文化界形成了一个新的学术形态:传教士汉学。

日本学者石田干之助说:"各派的宣教师,都为着拥护自派之故,而

---

① Fermandez Navarette, Doningo, An account of the empore of China, historical, political, moral and religious, p. 183, in Churchill, 1744.

② 儒家向西方的传播除了以上讲的这种方式以外,还有一种是根据西方人自己的传统和文化对孔子和儒家思想做新的加工、改编和阐释的方式,法国来华耶稣会会士巴明(Dominique Parrenin,1665—1741)年《自然之码——孔子的诗》就是这种阐释方式的代表,见朱静所译的此诗,载《国际汉学》第5期。

详细研究中国的礼俗。他们的报告、论著等等大大刺激了欧洲的教界，在此，西人对于中国文物的知识，得到一大进展……"传教士汉学的著作很多，不可能一一列举，仅举其中一部分以供参考。①

宋君荣（Antoine Gawbil，1689—1759）著有《中国天文学简史》（Histoire abreqee de lastronomie chinoise）、《成吉思汗与蒙古史》（Histoire de Gen-tchis-can et des Monqou）、《大唐史纲》（Histoire de la grands dynastie des Thang）。

钱德明（Jean-Joseph-Marie Amiot，1718—1754）著有《乾隆御制盛京赋》（Eloqe de la ville de Moakden et de ses envivon）、《满汉字典》（Dictionnaire mandchoue-Francais）、《中国古史实证》（L'antiqrite des Chinois-prorvee Par Les Monuments）、《中国兵法考》（Art Militaire dex Chinois）、《中国古今乐记》（Memoire sur La musi que des Chinois tant anciens que modernes）。

马若瑟（J. H. M de Premare，1663—1702）著有《中国语文》（Arte de Lideoma Sinico）。

韩国英（Pierre-Martial Cibot，1727—1780）著有《中国古史》（Essai sur L'antiquite dex chinois）、《洗冤录》（Notice du Liver）。

传教士将有关中国的著作寄回欧洲后，大大激发了欧洲人对中国的兴趣，在欧洲先后也出现了三本有关中国的期刊，专门收集发表在华耶稣会会士们的通信和著作，从而进一步推动了中国文化的西传。

第一种是《耶稣会士通信集》（Lettres eclifiantes et clcrieuses, ecrites des missions etrangeres narquelques missionnaires dela compagnie de jesus），由巴黎耶稣会总书记雷里主编，从1702年到1776年，共出版了34期。此刊所载的传教士通信还包括南北美洲和印度的报道，但最引人注意的是有关中国的报道。《耶稣会士通信集》与下面要介绍的《中华帝国全志》的不同之处在于它保持了史料原来的面貌，不像杜赫德那样对材料做了精心

---

① ［日］石田干之助：《欧人之汉学研究》，朱滋萃译，山西人民出版社2015年版，第157页。

图9—6　法国来华耶稣会会士钱德明

的修改和编辑。

　　第二种是1735年在巴黎出版的由杜赫德（Jean Baptiste Du Halde）主编的《中华帝国全志》，准确地讲应是《中华帝国并领鞑靼之地理的历史的年代的政治记述》。这部集刊是经过杜赫德精心选编而成的，收集了大量的耶稣会会士的通信、著作、研究报告等，据日本学者石田幸之助说，这本书之所以被重视，有两个原因，一是因其中的内容，二是因为此书第一次将中国的详细地图于欧洲公布。杜赫德的四本《中华帝国全志》"在西欧的中国研究史上，成为一种创时期的可以大书特书的工作"。

　　第三种是1776—1841年出版的《中国杂纂》，准确讲应是《北京传教士所写的关于国人之历史、科学、艺术、风俗习性的论考》，书背上简称为Mernoires des chinois，故译为"中国杂纂"。

　　此书是接续着《耶稣会士通信集》的，因1773年教皇克助孟十四宣布解散耶稣会，在这种情况下《耶稣会士通信集》无法出版，那些在法国的耶稣会会士们便策划了这一套书。

　　这三本期刊反映了从16—18世纪欧洲对中国认识的最高水平，它们在中国文化西传中,起到了非常重要的作用。也正如法国当代学者伊莎贝尔·席微叶(Isabelle et Jean-Louis Vissiere)所说的:"这些书简是如同一种真正的、客观的和几乎天真的编年史而出现的,它使大众们产生了一种阅读他们所喜欢的文献的感觉。这批书简分散于四分之三的世纪中,它们使我们目击了传教区胜利的开端,其充满喜剧性或悲剧性事件的历程及其末日。它们清楚地说明了传教区的宗教、外交和科学等三种志向。"①

正是在"礼仪之争"的这几百年间,在中国文化西传的过程中,中国的宗教和哲学作为其重要的内容传入西方。正是在这个历史过程中,西方认识中国的步伐大大加快了,传教士汉学也粗具规模。仅从对儒家文化的介绍来看,耶稣会会士翻译和写作了如下作品。

安文思著有《中国之二十优点》,"历述中国之古典、文学、风俗、宫室、商业、工场、航务、政治诸门"。《孔子书注》,一部安文思用汉文写的著作,他自己"又曾撰有孔子书注,以备新莅此国者之需";《孔子遗作全解》。

卫方济著有《中庸》译本;《孟子》译本;《中国哲学》四开本;《中国哲学简评》;《中国六部古典文学:大学、中庸、论语、孟子、孝经、小学》。

刘应(Claude de Visdelou,1656—1737)著有《孔子第六十五代孙孔胤植传》;《中国〈四书〉之年代》;《中国七子赞》。

巴多明著有《自然法典》,此书是翻译孔子的诗篇。②

马若瑟的《中国语言志略》虽是一部文法书,但书中引用了大量的中国古籍文献,儒家的主要著作从先秦到宋代几乎都有所涉列,因而此书的意义限于中国语言,它也是中国儒学在西方传播的一部重要著作。

钱德明著有《孔子传》《孔传大事略志》《孔子诸大弟子传》。

钱德明是在中国的最后一名耶稣会会士。从利玛窦到钱德明,他们对孔子及儒家的研究日益加深。到钱德明时,他已经成为"一个研究孔

---

① [法]安田朴、谢和耐等著:《明清间入华耶稣会士和中西文化交流》,耿昇译,巴蜀书社1993年版,第15—16页。

② 《自然之码——孔子的诗》,朱静译,朱谦子先生认为此书是伪书。

子的历史学家"。

从上述所列书目中我们可以看到,经过"礼仪之争"后,欧洲在文化和学术上有了新的变化,在文化和思想观念上,东方,特别是中国,开始进入他们的视野,这点我们在下一章要具体展开论述;在学术形态上,汉学的初级形态——"传教士汉学"开始形成。

第十章

欧洲 18 世纪的"中国热"

经过"礼仪之争"中国文化在欧洲得到更广泛的传播，并在欧洲思想文化中产生了广泛的影响，甚至可以说"在 18 世纪，遥远的中华帝国成为许多法国改革家心目中的典范"①。18 世纪是欧洲崇尚东方的世纪，在他们走出中世纪的城堡时，东方的文化成为他们智慧的源泉。这种中国热表现在欧洲生活的方方面面，从对中国器物的热爱到模仿中国的建筑风格，从研究中国的语言到介绍中国的文学，中国成为欧洲人心中的乌托邦。

一 中国器物在欧洲

葡萄牙人占据澳门后，澳门成为中国和西方经济贸易的窗口，中国传统的出口商品丝、瓷器、茶叶开始源源不断地运送到欧洲。穿丝绸的衣服，喝武夷山的红茶，成为欧洲上层社会的时尚。欧洲对中国各类器物的需求越来越多。

1. 丝绸

丝绸素有盛名，它不仅在中古时期通过陆上丝绸之路传向西方，近代以来它也通过"海上丝绸之路"传向西方。

据历史记载每年由葡人输出之绢约计 5300 箱（每箱装绸缎百卷，薄

---

① [法] 弗朗斯瓦·魁奈：《中华帝国的专制制度》，谈敏译，商务印书馆 1992 年版，第 11 页。

图 10—1　蚕丝及抽系机

织物 150 卷)。"卫匡国在其《中国地图志》中说:"葡人每年由中国贩运至欧洲者,为绢 1300 箱,金块 2200 枚(每枚重十两),麝香 800 个以及真珠、宝石、磁器砂糖等品。"大宗的丝绸贸易使葡萄牙人获得了丰厚的利润:"仅生丝一项,自公元 1580—1590 年每年运往果阿(Gua)的生丝约 3000 担,价值白银 24 万两,利润竟达 36 万两。到公元 1636 年这一年的出口量增到 6000 担,利润达 72 万两。"①

西班牙人则以吕宗为基点展开对中国的丝绸、瓷器等商品的贸易,由于获利大,西班牙人对华兴趣极大,"在 1620 年以 1 艘 200 吨的大帆船载运生丝从菲律宾到新西班牙,每年可赢利 200 万比索"。② 中国生丝和纺织物的大量涌进拉美市场,直接影响了西班牙的纺织业和白银的收入,由此可见当时的贸易数额之大。

---

① 陈炎:《海上丝绸之路与中外文化交流》,北京大学出版社 1996 年版,第 192 页。
② 马启春:《中欧文化交流史》,辽宁教育出版社 1993 年版,第 94 页。

与此同时，法国的里昂也开始了自己的丝织业，并成为欧洲的中心。里昂的丝织品虽产于法国，但其风格和图案受到中国的影响，"甚至印花绸缎上的各种图像，如人物鸟兽等，都是仿自中国。由于把多种颜色混合起来，深浅匀称，能引起人们非常愉快的感觉，所以欧洲人对它特别喜爱"①。

2. 瓷器

瓷器历来受到欧洲人的青睐，它是中国同欧洲和中亚贸易的主要产品，门多萨较早地向西方传授瓷器制作的方法："他们把坚硬的泥土粉碎碾磨它，放进用石灰和石头制成的水池中，在水里充分搅拌后，上层的浆他们用来制作精细的陶器……"② 但这种介绍仍是似是而非的，于是有人认为它是蛋壳制作的，但要埋在地下80年，又有人认为并不需要埋在地下，只是要风吹日晒40年，有的则认为它需要埋入土中100年。总之，门多萨的介绍引起欧洲人无数猜想。③ 实际直到法国传教士殷弘绪（Francois - Xavier d'Entrecolles，1662—1741）的《瓷器制作新释》寄回法国后，西方才真正掌握了瓷器制作的秘密。

图10—2 普鲁士国王王宫中的中国装饰

---

① 李金明、廖大珂：《中国古代海外贸易史》，广西人民出版社1995年版，第338页。
② ［西］门多萨：《中华大帝国史》，何高济译，中华书局1998年版，第32页。
③ 张弘：《中国文学在英国》，花城出版社1991年版，第18页。

17世纪时，中国的瓷器在欧洲还是十分新奇的东西，只有在少数宫廷中才有。随着茶叶输入欧洲，茶具的需求造成瓷器使用的普及，最初的欧洲茶具大多是在中国定做的，当时荷兰是中国瓷器远销欧洲的一个重要中介国。"荷兰商人在福建和更远的江西景德镇订购大量瓷器。为了订购荷兰市场畅销的瓷器，荷商在荷兰制作多种样品、木模、绘图案送到中国，再在中国依样制造瓷器。其实，带有中国图案的瓷器在欧洲更受欢迎。"①

图10—3 中国销往欧洲的外销瓷（1）

图10—4 中国销往欧洲的外销瓷（2）

---

① 包乐史：《中荷交往史》，[荷兰] 路口店出版社1989年版，第90页。

1540年，威尼斯人已有了自己的瓷厂，此后，在1628年和1637年又分别在荷兰和德国也有了自己的瓷厂。"这个时候，欧人制造品大量采用中国的饰纹，又进而仿效中国的款式。瓷器本是被认为中国所独创，其仿效中国通法，也是很自然的。"① 当时欧洲"中国热"的一个主要方面就是瓷器绘画上的中国风格，甚至可以说"从16世纪起，欧洲陶瓷史实际上是欧洲在装饰和材料方面努力模仿中国瓷器的历史"②，拥有这种中国风格的瓷器成为一种荣耀。乃至人们作诗赞美这种中国风格的瓷器：

中华土产有佳瓷，尤物移人众所思。
艺苑能辟新世界，顷城不处亦如斯。③

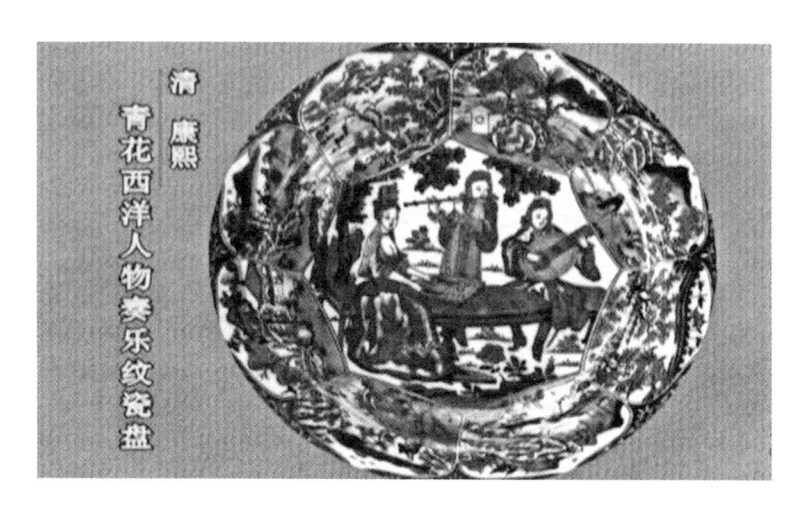

图10—5 清康熙"青花西洋人物奏乐纹瓷盘"

3. 茶叶

茶叶最早为荷兰人引入欧洲，早在1596年荷兰人就看到茶叶在亚洲备受欢迎，于是开始从福建进口茶叶到欧洲，"因此，欧洲人说'茶'，

---

① ［德］利奇温：《十八世纪中国与欧洲文化的接触》，朱杰勤译，商务印书馆1962年版，第23页。
② 同上。
③ 同上书，第27页。

大部分用福建方言的发音，例如荷兰人说的'thee'"。①

图10—6　中国茶叶销往欧洲（1）

图10—7　中国茶叶销往欧洲（2）

1728年，荷兰商船科克斯合思号直航广州，1730年返航时带回

---

① ［法］艾田浦著：《中国之欧洲》，钱林森、许钧译，河南人民出版社1994年版，第55页。

268479磅茶叶，利润高达10090荷盾。1685年，荷兰的医生戴克尔（C. Decker）出版了《奇妙的草药——茶叶》一书，极力推荐茶叶的神奇作用，但当时喝茶的人大多为贵族，因为"一磅茶叶价格高达50—70荷盾，一磅所谓的宫廷用茶，价格甚至高达100荷盾左右！"① 大约20年后，随着进口茶叶的增加，茶叶价格大跌，从此茶叶才得以进入寻常百姓家，成为大众所喜爱的可口饮料。

喝茶逐渐成为一种时尚，成为修养、博学和典雅的象征。"英国首次进口茶叶大约是在1657年。那一年伦敦的咖啡馆首次供应茶水。国王查理二世的王后喜欢喝茶，时常举行茶会，饮茶之风由此进入王室和上流社会。"②

4. 漆器

17世纪时中国的漆器已开始大量输入欧洲，法国人也在此时第一次仿制华漆并获成功。在路易十四时代，漆器还是一种非常珍贵罕见的用品名，"1703年，法国商船'昂菲特里特'号从中国运回了整整一船漆器，引起全国性的轰动。以后，法国成了欧洲漆器的生产大国，法国匠人马丁兄弟制作的中国式家具饮誉全欧洲"③。

以后的英国、德国、威尼斯、荷兰等地也有了效仿中国漆器的制造厂，各地所生产的漆器普遍受到欢迎。

传入欧洲的还有中国桥，中国扇，家庭养的中国金鱼、孔雀等，当时在欧洲这些东西成为时尚，成为欧洲"中国热"的重要方面。

二 中国园林建筑艺术在欧洲

在欧洲的"中国热"中，英国人对中国的园林发生了兴趣，威廉·坦普尔爵士在他的《论园林》一书中第一次将中国园林的不规则性与欧洲的园林的规则性进行了对比，在他的倡导下英国开始建造一种有中国

---

① 包乐士：《中荷交往史》，[荷兰] 路口店出版社1989年版，第98页。
② 许明龙：《欧洲18世纪"中国热"》，山西教育出版社1999年版，第124页。
③ [法] 艾田浦著：《中国之欧洲》，钱林森、许钧译，河南人民出版社1994年版，第53页。

趣味的庭园。

图10—8 《圆明园画册》

正在这时，远在北京的耶稣会会士，乾隆的宫廷画师、圆明园的设计者之一王致诚的一篇关于介绍圆明园的信在欧洲发表了，信中详细介绍了中国园林的特点，描绘了圆明园的建筑特色：小桥流水、灰砖琉璃瓦、绿荫中的假山、小溪旁的庭院、九曲回廊、亭榭楼阁、水湖山色融为一体，一派恬然的自然风光，其建筑风格和特点完全不同于西方。"这是人间的天堂。水池的砌法完全是自然的，不像我们那样，要在四周砌上用墨线切割成的整齐石块，它们错落有致地排放着，其艺术造诣之高，使人误以为那就是大自然的杰作。河流或宽或窄，迂回曲折，如同被天然的丘石所萦绕。两岸种植着鲜花，花枝从石缝中挣扎出来，就像天生如此。"①

王致诚批评欧洲人在建筑上既贫乏又缺乏生气，一切都要整齐划一和对称，使建筑呆板不能贴近自然，人们从王致诚这封信中感受到了完全不同于西方的另一种建筑风格，向欧洲人展示了中国皇帝御花园的几个显著特点，"一是广大：它的面积和那居住十来万人的法国城市第戎

---

① 王致诚：《中国皇帝的游宫写照》，转引自罗芃、冯棠、孟华《法国文化史》，北京大学出版社1997年版。

图 10—9　西洋绘画中的热河皇家园林

（Dijon）不相上下。二是繁复：那里有多少宫殿、多少假山、多少河道、多少桥梁、多少游廊，一个接一个。三是多样化：布置虽多，但是没有两个是同一个式样的，真是千变万化，令人目不暇接。四（也是最引人注目的）是不对称的美：欧洲建筑总要讲究对称，北京城内的宫殿差不多也是这样。但是，御花园情况不同。在那里风物之美，不是在于对称，而是恰恰在于不对称……"①

王致诚的信在西方引起了很大的反响，首先是在英国，多家期刊转载发表了这篇文章，许多著名建筑设计师把眼光投向东方，开始注意这种建筑形式和风格，一系列关于中国建筑的书开始出版。最后英国的皇家建筑师威廉·钱伯斯（Willian Chambers）不仅撰写了《论东方园林》《中国房屋、家具、服饰、机械和家庭用具设计图册》等著作，而且在英王室的支持下，1762 年在伦敦西郊建造了著名的丘园（Ke Wgarden）。园内"垒石为假山，小涧曲折绕其下，茂林浓荫；湖畔矗立十六丈高之塔，凡九层，塔檐有龙为饰。塔侧有类似小亭之孔子庙，类以其他国家及其

---

① 范存忠：《中国文化在启蒙时期的英国》，上海外语教育出版社 1991 年版，第 89—90 页。

宗教之装饰,帷雕栏与窗棂为中国式。"① 丘园建成后引起了一时的轰动,英国参观者络绎不绝,在欧洲产生了很大影响。

图10—10　圆明园的迷宫

图10—11　伦敦附近丘园中的10层塔

在此前后,德国人在波茨坦建起了逍遥宫:中国式的屋顶,屋檐外

---

① 方豪:《中西交通史》下册,上海人民出版社2005年版,第1068页。

各类中国人的雕塑栩栩如生。腓特列大帝的威廉夏因花园更是把中国园林推向极致，亭台楼榭，溪水拱桥，一派中国风光。德国慕尼黑公园中的中国塔保存至今，今天仍为慕尼黑一景。在瑞典国王阿道夫·弗里德里克送给王后露维莎·欧瑞卡的生日礼物就是一座"中国宫"。① 在法国路易十四按照荷兰人纽霍夫游记中所附的南京报恩寺的素描为其情妇蒙特庞夫人修建了凡尔赛的特里亚农宫。

中国建筑艺术在欧洲流行的最明显的例证就是风靡欧洲的洛可可风格，它追求一种优雅、精巧、玲珑的建筑风格以同过去的古典风格相区别，在园林设计中以自然的田园风光取代对称的几何图形式的园林。"罗可可风的绘画，注重表现上流社会轻松愉快的享乐生活，表现精美典雅的装饰环境，画风十分纤细和女性化……巴洛克时代强烈的明暗对比，被一种平面的轻快所代替；浓艳的色彩也让位于典雅、优美的浅色，白、粉和金黄色格外得宠；同时线条也失去往日的夸张，变得更加柔和动人。"②

洛可可时代的建筑家在中国的建筑中找到了他们的灵感和新的表达方式，高矗的中国塔，宽大的中国屋顶，浑然天成的中国庭院，多种形状的窗棂。自然、轻巧、多样、非对称性，所有这些都成为一种建筑的时尚，一种情趣。

三　中国历史的西传

大航海以后陆续进入中国又返回欧洲的一些传教士们都出版了关于中国的书，如柏来拉（Galiote Pereira）的《中国报道》，克路士（Gaspar da Cruz）的《中国志》③ 等，但最早对中国历史进行系统报道的是西班牙奥古斯丁会的传教士马西·德·拉达（Martin de Rada）的《出使福建记》和《记大明的事情》这两本书。

---

① 李明：《瑞典"中国宫"的形成及其风格》，《国际汉学》第 10 期，第 156 页。
② 罗芃、冯棠、孟华：《法国文化史》，北京大学出版社 1997 年版，第 115 页。
③ *A treatise of China and adjoining regions, written by Gaspar da Cruz a Dominican Friar, and dedicated to Sebastian, King of Portugal; here abbreviated.*

因在拉达以前西方人对中国的报道大多停留在个人所见所闻的基础上,尚未完全摆脱游记的框架。拉达的书则首次破了这一点,他在书中直接采用了中国典籍文献。这点正如他在序言中所说:

> 我们这里谈的这个国家的事情,部分系我们亲眼所见,部分系来自他自己书籍和对国家的论述,因为他们自己感到兴趣,他们不仅有总的和分别的对国家的论述,还出版有书籍,其中详尽地描绘了所有的省、城、镇及边哨和戍军,一切细目均有,乃至家族、眷属、贡赋以至皇帝向各处征收的物品。其中有七部书落到我手里,有不同时期不同作家的不同版本,因此可以通过相互比较了解到一些真相。①

拉达之所以能读懂这批中文书主要是依靠一名叫"常来"(Sang Leys)的中国人将其译成了西班牙文。

如果没有这些中国历史文献,没有华裔菲律宾人的翻译,在中国仅待了三个月的拉达绝不可能掌握如此丰富、具体的材料。正是在这个意义上,拉达的书是第一次向西方提供关于中国历史具体数字和内容的书。如他所说的"大明有 15 省,390 城,其中 155 是府,有 1155 县"这样确凿、具体的数字只能来源于中国的史书。

拉达以后,在西方最有名的关于中国历史的书是西班牙奥古斯丁会士儒安·贡萨烈斯·门多萨(Juan González de Mendoza,1545—1618)的《中华大帝国史》。门多萨虽未到过中国,但他阅读了大航海以后凡到过中国的传教士的多种报告,西方出版的各种游记,因而实际上这部书是对 16 世纪西方报道中国的一个总结。实际上《中华大帝国史》是第一本系统地介绍中国历史的书籍,在书的叙述方式上它完全摆脱了以前个人游记的写作方法,全书按照特定的逻辑加以展开。全书可分为两大部分,第一部分"中华大帝国史",从正面介绍了中国;第二部分则由三卷游记组成。第二部分虽是游记,但门多萨已把它们置于对中国的

---

① C. R. 博克舍编注:《十六世纪中国南部行记》,何高济译,中华书局 1990 年版,第 185 页。

图 10—12　欧洲早期汉学著作中的中国人

总体论述之后,从而使两部分形成一个整体。

门多萨的书在西方获得了空前的成功,在不到十年的时间,该书就被译为 7 种文字,共发行了 46 版,赫德逊说:"门多萨的著作触及了古老中国生活的实质,它的出版标志着一个时代的开始,从此关于中国及其制度的知识的一部适用的纲要就可以为欧洲学术界所利用了。"①

耶稣会入华后,西方对中国历史的认识进一步加深,其中在欧洲产生较大影响的有曾德昭的《中国通史》、安文思的《中国新志》和卫匡国的《中国上古史》。

---

① [英]赫德逊:《欧洲与中国》,李申、王遵仲等译,中华书局 1995 年版,第 219—220 页。

曾德昭的《中国通史》与以前传教士的著作相比更为详细、具体地介绍了中国的社会历史状况，例如利玛窦的《天主教进入中国史》中对中国省份的介绍只是一笔带过，而曾德昭则专设两章，分别具体地介绍了中国的南方各省份和北方各省份，其中还对各省的特点、物产也进行了介绍，这在以前是没有的。

图10—13 曾德昭

曾德昭的书的另一个特点是向西方披露了一些明代的重要事件。如在介绍"中国的军队和武器"时，他说："1621年澳门城送给皇帝三尊大炮作礼物，还有随行的大炮手，向他介绍使用的方法，因此在北京做表演，使许多必须到场参观发射的曼达林大为惊怒。当时，发生了一次不幸的意外，其中一尊炮猛烈反撞，打死一名葡人及三、四名中国人，还有多人受惊。"[①]

---

① ［葡］曾德昭：《大中国志》，何高济译，上海古籍出版社1999年版，第119页。

另外，他首次向西方报道了南京教案的全过程，使西方对基督教在中国的发展有了一个更为深入的认识。这些报道使当时的欧洲人有一种现实感，对中国的历史与事件的认识更为深刻。

安文思的《中国新史》是他在中国期间用葡文写成的，书名为《中国十二优点》（*Doze excellencias da China*），1682 年托柏应理带回欧洲，后由伯农（Abbe' Claude Benou）修订后于 1688 年以法文出版。这部书在西方出版后也产生了较大的影响。一是因为安文思第一次较为详细地介绍了北京和皇宫内的一些情况。因为安文思长期生活在北京，经常进入皇宫，了解许多具体情况和细节，这些内容大多是首次向西方披露，引起了当时人们的兴趣。二是因为他对中国历史纪年的介绍。关于中国的纪年柏应理在《中国哲学家孔子》一书中已附了一个中国历史的年表，但就其影响来说，安文思书中所附年表的影响更大一些。因为正是在安文思的纪年中，中国历史的年代与《圣经》所记载的历史年代的冲突才更为突出地显示了出来。尽管安文思仍坚持以《圣经》为依据的纪年法，但这种冲突在当时欧洲知识界和思想界却产生了较大的影响。①

卫匡国的《中国上古史》（*Sinicae Historiak Decus Prima*）是传教士关于中国历史的著作中唯一一部关于中国早期历史的著作。所谓"上古史"，实质上写的是基督诞生以前的中国历史。全书 413 页，另有索引，从盘古开天地写到西汉哀帝元寿二年（公元前 1 年）。全书共十章内容：第一章讲中国远古的神话传说，提到了伏羲、神农、黄帝、少昊、颛顼、禹、尧、舜八位先帝；第二章讲夏代，从禹到桀；第三章讲商代，自汤至纣；第四章讲周代；第五章仍为周代，自威烈王（公元前 425 年）至公元前 255 年；第六章为秦代，自昭王五十三年（公元前 254 年）至子婴泯灭亡止；第七章为汉高祖；第八章为汉惠帝至汉武帝；第九章自昭帝至宣帝；第十章自元帝至哀帝。

这部书在西方的影响很大，尤其是在思想上对基督教的历史观是一个极大的冲击，有力地证明了在基督教以外中华文明的悠久历史，说明了基督教史学观的错误。

---

① ［葡］安文思：《中国新史》，何高济、李申译，大象出版社 2005 年版。

图10—14 欧洲早期汉学中的孔子

《鞑靼战记》(De Bello Tartarico Histotia, Antverpiae) 是卫匡国的另一部著作。他根据自己的亲身经历描述了明亡清兴的王朝变更史，从1616年满人在辽东攻下原城开始到1650年11月24日攻下广州，不久又攻下永历南明王朝，将六十多年的中国历史展现在西方人面前，所以此书被称为西方第一部中国现代史著作。[①]

冯秉正的《中国通史》(Histoire gen Crale de china) 于1777年至1778年在法国出版，全书十二卷，洋洋大观，从先秦史一直写到清代乾隆皇帝。书的内容主要取材于朱熹的《通鉴纲目》，"此外他还采用了明代商辂的《续通鉴纲目》，以补《通鉴纲目》之不足。至于明清部分，由于当时尚无书可译，冯秉正只得自己动手撰写，不过，他只写到康熙皇帝，雍正和乾隆两朝是由格罗齐埃添入的"[②]。此书代表着入华耶稣会会士史学的最高成就，有人认为这本书"是编虽无缺漏讹误，尚不失为今日中国史最完备之本"[③]。

---

① 杜文凯：《清代西人见闻录》，中国人民大学出版社1983年版，第1—69页。
② 许明龙：《欧洲18世纪"中国热"》，山西教育出版社1999年版，第117页。
③ 费赖之著：《在华耶稣会士列传及书目》下册，冯承钧译，中华书局1995年版，第611页。

四 中国语言文学的西传

　　大航海以后,早期来华的传教士曾在其游记中介绍过中国的语言文字,如克鲁兹曾说:"中国人在书写方面没有固定的字母,他们用字来写一切,他们用这些字来组成单词,他们有数量极多的字,用字来标明每件事物;因而只用一字便可以标明'天'或'地'或'人',以及其它东西。"[①] 这已经说明了中国文字的象形特点。拉达也曾说中国人的字是迄今所知最原始、最难学的字,因为它们是字不是字母。每个词、每件事都有不同的字,因此,即便一个人认得10000个字,他也不能读懂一切。认字认得最多的人,就是他们中最聪明的人。

　　有的学者认为"第一部中外合璧的字典是由1576年到达福建沿海的西班牙奥斯丁会的地理学家拉达,根据家州土音(闽南话)用西班牙文编著的《华语韵编》(Art y Vocablario de la lengua China)"。但拉达的这部辞典,以及后来罗马坚和利玛窦合编的《葡华词典》,以及后来利玛窦与郭巨静合编的《西文拼音华语字典》(Vocabularium Ordine alphabetico europapeo more Concinnatum, et peraccentus suos digestum)都只是稿本,并未出版,在欧洲也未产生影响。

　　西方人见到的首批汉字有三个,这就是在《中华大帝国史》中门多萨写的"城""皇""穷",实际上指的是"天",字体看不太清楚。此后,曾德昭在《大中国志》、安文思在《中国新志》、卫匡国在《中国上古史》中都对中国语言进行过介绍。但在欧洲介绍中国文学产生影响较大的乃是基歇尔1667年出版的《中国图说》,因为他全文刊登了《大秦景教碑》的碑文,并将每一个汉字对应注上拼音,将每一个汉字都用拉丁文注明含义。这样西方人可以从字形、字音、字义三个方面来认识汉字。基歇尔实际上把《大秦景教碑》以类似词典的体例进行注音、注义,每个字上都有标号,随时可以查阅。当然他的注音和解释都有不少错误。

---

① C. R. 博克舍编注:《十六世纪中国南部行纪》,何高济译,中华书局2002年版,第161—162页。

图10—15 在欧洲出版的学习中文的词典

两年以后，约翰·韦伯（Webb, John, 1611—1672）的《关于证明中华帝国之语言有可能为人类最初语言的历史评说》（*An historical Essay Endeavouring a Probability that the Language of the Empire of China is the Primitive Language*）一书在英国面世，并获得了极大的成功。德国学者米勒（Andreas Miille）也编了一本《汉语入门》（*Clavis siruca*），因他是当时有名的东方学家，并在书中称已完全掌握了学习识别中文的秘密，因而这本书引起了很多人的关注。德国另一个学者巴耶（Bayer, Gottlieb Siegfried, 1694—1738）对汉语也十分感兴趣，他独自编写了《汉语语法》（*Museum Sinicum*），尤其是他和入华传教士发生联系以后，进一步加强了对汉语的研究。他不仅翻译了《字汇》，"后来还撰写了论述《字汇》的文章，还编写了拉丁文—汉语辞典，从《海篇》中选用了汉字6万余个，写成手稿23卷，每卷100页到300页不等，至今仍存在彼得堡科学院图书馆"①。

当时欧洲知识界对中国语言、文字的关心与热情是和当时欧洲文化的发展紧密相关的。大航海以后,欧洲人走出了地中海,驶出了大西洋,如此一来,多种民族的文字与语言呈现在他们的面前,这使得两个问题提到他们文化的议程上来:一是如何处理多种异族语言文字与欧洲语言文字的关系,实质上是怎样理解世界上存在着如此众多的语言;二是面对众多语言,如何达到人类的文化沟通目的,能否找到一种普遍性的人类语言。

因而,这一时期欧洲对中国语言文字的讨论已不仅仅是一个中国语言本身的问题,实际上是由语言引起的对他们自身文化的重新理解和建构的问题。

对于第一个问题韦伯的回答很典型。因为据《圣经》记载,人类最初是使用同一种语言的,在建造了巴比伦塔以后,耶和华让人们走散四方,从而产生了各种语言。这是《创世纪》第11章的一段话:

当时全世界只有一种语言和一样的话,当人们由东方迁移的时候,在史纳尔地方找到了一块平原,就在那里住下了。他们彼此说:"来,我们做砖,用火烧透。"他们遂拿砖当石,拿沥青当灰泥。然后彼此说:"来,让我们建造一城一塔,塔顶摩天,好给我们作纪念,免得我们在全地面上分散了!"上主遂下来,要看看世人所造的城和塔。上主说:"看他们都是一个民族,都说一样的语言,他们如今就开始做这件事,以后他们所想所做的,就没有不成功的了。""来,我们下去,混乱他们的语言,使他们彼此语言不通。"于是上主将他们分散到全地面,他们遂停止建造那城。为此人称那地为"巴贝耳",因为上主在那里混乱了全地的语言,且从那里将他们分散到全地面。(创11:3—12:3)

那么,人类最初统一的语言是什么呢?当时欧洲人有各种猜想和假想,如拉丁文、荷兰语等。英国当时正处在与荷兰的激烈的贸易竞争之中,荷兰人处于强势,当韦伯提出世界最初的语言是中国方块字,"证明亚当在伊甸园中讲的肯定不是荷兰语时",英国人该多么高兴。所以,韦

---

① 许明龙:《欧洲18世纪"中国热"》,山西教育出版社1999年版,第75页。

伯的那本书是献给英国国王查理一世的。

对于第二个问题，莱布尼茨最为关注，当他听说米勒发现了解读汉字的钥匙时，十分激动，一口气给米勒提了 14 个问题。他说："我试图得知：第一，这部词典是否准确无误，人们是否能像读我们的 a、b、c 字母或数字一样去读它，或者是否有必要偶尔加一点解释，就像有时加示意图的情况那样。第二，众所周知，由于中国的文字不是表示话语，而是表示'东西'，'事物'的，因此我想知道，'汉字'是否总是按照事物的性质创造的。第三，是否所有文字都可以回溯到一些确定的元素和基本的字母，是否从组合中还能形成其它的汉字。第四，人们是否把不可见的事物借助于同有形的、可见的事物的比较带到某种确定的形式之中。第五，中国文字是否全部是通过人造生成的，且随着时间的演进不断增长，甚至是不断改变的。第六，中国人的语言是否像一些人认为的那样，也是通过人创造的，以致人们可以找到理解这种语言的某种确定的秘诀。第七，米勒先生是否认为中国人自己不知道他们文字的秘诀。第八，米勒先生是否认为这种文字可以顺利地、有用地引入欧洲。第九，创造出这种文学的那些人是否理解了事物的性质，并且从理性上精通于此。第十，表示如动物、野草、岩石这些天然事物的汉字，是否同这些事物的特征有关，以便某个字同其他字能有所区别。第十一，人们是否能够以及在多大程度可以从汉字学习到它的含义。第十二，拥有解释中国文字的词典并借助它工作的人是否可以懂得用汉字写成的关于某些主题内容的全部文字。第十三，拥有这部词典的人是否也能用中国文字写点什么，并且使有文化的中国人能读懂和理解。第十四，如果人们想根据这本词典向不同的中国人告诉一些用我们的语言写成，用汉字逐字注音的事情，例如，一桩祈祷的'主祷文'，那么，人们里否可以充分了解所涉及的相同内容。"[①]

从这里我们可以看到莱布尼茨对汉字关心的一个重要原因是想从汉字中找出人类文字的普遍性特征，或者说他想知道汉字是否可以作为人类的一种普遍性文字，他猜想根据汉字的书写特点，"汉语的书写的本质

[①] 安文铸等编译：《莱布尼茨和中国》，福建人民出版社 1993 年版，第 126—127 页。

意味着这门语言作为世界性语言"。①

五　中国科学技术的西传

16世纪的传教士东来以后对中国的科学技术一直都比较关注，门多萨虽未到过中国，但他依据伯来拉和拉达等人所提供的材料在《中华大帝国史》中还是用了较多的笔墨介绍中国的科学。他介绍了中国的制炮技术，认为中国人使用炮远早于西方国家；他还介绍了中国的书籍和印刷术，明确指出中国印刷术的发明要远远早于德国的谷腾堡。他说："现在他们那里还有很多书，印刷日期早于德国开始发明之前五百年，我有一本中文书，同时我在西班牙和意大利，也在印度群岛看见其他一些。"②

门多萨还介绍了中国的造船和修船技术，他说："他们用来修理船只的沥青在该国十分丰富；用他们的话叫作漆，是由石灰、鱼油及他们称为油麻的膏制成的；它很坚固、防蛀，因此他们的船比我们的耐用两倍，但却大大妨碍了行动。他们船内的泵和我们的大不相同，要好得多；它是由很多片组成，有一个抽水的较小，安在船内侧，他们用它可以轻易地把船内的水抽干……"③

如果说门多萨主要是依靠他人的间接材料来向西方介绍中国的科技的，那么耶稣会会士入华以后这种介绍就大大深入了。

利玛窦在谈到中国的印刷术时就要比门多萨具体得多。

> 他们的印刷比我们的历史悠久，因为在五百年前已经发明了印刷术，但与西方的有所不同。中国字的数目极多，不能用西方的方法，不过现在也采用一种拼凑法。他们最流行的方法，是取一梨木或苹果树木板，或枣树木板，因为平滑无节，把要刻的字或画反贴在上面。然后细心把纸拿开，留在木板上的只有字迹。最后用刻刀

---

① ［法］艾田浦著：《中国之欧洲》上册，钱林森、许钧译，河南人民出版社1992年版，第396页。
② ［西］门多萨著：《中华大帝国史》，何高济译，中华书局1998年版，第121、136页。
③ 同上书，第136页。

> 把字和字外的地方挖深，只让字迹或画迹凸出。这样的木板想印多少就印多少印。这种办法为中国字相当容易，因为比我们的字大；西方文字用这种办法就不容易了。
>
> 论至速度，我觉得，西方印刷工人排版与校对一张所用的时间，与中国工人刻一块版所用的时间不相上下，也许中国工人用的时间还少一点。所以印一本中国书比一本西文书的费用较低。中国人的办法还有一个优点，即木板常是完整的，何时想印就印；三四年后，也能随便修改；改一个字易如反掌，改几行字也不甚难，只要把木板加以裁接。①

此后，曾德昭在《大中国志》、卫匡国在《中国上古史》中分别介绍过中国科技的情况。尤其是德国基歇尔的《中国图说》更是用大量篇幅介绍了中国的植物，地理和环境，以及工艺方面的情况，引起了欧洲人对中国的极大兴趣。

但中国科技向西方的传播的最重要的发展是法国耶稣会会士1688年的来华之后，因为这批传教士入华前就是法国的科学家，许多人有一技之长，洪若翰（Jean de Fontaney，1643—1710）、白晋、刘应、张诚等人在1684年就已被法国皇家科学院任命为通讯院士。加之其入华的目的除传教以外，受皇家科学院之托，了解、调查中国的科学技术也是他们的一项重要任务。洪若翰曾写信给皇家科学院，说明了每一个的分工与任务。

> 洪若翰负责中国天文学史和地理学史、天体观测，以与巴黎天文台所做的天文观测相比较；刘应负责中国通史，汉字与汉语的起源；白晋负责动植物的自然史和中国医学的研究；李明负责艺术史和工艺史；张诚负责中国的现状、警察、官府和当地风俗，矿物和物理学（指医学）的其他部分，即指白晋研究以外的部分。②

---

① 《利玛窦全集》，刘俊余、王玉川译，台湾光启出版社1986年版，第17—18页。
② 韩琦：《中国科学技术的西传及其影响》，河北人民出版社1999年版，第20页。

正因为这种有组织、有计划的调查、研究,以及他们受到康熙皇帝的支持,从而拉开了中国科学技术向西方传播的高潮。

这种科技交流的繁荣首先表现为中国科技典籍的西译上。宋君荣是法国入华耶稣会会士中最博学的传教士之一,其汉学成就也最为突出,除撰写出《元史与成吉思汗本纪》《大唐朝史》《西辽史略》等专门史以外,对天文学的研究达到很高的水平。他的《中国天文史略》(Histoire abrégée de L'astronomid Chinoise)记录了《书经》《诗经》《春秋》中的日食,中国干支。他的《中国天文纲要》(Traite de L'aseronomie Chinoise)分为上、下两篇"上篇述古代迄汉初之天文;下篇述始汉初迄十五世纪之天文。其列举者有:1. 中国分度与吾人分度之对照表,中国星宿表,四至表,求每年诸日太阳所在之赤道与十二宫图;2. 中国测算日蚀月蚀之方法,中国各地日月蚀之测算;3. 中国测算金、木、水、火、土五行星运行之方法;4. 中国日蚀表、中国月蚀表"[1]。以后宋君荣的这些手稿正式出版,这些手稿影响了18、19世纪欧洲天文学家,产生了重要的影响。另外,在他的《中国天文学史》一书中还将《周髀算经》的一个片段译成了法文,这被称为"《周髀算经》摘译成西方之始"。[2]

宋君荣的书不仅对欧洲的天文学家产生了影响,对伏尔泰这样的大思想家也产生了影响,伏尔泰在《风俗论》中专门提到了他:

> 中国的历史,就其总的方面来说是无可争议的,是唯一建立在天象观察的基础上的。根据最确凿的年表,远在公元前2155年,中国就已有观测日蚀的记载……宋君荣神甫核对了孔子书中记载的36次日蚀,他只发现其中两次有误,两次存疑。[3]

实际上,伏尔泰从宋君荣的著作中还找到了推翻基督教历史观的证

---

[1] 费赖之著:《在华耶稣会士列传及书目》下册,冯承钧译,中华书局1995年版,第695页。
[2] 潘志星:《中外科学交流》,香港中文大学出版社1993年版,第490页。
[3] 伏尔泰著:《风俗论》上册,梁守锵等译,商务印书馆1996年版,第207页。

据,这点我下面还要专门论述。

波兰来华传教士卜弥格曾奉南明永历王朝之命赴罗马。在其返回中国时南明王朝已为清所灭,后病逝广西。他虽是法国耶稣会入华前来中国的传教士,但在中国科技西译上卓有贡献,因而不能不提到他。他所写的《中国植物》(*Flora Sinensis*)是第一部向西方系统介绍中国植物的书籍,书中列举的中国植物有二十种,奇异动物数种,并配有插图。《中国脉决》(*Clavis medica ad Chinarnm doctrinam de Pulsibus*)这本书是《图注脈决辨真》的译本,原作者为明代中国名医张世贤,该书首次是在德国法兰克福以拉丁文出版的,题为《中医瑣港本或中医小品》(*Specimen Medicinae Sinica Sive Opascula Medica ad Mentem Sinensium*),此书被称为"中国医书被翻译成西方之始"①。

韩国英有多种译稿收入《中国杂纂》(此书又被称为《中国纪要》或《中国论丛》),该书原名为《北京耶稣会士关于中国历史、科技、风俗、习惯等的论考》(*Mémoires concernant l'Histoire,Les Sciences,Les Arts,Les Moeurs,Les Usages,etc. des Chinois,Par Missionaires de Pekin*),收录了许多关于中国科技文献的译文。韩国英有以下著作:

1.《野蚕说与养蚕法》(*Notice sur Les Vers à soie Sauvages et sur lamanièrede les èlever*)

2.《说香椿》(*Notice sur le frene de chine,nom me "hiang-tchum"*)

3.《说竹之种植与功用》(*Notice sur la culture et l'utilite du bambou*)

4.《说若干种中国植物》(*Notices de quelques plantes,arbrisseaux etc. de la china*)

5.《记痘症》(*Mémoire sur la petite verole*)

尤其令人惊讶的是他把中国宋代法医学学家宋慈的《洗冤录》也译成了法语发表在《中国杂纂》第4卷上,题目为《宋慈于1247年所著洗冤录概要》(*Notice dr live Si-Yuen-lou,ourrage velatif àLa police et àla justice criminelle,composée par Song Ts'evers 1247*)由此可见韩国英对中国科技介绍的广泛。

---

① 潘志星:《中外科学之交流》,香港中文大学出版社1993年版,第489页。

另外，韩国英还翻译了《康熙几暇格物论》，这里康熙在政务之余"研究各门科学问题的心得之作。此书的内容涉及天文学、物理学、生物学、医学、农学和地学等方面，有不少创见"①。此外，钱德明、汤执中、殷弘绪分别翻译了中国科技的文献，由于篇幅有限，我们不再一一列举。

入华传教士不仅著书、译书，还直接与法国皇家科学院的科学家通信，将他们在中国的科学研究与欧洲的科学研究直接联系起来。这种联系在邓玉函时已经开始，到法国传教士入华后就变得更为直接、频繁。这些从洪若翰、宋君荣的通信中可以得到证实。

中国科技在欧洲的传播引起了欧洲科学家的关注，他们开始把中国的科技理论、历史记载纳入他们的科学研究视野②，中国的科技成就启发了近代的欧洲科学家，甚至像李约瑟所说的，在天文学方面，中国的天文学理论直接导致了欧洲中世纪天文学理论的解体。而且从古代科学的总体情况来说，李约瑟也认为"世界受惠于东亚，特别是受惠于中国的整个情况已经非常清楚地显现出来了"③。

六 18世纪欧洲社会生活中的"中国热"

随着中国文化在欧洲的传播，随着礼论之争在欧洲社会文化层面的展开，从17世纪中叶开始欧洲逐渐兴起了一股称为"汉风"（Chinoiserie）的"中国热"，遥远的东方犹如神奇的土地，深深地吸引着欧洲，到18世纪时这种热潮达到高潮。

在社会生活中以使用中国的器物为其荣耀，使用中国家具，贴中国墙纸，用中国瓷器，喝中国茶。社交场所中以中国命名的各类休闲场所让人目不暇接：如"中国咖啡会""中国茶社""中国舞场"等。

各国的王侯贵族、皇亲国戚以及国王大臣们是这股"中国热"的积

---

① 陈受颐：《康熙几暇格物编的法文节译本》，见《中欧文化交流史论丛》，台湾商务印书馆1970年版，第95—111页。
② 韩琦：《中国科学技术的西传及其影响》，河北人民出版社1999年版，第82—92页。
③ 李约瑟：《中国科学技术史》第4卷，"天学"，第2分册，科学出版社1975年版，第643—656页。

极参与者。"就以路易十五的情妇蓬巴杜夫人为例,她经常光顾巴黎专营中国物品的拉扎尔·杜沃商店,仅1752年12月27日一次,就从该店购进了价值五千利弗尔的五个形状各异的青瓷花瓶;路易十五的国务秘书贝尔丹(Bertin)也是一个'中国迷',他家中设有一间'中国室',专门陈列着中国的珍宝及标本。据说他曾有一次就得到两箱运自中国的泥和纸人,共计31个。"①

图10—16 德国早期业余汉学家斯皮塞尔的
《中国文献注释》

　　路易十四在1667年的盛土大宴会上为引起人们的兴趣而化装成中国人出场轰动一时。18世纪的第一个新年,法国王宫是以中国的形式庆祝的,从而拉开了18世纪上半叶"中国热"的高潮。到1756年,在重农学派核心成员魁奈的说服下,路易十五模仿中国皇帝举行了"祭天大礼",以示对农业的重视。

　　在文学领域中,当时以中国为题材的小说竟达45部之多,《中国间

---

① 罗芃、冯棠、孟华:《法国文化史》,北京大学出版社1997年版,第445页。

谍在欧洲》《北京宫廷秘史》等一部部东方情味的书畅销书市①，伏尔泰的《中国孤儿》更是轰动巴黎，一时间模仿者不少。

法国当时是欧洲的文化中心，法国的中国热很快就传遍了欧洲。英国国王查理二世和王后都爱喝茶，经常举行茶会，一时品茶成为上流社会的时髦之举。1700年，桂冠诗人纳厄姆·泰特（Nahum Tate）专门发表了《论茶颂》，说女王陛下常在肯辛顿公园闲坐饮茶。当时时髦的女子们在上午十点到十一点之间要喝武夷茶一盅，晚上十点到十一点又要坐在茶桌旁边。因为人们认为饮茶使社交活动更有生气了，"年老的变得年轻，年轻的更年轻了"②。

在文学上，关于中国的五幕悲剧《鞑靼征服中国》在伦敦上演，复仇加爱情的情节加以异国的情调，"一场尸体横阵、鲜血四溅的舞台大悲剧，以出人意料的喜剧性团圆告终"③。东方学家海德写文介绍中国的围棋游戏，坦普尔爵士介绍中国的园林，哥尔斯密则以中国哲学家的名义发表了书信体的小说。

在德国，文化巨人莱布尼茨如饥似渴地传播着当时能收集到的中国材料，他与多名入华传教士通信，并将之发表于德国历史上第一部关于中国的学术著作《中国近事》中。大文学家歌德会在魏玛王宫中给王公大臣们表演中国书法，而看中国的皮影戏也成为这一时期魏玛王宫中一件最受欢迎的事。卫匡国的《鞑靼战记》被改编成了《埃及或伟大的蒙古人》，而顺治则成为哈佩尔笔下骑士小说中的人物。小说名为《亚洲的俄诺干布》，副标题是"描述中国当今伟大的执政皇帝顺治——一位地地道道的骑士"，并简略地介绍了他以及其他亚洲王子的风流韵事以及他们的骑士业绩，所有地处亚洲的王国和地区的特性以及他们君主的等级制度④。

"中国风"这是18世纪欧洲文化史上的一段重要历史，对于这股

---

① 罗芃、冯棠、孟华：《法国文化史》，北京大学出版社1997年版，第450页。
② 范存忠：《中国文化在启蒙时期的英国》，上海外语教育出版社1991年版，第77—78页。
③ 张弘：《中国文学在英国》，花城出版社1991年版，第25页。
④ 卫茂平：《中国对德国文学影响史述》，上海外语教育出版社1996年版，第9页。

图10—17 卫匡国《鞑靼战记》中的插图

热潮,当时的法国著名作家格利姆有一段描述,十分生动:

> 在我们的时代里,中国帝国已成为特殊注意和特殊研究的对象。传教士的报告,以一味推美的文笔,描写远方的中国,首先使公众为之神往;远道迢迢,人们也无从反证这些报告的虚谬。接着,哲学家们从中国利用所有对他们有用的材料,用来论及和改造他们看到的本国的各种弊害。因此,在短期内,这个国家就成为智慧,道德及纯正宗教的产生地,它的政体是最悠久而最可能完善的;它的道德是世界上最高尚而完美的;它的法律、政治,它的艺术实业,都同样可以作为世界各国的模范。[①]

格利姆是这种热潮中的反对派,但他说明了那个时代的特征。

---

① 利奇温:《十八世纪中国与欧洲文化的接触》,朱杰勤译,商务印书馆1962年版,第86页。

结 语

1500—1800年中西文化交流史是中国文化与西方文化的伟大相遇[①]，是人类历史上少有的文明相互学习借鉴的一段历史。这段历史对中国来说，产生了长远深刻的影响，是从佛教入华以来，对中国文化产生全面影响的一次外来文化的传入，虽因中西文化实力的变迁中国文化没有在这次变迁中实现根本性的变革，但成为中国近代文化发展的一个转折点。西方文化是在全球扩张中逐步占据上风的，但中国文化仍成为其走出中世纪的重要思想资源，成为启运动思想家手中重要的思想武器。在一个长的历史时段考察中，19世纪的中西文化交流史是不平等的文化交流史，其历史与现实主义远不如1500—1800年这三百年的中西文化交流史有价值。因这段历史证明：文明因互鉴而发展，文明因交流而丰富，这方是文明交流的本质。

---

① ［美］孟德卫：《1500—1800中西方的伟大相遇》，江文君等译，新星出版社2007年版。

附录一

百年利玛窦研究

明清之际西学传入中国,其影响最大的人物莫过于利玛窦。明清史籍对利玛窦多有记载。① 艾儒略最早写下了关于利玛窦的传记《大西西泰先生行迹》②,近百年来在中文学术研究的范围内,利玛窦研究取得了很大的进展,本文试图对百年来的利玛窦研究进行一个简要的回顾与总结,亦求教于各位方家。

一 20世纪前半叶的利玛窦研究

民国初年推动中国天主教史研究的最重要的人物是马相伯。1912年,他和英敛之就曾上书罗马教宗,希望开办教会大学,认为"在我华提倡学问,而开大学堂者,英德美之耶稣教人都有,独我罗马圣教尚付阙如,岂不痛哉!"③ 他们认为,应继承利玛窦的学问之道,推动中国大学的发展。马相伯认为,"教育者,国民之基础也。书籍者,教育之所借以转移者也。是以数年之国髓,传于经史;五洲各国进化之程度,佥视新书出版多寡为衡……然而,书籍之不注意,何也?"④ 由此,他重视收集明清间天主教中文书籍。马相伯先后为《辩学遗牍》《主制群征》《真主灵

---

① 方豪:《中国天主教史人物传》上册,中华书局1988年版,第72—82页。
② 钟鸣旦、杜鼎克编:《耶稣会罗马档案馆明清天主教文献》第十二册,台北利氏学社2002年版。
③ 顾卫民:《中国天主教编年史》,上海书店2003年版,第431页。
④ 朱维铮主编:《马相伯集》,复旦大学出版社1996年版,第64页。

性理证》《灵魂道体说》《灵艳蠡勺》《王觉斯赠汤若望诗翰》等明清期间中国天主教的重要中文文献的出版作序。他在《书〈利先生行迹〉后》一文中对利玛窦在中国天主教史的地位给予了高度的评价。他说，利玛窦"生三十许，而学行大成。矢志继圣人之志，愈遭坎坷，而志愈坚，卒为我中国首开天主教之元勋"①。马相伯认为，为了在中国传播天主教，利玛窦三十余年刻苦学习中文，他通过翻译介绍西方思想和文化，在这方面取得了前所未有的成就。"唐之景教邻于梵译，元之镇江十字寺碑，羼以音译；远不如利子近译，戞戞独造，粹然一本于古书，文质彬彬，义理周洽，沾丐后人，于今为烈，盖不独首开天主教为足多也已。"②

在马相伯的积极推动下，英敛之、陈垣、向达等人以文献整理为其主要使命，对民国初年的利玛窦研究做出了自己的贡献。英敛之的主要贡献在于重新整理出版了《天学初函》。民国初年，他经十余年努力找到了《天学初函》的全本，并重新刊印了其中的部分文献，他在重刊《辩学遗牍》的序言中说："《天学初函》自明季李之藻汇刊以来，三百余年，书已希绝。鄙人数十年中，苦志搜罗，今幸寻得全帙。内中除器编十种，天文历法，学术较今稍旧，而理编则文笔雅洁，道理奥衍，非近人译著所及。鄙人欣快之余，不敢自秘，拟先将《辩学遗牍》一种排印，以供大雅之研究。"③《天学初函》包含了利玛窦的 10 部著作，英敛之重新整理出版这本书，功不可没。

民国初年对中国天主教史学术研究推进最大的当属陈垣，在利玛窦研究上他主要收集和整理了《辩学遗牍》《利玛窦行迹》等文献。陈垣对文献的收集和整理极为重视。在谈到这批文献的整理时，他认为应该继承李之藻的事业，把《天学初函》继续出版下去，在给英敛之的信中说："顷言翻刻旧籍事，与其请人缮抄，毋宁径将要籍借出影印。假定接续天学初函理编为天学二函，三函——分期出版，此事想非难办。细想一遍，总胜于抄，抄而又校，校而付排印，又再校，未免太费力；故拟仿涵芬

---

① 朱维铮主编：《马相伯集》，复旦大学出版社 1996 年版，第 223 页。
② 同上。
③ 方豪：《李之藻辑刻天学初函考》，载《天学初函》重印本，台湾学生书局 1965 年版。

楼新出四部从刊格式,先将《超性学要》(21册)影印,即名为天学二函,并选其他佳作为三函,有余力并复影初函,如此所费不多,事轻而易举,无缮校之劳,有流通之效,宜若可为也。乞函商相老从速图之。此事倘性行之于数年前,今已蔚为大观矣。"① 为此,他曾竭力搜集有关史料,并计划仿《开元释教目录》及《经义考》《小学考》体制而作《乾嘉基督教录》,为中国天主教的文献进行一次全面的清理,也为《四库全书总目》补缺拾遗。他的这一计划后来仅完成了一部分。

向达先生不仅是民国期间敦煌学的重要开拓者,也是利玛窦文献整理的重要学者,他在《上智编译馆》中所发表的合校本《大西西泰利先生行迹》是他把自己在法国、罗马等地的几个刻本统一勘校后整理出来的,在当时是最好的校本。

正是在马、英、陈等人的努力下,民国初年在这批文献的收集和整理、出版上取得了显著的成绩。在《天学初函》以外,他们发现并开始抄录和整理了《名理探》《圣经直解》《利先生行迹》《天学举要》《真主灵性理证》《灵魂道体说》《铎书》《天教明辩》《正教奉褒》《圣教史略》《寰宇诠》《圣梦歌》《主制群征》《幼童教育》《超性学要》《王觉斯赠汤若望诗翰》《教要序论》《代疑论》《天释明辩》《豁疑论》《辟妄》《代疑编》《代疑续编》《答客问》《天教蒙引》《拯世略说》《轻世金书直解》《古新经》《三山论说》《遵主圣范》等一系列的天主教历史文献,这些文献的整理和出版对于民国初年的利玛窦研究和整个天主教史的研究起到奠基性的作用。

20世纪20年代以后,在利玛窦研究上开始从文献整理阶段进入深入研究阶段。这一时期在利玛窦研究上有两个领域十分突出,一是语言学领域,一是地图学领域。

我们首先从语言学界对利玛窦的研究进行分析。利玛窦的《西字奇迹》是最早的拉丁字母汉字注音方案。王征和金尼阁《西儒耳目资》吸取了利玛窦成果,更为系统地研究了这个问题,并在明末清初就产生过重要的影响。我们在方以智的《切韵声原》、杨选杞的《声韵同然集》和

---

① 方豪:《李之藻辑刻天学初函考》,载《天学初函》重印本,台湾学生书局1965年版。

刘献廷的《新韵谱》《广阳杂记》中都可以看到这一点。[①] 两次鸦片战争后，中国知识分子开始认识到汉语拼音对于识字的重要性，自陈垣先生整理出版了利玛窦的《明季之欧化美术与罗马注音》后，传教士对汉字的注音历史开始逐步引起人们的注意。从1892年卢戆章的《一目了然初阶》开始，一直到1906年的朱文熊的《江苏新字母》，1908年刘孟扬的《中国音标字书》，1916年刘继善的《刘氏罗马字》都是在探讨用罗马字注音问题，在这些著作中都涉及了对利玛窦《西字奇迹》的评价，例如利氏所用的字母数量、所发明的送气符号等问题。

其间徐景贤1928年的《明季之欧化学术及罗马字注音考释》[②] 和罗常培的《耶稣会士在音韵学上的贡献》《汉语音韵学的外来影响》是最有学术价值的文章。罗常培认为，对来华耶稣会会士在伦理、论理、舆地、理化、生理、农业、水利、制造等各方面的成就都有了研究，但他们在音韵学上的关系，不大引人注意。在他看来，利玛窦等人在以下三个方面展开了研究："1. 用罗马字母分析汉字的音素，使向来被人看成繁难的反切，变成简易的东西；2. 用罗马字母标注明字的字音，使现在对于当时的普通音，仍可推知大概；3. 给中国音韵学研究开出一条新路，使当时的音韵学者，如方以智、杨选杞、刘献廷等受到了很大的影响。"[③] 所以，他认为："利玛窦、金尼阁分析汉字的音素，借用罗马字母作为标音的符号，使后人对于音韵学的研究，可以执简驭繁，由浑而析，这是明末耶稣会会士在中国音韵学上的第一贡献。"[④]

这一时期，对利玛窦在地理学上的贡献进行研究的主要论文有洪煨莲的《考利玛窦的世界地图》《论利玛窦地图答鲇泽信太郎学士书》、陈观胜的《利玛窦地图对中国地理学之贡献及其影响》《论利

[①] 罗常培：《罗常培语言学论文集》，罗先生专列出一个"耶稣会士在音韵学上贡献年表"；叶宝奎：《明清官话音系》，厦门大学出版社2002年版；谭慧颖：《〈西儒耳目资〉源流辨析》，外语教学与研究出版社2008年版，第310—312页。

[②] 徐景贤：《明季之欧化学术及罗马字注音考释》，《新月月刊》第1卷，上海新月书店，1928年9月。

[③] 罗常培：《耶稣会士在音韵学上的贡献》，《罗常培语言学论文集》，商务印书馆2004年，第252页。

[④] 同上书，第274页。

玛窦之万国全图》《乾隆时学者对利玛窦诸人之地理学所持的态度》等论文。

洪煨莲论文的贡献在于首次详尽地考证了利玛窦地图在欧洲的收藏，说明了梵蒂冈藏本、伦敦藏本和米兰藏本之间的关系。同时，他根据中文文献考证了利玛窦世界地图在明末共翻刻十二次，每次翻刻的时间、地点和人物，从而对利玛窦地图在中国的翻刻和流变有了一个清楚的认识。① 如果说洪业的论文主要是从历史学上进行考证利玛窦所绘的几种地图的相互关系和流传，那么陈观胜的论文则是从地理学的角度来评价利玛窦所绘制的地图的。他认为利氏的地图"对中国社会真是一件开荒介绍品，是中国人历来所未见过的东西"②。具体来说，这种贡献表现在：（1）实地测量：在中国学历史上，用近代新科学的方法和仪器来做实地测量的第一人恐怕就是利玛窦；（2）地名的审定，这是首次用中文名对世界各地地名的审定；（3）介绍了欧洲大航海后的地理发现的新知识；（4）第一个介绍了世界地图；（5）有了五大洲的观念；（6）介绍了"地圆说"；（7）介绍了地理学上地带的分法。作为一个地理学家，他对利玛窦并未一味地说好，而是将其放在当时的时代背景下，也客观地指出了利玛窦地图的问题和缺点。同时，从历史和文化的角度，讨论了为何利玛窦所介绍的地理学的新知识没有在中国流传开来的原因，这些分析都相当的深刻。

从历史学来看，1944年张维华所出版的《明史欧洲四传注释》是一本学术功力很深的著作，其中在意大利传中，对利玛窦的相关中文文献进行了相当详细的考证与研究。方豪的《李存我研究》③《拉丁文传入中国考》④《十七、十八世纪来华西人对我经籍之研究》⑤《中国天主教史论

---

① 《洪业论学记》，中华书局1981年版，第150—193页。
② 陈观胜：《利玛窦地图对中国地理学之贡献及其影响》，周康燮编：《利玛窦研究论集》，香港崇文书店1971年版，第131页。
③ 方豪：《李存我研究》，杭州存我杂志社1937年版。
④ 方豪：《拉丁文传入中国考》，《浙江大学文学院集刊》1942年，《方豪六十自定稿》，台湾学生书局1969年版，第1—39页。
⑤ 方豪：《十七、十八世纪来华西人对我经籍之研究》，《东方杂志》1943年，《方豪六十自定稿》，第185—203页。

丛·甲集》①《方豪文录》②《台湾方志中的利玛窦》③ 等一系列的论文大多涉及利玛窦研究，其学术成就为学界所公认，被陈寅恪称为"新会学案有后人"。

从翻译著作来看，裴化行神父（R. P. Henri Bernard, S. J.）的书由王昌社翻译，于 1943 年由东方学艺社以《利玛窦司铎与当代中国社会》为名出版，这是在中国出版的第一本利玛窦传记。1936 年冯承钧所翻译的法国教会史专家费赖之（Le P. Louis Pfister, S. J.）的《在华耶稣会士列传及书目》至今仍是学者案头必备之书，书中的"利玛窦传记"部分成为研究利玛窦的最基本材料。当然，1936 年出版的裴化行著，萧浚华翻译的《天主教十六世纪在华传教志》也是一本受到学界好评的译著。

20 世纪前五十年在利玛窦研究上取得了很好的成绩，从文献学上，这一时期开启了整理以利玛窦为代表的明清中西文化交流史的先河，他们所开启的这个学术方向始终促使中国学者不断努力；从学术研究的角度来看，在语言学、历史学和地图学这三个领域中那一代学者取得了很高的学术成就，即便站在今天的学术发展的角度，罗常培对利玛窦的语言学研究、洪业和陈观胜对利玛窦地图的研究仍有着很高的价值。

二 20 世纪后半叶的利玛窦研究

这一时期，从利玛窦文献研究来看，20 世纪后半叶首先应肯定的是中华书局 1983 年出版的由何高济、王遵仲、李申翻译，何兆武校对的《利玛窦中国札记》，这个本子是从金尼阁改写的英文版翻译过来的，从译本底本的角度来看不是太理想，虽然也是国际学术界所认可的一个本子。但何高济等人的这个译本有两条值得肯定：其一，它是中文出版领域的第一个译本；其二，译本翻译质量受到学界好评，其中所附的英文本序言和 1978 年法文版序言比较好地介绍了西方对这本著作研究的现状，

---

① 方豪：《中国天主教史论丛·甲集》，商务印书馆 1944 年版。
② 方豪：《方豪文录》，北平上智编译馆 1948 年版。
③ 方豪：《台湾方志中的利玛窦》，《方豪六十自定稿》，台湾学生书局 1969 年版，第 605—612 页。

这是后来的台湾译本所不及的。台湾辅仁和光启社1986年联合出版的由刘俊余和王玉川合译的《利玛窦全集》，这套全集在两点上值得肯定：一是首次从意大利文版的 Foni Riccciane 翻译了利玛窦的《中国传教史》；二是首次翻译出版了利玛窦的书信集。但这套书冠名为《利玛窦全集》，实际上只是利玛窦外文著作集，对于中文著作并未涉及，显然用《利玛窦全集》冠名有所不周。朱维铮主编的《利玛窦中文著译集》于2001年由复旦大学出版社出版，该书的价值在于第一次将利玛窦的中文著作全部加以点校整理，如朱维铮在导言中所说："研究应该从材料出发。利玛窦生前公开刊布的作品，主要是中文著译，现存的至少十九种，理应成为探讨利玛窦如何认识和沟通这两个世界文化的基本依据。"[①] 但文集中所收录的《理法器撮要》一书，学术界有所讨论，有些学者认为这本题为"泰西利玛窦撰"的抄本是一本伪作，虽然它对于我们厘清明清时期西式日晷制作技术在中国的传承关系具有重要意义，但从版本学上看应不是利玛窦的著作。[②] 2001年澳门基金会影印出版的罗明坚和利玛窦所编的《葡华词典》是近年来所出版的利玛窦的最重要的原始文献之一。1981年，王绵厚在他的《利玛窦和他的两仪玄览图简论》[③] 一文中，首次公布了他所发现的藏于辽宁省博物馆的、李应式刻于1603年的《两仪玄览图》[④]。1982年，林金水首次翻译了利玛窦的部分文献。[⑤] 李天纲的《明末天主教三柱石文笺注：徐光启李之藻杨廷筠论教文集》是一部学术价值较高的著作，内容讲的是三大柱石，但处处涉及利玛窦中文文献内容。

在利玛窦文献的研究上值得注意的还有中国国家图书馆出版社1999年出版的《中国国家图书馆古籍珍品图录》中公布了一篇题为《天主教

[①] 朱维铮主编：《利玛窦中文著译集》，复旦大学出版社2001年版，第2页。
[②] 许洁、石云里：《抄本〈理法器撮要〉作者献疑》，《或问》（日本）2006年第11期，第15—24页。
[③] 此文收入《辽宁省博物馆学术论文集》中。
[④] 王绵厚：《论利玛窦坤舆万国全图和两仪玄览图上的序跋题识》，曹婉如、郑锡煌、黄盛璋等编：《中国古代地图集——明代》，文物出版社1994年版。
[⑤] 林金水：《〈利玛窦日记〉选录》，《明史资料丛刊》1982年第2期。

教义》的文献，目录编者认为作者为"利玛窦"。这份被认为是利玛窦所写的文献是目前中国国家图书馆所藏的时间最早的西文文献。张西平在其《传教士汉学研究》中发表了题为《利玛窦的〈天主教教义〉初探》的文章中[1]研究这份文献，认为这篇文献不应是利玛窦本人所写的文献。杨福绵的《罗明坚利玛窦葡华字典所记录的明代官话》[2] 是近年以来关于利玛窦语言学研究的最有分量的学术论文。孙尚杨对《辩学遗牍》一书的内容进行了分析，认为该书前篇为利玛窦所作，后篇为徐光启所作，这个观点在朱维铮的《利玛窦中文著译集》中也得到反映。[3] 张西平的《天主教要考》讨论了关于利玛窦遗失的重要著作《天主教要》的版本问题。[4] 钟鸣旦、杜鼎克、黄一农、祝平一所编的《徐家汇藏明清天主教文献》中收录的利玛窦的《斋旨》一文，[5] 钟鸣旦、杜鼎克所编的《耶稣会罗马档案馆明清天主教文献》[6] 中所收录的利玛窦的《圣经约要》都是近期所发现和出版的关于利玛窦的重要原始文献，有很高的学术价值。

20世纪后半叶，在利玛窦研究的中文学术领域首推方豪先生，他所写的《梵蒂冈出版利玛窦坤舆万国全图读后记》[7]《利玛窦教友论新研》[8]《明末清初天主教比附儒家学说之研究》[9]《中国天主教人物传》[10] 都是研究利玛窦的重要论文和著作。黄时鉴和龚缨晏的《利玛窦世界地图研究》是20世纪后半叶利玛窦研究的代表性著作，这项研究可以说在继承民国期间洪业和陈观胜研究的基础上有了几项较大的创新：其一，对利玛窦

---

[1] 张西平：《传教士汉学研究》，大象出版社2005年版，第59—80页。

[2] 杨福绵：《罗明坚利玛窦葡华字典所记录的明代官话》，《中国语言学报》第5期，商务印书馆1995年版。

[3] 孙尚杨：《〈辩学遗牍〉作者考》，见《基督教与明末儒学》，人民出版社1994年版，第40页。

[4] 张西平：《天主教要考》，《世界宗教研究》1999年第4期。

[5] 钟鸣旦、杜鼎克、黄一农、祝平一编：《徐家汇藏明清天主教文献》第一卷，台湾辅仁大学出版社1996年版。

[6] 钟鸣旦、杜鼎克编：《耶稣会罗马档案馆明清天主教文献》第一册，台湾利氏学社2002年版。

[7] 方豪：《方豪六十自定稿》。

[8] 同上。

[9] 同上。

[10] 方豪：《中国天主教人物传》，中华书局1988年版。

世界地图的绘制和刊刻进行了全面的研究；其二，对利玛窦世界地图的知识来源和学术文化影响进行了全面而系统的研究；其三，对利玛窦地图中所有的文字加以整理和校勘。① 罗光主教的《利玛窦传》是20世纪中文学术界最早的一本关于利玛窦的个人传记，② 张奉箴的《利玛窦在中国》、林金水和邹萍合著的《泰西儒士利玛窦》和汪前进的《西学东传第一师利玛窦》、张西平的《跟着利玛窦来中国》等③从不同的侧面描绘了利玛窦在中国的活动。林金水的《利玛窦与中国》是20世纪中文学术领域最早出版并受到学术界好评的一本全面研究利玛窦的学术著作，至今这部著作仍是学者研究利玛窦的案头必备之书。由于利玛窦是明清中西文化交流的奠基人，如此一来，在张奉箴的《福音流传中国史略》、嵇文甫的《晚明思想史论》、樊洪业的《耶稣会士与中国科学》、周康燮编的《利玛窦研究论集》、许明龙主编的《中西文化交流的先驱》、陈卫平的《第一页与胚胎：明清之际的中西文化比较》、孙尚杨的《基督教与明末儒学》、陶亚兵的《明清间的中西音乐交流》、曹增友的《传教士与中国科学》《基督教与明清中国：中西文化的调适与冲撞》、沈定平的《明清之际中西文化交流史——明代：调适与会通》、何兆武的《中西文化交流史论》、张错的《利玛窦入华及其他》、张晓林的《天主实义与中国传统》、张西平的《中国与欧洲早期宗教和哲学交流史》《欧洲早期汉学史》、余三乐的《中西文化交流的历史见证》《早期传教士与北京》、万明的《中葡早期关系史》、杨森福的《中国基督教史》、朱维铮的《走出中世纪》（共2册）、刘耘华《解释的圆环：明末清初传教士对儒家经典的解释及其本土回应》、莫小也的《十七—十八世纪传教士与西画东渐》、李天纲的《中国礼仪之争：历史·文献和意义》、陈义海的《明清之际异质文化的一种范式》、张国刚的《从中西初识到礼仪之争》以及他主编的《明清传教士与欧洲汉学》、张凯的《庞迪我与中国》、江晓原的《天学

---

① 黄时鉴、龚缨晏：《利玛窦世界地图研究》，上海古籍出版社2004年版。
② 罗光：《利玛窦传》，辅仁大学出版社1972年版。
③ 张奉箴：《利玛窦在中国》，台湾闻到出版社1985年版；林金水、邹萍：《泰西儒士利玛窦》，国际文化出版社2000年版；汪前进：《西学东传第一师利玛窦》，科学出版社2000年版；张西平：《跟着利玛窦来中国》，五洲出版社2006年版。

外史》、白莉民的《西学东渐与明清之际的教育思潮》、江晓源和钮卫星的《天文西学东渐集》、李志军的《西学东渐与明清实学》、戚印平的《远东耶稣会史研究》、王萍的《西方历算学之输入》、林中泽的《晚明中西性伦理的相遇：以利玛窦的〈天主实义〉和庞迪我的〈七克〉为中心》、刘大春的《新学苦旅：科学·社会·文化的大撞击》、李向玉的《汉学家的摇篮：澳门圣保禄学院研究》、何俊的《西学与晚明思想的裂变》、金国平和吴志良的《东西望海》《过十字门》《镜海飘渺》、潘凤娟的《西来孔子艾儒略：更新变化的宗教会遇本土化？文化交流？宗教对话？》、黄一农的《两头蛇：明末清初当代第一代天主教徒》、李奭学的《中国晚明与欧洲文学》、董少新的《形神之间：早期西洋医学入华史稿》一系列学术著作中都涉及对利玛窦的研究和评述，分别从各个侧面推进对利玛窦的研究。

在对利玛窦研究的外文翻译方面，2006年宗教文化出版社出版的《利玛窦中国书札记》编辑了利玛窦的54封书信，这是在大陆学术界首次出版利玛窦的书信，但遗憾的是编者将利玛窦的54封信完全打乱，按照自己设计的一个体系，将所有信件拆散后放入其中。如此一来，这本书的学术价值打了不少折扣。管振湖重新翻译的《利玛窦评传》在商务印书馆出版。平川祐弘著、刘岸伟和徐一平翻译的《利玛窦传》是目前国内出版的唯一的日本学者的利玛窦传记，十分值得关注。美国著名汉学家史景迁著、陈垣和梅义证翻译的《利玛窦的记忆宫殿》，是在国内大众读书领域产生较大影响的一部译著。谢和耐的《中国与基督教》、柯毅林的《晚明基督论》、安田朴等人的《明清间入华耶稣会士和中西文化交流》、钟鸣旦的《礼仪的交织：明末清初中欧文化交流史中的丧葬礼》等都涉及利玛窦在中国的活动，其中邓恩著、余三乐和石蓉翻译的《从利玛窦到汤若望：晚明耶稣会士》是这些翻译著作中最为重要并在中文学术界产生较大影响的外文著作。

以上著作和论文表明在中文学术研究领域，对利玛窦的研究已经取得了相当大的进展：第一，其在研究的范围上大大扩展了，已经从传统的传教学研究几乎扩展到人文社会学科的所有研究领域，从人文到科学，从历史到语言，从艺术到自然，几乎利玛窦所涉及的所有领域都已经有人开始研究。这种研究范围的扩展是20世纪前五十年完全不可比拟的。第二，在研究的深度上大大加深了，对利玛窦在晚明的活动，他与士人的接触，几乎在所有方面都有学者涉猎。中国学者充分显示了他们熟悉中文文献的优势，将利玛窦研究与晚明史的研究充分结合起来，从而加深了对晚明史和明清中西文化交流史的研究。第三，评价的标准多元化了。在20世纪50年代初对利玛窦等来华传教士的评价上最有代表性的是何兆武先生执笔的《中国思想史》第4卷第27章《明末天主教输入了什么西学？具有什么历史意义？》，它基本是从负面角度来评价以利玛窦为代表的来华传教士的作用的。关于利玛窦所传入中国科学的属性问题至今仍可以讨论，但学术界在对利玛窦的评判的标准上已经完全走出了传统的仅从负面评价的立场，而开始在更为广阔的视角，从不同的学术侧面展开了对利玛窦的研究，利玛窦在中西文化交流史上的贡献与奠基作用几乎已经成为学术界的共识。

在以往的利玛窦研究中，由于利玛窦的主要外文著作尚未翻译成中文，中文学术界在国际学术界除个别学者外基本上发言权不大。随着20世纪下半叶利玛窦几乎所有的外文著作和通信被翻译成中文，相比较而言，至今利玛窦的19部中文著作仍未全部翻译成英文或其他西方语言，这样在文献的阅读和使用上中国学者具有相对的优势，从而在利玛窦研究上取得了快速的进展。现在我们可以说，如果不看中国学者的研究成果，已经无法站在利玛窦研究的前沿了，中国学者已经成为引领利玛窦研究的主力军。

三　对今后研究的展望

尽管百年来对利玛窦的研究取得了重大的进展，但由于利玛窦处在一个中西文化交流的伟大时代，他又是中西文化交流的奠基性人物，因此，对利玛窦的研究仍有很大的空间，学术界仍需继续努力。

从利玛窦原始文献的收集和整理来看，400多年来，尽管学术界和宗教界在不断努力收集和整理利玛窦的文献，但至今仍有一些文献尚未被发现，需要我们及后人继续努力。根据我的有限阅读，至少有以下几个文献。

1. 关于《交友论》

利玛窦《天主教传入中国史》中曾经说："另一本书则是以中文书写，书名为《交友论》。""这本书是以拉丁文和中文对照而写，更引起读者的好奇心，后来赣州区域知县苏大用出版中文单行本……"① 利玛窦在1599年8月14日致高斯塔的信中说："神父，你曾表示希望得到些中国东西，因此把我四年前所编译的《论友谊》一书中的数页，随这封信一起给你寄去……其中附有意大利文说明，只是不如中文流利。"② 德礼贤经过多方考证，利玛窦这个意大利文本被藏于格列高利教皇大学档案馆，由于文献珍贵，曾于1825年、1877年、1885年、1910年多次重印出版，德礼贤也于1952年将其再版一次。③ 这里应引起我们注意的是，他1599年寄回的中文和意大利文格言只有76条。而在1601年版中格言已有100条，如冯应京在序言中所说"交友论凡百章"。这说明《交友论》有不同的版本，他所说的中文和意大利文的对照本始终没有被发现。对中文学术界来说，重新发表德理贤的整理本也是有价值的。

2. 关于《中文拼音辞典》

利玛窦第一次进北京失败后，在返回南京的路上，他和郭巨静等神父一起编写了一部供传教士学习汉语发音的辞典。他说："神父们利用这段时间编了一部中文字典。他们也编了一部中文发音表，这对传教士们学习中文有很大帮助。"④这部文献虽然前辈学者一直在努力寻找，也曾寻到过一些线索，⑤ 但至今仍未发现这部文献。

3. 关于利玛窦所译的《四书》

利玛窦在多封信中明确说他翻译了《四书》，并把它寄回了欧洲，如

---

① 《利玛窦中国传教史》，台湾光启社1986年版，第255页。
② 《利玛窦通信集》，台湾光启社1986年版，第258页。
③ D'Elia, P. M., *Further notes on Matteo Ricci's De Amicitia*, Monumenta Serica 15 (1956), pp. 356—377.
④ 《利玛窦中国传教史》，台湾光启社1986年版，第286页。
⑤ 尹斌庸先生对此文献有详细介绍：《学术集林》第一辑，上海远东出版社1995年版，第349页。

他在1594年11月15日的信中说："几年前（按：1591年）我着手翻译著名的中国《四说》为拉丁文，它是一本值得一读的书，是伦理格言集，充满卓越智慧的书。待明年整理妥后，再寄给总会长神甫，历时你就可以阅读欣赏了。"① 这本书至今下落不明，美国学者孟德为认为，这本书在中国长期被作为入华耶稣会会士的中文课本，并成为后来柏应理等人所编译的《中国哲学家孔子》底本。② 这只是一种意见，我个人认为这本书的原稿是会找到的，因为利玛窦明确说过，他寄回了罗马。寻找这份文献应是一个重要的学术任务。

4. 应关注葡萄牙文和西班牙文的有关利玛窦的文献

目前所发现和整理的关于利玛窦的西方文献主要是拉丁文、意大利文的。但利玛窦在中国传教时受到葡萄牙的保护，显然，在葡萄牙的历史文献中应该仍有关于利玛窦的文献。尤其是西班牙著名耶稣会会士阿罗索·桑切斯（Alonso Sánchez, S. J., 1551—1614）是个应该关注的重要人物。他于1581年奉命来到马尼拉传教。"1582年3月，桑切斯由马尼拉启程，4月漂流到福建沿岸，5月2日到广州。旋被系入狱中，经耶稣会士罗明坚请求而获释放。"此后他曾与罗明坚和利玛窦多次见面并结下友谊，一直互有通信。③ 阿罗索·桑切斯的这次中国之行算是无功而返，但桑切斯在1583—1588年，先后写出三篇《中国笔录》。在《中国笔录》中，也记录了他和利玛窦的相见，这些文献我们至今没有掌握。

5. 翻译工作

利玛窦是在中国最具影响力的西方人，中国学术界已经将其主要的西方语言著作翻译成了中文，但至今利玛窦的主要中文著作并未翻译成英文或其他西方语言，④ 意大利方面正在努力推动意大利文版的利玛窦全集的出版，这是值得肯定的。将利玛窦的全部著作翻译成一个完整的英

---

① 《利玛窦书信集》，台湾光启社1986年版，第143页。
② David E. Mungello, *Curious Land*: *Jesuit Accommodation and the Origins of Sinology*, pp. 247—297, Stuttgart. 1985.
③ ［法］裴化行：《明代闭关政策与西班牙天主教传教士》，载《中外关系史译丛》，上海译文出版社1988年版，第264页。
④ 马爱德主编：《天主实义》英文版，Institut Ricci 1985。

文版，这应是西方学术界要做的一个基础性工作。

从历史与文化研究来说，系统地研究利玛窦与晚明士人的交往，探讨其和东林党人的关系，是一个仍待深入的问题。利玛窦对中国哲学的理解与他原有的中世纪哲学之间的关系也有待深化。荷兰学者安国风所写的《欧几里得在中国》是一本值得关注的研究利玛窦的新书[①]，他采取了中西文献互照的研究方法，将欧几里得的拉丁文本和利玛窦的翻译译本，加以对比研究，同时，对欧几里得的接受史又加以详尽的分析。目前，在中文学术界能像安国风这样自如游走于中西文献之间，展开历史与思想文化的研究的学者还不多。利玛窦的多数翻译著作只有经过这样的研究后才能彻底地得到说明，如果来看，我们还有许多基础性的研究有待展开。

百年利玛窦研究成绩斐然，相对于利玛窦与中西文化交流史的广阔研究领域，一切仿佛刚刚开始，我们要百尺竿头，更进一步。

（原载《世界宗教研究》2010年5月）

---

① ［荷］安国风：《欧几里得在中国》，纪志刚等译，江苏人民出版社2009年版。

附录二

欧洲第一部拉丁文手稿《四书》的历史命运

一

意大利汉学家德礼贤在1935年发现了藏在位于罗马的意大利国家图书馆（Biblioteca Nazionale V. Emanuele Ⅱ di Roma，缩写为BNVER）的耶稣会档案（Fondo Gesuitico，缩写为FG）中的一份手稿，编号为：FG (3314) 1185。德礼贤在文献上留下一段对文献的批注：

> 耶稣会档1185（3314）为中国《四书》的第一部译著，其中还附有不同作者的名言集。它包括：（1）《大学》的译本；（2）《中庸》的译本；（3）《论语》的译本（注意，这三部译本是于1591年11月至1592年8月10日间完成的）；（4）《诸家名言汇集》（注意，该译作是罗明坚神父（Michele Ruggieri）在1593年11月开始创作并于同月20日完成的）；（5）《孟子》译本。这些译本的作者是何人？看起来是罗明坚。他从1579—1588年一直在中国生活，于1588年回到欧洲。不过，在几乎同一时间，1591—1594年，我们知道他的会友利玛窦将《四书》译成了拉丁文，并打算把它们从中国寄往意大利耶稣会会长处。鉴于该译本提出了一种较罗明坚的学问更高的中国学，很有可能该译作的作者为利玛窦，而罗明坚只是抄写而已，同时也抄写了作品的日期。1935年1月4日，罗马，德礼贤。[①]

[①] 参见 Pasquale M. D'Elia, *Fonti Ricciane*, Vol. Ⅰ, Roma: Libreria dello Stato, 1942 - 1949, p. 43. n. 2。

这份手稿文献由五部分组成：

1. 《大学》的译本（*Liber Primus Humana Institutio*）

2. 《中庸》的译本（*Liber Semper in Medio Ciumyum*）

3. 《论语》的译本（*Luiniu id est De Consideratione Sit liber ord. e Tertius*）

4. 《孟子》的译本（*Liber Mentius nomine ex iis qui vulgo 4. or Libri vocantur*）

5. 《诸家名言汇编》的译本（*Diversorum autorum sententiae ex diversis codicibus collectae, è Sinensi lingua in latinam translatae*）

意大利当代学者达仁利（Francesco D'Arelli）对这份文献进行了详细的分析，他认为其文献的结构是：

Ⅰ. 第1页纸的正面至第7页纸的正面（即第1—13页）① 为《大学》第7页纸的反面（即第14页）空白；

Ⅱ. 第8页纸的正面至第21页纸的正面（即第15—41页）为《中庸》第21页纸的反面（即第42页）空白；

Ⅲ. 第22页纸的正面至第63页纸的正面（即第43—125页）为《论语》；

Ⅳ. 第1页纸的正面至第16页纸的正面（即第1—31页）为《诸家名言汇编》，该书由中文译为拉丁文。第16页纸的反面至第28页纸的反面（即第32—56页）空白；

Ⅴ. 第1页纸的正面至第76页纸的正面（即第1—151页）为《孟子》，四书之一，由汉语译为拉丁文。第76页纸的反面至第87页纸的反面（即第152—174页）空白。②

---

① 达仁利说："页码标志是由我加的，括号内有原来用墨水写的阿拉伯数字页码，位于手抄本的每页正反面外侧页眉处。"

② ［意］达仁利：《利玛窦与〈四书〉拉丁语译本以新方法进行历史编纂学的探究》，D'Arelli, *Matteo Ricci S. I. e la traduzione latina dei Quattuor Libri（Sishu）dalla tradizione storiografica alle nuove ricerche*, in D'Arelli ed. Le Marche e l'Oriente. Una tradizione ininterotta da Matteo Ricci a Giuseppe Tucci, Atti del Convegno Internazionale, Macerata 23—26 ottobre 1996（Roma Istituto per l'Africa e l'Oriente, 1998）, pp. 163—175。感谢文铮帮助我翻译了此论文。

260 / 跟随利玛窦来中国:1500—1800年中西文化交流史

以下是笔者从意大利国家图书馆所复制的文献原件。

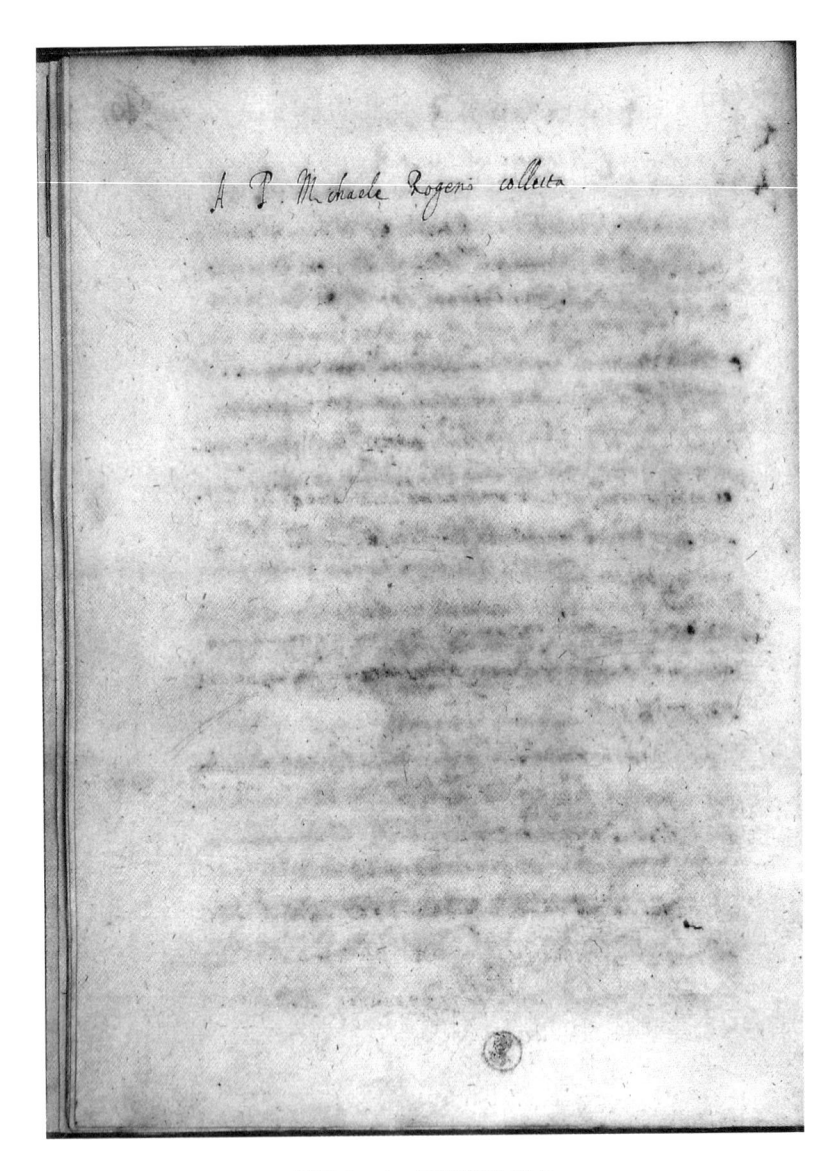

附图2—1 罗明坚的签名

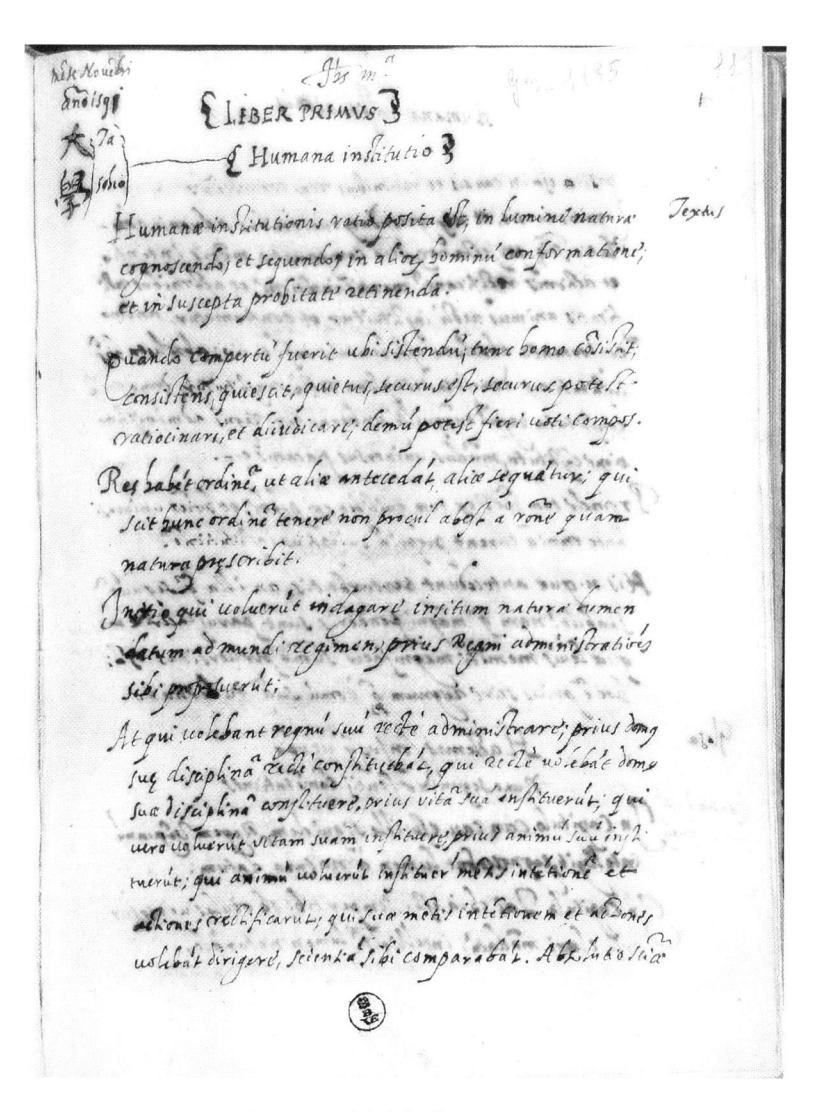

附录二 欧洲第一部拉丁文手稿《四书》的历史命运 / 261

附图 2—2 《大学》拉丁文翻译首页

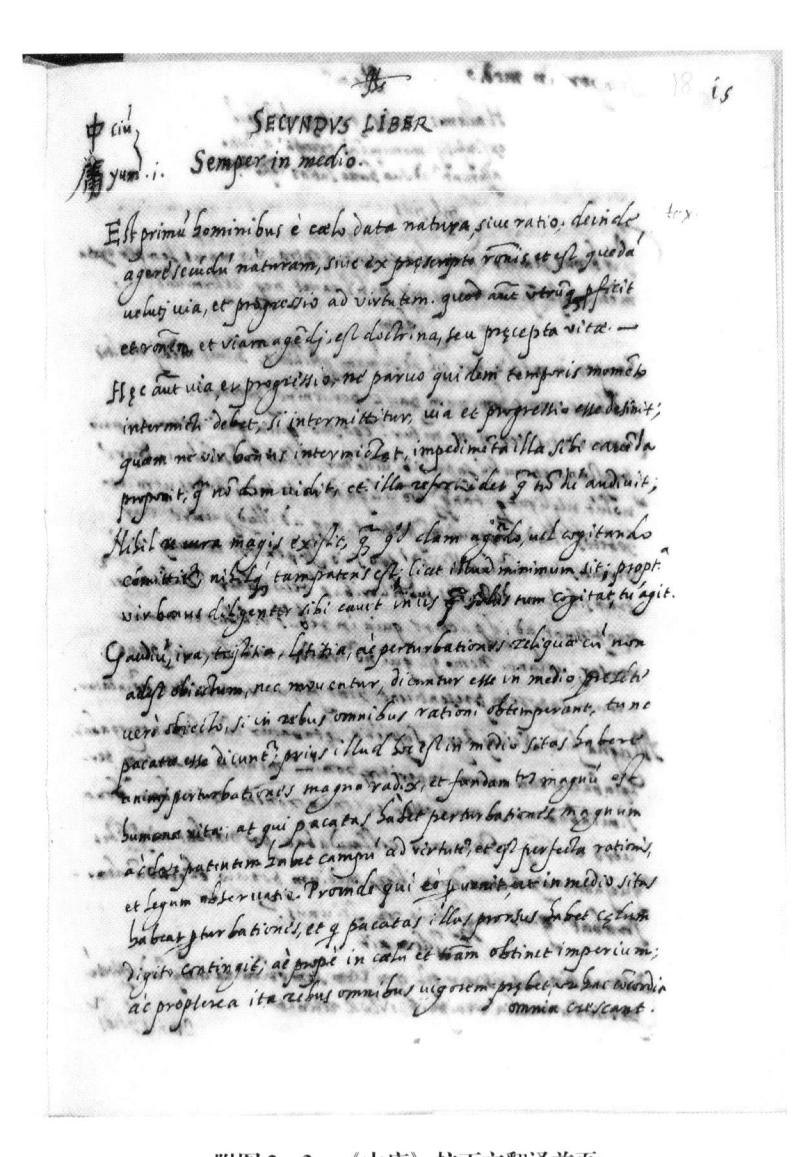

附图 2—3 《中庸》拉丁文翻译首页

附图2—4 《论语》拉丁文翻译首页

附图 2—5 《孟子》拉丁文翻译首页

二

中国儒家经典第一次在欧洲的翻译出版是晚明来华耶稣会会士罗明坚完成的,[①] 儒家经典《四书》在欧洲的首次翻译出版是由比利时来华传教士柏应理所牵头的《中国哲学家孔子》。[②]

关于这份文献,德礼贤于1935年第一次阅读后在文献上留下了批注,他认为,除了文献中的《诸家名言汇编》是由罗明坚翻译的,其余均为利玛窦所译。因为"该译本提出了一种较罗明坚的学问更高的中国学,很有可能该译作的作者为利玛窦,而罗明坚只是抄写而已,同时也抄写了作品的日期"。这个结论留下的疑问是:文献首页的署名签字是罗明坚,字迹也是罗明坚,为何这份文献只是罗明坚抄写利玛窦的翻译稿呢?罗明坚作为作者为何不可能呢?近年来所发现的罗明坚的汉文诗歌表明,[③] 罗明坚的中文水平,对中国文化的理解并不比利玛窦差多少,两人难分伯仲。从文献的鉴定来说,署名和字迹是重要的凭证,这里已经有了罗明坚的签名和字迹,而没有利玛窦的签名和字迹,为何将其归于利玛窦呢?

在德礼贤1949年出版的《利玛窦史料》第一卷中,他改变了自己的看法。他在注释中对其手抄本内容进行描述后,这样写道:"该译本为罗明坚所做,他之所以未能像拉丁语教理问答手册一样出版是因为遭到了范礼安神父的强烈反对。范礼安在1596年12月16日给耶稣会会长的信中点明'罗明坚粗通汉语',而且说利玛窦当时不仅正在写作一部更好的教理问答手册,同时也正在翻译《四书》,其译作的大部分在1594年11

[①] 张西平:《西方汉学的奠基人罗明坚》,载《历史研究》2001年第3期。

[②] 梅谦立:《〈孔夫子〉:最初西文翻译的儒家经典》,载《中山大学学报》(社会科学版) 2008年第2期;梅谦立:《〈论语〉在西方的第一个译本(1687)》,载《中国哲学史》2011年第4期;罗莹:《〈中国哲学家孔子〉成书过程刍议》,《北京行政学院学报》2012年第1期。

[③] 陈纶绪(Albert. Chan, S. I.):《罗明坚和他的中文诗歌》(Michele Ruggieri, S. J. (1543—1607) and His Chinese Poems),《华裔学志》(Monumenta Serica),第41卷,1993年,第135页;张西平:《欧洲早期汉学史:中西文化交流与西方汉学的兴起》,中华书局2010年版,第58—66页。

月 15 日或 16 日前已给他看过。"① 在同一卷的另一注释中，德礼贤写道，罗明坚在 1591—1592 年修改并润色了当时在中国完成的《四书》拉丁语译本。②

意大利学者达仁利认为此手稿不是罗明坚所作，而是利玛窦所作。如何回答当代意大利学者达仁利的质疑呢？近期我们找到罗明坚作为该文献的作者另一个重要的文献证据，这就是，在罗明坚返回欧洲后，在波赛维诺的最重要的著作百科全书式的《历史、科学、救世研讨丛书选编》(*Bibliotheca Selecta qua agitur de ratione studiorum in historia, in disciplinis, in Salute omniun procuranda. Roma* 1593) 一书中发表了《大学》部分译文，这是儒家经典第一次被翻译成欧洲语言。我们找到罗明坚的这篇译文，将其与德礼贤发现的《四书》手稿中的《大学》译文对照，文字基本相同，只是个别拼写略有不同。③

罗明坚在《历史、科学、救世研讨丛书选编》一书中对《大学》的拉丁文翻译部分译文如下：④

Humanae institutionis ratio posita est in lumine naturae cognoscendo, et sequendo, in aliorum hominum conformatione, et in suscepta probitate retinenda. Quando autem compertum fuerit ubi sistendum est, tunc homo consistit, consistens quiescit, quietus securus est, securus potest ratiocinari, et diiudicare, demum potest fieri voti compos. Res habent ordinem, ut aliae antecedant, aliae sequantur. Qui scit hunc ordinem tenere, non procul abest a ratione, quam natura praescribit. Principio, Bibliotheca Selecta qua agitur de rati-

---

① 《利玛窦史料》第 1 册，第 43 页 [*Fonti Ricciane: documenti originali concernenti Matteo Ricci e la storia delle prime relazioni tra l'Europa e la Cina* (1579 – 1615). Editi e commentati da Pasquale M. d'Elia, S. I. Roma: La Libreria dello Stato, 1942 – 1949]。

② 《利玛窦史料》(Fonti Ricciane)，第 148 页，注释 2："1591 至 1592 年罗明坚校对了在中国完成的四书拉丁文翻译 (2543 号)。如果这本译作以及《教理问答手册》没有出版，那是因为范礼安的强烈反对。"

③ 麦克雷：《波塞维诺〈丛书选编〉(1593) 中的中国》，陆杏翻译，载张西平、顾钧主编《比较文学和跨文化研究》第一辑，华东师范大学出版社 2014 年版。感谢麦克雷教授提供给笔者有关罗明坚《四书》拉丁文手稿的转写稿。

④ 张西平：《西方汉学的奠基人罗明坚》。

附录二　欧洲第一部拉丁文手稿《四书》的历史命运　／　267

one studiorum in historia, in disciplinis, in Salute omniun procuranda. Roma 1593 administrarunt; domum suam recte administrare qui voluerunt, semetipsos ex rationis praeceptis formarunt; qui vitam suam penitus cum ratione consentire cupiverunt, eius, quod intimum esset, cordis scilicet, et mentis statum summo studio direxerunt : qui cor quaesiverunt ab omni labe facere alienum, eius cupiditatem, et studium aliquod vel amplectendi, vel fugiendi ordinarunt ; hoc vero ut praestarent, cuiusque rei caussas, et naturas noscere studuerunt。[①]

藏在意大利国家图书馆的罗明坚所翻译《大学》的部分手稿如下：[②]

Humanae institutionis ratio posita est, in lumine natura cognoscendo et sequendo in aliorum hominum conformationem, et in suscepta probitate retinenda. Quando compertum fuerit ubi sistendum est, tunc homo consistit, consistens quiescit; quietus securus est; securus potest ratiocinari et diiudicare, demum potest fieri voti compos. Res habent ordinem, ut aliae antecedant, aliae sequantur: qui scit hunc ordinem tenere non procul abest a ratione quam natura prescribit. Initio qui voluerunt indagare insitum natura lumen, datum ad mundi regimen, prius regni administrationes sibi proposuerunt. At qui volebant regnum suum recte administrare; prius domum suam disciplina recte constituebant, qui recte volebant domum suam disciplina constituere, prius vitam suam instituerunt, qui vero voluerunt vitam suam instituere, prius animum suum instituerunt; qui animum voluerunt instituere mentis intentionem et actiones rectificarunt, qui sua mentis intentionem et actiones volebat dirigere, scientia sibi

---

[①] 这是伦贝克教授转写的 "Bibliotheca Selecta" 的拉丁文翻译；伦贝克（K. Lundbaek）：《在欧洲首次翻译的儒家经典著作》（*The First Translation from a Confucian Classic in Europe*），China Mission studies（1550—1800）Bulletin, 1979, pp. 1 – 11，参阅《北堂书目》734 页第 2054 号著作第 583 页的《大学》。

[②] 近期我与麦克雷教授一起在做罗明坚《四书》翻译的研究，我提出是否可以将罗明坚第一个《大学》片段的译文和意大利国家图书馆的《大学》译文手稿展开对照，以确定两者之间的联系。我们将两个译文做了对照，发现了文字的一致性。参阅麦克雷教授（Michele Ferrero）《波塞维诺〈丛书选编〉（1593）中的中国》 [*China in the Bibliotheca Selecta of Antonio Possevino* (1593)] 一文（抽样本）。

comparabant.

Absolutio scientiae

通过对比我们看到，在《历史、科学、救世研讨丛书选编》书中第583页的《大学》翻译和在罗马国家图书馆所发现的，我们现在所讨论的这份《四书》中的《大学》译稿的拉丁文手稿的翻译基本相同，这是一个有力的证明。

我们总结一下这份文献的作者应该归属罗明坚的证据：

1. 文献的署名是罗明坚，字迹是罗明坚的而不是利玛窦或其他人的；
2. 文献中的《诸家名言汇编》白纸黑字写的是罗明坚翻译；
3. 文献中的《大学》中的一段文字和罗明坚已经公开发表的《大学》一段文字完全相同，只是个别词有变化。

作为研究利玛窦手稿的大家，德礼贤认为这份文献的作者是罗明坚。尽管这仅是个人意见，但仍应给予重视。当然，目前学术界也有不同意见，有些学者认为这份文献虽然是罗明坚署名，但他也只是一个抄手，而不是译者。这个观点的主要代表学者是意大利亚非学院图书馆馆长达仁利，他说："罗明坚除了自称自己是将《诸家名言汇编》由中文译为拉丁文、字面直译的作者外，我们不妨假设，他还是手稿FG（3314）1185剩余部分《四书》拉丁语译本的抄写者和收藏者。我们所讨论的该手稿，从他的材料编制上看，很可能是在后来抄写的……倘若说罗明坚仅仅是抄写者或FG（3314）1185手稿一至三部分、第五部分的搜集者，我们就有理由说作者是利玛窦。"[①]

达仁利先生这样分析时，尚未对两个《大学》的拉丁文具体译文进行对比，因此，他的意见仍是历史学的分析，缺乏坚实的文献证明。现在我们对两个译本的对照分析，我们有理由相信，藏在意大利国家图书馆的这份《四书》翻译手稿的作者应该归属罗明坚，而不是利玛窦。意大利汉学家德礼贤的开创性研究应该得到尊重，我们这里的对比译文研

[①] ［意］达仁利：《利玛窦与〈四书〉拉丁语译本以新方法进行历史编纂学的探究》，第163—175页。

究进一步证实了德礼贤先生的结论是正确的。[①]

从中国古代文化典籍的翻译和西传来看，罗明坚以拉丁文所翻译的《四书》具有重要的学术价值，[②] 如果说他的《大学》部分章节的发表开启了中国古代文化典籍西译之先河，那么，这部《四书》译稿则是在中国文化西传史上值得大书特书的成就。[③]

三

如果这份重要的《四书》拉丁文译稿为罗明坚所作，那么为何在欧洲没有出版呢？这是我们要回到第二个问题。

罗明坚在波赛维诺的书中只发表了其译稿的一小部分，将其《大学》翻译的一段发表。他所翻译的《四书》的全部拉丁文原稿现仍保存于罗马的意大利国家图书馆中。[④] 之后，德礼贤在他所编辑出版的那本著名的《利玛窦史料》(Fonti Ricciani Ⅰ - Ⅲ, Roma, 1942—1949) 第一卷第43页的注释中，详细描写了这部原稿的尺寸、页码等情况。罗明坚的这部重要译著之所以没有全部出版，按照鲁尔（Paul A. Rule）先生的考证，这和范礼安的态度有关。当时范礼安之所以让罗明坚返回欧洲，一方面上是让他晋见西班牙国王菲力普二世（1556—1598年在位，自1580年任兼葡萄牙国王）和教皇，希望他们派使节来中国，以便和中国建立正式的关系；另一方面则是因为罗明坚那时已经45岁，他已不可能很好地学习中文，因而不可能很好地执行他所制定的"适应政策"。范礼安在给耶稣会会长的信中很清楚地说明了这一点，他说罗明坚神父在中国传教十

---

① ［意］达仁利：《利玛窦与〈四书〉拉丁语译本以新方法进行历史编纂学的探究》，第163—175页。在这里感谢麦克雷教授与我的合作，正是我们的共同合作，我们解决了这个问题。

② 罗莹已经对罗明坚的《中庸》翻译进行了深入研究，参阅罗莹《耶稣会士罗明坚〈中庸〉拉丁文译本手稿初探》，《道风：基督教文化评论》第42期，2015年春。

③ 目前，这个文献的研究仅仅有中外少数学者在进行，北外海外汉学研究中心已经将整理的这份手稿作为将来《罗明坚文集》的重要内容。利玛窦在书信中多次说过他翻译了《四书》，但至今未见到原稿，寻找利玛窦的《四书》译稿仍是学术界的一项重要任务。

④ K. Lundbaek, *The First Translation from a Confucian Classic in Europe*, in: *China Mission Studies* (1500—1800), Bulletin 1. 1977, 注释2。

分辛苦,"现在派他回欧洲,有足够的理由使他得以休息。在他这样大的年龄,担子已经十分沉重,他在外旅行已很久了。所以,应该让他回去休息。此外,他的中文发音并不很好,当然,当他重返欧洲时,年轻的神父们会谅解他。但在东亚的传教活动中并不需要太老的人……他在这次传教中已经做得很好了"。[1]

实际上,当罗明坚译《四书》时,利玛窦按照范礼安的要求在中国的肇庆也做着同样的工作,利玛窦估计是得知罗明坚在翻译《四书》的,他在1593年12月10日给总会长阿桂委瓦（Claudio Acquaviva, 1543—1615）神父的信中,表达了一种对罗明坚不太信任的态度,他这样说道:"今年我们都在研究中文,是我念给目前已去世的石方西神父听,即《四书》,是一本良好的伦理集成,今天视察员神父要我把《四书》译成拉丁文,此外再编一本新的要理问答（按即后来著名的《天主实义》）。这应当用中文撰写;我们原本有一本（指罗明坚神父所编译的）,但成绩不太理想。此外翻译四书,必须加写短短的注释,以便所言更加清楚。托天主的帮忙,我译妥三本。第四本正在翻译中……在翻译妥后,我将寄给视察员神父,如不错,明年就会寄给你。"[2]

这里虽然未点出罗明坚的名字,但两处暗含着对罗明坚的批评。一处是说他要再编一本新的要理问答,因为过去的写得不好,"成绩不太理想"。这显然是说罗明坚的那本《天主圣教实录》已经不行了;第二处说"翻译四书,必须加写短短的注释,以便所言更加清楚",这里暗含着翻译《四书》是要求很高的中文水平的,也要有一些注释性的材料。[3] 显然,利玛窦认为在中国做,肯定比在欧洲做要强得多。言外之意就是罗明坚在欧洲做《四书》翻译恐怕不行。三年后,当他听说罗明坚也在欧洲翻译《四书》时,便在1596年12月写给总会长的信中明确地说:"罗

---

[1] 转引自 Paul A. Rule, *Kung-tzu or Confucius? the Jesuit interpretation of Confucianism.* Sydney, Allen & Unwin, 1986, p. 7。

[2] ［意］利玛窦:《利玛窦全集》卷3,《利玛窦书信集》上,罗渔译,台湾光启出版社1986年版,第135页。

[3] 由德礼贤所发现的诸部《四书》拉丁文译稿,没有注释,只是译文,从这个角度看,这个译本也不是利玛窦所做。

明坚的译文并不太好，因为他只认识很少的中国字。"① 这里利玛窦已经在直接指责罗明坚了。利玛窦晚年对罗明坚的评价和他年轻时的评价有所变化，对罗明坚也不再像早年那样尊重了。② 作为一个后来者，罗明坚是他的前辈，利玛窦这样说表明了他的心胸不够开阔。当然，人非圣贤，孰能无过。利玛窦的这个态度也是可以理解的，但在以往研究中将利玛窦过分神话的做法可以终止了。③

范礼安是罗明坚《四书》出版的主要反对者，范礼安在1596年12月16日给耶稣会会长的信中点明"罗明坚粗通汉语"，而且说利玛窦当时不仅正在写作一部更好的教理问答手册，同时也正在翻译《四书》，其译作的大部分在1594年11月15日或16日前已给他看过。④ 1596年，当得知罗明坚在意大利完成了《四书》翻译并且希望此书出版后，范礼安极力反对，他坚决地建议会长制止罗明坚的举动，说："无论如何，不能出版那本书，因为罗明坚做不好，他知之甚少，连中国话都说不标准。"⑤ "因为不会是个好译本，罗明坚神父仅粗通汉语而已"，尽管会长"在意大利时曾认为罗明坚神父通晓汉语"。范礼安要求"千万不要在现在出版这本书"。⑥

德礼贤多次强调了自己的观点，认为这份文献是罗明坚所作。他找到了范礼安的通信，用事实证明了范礼安对罗明坚的压制，用事实说明了这份文献的真相。⑦ 德礼贤的这个观点目前得到了大多数学者的认同。

---

① 参阅 Valignano, Lettera to Aquaviva 1596, Fonti Ricciane Ⅰ, p. 250.
② 参阅宋黎明《中国地图：罗明坚和利玛窦》，《北京行政学院学报》2013年第3期。
③ 据有关学者查阅，至今在耶稣会的档案中没有利玛窦的《四书》的拉丁文手稿，当然这个问题仍待进一步落实。
④ 《利玛窦史料》第1册，第43页。
⑤ 范礼安：《1596年写给阿圭委瓦的信》，《利玛窦史料》第1册，第250页。
⑥ 《利玛窦史料》第1册，第250页，注释2："同样，他反对罗明坚的拉丁文《教理问答手册》。于是两本都一直是藏于罗马·伊曼努尔图书馆的手稿。"
⑦ 范礼安强将罗明坚送回欧洲，交给罗明坚的任务是组织教廷的访华使团，但在教廷给大明皇帝的国书中访华团成员中无罗明坚，这的确使人不解。宋黎明认为这实际是一个"阴谋"。参阅宋黎明《神父的新装：利玛窦神父在中国（1582—1610）》，南京大学出版社2012年版，第49—54页。

如 Joseph Shih S. J. 的《罗明坚神父和在中国的传教事业》,[①] 已故丹麦汉学家伦贝克（K. Lundbaek）的那篇著名的《在欧洲首次翻译的儒家经典著作》论文[②]，孟德卫（D. E. Mengello）的《奇异的国度：耶稣会适应政策及汉学的起源》（Curious Land: Jesuit Accommodation and the Origins of Sinology），[③] 还有近来的陈纶绪（Albert Chan, S. J.）的关于罗明坚诗歌的研究中[④]，在 E. Lo Sardo、J. Sebes S. J.、J. López Gay S. J. 等不少人的研究中大体持这个观点。

所以，鲁尔先生认为罗明坚的《四书》译本之所以未能在欧洲全部出版"主要是来自传教士内部的意见"，部分的是因为利玛窦的反对，从深层来说，罗明坚被召回欧洲主要是因为他和利玛窦在传教策略上有着分歧。[⑤] 具体来说，罗明坚的反对者主要是范礼安。范礼安不仅对日本的天主教史产生了重要的影响，对中国天主教史的发展也产生了决定性的影响。[⑥] 现在是真相大白的时候了，德利贤的研究和我们最近的研究证明了这部《四书》的第一份译稿是罗明坚所作的，所以未能在欧洲及时出版是因为耶稣会内部范礼安的反对。[⑦]

（原载香港《道风：基督教文化评论》2017 年第 47 期）

[①] J. Shih, S. I.：《罗明坚神父和在中国的传教事业》（Le Père Ruggieri et le problème de l'évangelisation en Chine, Roma），1964, pp. 52, 74, nb. 8。

[②] 伦贝克（K. Lundbaek）：《在欧洲首次翻译的儒家经典著作》The First Translation from a Confucian Classic in Europe, China Mission Studies（1550—1800），pp. 1 – 11。

[③] ［美］孟德卫：《奇异的国度：耶稣会适应政策及汉学的起源》，陈怡译，大象出版社 2010 年版，第 270 页。

[④] ［美］陈纶绪：《罗明坚和他的中文诗歌》，《华裔学志》（Monumenta Serica），XLI，1993，p. 135。

[⑤] 参阅 Paul A. Rule, Kung-tzu or Confucius? The Jesuit interpretation of Confucianism. p. 7。

[⑥] 关于范礼安的研究参见戚印平《日本耶稣会史》，商务印书馆 2003 年版；戚印平《远东耶稣会史》，中华书局 2007 年版。

[⑦] 本文在写作中得到麦克雷教授、金国平教授以及罗莹博士、蒋薇博士、孙双老师等人的帮助，在此表示感谢。

附录三

利玛窦儒学观的困境与张力

晚清之前基督教三度入华，唐代景教、元代天主教①和明末入华的天主教。②三次入华中最为成功地建构起中国文化和基督宗教文化之间关系的是以利玛窦为代表的耶稣会入华，利玛窦所开启的合儒路线不仅在明清之际产生了重大的影响，③而且对晚清乃至今天的基督宗教在中国的发展都有着重要的影响，同时，利玛窦的合儒适应政策也是西方文化中最重要的文化遗产，特别是在今天这个中国重新回到世界舞台中心的时刻，如何认识一个文明的中国，汲取利玛窦儒学观的合理性，总结其理论上的内在困境，对西方思想文化界来说是十分重要的。

一 利玛窦关于儒家非宗教性的论述及其评判

1. 利玛窦关于儒家的非宗教性论述

利玛窦从自身宗教的体会，把儒家列为中国的三种宗教之一，并列

---

① 唐晓峰：《元代基督教研究》，科学出版社2015年版。
② 冯尔康：《尝新集：康雍乾三帝与天主教在中国》，天津古籍出版社2017年版；金国平、吴志良：《镜海缥缈》，澳门成人出版社2001年版；金国平、吴志良：《过十字门》，澳门成人出版社2004年版。
③ 林金水：《利玛窦与中国》，中国社会学科出版社1996年版；张错：《利玛窦入华及其他》，香港城市大学出版社2002年版；宋黎明：《神父的新装：利玛窦在中国》，南京大学出版社2011年版；夏伯嘉：《利玛窦：紫禁城里的耶稣会士》，上海古籍出版社2012年版；张西平：《欧洲早期汉学史：中西文化交流与西方汉学的兴起》，中华书局2009年版；张西平《交错的文化史：早期传教士汉学研究史稿》，学苑出版社2017年版；[美]柏理安：《东方之旅》，毛瑞方译，江苏人民出版社2017年版。

举出儒家作为一个宗教的宗教特征。偶像崇拜是宗教的基本特征,而利玛窦认为,儒家虽然没有偶像崇拜,但有自己敬拜的神灵。儒家不设偶像,只拜天和地,或皇天上帝。他们也敬拜其他神明,但他们未赋予这些神明如天帝那样的神能。①

世界的来源和宗教的惩戒是任何一个严格的宗教都要讨论的问题,不同的答案,体现了不同宗教所代表的不同文明早期对世界的认识。利玛窦认为,儒家虽然不讲创世,虽然也讲报应和惩戒,但重点是现世。

真正的儒家从来不提及世界是何时创造的,也不提是由谁创造的,更不谈世界的起源是什么样的。我之所以强调真正的儒家,是因为一些无名儒者极尽妄想之能事,牵强附会,但毕竟其影响微不足道。

儒家教义认为,好人和坏人都会得到上天相应的奖惩,但他们考虑最多的还是现世,相信这些报应会应验在行善或作恶者本人身上,或是体现在他们后代的身上。②

来世与灵魂是基督教神学的基本内容,利玛窦看到中国是讲灵魂的,但又没有天堂、地狱和来世。对于灵魂不灭的说法,中国的古人似乎不抱任何怀疑态度,甚至认为人死后仍能在天上存活许多年,但他们未提及什么人该下地狱。现在的人都认为,人死后灵魂将彻底消失,不相信

---

① [意]利玛窦:《耶稣会与天主教进入中国史》,文铮译,商务印书馆2014年版。目前国内利玛窦的这部著作有两个译本,一个是何高济等从英文版翻译过来的《利玛窦中国札记》(中华书局1983年版),一个是文铮翻译的《耶稣会与天主教进入中国》(商务印书馆2014年版)。利玛窦原书是用意大利文写的,后被他的同僚金尼阁译为拉丁文首先出版,中华书局的中文版是依据英文从拉丁文转译的本子翻译的,商务印书馆的中文版是直接从意大利文版翻译的。因此,这两个本子差异很大。在这里我将所有商务版的引文都同时将中华版的译文作为附录放在注释中,使读者看到两个本子的差异。"他们不相信偶像崇拜。事实上,他们并没有偶像。然而,相信有一位神在维护着和管理着世上的一切事物。他们也承认别的鬼神,但这些鬼神的统治权要有限得多,所受到的尊敬也差得多。"

② [意]利玛窦:《耶稣会与天主教进入中国史》,文铮译,商务印书馆2014年版,第69页。"真正的儒家并不教导人们世界是什么时候、以什么方式以及由谁所创造的。我们用了'真正的'或者'真'这个词,是因为他们中间有些不那么著名的人会解释梦,但他们大部分是谈一些细琐的和不大可能发生的事,所以人们并不很相信他们。他们的信条包括有一种善有善报、恶有恶报的学说,但他们似乎只把报应局限于现世,而且只适用于干坏事的人并按他们的功过及于其子孙。"

在另一个世界中会有什么天堂和地狱。①

祭祀是基督教的重要宗教活动，而教堂与神父则是支撑信徒进行信仰活动的基本保证。利玛窦看到，儒家既无"教堂"也无专职的"神职人员"。虽然儒家承认天帝之名，但不为其修建庙宇，也没有一个祭拜的地方，所以也就没有"祭司"，没有"神职人员"，更没有供大家观看的庄严仪式以及需要遵守的清规戒律，甚至他们都没有一位高级"教士"负责宣布、解释其教义，惩治与违反教义的人。因此，儒家无论是集体还是个人都从不念诵经文。②

在利玛窦看来，儒家自己特色鲜明的活动是祭祖和祭孔。儒家的这两项祭祀活动很隆重，表达了他们对祖先和圣贤的敬意和敬重，但同时在这种活动中又包含了现世的关怀。所以，他更认为这是风俗，属于一种民间世俗性活动。

上至皇帝，下至平民百姓，儒家最隆重的活动是每年在一些固定的时间里祭奉逝去的祖先，为他们供奉肉食、水果、香烛、绸绢（穷人们则用纸代替）。他们认为这是对祖先的敬意，所谓"事死如事生"。他们并不认为死者会享用或需要上述这些东西，但他们仍会这样做，这是因为不知道还有什么别的方法能表达他们对祖先的热爱和感激。还有一些人告诉我们，举行这种仪式与其说是为了死者，不如说是为了生者，也就是说，教导他们的子孙和那些无知的人尊敬、赡养他们在世的父母，让世人看到那些大人物们侍奉他们去世的祖先，仍像祖先们在世的时候一样。但不管怎样，中国人并不认为这些逝去的人就是神，不会向逝者们祈求什么。也不指望先人们为他们做什么，这完全不同于任何的偶像

---

① 商务印书馆本，第69页。"古代人似乎不大怀疑灵魂不朽，因为人死之后的很长一段时期，他们还常常谈到死去的人，说他上了天。但是，他们根本不谈论恶人在地狱受惩罚的事。较晚近的儒家则教导说，人的肉体一死，灵魂也就不复存在，或者只再存在一个很短的时间。因此，他们不提天堂或地狱。"

② 商务印书馆本，第70页。"虽然这些被称为儒家的人的确承认有一位最高的神祇，他们却并不建造崇奉他的圣殿。没有专门用来崇拜这位神的地方，因此也没有僧侣或祭司来主持祭祀。我们没有发现大家都必须遵守的任何特殊礼仪，或必须遵循的戒律，或任何最高的权威来解释或颁布教规以及惩罚破坏有关至高存在者的教规的人。也没有任何念或唱的公众或私人的祷词或颂歌用来崇拜这位最高的神祇。"

崇拜，或许还可以说这根本不是迷信。①

儒家自己的庙宇是孔庙，依照法律，在每座城市里都要设立，地点就在学宫内，其建筑非常华丽，掌管秀才的官员的衙门与其毗邻。在孔庙中最显著的位置设有孔子的塑像，或者是一块精制的牌位，上面用金字写着他的名字，两侧是他的七十二位弟子的塑像或牌位，这些弟子也被视为圣贤。在孔庙，每月的初一和十五，全城的官员和秀才都要来向孔子行跪拜大礼，点燃蜡烛，再隆重地向他祭奉牺牲和其他食物，感谢他在其著作中为后人留下的训诫，而通过对这些训诫的学习，人们可以获得官职与功名。他们既不念诵经文，也不向孔子祈求什么，就像祭祖时一样。②

任何宗教都要有自己的教义，对神灵的崇拜，对教规的规定。教义体现了每一个宗教信仰的核心。利玛窦在儒家的"教义"中看到了在伦理上与基督教的相似性。

在利玛窦看来，儒家教义的宗旨是国泰民安，家庭和睦，人人安分守己。在这些方面他们的主张相当正确，完全符合自然的理性和天主教的真理。他们相当重视"五伦"，他们说这是人类所共有的，即父子、夫妻、君臣、兄弟以及朋友之间的关系。他们认为外国人都不重视这些关系。在儒家所有的著作中，都非常明确地指出关于"仁"的理论，即无论何事，凡你们愿意别人为你们做的，你们也该为别人做。他们还尤为

---

① 商务印书馆本，第70—71页。"信奉儒教的人，上至皇帝下至最低阶层，最普遍举行的是我们所描述过的每年祭祀亡灵的仪式。据他们自己说，他们认为这种仪式是向已故的祖先表示崇敬，正如在祖先生前要受崇敬一样。他们并不真正相信死者确实需要摆在他们墓前的供品；但是他们说他们之所以遵守这个摆供的习俗，是因为这似乎是对他们已故的亲人表示自己的深情的最好的办法。的确，很多人都断言这种礼仪的最初创立与其说是为了死者，倒不如说是为了生者的好处。他们这样做是希望孩子们以及没有读过书的成年人，看到受过教育的名流对于死去的父母都如此崇敬，就也能学会尊敬和供养自己在世的父母。这种在死者墓前上供的做法似乎不能被指责为渎神，而且也许并不带有迷信的色彩。因为他们在任何方面都不把自己的祖先当作神，也并不向祖先乞求什么或希望得到什么。"（中华书局本，第103页）

② 商务印书馆本，第71页。"孔庙实际是儒教上层文人唯一的庙宇。法律规定在每座城市并且是该城中被认为是文化中心的城市都建造一座中国哲学家之王的庙宇。这种庙修得十分华美，与它相邻的就是专管已获得初等学位的大臣的学宫。庙中最突出的位置供奉着孔子的塑像。如果不是塑像，则供奉一块用巨大的金字书写着孔子名讳的牌位。在旁边还供奉着孔子某些弟子的塑像。中国人也把他们奉为圣人，只是要低一等。"（中华书局本，第103页）

重视子女对父母的尊重和臣民对上级的忠诚。①

利玛窦不仅仅是基督教教义立场来审视儒家是否是宗教，同时，他也在将儒家与佛教、道教进行对比过程中发现儒家的特质是与佛教和道教完全不同的。对于儒教对待佛、道二教的关系，利玛窦写道：

> 他们既不禁止也不规定人们对于来世应该信仰什么，所以属于这一社会等级的很多人都把另两种教派和他们自己的教派合而为一。他们确实相信，如果他们容忍谬误并且不公开摒弃或非难虚伪的话，他们所信奉的就是一种高级形式的宗教了。儒家不承认自己属于一个教派，他们宣称他们这个阶层或社会集团倒更是一个学术团体，为了恰当地治理国家和国家的普遍利益而组织起来的。②

利玛窦按照宗教的基本特征逐一考察了儒学后，他发现儒学一方面具有某些宗教的特征，有其宗教性，但另一方面，儒学又和他所理解的宗教有着很大的不同，有着自己的特点。他清楚地认识到儒家在中国的社会地位，也看到孔子在中国的崇高地位。

"儒家在中国固有的，因此，无论是过去还是如今，政权一直掌握在儒家手中，而儒家也是最兴盛、典籍最多、最受青睐的宗教……其经典的作者或创始人和教主是孔夫子。"③ 虽然从他的宗教立场上看，孔子好像是个教主，但同时，利玛窦也很清楚地看到，孔子和所谓宗教领袖完

---

① 商务印书馆本，第71页。"儒家这一教派的最终目的和总的意图是国内的太平和秩序。他们也期待家庭的经济安全和个人的道德修养。他们所阐述的箴言确实都是指导人们达到这些目的的，完全符合良心的光明与基督教的真理。他们利用五对不同的组合来构成人与人的全部关系，即父子、夫妇、主仆、兄弟以及朋友五种关系。按照他们的信念，只有他们才知道如何尊重这些关系，而外国人则被认为对此是全然无知的，或者即使知道也全不注意。他们不赞成独身而允许多妻制。他们的著作详尽地解说了仁爱登的第二诫：'己所不欲，勿施于人。'他们十分重视子女尊敬和顺从父母，奴仆对主人忠诚，青年人效忠长辈。这一点确实是引人注目的。"（中华书局版，第104页）
② 《利玛窦中国札记》，广西师范大学出版社2001年版，第72页。
③ [意] 利玛窦：《耶稣会与天主教进入中国史》，文铮译，商务印书馆2014年版，第69页。

全不是一回事。

> 中国最大的哲学家莫过于孔子，他生于公元前551年，享年七十余岁，一生授人以言行与文辞，人们都把他视为世间至圣至贤的人，旷古未有，因此非常受人尊敬。说实话，他所立之言与他合乎自然的生活方式绝不逊色于我们的先贤，甚至还超过了我们很多古人。故此，没有一个读书人不把他的言行和著作视为金科玉律。直至今日，所有的帝王依然尊崇孔子并感激他留给后人的治世学说。在以往的几个世纪里，他的后代子孙一直受人尊重，帝王赐予其族长高官厚禄和世袭的爵位。除此之外，在每个城市和学宫里都有一座规模宏大的孔庙，庙内立有孔子塑像和牌位，以供读书人依古法举行祭孔仪式……但他们并不把孔子视为神祇，也不向他乞求什么。所以祭孔不能被视为真正的祭祀活动。①

如何认识中国社会，利玛窦也经历了一个很长的时间，大约经过了十三年时间，他才脱下佛教的僧袍，戴上了儒冠。经过了在中国的实际生活，他认识到儒家在中国社会中的地位，认识到中国是一个信奉儒家的国家，以及儒家的复杂性和多元性，他得出的最终结论是：

"中国人并不认为这些逝去的人就是神，不向逝者们祈求什么，也不指望先人们为他们做什么，这完全不同于任何的偶像崇拜，或许还可以说这根本不是迷信。"②

这样一来，中国人的祭祀活动只应被看作一种习俗。儒家的精神领袖孔夫子并不是一位宗教领袖，而只是一位哲学家。

在利玛窦看来，祭孔并不是一种宗教活动，而只是中国的一种文化习俗。结论很清楚："儒家并非一个固定的宗教，只是一种独立的学派，

---

① [意]利玛窦：《耶稣会与天主教进入中国史》，文铮译，商务印书馆2014年版，第22页。

② 同上书，第70—71页。

是为良好地治理国家而开创的。"①

2. 利玛窦儒家非宗教性评论

我们看到利玛窦对儒家的判断：他站在自己的宗教立场总结出了"儒家非宗教"这样一个极为重要的结论。应如何看待利玛窦对儒家的这一定性呢？

第一，利玛窦是站在基督教立场上对儒家的一种定性。

从上面利玛窦的论述中我们可以看到他是从基督教立场来逐一审判儒家的。② 因为基督教是一神崇拜的宗教，③ 而儒学中的圣人显然不是神，世界上有多种宗教形态，基督教只是其中一种。因此，他是从基督教的角度做出了这个判断。这个判断在来华传教士中引起了重大的争论，特别是耶稣会以外的方济各会（Ordo Fratrum Minorum）、道明会（Ordo Dominicanorum）那里引起了争论，这就是著名的礼仪之争。④ 在判断儒学的性质上，不同的天主教会产生了完全不同的认识：以利玛窦为代表的耶稣会认为，儒家不是宗教，而以道明会为代表的托钵休会认为，儒家是宗教。因此，关于儒家是宗教还是非宗教，首先，是在西方基督教阵营中的一种讨论。是西方文明遭遇东方文明时所产生的一种内部争论。利

---

① ［意］利玛窦：《耶稣会与天主教进入中国史》，文铮译，商务印书馆2014年版，第71页。

② "在我们欧洲所知道的所有异教民族中，我不知道还有哪个民族在宗教问题上出现的错误比上古的中国更少。因为我在他们的书中发现，他们一直崇拜一个最高的神，他们称之为'天帝'或'天地'，大概他们认为天与地是灵性之物，作为最高之神的灵魂，一同构成一个有机体。他们也崇拜山川河流及四方世界的保护神。""但由于人性的堕落，若他们得不到上天的助佑，则有每况愈下的危险，久而久之，这些可怜的人们便会一点一点地丧失往昔的光明，变得放浪不羁，为所欲为，无法无天，从而使那些现在摆脱偶像崇拜的人几乎全部进入了无神论的误区。"［意］利玛窦：《耶稣会与天主教进入中国史》，文铮译，商务印书馆2014年版，第67、68页。利玛窦的这段论述包含了大量基督教神哲学概念，像"天主""崇拜""灵魂""堕落""无神论"等，这说明了他论述中国宗教的出发点和宗教立场。

③ ［美］奥尔森：《基督教神学思想史》，吴瑞诚等译，北京大学出版社2003年版；［英］约翰·德雷恩：《旧约概论》，许一新译，北京大学出版社2004年版；［英］约翰·德雷恩：《新约概论》，胡青译，北京大学出版社2005年版；［德］汉斯·昆：《世界宗教寻踪》，杨煦生等译，生活·读书·新知三联书店2007年版。

④ ［美］苏尔·诺尔：《中国礼仪之争：西文文献一百篇（1645—1941）》，沈保义等译，上海古籍出版社2001年版；李天纲：《中国礼仪之争：历史、文献与意义》，上海古籍出版社1998年版。

玛窦这样的认识的出发点是为了更好地传教。他是站在基督教立场上来判断儒家文明的，就是西方天主教的"天主概念"，"其出发点暨根本观念在于，笃信'天主'或'上帝'乃是创世主、主宰者和救世主，并用西方中世纪经院哲学所形成的一神论思想体系来全面论证'天主'或'上帝'的神圣属性，诸如'天主''帝'唯一性、至高性、全能性、全知性和至善性，等等"①。

第二，利玛窦的儒家观忽略了儒家的宗教性特征。就孔子来说，他的学说主体是以世间生活伦理为主的学说，但孔子思想的宗教性仍是其重要的组成部分。这是儒家宗教观的特点。

在天人关系上，他承认："子有三畏，畏天命，畏大人，畏圣人之言。"（《论语·季氏》）"获罪于天，无所祷也。"（《论语·八佾》）"商闻之矣：'死生有命，富贵在天。'"（《论语·颜渊》）。这说明孔子并未和宗教思想完全决裂。有时，孔子的天是自然之天："天何言哉？四时行焉，百物生焉，天何言哉？"（《论语·阳货》），这里"天"被看作"自然之神，是人类尚无法认识、控制的各种异己力量的总和。孔子不强调天的意志性、情感性和神秘性，而是突出了'天命'的强制性、决定性色彩"②。如："道之将行也与？命也；道之将废也与？命也。"（《论语·宪问》）"不知命，无以为君子也。"（《论语·尧曰》）

尽管这样，孔子却并不是一个无神论者："季路问事鬼神。子曰：'未能事人，焉能事鬼？'曰：'敢问死？'曰：'未知生，焉知死？'"（《论语·先进》）"子不语怪、力、乱、神。"（《论语·述而》）

"敬鬼神，而远之。"这体现了孔子的宗教的双重性，即承认鬼神的存在，但不将命运寄托于鬼神。

在儒家后期的发展中，宗教性的色彩一直保存着，它时强时弱，但一直是儒家思想的一个维度。③

---

① 张志刚：《"宗教概念"的观念史考察：以利玛窦的中西宗教观为例》，《宗教与哲学》（第二辑）。
② 牟钟鉴、张践：《中国宗教通史》（上），中国社会科学出版社2007年版，第130页。
③ 单纯：《儒家思想的魅力》，中国社会出版社2011年版。

就此而言，利玛窦的确没有说清楚儒家的宗教性这一方面。①

第三，利玛窦的判断只是揭示了中国社会的主导方面，而没有把握中国社会的整体。

中国社会是一个复杂的多元体，儒家代表着中国文化的大传统，但在儒家之外还有这底层社会的小传统，这就是民间宗教信仰等传统形式。余英时借用了美国人类学家雷德菲尔德在其1956年出版的《农民社会和文化》（Peasant Society and Culure）一书中提出了"大传统"和"小传统"的概念来解释中国社会，他说："中国古代的大、小传统是一种双行道的关系。因此大传统一方面固然超越了小传统，另一方面则又包括了小传统。"② 余英时所说的"大传统"主要是儒家所代表的精英文化，小传统就是民间文化。

利玛窦在中国生活期间，明显地感受到儒家在中国社会生活中的地位，他写道：

标志着与西方一大差别而值得注意的一个重大事实是，他们全国都是由知识阶层，即一般叫作哲学家的人来治理的。井然有序地管理整个国家的责任完全交付给他们来掌握。③

在这里，利玛窦看到了儒家在中国社会生活中的地位，加上上面他对儒家宗教性的判断，应该说他的认识大体接近中国社会的重要特征，但他没有看到中国社会的民间文化在社会生活中的作用。与利玛窦相反，道明会的传教士们主要看到了中国社会的民间文化，而忽略了儒家在中国社会中的主导型作用。道明会从福建登陆中国大陆，在福建看到了大量的民间信仰，这使他们无法理解以利玛窦为代表的耶稣会的判断。④

---

① 李申选编：《儒教敬天说》，国际图书馆出版社2009年版；詹鄞鑫：《神灵与祭祀：中国传统宗教综论》，江苏古籍出版社1992年版；梁景之：《清代民间宗教与乡土社会》，社会科学出版社2004年版。

② 余英时：《士与中国文化》，上海世纪出版集团2003年版，第122页。

③ 《利玛窦中国札记》，第59页；第38页的译文："正如我前面提到的那样，整个国家都由文人治理，他们掌握着真实而神圣的权力，连将领和士兵也由他们支配。"

④ 张先清：《官府、宗族与天主教》，中华书局2009年版。

3. 利玛窦关于儒家非宗教性论述的影响

利玛窦的这个论断所引起的争论在西方社会产生了重要的影响，但在中国并无太大的反映，利玛窦的著作也并没有翻译成中文。但他是站在基督教立场来评判儒家的，这一点是明确的。从一个长时段来看，利玛窦对儒家的定性在历史上产生了影响。

美国汉学的奠基人卫三畏在其《中国总论》中写道：中国没有通常意义上的"宗教"一词。"教"字的意思是"教导"或"教义"，适用于所有具备信条、信念或仪式的派别和会社；祖先崇拜从来不称为"教"，因为每个人的家里都要遵行，就像服从双亲一样；这是义务，不是"教"。①

显然，卫三畏和利玛窦所持的看法大体相同。

关于儒家是否是宗教的问题引起中国思想文化界的关注，这是在晚清的时候。

从语言学上来讲，"宗教"这个词是外来词。尽管在《史记·游侠列传》中就有"鲁人皆以儒教"的说法，但这里的儒教之"教"只是指教化之"教"和宗教的"教"完全不同。用汉语的"宗教"这个双语词，来表达西方宗教学上 Religion 的概念，起源于日本。从语言学上这属于"借词"。正像中国近代有大量的西方词汇是从日本转译而来的一样，"宗教"这个词经过黄遵宪的《日本国志》而被引入中国。②

Religion 的拉丁文词根意为"联系"，是指人与神的沟通及因此形成的人与人之间的关系。黄遵宪所用的"宗教"概念，在国内相当长的时间内并未产生影响，真正把儒家是否是宗教的问题作为重大理论问题进行讨论的是康有为，他把西方的这个"宗教"概念直接套入中国。康有为遍访欧美各国，深刻感受到基督教在其国家发展的重大作用。"政令徒范其外，教化则入其中，故凡天下国之盛衰，必视其教之隆否。教隆，则风俗人心美，而君坐收其治；不隆，则风俗人心坏，而国亦从之。"③

---

① ［美］卫三畏：《中国总论》，陈俱译，陈绛校，上海古籍出版社 2005 年版，第 717 页。
② 关于"宗教"这一概念在中国的翻译，可以参看曾传辉《宗教概念之迻译与格义》，《世界宗教研究》2015 年第 5 期。
③ 黄明同等编：《康有为早期遗稿述评》，广州中山大学出版社 1998 年版，第 291 页。

他感受到基督教在教化民族，振兴国家方面的作用。"视彼教堂遍地，七日之中，君臣男女咸膜拜诵经，则彼教虽浅，而行之条理密，吾教虽精，而行之条理疏矣。"① 他的《孔子改制考》一书最为详细地表达了他将儒家变为孔教的思想。从康有为的孔教论可以看出，尽管他的出发点是为中国之富强，但在研究儒家思想时，他仍是以基督教为其理想的参照物，将其作为一个坐标来展开自己的思想。康有为努力把孔教变为"国教"，其目的则如梁启超所说："惧耶教之侵入，而思所以抵制之。"

新儒家在重新阐发儒家之当代意义时，也面临着这个问题，唐君毅说得很清楚："儒家之教包含宗教精神于其内，即承天道以极高明，而归极于立人道，以致广大，道中庸之人文精神所自生。故谓儒家是宗教者固非，而谓儒家反宗教，非宗教，无天无神无帝者尤非。儒家骨髓，实惟是上所谓融宗教于人文，合天人之道而知其同为仁道，乃以人承天，而使人知人德可同于天德，人性即天命，而皆至善，于人之仁心与善性，见天心神性之所存，人至诚而皆可成圣如神如帝之人文宗教也。"②

在一定意义上，唐君毅所说的"人文宗教"也就是现在一些人之所说"儒家"具有"宗教性"，而非"宗教"。如他所说的"人皆可成尧舜"，这在宗教学上是说不通的。他说的儒家这种人文宗教，实际上也就是一种精神。牟宗三则从正面论述儒家的宗教性。③ 李泽厚将儒家称为"一半哲学，一半宗教"，也是从宗教性上讲的。

近年来，儒教再次兴起，从学理角度展开研究的李申认为"儒教乃

---

① 康有为：《请商定教案法律折》，转引自马洪林《康有为评传》，南京大学出版社1998年版，第418页。
② 唐君毅：《中国文化之精神价值》，江苏教育出版社2006年版，第38页。
③ 郭齐勇将牟宗三的儒教观概括为："（一）儒教之所以为教，与其它宗教一样，还为民众开辟了'精神生活的途径'。它一方面指导人生，成就人格，调节个人内心世界，另一方面在客观层面担负着创造历史文化的责任，此与一切宗教无异。（二）儒教的特点，其注意力没有使客观的天道转为上帝，使其形式地站立起来，由之而展开其教义，也没有把主观呼求之情形式化为宗教仪式的祈祷；其重心与中心落在'人如何体现天道'上。因此，道德实践成为中心，视人生为成德过程，终极目的在成圣成贤。因此，就宗教之'事'方面看，儒学将宗教仪式转化为日常生活之礼乐，就宗教之'理'方面看，儒学有高度的宗教性，有极圆成的宗教精神。"参阅郭齐勇《当代新儒家对儒学宗教性问题的反思》，《中国哲学史》1999年第1期。

是中国夏商周三代已有的宗教经过儒家重新解释的产物"①。从思想文化角度加以阐述儒教，并直接介入当代中国文化建设的代表人物蒋庆说："十年前我也不认为儒教是宗教，当时只提儒学的宗教化而不提儒教。我与其他学者一样，也很忧虑提儒教有没有精神专制的问题。但是后来我慢慢发现，我们泛泛地提儒家文化，儒学不能涵盖，儒家不能涵盖，因为它是一种文明，要概括的话，只有儒教这个词。人类的所有文明形态都是以宗教来体现的，从这点来说，中华文明的形态肯定就是儒教。"②

蒋庆提出儒教时，仍是以当代基督教在中国的发展为背景来展开的，认为当代中国基督徒已近一亿人，"如果对这一趋势不能加以有效阻断而任其自然发展，今后中国的基督徒将超过中国人口的一半，中国就可能变为一个基督教国家，那时基督教文明就会取代中华文明入主中国。只有儒教重建的工作才能抗拒基督教在中国的扩张性传播，才能保住中国的文明自性，才能使中国永远是体现中华文明的'儒教中国'，避免民族文明沦落的悲哀"。③

如果我们从这样一个长时段的历史发展来看，利玛窦首次提出儒家不是宗教，这是一个直到今天仍在讨论的问题。可以说在利玛窦之前，中国自身没有这个问题，这是一个外来者对中国文明特质的判断。当代中国关于儒教的争论也是从利玛窦的这一论断出发，按照不同思路展开的。尽管，利玛窦这种儒家观的问题在于他是站在一种宗教的立场，或者说他是站在基督宗教的立场来看待儒家的，而且他对儒家是宗教这一理解的局限性也是很明显的。这点我们将在下面的研究中展开。但他所得出的这个论断开启了中西文化中对儒家学说宗教性的讨论，就此而言，利玛窦的这个论述在中外学术史上是具有重要价值的。一旦把利玛窦的这一论断放入一个长时段的思想文化史考察，就会看出利玛窦这一论断的内在张力。④

---

① 李申：《儒教简史》，广西师范大学出版社2013年版，第1页。
② 蒋庆：《以儒教文明回应西方文明》，《新京报》2005年12月21日C10版。
③ 周红：《儒学宗教性问题研究》，博士学位论文，黑龙江大学，2010年。
④ 牟钟鉴、张践：《中国宗教通史》，中国社会科学出版社2007年版；张践：《中国古代政教关系史》，中国社会科学出版社2012年版。

二 利玛窦对中国儒学发展分期的论述及其评判

1. 利玛窦关于儒家发展的论述

利玛窦在确定了儒家的宗教性质后，利玛窦又从学理上对儒学展开了较为深入的研究，从而得出了一个非常重要的结论，这就是儒家在其漫长的发展历史中发生了很大的变化，先秦上古的儒家是真正的儒家，而后儒，尤其是利玛窦生活时代的宋明理学背离了儒家的精神，并提出了"崇先儒而批后儒"的儒家政策。

在《天主实义》中，利玛窦在谈到儒家时说："中国尧舜之氓。周公仲尼之徒，天理天学，必不能移而染。"[1]

> 中士曰：吾儒言太极者，是乎？
> 西士曰：但闻古先君子敬恭天地之上帝，未闻尊奉太极者。如太极为上帝万物之祖，古圣何隐其乎？
> 吾视无极而太极之图，不过取奇偶之象言，而其象何在？太极非生天地之实，可知已。天主之理，从古时传至今，全备无遗。[2]

中士问，太极并非事物，只是理，如果没有理，哪来的物呢？

利玛窦从几个方面回答了中士的提问，从几个方面批判了宋明理学。

他从"自立者"和"依赖者"的理论来批判理学，他认为世间万物总的看起来不过是自立者和依赖者两类，例如，马是自立者，而白色是依赖者，因为有马这个自立者，白色这个依赖者才可以有着落，即"白马"。由此，他说"理不能成武天地万物之原矣"。[3] 因为，理不能成为自立者，它只是依赖者，所谓理总是一定事物之理，没有具体"事物"何来"之理"？这里利玛窦运用了亚里士多德的理论。

---

[1] 朱维铮主编：《利玛窦中文著作译集》，复旦大学出版社2001年版，第6页。
[2] 同上书，第17页。
[3] 同上书，第18页。

宋明理学认为，万物一理也，理学家们所提出的"月映万川"，就是说理在万物之中，万物离不开理。利玛窦反驳"理为万物之本"的说法，例如"今有车理，岂不动而生一乘车乎？"① 理是什么呢，如果是灵，是思想，那么它属于精神。在世界上，灵者生灵者，非灵者生非灵者，从未听说过，灵者生了非灵者。有了车的理，如何能产生一个物质上的车呢？所以，利玛窦说：

理也者，则大疑焉。是乃依赖者，自不能立，何能包含灵觉为自立类乎？理为物，而非物为理也。故仲尼曰："人能弘道，非道弘人也。"如尔曰"理含万物之灵，化生万物"此乃天主也，何为之"理"，谓之"太极"。②

利玛窦在对后儒批判的同时，又明确指出，先儒的合法性和正确性，同时，从比较宗教学的角度，对古代中国经典的思想和西方基督教的思想加以比较，认为西方基督教的"上帝"与中国古代的"上帝"是一样的——"吾国天主，即华言上帝。"

吾天主，乃古经书所称上帝也。《中庸》引孔子曰："郊社之礼，以事上帝也。"朱注曰"不言后土者，省文也。"窃意仲尼明一之不可为二，何独省文乎？《周颂》曰："执竞武王，无竞维烈，不显成康，上帝是皇。"又曰："於皇来牟，将受厥明，明昭上帝。"《尚颂》云："圣敬日跻，昭假迟迟，上帝是祇。"《雅》云："维此文王，小心翼翼，昭事上帝。"《易》曰："帝出乎震。"③

在《天主实义》中利玛窦显示出了自己的博学以及对儒家经典的熟悉，他先后引用了《易经》6次，《尚书》18次，《诗经》11次，《礼记》2次，《左传》2次，《大学》3次，《中庸》7次，《论语》13次，《孟子》23次，《老子》和《庄子》各1次。④

---

① 朱维铮主编：《利玛窦中文著译集》，复旦大学出版社2001年版，第19页。
② 同上书，第20页。
③ 同上书，第21页。
④ 参阅马爱德（Edward Malatesta）等编的《天主实义》中英文对照本后的"附录"。

他说:"吾遍察大邦之古经,无不祭祀鬼神为天子诸侯重事。"① 然后引出《舜典》《盘庚》《金縢》《康诰》《召诰》等经典,来说明后儒所理解的儒家经典是不符合先儒的。他在《天主实义》中多次以"中士"的提问,介绍朱子、二程的话,然后在"西士"的回答中加以驳斥。他对宋儒的态度十分明显,即采取批判的态度。多次用"今儒""腐儒"来对其加以称呼。②

2. 利玛窦儒学发展阶段论评价

应该怎样看待利玛窦对儒家发展的论断呢?笔者认为可以从以下几点加以分析。

第一,利玛窦敏锐地认识到了儒家思想发展的断裂性。

利玛窦引证中国古代典籍,来证明中国早期的上帝崇拜,这一点他是正确的。在《尚书》等中国古代典籍中记载了中国早期的宗教信仰的事实。

> 予惟小子,不敢替上帝命。天休于宁王,兴我小邦周。宁王惟卜用,克绥受兹命。今天其相民,矧亦惟卜用。呜呼!天明畏,弼我丕丕基。(《尚书·大诰》)
>
> 皇天无亲,惟德是辅。民心无常,惟惠之怀。为善不同,同归于治。为恶不同,同归于乱。(《尚书·蔡仲之命》)

利玛窦受其时代限制,仅从历史文献中来证明中国早期社会的宗教崇拜,所引用的都是周朝的文献,而1898年安阳小屯甲骨文的发展,进一步确定了商朝的宗教信仰。在殷人的信仰中,至高无上的神就是上帝。

> 帝令雨足年—帝令雨弗其足年(《前》1.50.1)
> 今二月帝不令雨(《铁》123.1)
> 帝其降我堇—帝不降我堇(《乙》7793)

---

① 朱维铮主编:《利玛窦中文著译集》,复旦大学出版社2001年版,第33页。
② 李天纲:《跨文化的诠释:经学与神学的相遇》,新星出版社2007年版。

帝其乍王祸一帝弗乍王祸（《乙》1707.4861）①

这说明在殷人那里上帝作为最高的神，主宰着一切，不仅管天、管地，也管人的福祸生死。

在安阳甲骨文出土以前，中国学术界对商朝的材料掌握不多，对殷周之变后中国社会发展论述并不清晰。据我所知，最早提出中国文化在殷周发生变化的是王国维，他在《殷周制度论》中说：

> 周人之制度大异于商者，一曰立子立嫡之制，由是而生宗法及丧服之制，并由是而有封建子弟之制、君天子臣诸侯之制；二曰庙数之制；三曰同姓不婚之制。

> 中国政治与文化之变革，莫剧于殷周之际。②

王国维所说的旧文化灭，新文化生，就是中国文化在殷周之际发生的重大转折。但正如学者所说："在从殷商文化到周代文化的发展中，从思想上看，殷人的自然宗教信仰虽然通过祭祀制度仍容纳于周代文化中，但是周人的总体信仰已超越自然宗教阶段，而进入一个新的阶段。这个新的阶段，与宗教学上所说的伦理宗教相当，即把伦理性格赋予'天'而成为'天意'或'天命'的确定内涵。同时，天与帝的不同在于，它既可以是超越的神格，又总是同时代表一种无所不在的自然存在和覆盖万物的宇宙秩序，随着神格信仰的淡化，天的理解就有可能向自然和秩序方面偏移。"③

所有这些认识都是在王国维及安阳小屯甲骨文的发现之后，中国学术界才逐步明晰起来的。而利玛窦在四百年前，为了使基督教在中国取得合法性，通过他自己对中国书籍的研读，他明确提出中国文化发展有

---

① 这里引用的甲骨文引自陈梦家《殷虚卜辞综述》，中华书局1988年版。
② 王国维：《观堂集林》卷第十，中华书局1999年版。
③ 陈来：《古代宗教与伦理：儒家思想的根源》，北京大学出版社2017年版，第230页。

一个断裂性，区分出"先儒"与"后儒"，从今天的眼光来看，他对中国古代文化性质的判断大体是正确的。尽管他所阅读的文献主要是周以后的文献，但他仍能从这些文献中推测出中国上古的原始上帝的宗教信仰，明确看到后期儒家思想与中国早期思想的区别。就此而论，利玛窦对中国文化特质的洞察力是相当深刻的，不管他是站在学术研究的立场上还是站在自身宗教的立场上，这个洞察力还是应该给予肯定的。

第二，利玛窦没有认识到中国思想发展的连续性。凡事的优和劣都是相向而生的，利玛窦虽然深刻地认识到中国思想发展史上有一个文化的断裂，从而出现两种不同形态的儒学——一种是先儒，具有宗教的正当性；一种是后儒，背离了早期儒家的思想，他称其为"腐儒"，但是利玛窦这样的论断犯了一个极大的错误，即他没有看到中国思想发展的连续性，即中国早期宗教思想和后期儒家伦理思想之间的联结。①

在周朝时占卜活动仍然十分流行，仍是国家的重要活动。"占卜的问题及灵验与否，都载之于国家的正式史书。龟卜、筮占、梦占都很流行，有学者统计，《左传》一书中共记录龟卜七十余次，② 内容包括战争、迁都、立刚、任官、婚姻、疾病等诸多方面。"③ 古代宗教的动摇和瓦解经历了一个长期的过程，这里表现出一种连续性的断裂和宗教形态发展中的断裂与连续性。在周代，宗教的官员地位要高于政务官员："《礼记·曲礼》考察了周代的职官表，指出：'天子建天官，先六大'，即太宰、太宗、太史、太卜、太祝、太士要高于司徒、司马、司空、司寇。"④ 这说明在周代，即便到了东周时期，宗教的力量仍是很强大的。只是到春秋时，随着王室的衰落，国家的宗教阶层开始逐步瓦解，以"巫"为业的"儒"才逐步转变为以学术为业的"儒"。李泽厚先生，中国思想这种由"巫"到"礼"的发展经历了两个阶段：

"第一步是'由巫到礼'，周公将传统巫术活动转化性地创造为人世

---

① 冯友兰：《中国哲学简史》，生活·读书·新知三联书店 2008 年版；余英时：《中国文化史通释》，生活·读书·新知三联书店 2011 年版。
② 刘玉建：《中国古代龟卜文化》，广西师范大学出版社 1992 年版，第 375 页。
③ 牟钟鉴、张践：《中国宗教通史》（上），中国社会科学出版社 2007 年版，第 120 页。
④ 同上。

间一整套的宗教—政治—伦理体制，使礼制下的社会生活具有神圣性。第二步是'释礼归仁'，孔子把这套礼制转化性地创造出内在人性根源，开创了'一是皆以修身为本'的修齐治平的内圣外王之道。"①

因此，利玛窦没有认识到中国思想发展的断裂性和连续性之间的关系，其将"先儒"与"后儒"对立起来是不对的。

三　利玛窦儒学观的文化意义

上面我们已经揭示出他的儒学观的内在矛盾和张力，这些分析都是在纯粹文本的分析上展开的。在全球化的今天，当我们将利玛窦的儒学观放在历史与现实的维度，放在中国和世界的维度来审视时，我们就会发现利玛窦的儒学观的世界性意义。

利玛窦在华传教所提出的"合儒易佛"的路线在实际的传教中获得了重大的胜利，正是在他这条路线的指引下，耶稣会进入中国，并在中国扎下根，基督教从利玛窦时代才真正传入中国并生存下来。特别是在他的后继者南怀仁时期，在康熙时代获得了基督教在华发展的黄金时期，而这个黄金时期的发展的原因就是康熙帝所说的"利玛窦规矩"。如果将利玛窦的儒学观放到世界历史中考察，就会发现它的巨大的文化价值和意义。

第一，利玛窦的儒学观受到了中国明清之际士大夫的认可，从而开启了中西文化交流的新时代。中国文化有两次与外部文化相遇而得到发展，一次是佛教的传入，一次就是利玛窦所代表的来华传教士所传入的基督教。基督教的传入一方面带来了西方宗教文化的思想，引起了中国士大夫的思想变迁，丰富了中国思想文化。② 另一方面，传教士将科学技

---

① 李泽厚：《由巫到礼 释礼归仁》，生活·读书·新知三联书店2015年版，第141—142页。

② 王征：《畏天爱人极论：王征天主教文献》，台湾橄榄出版有限公司2014年版；林乐昌校注：《王征集》，西北大学出版社2015年版。

术也传入中国，如清初王宏翰所说"泰西修士利玛窦格物穷理，精于中华"①。利玛窦在这方面的贡献，中外学者都承认，不必赘述。

第二，利玛窦的儒学观大大突破了欧洲的宗教观。

如果将利玛窦的儒教观放入当时的欧洲思想文化历史中，就更加彰显了其历史性的价值。利玛窦来到中国的时代是欧洲经历了文艺复兴后的时代，是基督新教开启了宗教改革的时代。这样一来，利玛窦给中国也带来了文艺复兴后的人文主义精神。"自从 14 世纪以来，在西欧出现了一个新的思想潮流，它很坚定地转向世俗的世界，因此与全盛时期中世纪的思想和感受有明确的差别；这个潮流在 15 世纪已经影响了很多有修养的人或社会上的领导者和精英。"② 基督教的人文主义"源自于一种做学问的方法，始于 14 世纪的意大利，并且和意大利文艺复兴联系在一起。人文主义是一种新的治学方法，一种新的思考与书写方式，而不单纯是一种特定的哲学或神学"③。

学术界已经研究证明了利玛窦所带来的欧洲为人文主义，例如在他的《交友论》一书中大量引用的文艺复兴时期人文主义的名句。正是这种人文主义精神，奠基了利玛窦的儒家观。④ 因为，在当时的欧洲因新教兴起所引起的宗教争执和战争也不断发生，从"礼仪之争"中就可以看出，⑤ 在如何对待非基督教文化上，在如何处理启示信仰和世俗生活之间，欧洲正处在激烈的思想变动中。将利玛窦的合儒路线放到欧洲的思想文化背景中时，就可以看出，他已经突破了传统的欧洲教会的宗教观，继承并发扬了文艺复兴以来的人文主义精神。

第三，利玛窦的儒学观是西方殖民扩张时期唯一可以继承的重要文

---

① 王宏翰：《乾象坤图格镜》卷9，转引自汤开建编《利玛窦明清中文文献资料汇释》，上海古籍出版社 2017 年版，第 504 页。
② ［德］毕尔麦尔等编：《中世纪教会史》，雷立柏译，宗教文化出版社 2010 年版，第 394 页。
③ 孟德卫：《17 世纪中国对西方人文主义文化的儒家回应》，转引自张西平《交错的文化史：早期传教士汉学研究史稿》，学苑出版社 2017 年版，第 223 页。
④ ［英］大卫·瑙尔斯：《中世纪思想的演化》，商务印书馆 2012 年版。
⑤ 参阅［美］苏尔·诺尔编《中国礼仪之争：西文文献一百篇》，上海古籍出版社 2001 年版。

化遗产。利比里亚半岛上的西班牙和葡萄牙开启了大航海时代,地理大发现对人类社会产生了重要的影响。但同时,也正是葡萄牙和西班牙开启了欧洲对外殖民的历史。"两国在征服中都举起了相同的'传播基督文明'的旗帜,争相取得教皇的支持,卡斯蒂利亚和葡萄牙都依赖于教皇承认他们对大西洋的征服,使之合法化。"[①] 葡萄牙和西班牙在征服殖民地的过程中都采用了暴力征服的方法,用刀和火耕种了新占领的土地。他们对于印第安文明、印加文明、玛雅文明做了毁灭性的摧毁。[②] 在葡萄牙和西班牙对全球的扩张和殖民中,唯独中国抵御了葡萄牙早期对中国南海的侵犯,显示出当时明朝强大的军事力量。

以利玛窦为代表的耶稣会采取适应政策是迫不得已的办法,但即便这样,以利玛窦为代表的耶稣会会士却开启了人类历史少有的两大文明相互对话的历史。利玛窦的儒学观体现了他对不同文明的尊重,他的适应政策的核心就是"和而不同"。所以,利玛窦不仅仅是架起中西方文化交流的桥梁的伟大先行者,同时,也是在地理大发现时代,西方对待不同文明的最珍贵的历史经验,在今天全球化的时代,它更成为欧洲文化的重要学术遗产。

---

① 黄邦和等编:《桐乡现代世界的500年:哥伦布以来东西两半球汇合的世界影响》,北京大学出版社1994年版,第174页。

② 参阅[美]普雷斯科特《秘鲁征服史》,周叶谦等译,商务印书馆1996年版。

附录四

从《名理探》到《穷理学》[*]

——明清之际西方逻辑思想的传播

明清之际西学东渐中,亚里士多德的逻辑学也被介绍到中国,成为西学东渐的重要内容。自佛教因明逻辑传入中国以来,亚里士多德的逻辑学是第一支传入中国的外来逻辑学派,《名理探》和《穷理学》是西方逻辑学传入中国的代表性著作。学术界对这个问题也已经有了初步的研究,[①] 本文以《名理探》与《穷理学》翻译入手研究,对明清之际亚里士多德逻辑学在中国的登陆做一初步研究。

一 利玛窦对西方逻辑的介绍

利玛窦来华以后,逐步认识到中西文化在思维特点上的重大区别是逻辑问题。他说:"中国所熟习的惟一较高深的哲理科学就是道德哲学,但在这方面他们由于引入了错误似乎非但没有把事情弄明白,反倒

---

[*] 本文是与侯乐共同写作。
[①] 王建鲁:《〈名理探〉与〈辩证法大全注疏〉》,中国社会科学出版社2014年版;邱娅著:《中西逻辑的邂逅》,光明日报出版社2013年版;Joachim Kutz, *The Discovery of Chinese Logic: Genealogy of a Twentieth-Century Discourse* ; Robert Wardy, *Aristotle in China*, *Language*, *Categories*, *and Translation*, Cambridge University Press, 2000; Noël Golvers edt. ; Dudink & Nicolas Standaert, Ferdinand Verbiest's Qiongli Xue (1683)《穷理学》, Louvain Chinese Studies Ⅵ, Leuvien University Press, 1999. ; 顾有信《逻辑学:一个西方概念在中国的本土化》,载[德]郎宓榭、[德]阿梅龙、顾有信《新词语新概念:西学译介与晚清汉语词汇之变迁》,赵兴胜译,山东画报出版社2012年版。

弄糊涂了。他们没有逻辑规则的概念，因而处理伦理学的某些教诫时毫不考虑这一课题的各个分支相互的内在联系。在他们那里，伦理学这门科学只是他们在理性之光的指引下所达到的一系列混乱的格言和推论。"①

在写作《天主实义》时，他通过引用亚里士多德的概念论，来说明"太极""理"不是世界之源。他说：

> 夫物之宗品有二：有自立者，有依赖者。物之不待别体以为物，而自能成立，如天地、鬼神、人、鸟兽、草木、金石、四行等是也，斯属自立之品者；物之不能立，而托他体以为其物，如五常、五色、五音、五味、七情等是也，斯属依赖之品者。②

这里他以"自立体"和"依赖体"两个逻辑概念对万物进行了分类。在《天主实义》的第四卷《辩释鬼神及人魂异论，而解天下万物不可谓之一体》中，他又详细分类解释十个范畴：

> 分物之类，贵邦士者曰：或得其形，如金石是也；或另得生气而长大，如草木是也；或更得知觉，如禽兽是也；或益精而得灵才，如人类是也。吾西洋之士犹加详焉，观后图可见。但其倚赖之类最多，难以图尽，故略之，而特书其类之九元宗云。凡此物之万品，各有一定之类，有属灵者，有属愚者。如吾补外国士传：中国有儒谓鸟兽草木金石皆灵，与人类齐。岂不令之大惊哉？③

为了说明了"依赖者"的九类，利玛窦绘制了一幅"物宗类图"表示万物的分类，把"依赖者"作为其中一支，分为九类（见附图4—1）。

---

① ［意］利玛窦等：《利玛窦中国札记》，何高济、王遵仲、李申译，广西师范大学出版社2001年版，第23页。
② 朱维铮主编：《利玛窦中文著译集》，复旦大学出版社2012年版，第18页。
③ 同上书，第38页。

附录四　从《名理探》到《穷理学》　／　295

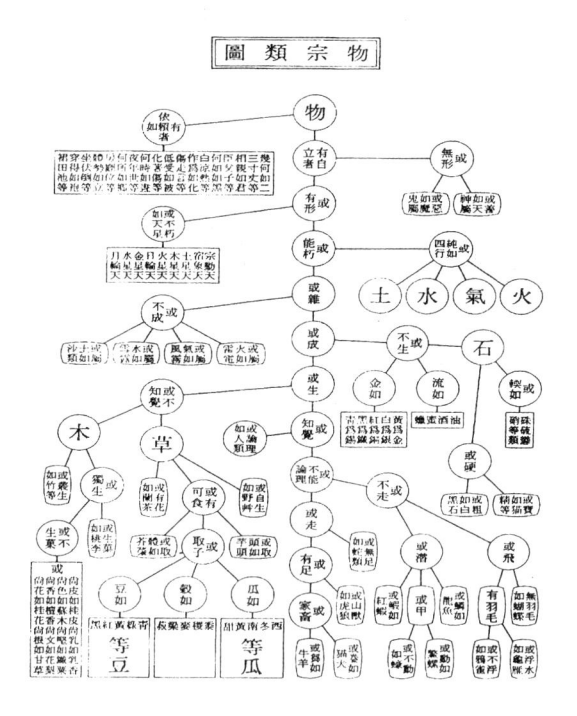

附图 4—1　物宗类图

通过这个"物宗类图",我们看到利玛窦将亚里士多德所说的概念逐一列了出来:"几何:如二、三、寸、丈等;相视:如君臣、父子等;何如:如黑白、凉热等;作为:如化、伤、走、言等;抵受:被化、著伤等;何时:如昼夜、年世等;何听:如乡房、厅位等;体势:如立、坐、伏、倒等;穿得:如袍、裙、田池等。"①

这是亚里士多德《范畴论》的十个概念第一次翻译成中文,应该说,利玛窦在翻译这些概念时是相当困难的,因为,这是中国历史上从未有过的概念。"即使在宋明理学的概念中似乎也不具备可用来处理亚里士多

---

① 朱维铮主编:《利玛窦中文著译集》,复旦大学出版社 2012 年版,第 37 页。这里的"几何"即指数量;"相视"即指"关系";"何如"即指性质;"抵受"即指被动;"作为"即指主动、动作;"何时"即指时间;"何所"即指地点;"体势"即指所处、姿态;"穿得"即指所有、状态。

德《范畴论》的专门语词。"① 但利玛窦还是努力从中文典籍中一一找到十个范畴的对应汉语词语。②

1607 年（明万历三十五年丁未）刊印的利玛窦和徐光启合作翻译的数学著作《几何原本》，虽然是数学著作，但其中所包含的逻辑思想，特别是演绎的理论也被介绍到了中国。《几何原本》的结构是：每卷有"界说""公论""设题"。"界说"即对所用名目进行解说；"公论"即举出不可疑之理；"设题"即根据所说之理次第设之，先易后难，由浅入深，由简到繁。

> 今详味其书，规摹次第沟为奇矣，题论之首先标界说，次设公论、题论所据，次乃具题，题有本解，有作法，有推论。先之所微，必后之所恃。十三卷中，五百余题，一脉贯通。卷与卷、题与题相结倚，一先不可后，一后不可先……初言实理至易至明，渐次积累，终竟，乃发奥微之言。若暂观后来一二题旨，即其所言，人所难测，亦所难信。及以前题为据，层层印证，重重开发，则义如列眉，往往释然而后失笑矣。③

这里我们看到徐光启对《几何原本》中逻辑思想的敬佩，看到他在翻译过程中"释然而后失笑"的陶醉状态。徐光启已经十分清楚地认识到，《几何原本》绝非只是一本数学著作，而是介绍给国人一种新的思维方法，这种方法就是逻辑演绎的方法，它具有普遍性。

---

① 徐光台：《明末西方〈范畴论〉重要语词的传人与翻译——从〈天主实义〉到〈名理探〉》，载姚小平主编《海外汉语探索四百年管窥》，外语教学与研究出版社 2008 年版，第 22 页。"从传播西方科学的角度考虑，《天主实义》的重要性体现在两个方面。首先，作为亚里士多德论证模式的样本，此书诉诸'理性之光'证明中国宗教及宇宙观的谬误，说服读者承认天主教相应学说的正确性。为此目的，该书引入了亚里士多德若干重要概念，诸如四因说、四元素、（本体论）的'是'（being）以及十范畴（ten categories）……"［荷］安国风著：《欧几里得在中国》，纪志刚等译，江苏人民出版社 2008 年版，第 78 页；参阅张西平《中国与欧洲早期宗教和哲学交流史》第二章"入华传教士对亚里士多德哲学的介绍"，东方出版社 2001 年版。

② 徐光台在他的论文中逐一讨论了利玛窦翻译十概念时所使用的中文概念的语言来源及其赋予的新意。参阅上书第 22—25 页。

③ （明）徐光启：《徐光启著译集》第五册，线装版，上海古籍出版社 1983 年版。

昔人云："鸳鸯绣出从君看，不把金针度与人"，吾辈言几何之学，政与此异，因反其语曰："金针度去从君用，不把鸳鸯绣与人，若此书者，又非止金针度与而已，直是教人开卿冶铁，抽线造针，又是教人植桑饲蚕，沫丝染缕，有能此者，其绣出鸳鸯，直是等闲细事。"①

当时欧洲的数学是处于亚里士多德哲学体系的笼罩之下的，对耶稣会来说，"神学上遵从圣托马斯，哲学上遵从亚里士多德"②。而三段论的证明则是数学证明的本质。这样一种演绎的思维方法贯穿在《几何原本》之中。③ 这说明，从利玛窦开始已经对西方逻辑学的介绍做了一些工作。④

二 《名理探》所介绍的西方逻辑

《名理探》是由傅汎际（Francois Furtado，1587—1653）和李之藻合作翻译而成的。1631 年，即李之藻去世的第二年，《名理探》在杭州首次付梓。⑤《名理探》刻本主要集中在欧洲的图书馆，如巴黎国家图书馆、罗马国家图书馆、梵蒂冈图书馆。最初中国国内仅有两个抄本，民国十五年（1926）北平公教大学（后改名为辅仁大学）辅仁社影

---

① （明）徐光启：《〈几何原本〉杂议》，载王重民辑校《徐光启集》，上海古籍出版社 1984 年版，第 78 页。
② ［荷］安国风著：《欧几里得在中国》，纪志刚等译，江苏人民出版社 2008 年版，第 39 页。
③ "克拉维乌斯同样相信三段论法是数学证明的本质。《导言》这样写道：'任何问题或定理的证明方法都不止一种，对于各种证明，从原则上来说，唯有证明的三段论才是最根本的证明。我们将通过欧几里得的第一条定理阐明此理，其他命题同样适用，概莫能外。"［荷］安国风著：《欧几里得在中国》，纪志刚等译，江苏人民出版社 2008 年版，第 48 页。
④ 徐光台：《明末西方〈范畴论〉重要语词的传入与翻译——从〈天主实义〉到〈名理探〉》，载姚小平主编《海外汉学探索管窥四百年》，外语教学与研究出版社 2008 年版。
⑤ ［法］费赖之：《在华耶稣会士列传及书目》，冯承钧译，中华书局 1995 年版，第 157 页。

印本，影印自陈援庵（陈垣）校传抄本，三册线装，包括首端五卷。陈本抄自英敛之抄本，英本则抄自马相伯本，而马本源自徐家汇原存五卷。五年之后，即1931年，徐家汇光启社复刻此五卷，即所称土山湾本。徐宗泽在重刻《名理探》时作跋称，土山湾本出版的第二年，他托人到巴黎影印了国家图书馆藏本十卷，并与此后所见北平北堂图书馆十卷及李天经与李次彪序，在1937年出版了包含上述两人序的十卷本，将土山湾本与巴黎影印合二为一，收入上海商务印书馆王云五所编"万有文库"第二集中，终成现代第一部较完整版《名理探》。1965年，台湾商务印书馆重印之，将其列入"汉译世界名著"中。① 1975年，台湾商务印书馆又再印之，将其归入"人人文库"。② 1953年，北京的生活·读书·新知三联书店也出版了《名理探》，共384页，并于1959年重印，收入"逻辑丛刊"中。③ 徐宗泽在重刻跋中称："已译出译本分为五端，每端分为五论，成五卷。"④ 由此可知，徐宗泽认为傅、李二人已译成之《名理探》本有二十五卷。李天经在其序中称："余相于秦中阅其草创，今于京邸读其五帙，而尚未睹其大全也。"作序时为崇祯九年，即1636年。⑤ 李次彪也在序中称："丁丑冬，先生主会入都，示余刻本五帙，益觉私衷欣报交构。"丁丑冬为1637年年末或1638年年初。由此可知，迟至1637年，已刻印的只有五卷。⑥ 李次彪在序中又称："其为书也，计三十卷。"⑦ 曾德昭（Alvaro Semedo，1585—1658）在《大中国志》的《李之藻传》中称有二十卷未刻者。⑧ 若曾德昭写作时，《名理探》已刻者有十，则加上未刻之二十卷即为李次彪所言

---

① 参见《名理探》下册，台湾商务印书馆1965年版，第579—582页；方豪：《李之藻研究》，台湾商务印书馆1966年版，第117—120页。
② 北京国家图书馆，X \ B81 \ 24 \ 台港澳文献阅览室 \ 台港图书12层南。
③ 本文采用台湾商务印书馆1965年本为底本，此后若不特加说明，提到《名理探》时均指此本。
④ 《名理探》下册，台湾商务印书馆1965年版，第581页。
⑤ 《名理探》上册，台湾商务印书馆1965年版，第5页。
⑥ 同上书，第8页。
⑦ 同上。
⑧ ［葡］曾德昭：《大中国志》，何高济译，上海古籍出版社1998年版，第294页。

三十卷；若其时仍只有五卷，则共为二十五卷，即李次彪所言未能实现。方豪分析了已有的二十五卷说和三十卷说，① 通过所见北堂拉丁文原本上的中文卷数标注，推知除已印"五公称"及"十伦"以外，另有词句论（今译解释篇，De InterPretatione）、三段论（即前分析篇，De Syllogismo 或者 De Priori Resulutione，Analytica Priora）及论证论（即后分析篇，De Demonstratione 或者 De Posteriori Resolutione，Analytica Posteriora）共二十卷未刻，② 由此得出实为三十卷的结论。③

根据方豪等人考证，《名理探》所据《亚里士多德辩证法大全疏解》④ 的底本并不是 1606 年威尼斯的首版，而是 1611 年科隆版。笔者经过比对，发现 1611 年版本除了比 1606 年版多出了再版者之序，还多出当时各级审查机构的审批文书，包括国王议会和会省的审查文书。此外，1611 年版在 1606 年版的基础上增加了全书所有专题、节和小节的总目录（Summa Quaestiorum et Articulorum in Totam Dialecticam），便于读者查找。1606 年版全书共 990 页，1611 年版共 711 页。

现存《名理探》共十卷，是对"序言""薄斐略的引论""范畴篇"这三部分的译介。与《辩证法大全疏解》的结构基本保持一致，《名理探》在"专题"和"节"这两个层级上同拉丁语原文基本对应，"专题"对应"辩"，"节"对应"支"。但是《名理探》的"卷"和原文的"书"（Librum）不是一一对应的关系，原文的"小节"（Sectio）在《名理探》中也没有明确的标识。拉丁文原版和汉译本比较明显的区别在于对待亚氏原文与后人评注的问题上，《辩证法大全疏解》在每一个章节中

---

① 此外，持二十五卷说的有顾有信，在 Discovery of Chinese Logic：Genealogy of A Twentieth-Century Discourse 中认为"解释篇"（De InterPretatione）为未译章节；持三十卷说的有惠泽霖（《中国公教典籍丛考》）等。

② 方豪：《李之藻研究》，台湾商务印书馆 1966 年版，第 127—128 页。

③ 曹杰生：《略论〈名理探〉的翻译及其影响》，载《中国逻辑史研究》，中国社会科学出版社 1982 年版。

④ 自《亚里士多德辩证法大全疏解》（In Universam Dialecticam Aristotelis）翻译而来的，其全名为《耶稣会会立科英布拉大学讲义：斯塔吉拉人亚里士多德〈辩证法大全〉注疏》（1611年于科隆首次出版）。（Commentarii Collegii Conimbricensis Societatis Jesv：In Universam Dialecticam Aristotelis Stagiritae Nunc Primum in Germania in lucem editi. Coloniae Agrippinae，Apud Benardvm Gualterivm，1611）。

都将这二者明确地分割开来，但是《名理探》没有做到每章都保持一致，有些专题开头会用以"古"和"解"打头的段落分别标示开来，"古"表示亚氏原文，"解"表示评述讨论。但这套标志并未出现在每个专题里，大多数章节常常将二者混淆在一起，或仅以"亚利曰"作为区分标志。

关于《亚里士多德辩证法大全疏解》。1540年，依纳爵·罗耀拉创立耶稣会，在其亲自起草的《耶稣会宪章》（Constitutiones）中规定耶稣会的哲学教育必须以亚里士多德的著作为底本，耶稣会的《教育计划》（Ratio studiorum）也规定耶稣会会士须学习三年亚里士多德哲学，其中第一年学习的就是亚里士多德逻辑学。

16、17世纪，耶稣会在欧洲各地设立大学，位于葡萄牙的科英布拉学院（Collegium Conimbricenses）在教授亚里士多德哲学时，常常采用听写的形式授课，其中包含大量对亚里士多德思想的评注（Commentarii）。当时的耶稣会葡萄牙省会长冯赛卡（P. Fonseca, 1528—1599）把这些评注修订编纂成一套系列书，称其为"葡萄牙的亚里士多德"（the Aristotle of Portugal）。这些书分别为：

《亚里士多德物理学讲义》，科英布拉，1591年（*Commentarii Collegii Coni mbricensis Societatis Jesu in octo libros physicorum Aristotelis Stagyritæ*，Coimbra，1591）；

《亚里士多德论天讲义》，科英布拉，1592年（*Commentarii Collegii Conimbricensis Societatis Jesu in quattuor libros physicorum Aristotelis de Coelo*，Coimbra，1592）；

《亚里士多德论矿产讲义》，科英布拉，1592年（*Commentarii etc. in libros meteorum Aristotelis qui parva naturalia appelantur*，Coimbra，1592）；

《亚里士多德伦理学讲义》，科英布拉，1595年（*Commentarii etc. in libros Ethicorum Aristotelis ad Nichomachum aliquot Cursus Conimbricensis disputationes in quibus præcipua quaedam Ethicæ disciplinæ capita continentur*，Coimbra，1595）；

《亚里士多德论生与灭讲义》，科英布拉，1595 年（*Commentarii etc. in duos libros Aristotelis de generatione et corruptione*, Coimbra, 1595）；

《亚里士多德论灵魂讲义》，科英布拉，1592 年（*Commentarii etc. in tres libros Aristotelis de Anima*, Coimbra, 1592）；

《亚里士多德全称辩证法讲义》，威尼斯，1606 年（*Commentarii etc. in universam dialecticam nunc primum*, ed. Venice, 1606）。[1]

上述著作除了在科英布拉出版以外，还在欧洲各地出版了各种地方版本，有名的包括里昂版、里斯本版、科隆版（Lyon, Lisbon, and Cologne）。《亚里士多德全称辩证法》即《亚里士多德辩证法注释大全》，后一种译名较为常见，下文简称《辩证法大全疏解》。

《辩证法大全疏解》包括"序言"（Prooemium）、"薄斐略的引论"（Isagoge）、"范畴篇"（De Categoriarum）、"解释篇"（De Interpretatione）、"前分析篇"（De Priori Resulutione）、"后分析篇"（De Posteriori Resolutione）、"论题篇"（De Topicorum）、"辩谬篇"（De Sophisticis elenchorum），共十章。全书前两章为序言和薄斐略引论，后面按照亚里士多德《工具论》的章节顺序排列。书中除头两章完全为评述内容，其后六章都以如下形式撰写：首先是"章节概要"（Summa Capitis）；其次是用拉丁文翻译的亚里士多德原著，一般用斜体字书写；接下来是诸多"学者评注"（Commentarii）；最后是关于本章节的若干篇不同主题的小篇章。若按标题等级从大到小排列即为："书"（Liber）、"章"（Caput）、"专题"（Quaestio）、"节"（Articulus）、"小节"（Sectio）。[2]

《名理探》第一部分五卷论"五公"；第二部分五卷讲"十伦"，李之藻和傅汎际译出了前十卷，实际上只是把《亚里士多德范畴概论》上

---

[1] 参见肖朗《明清之际耶稣会士与西方大学讲义的译介》，载《教育研究》2005 年第 4 期；Cassidy John, "Conimbricenses", *The Catholic Encyclopedia*, Vol. 4, New York: Robert Appleton Company, 1908。

[2] 瓦第在其书中描述《辩证法大全疏解》时，把 articulus 放在 quaestio 之前，似乎有误。

篇内容翻译成中文。以后李之藻虽译完了《名理探》后半部分，但未能出版。①

> 亚利欲辩名理，先释十伦。俾学者略寻物理，以具三通之先资也。缘其理奥难明。薄斐略（在亚利之后一千年）为著五伦，引辟其门。其立名：一曰五公，一曰五称。谓五公者，就共义言。谓五称者，就共称言。②

《名理探》主要探讨了"五公"和"十伦"。③ 这里的"五公"，就是指五类概念。李之藻说："公即宗、类、殊、独、依。""问：五公称之序谓何？曰：此本物理，亦教规也。物理者，物有性情先后，宗也，殊也，类也，所以成其性者，固在先。独也，依也，所以具其情者，固在后。物生之序亦然。"

这五个概念是什么含义呢？李之藻说："生觉为宗，人性为类，推理为殊，能笑为独，黑白为依。这里的"宗"相当于逻辑学里所说的"属"，所谓的"类"则是今天所说的"种"。"殊"讲的是差别，无论"泛殊""切殊""甚切殊"，都指的是万物间的差别，只是程度不同而已。因而李之藻所说的"类殊"实际是"种差"。"独"则指事物的非本质属性，如李之藻所说，"凡为人者即为能笑；凡能笑者，凡能买者，固即为人。彼此转应，故正为独"。"依"是讲事物的偶有性。

如果我们考察一下亚里士多德的逻辑学，就会发现李之藻所译的"五公"，实际上大部分来自亚里士多德的"四谓词理论"，亚里士多德出于对论辩的需要，在《论辩常识篇》中阐述"谓词与主词在命题中的四

---

① 方豪：《名理探译刻卷数考》，见《方豪文录》，北平上智编译馆出版社1948年版，第123—126页。
② ［葡］傅汎际译义，李之藻达辞：《名理探》，生活·读书·新知三联书店1959年版，第33页。
③ 参阅张西平《中国和欧洲早期哲学与宗教交流史》，东方出版社2000年版。

种不同的关系",提出四谓词:属、定义、固有性、偶性。① 亚里士多德的"四谓词"被注释者波菲利（Porphyrios, 233 或 234—约 305）补充了一种,后称为"五种宾词",即属、种、种类、固有属性、偶性。② 李之藻和傅汎际所用的理论显然是波菲利的"五种宾词"理论,若排个表则为:

波菲利的"五种宾词":属、种、种类、固有属性、偶性;
李之藻的"五公论":宗、类、殊、独、依性;
今日逻辑"类":种、种差、固有非质属性、偶有性。③

"十伦"是《名理探》的另一个重点,这是在研究对世间万事万物分门别类所划的十个区分。李之藻将其定为"自立体、几何、互视、何似、施作、承受、体势、何居、暂久、得有"。

这里的"自立体"指的是"实体";"几何"指的是"数量";"互视"指的是"向他而谓",指事物间的关系;"何似"指的是"性质范畴",物所以何似是;"何谓"似者;"施作"指的是"主动";"承受"指的是"被动";"体态"是讲"形体之分布";"何居"指的是"位置";"暂久"讲的是"时间";"得有"指是"情况"。

亚里士多德是最早对范畴进行分类的人。通常所说的亚里士多德的"十范畴"就是"实体、数量、性质、关系、地点、时间、姿态、状况、动作、遭受"。用今天的逻辑术语来表述,就是这样十个范畴:实体、数

---

① 亚里士多德说:"所有命题和所有问题所表示的或是某个属,或是一特性,或是一偶性;因,种差具有类的属性,应与属处于相同序列。但是,既然在事物的特性有的表现本质,有的并不表现本质,那么,就可以把特性区分为两个部分,把表现本质的那个部分称为定义,把剩下的部分按通常所用的术语叫作特性。根据上述,因此很明显,按现在的区分,一共出现四个要素,即特性、定义、属和偶性。"转载于张家龙《逻辑思想史》,湖南教育出版社 2004 年版,第 377 页。

② 波菲利在《导论》中说:"为了理解亚里士多德的范畴学说,必须认识属、种差、种、固有属性（按:即特性）和偶性的实质。这一认识也有助于提出定义,并且一般来说有助于划分和证明。"转载于张家龙《逻辑思想史》,湖南教育出版社 2004 年版,第 392 页。

③ 有的学者认为,波菲利这种扩大,"离开了亚里士多德的原意,但是在中世纪,这些是非常有名的,人们对波菲利的赞誉超过了他应得的评价"。肖兹:《简明逻辑史》,商务印书馆 1997 年版,第 192 页。

量、关系、性质、主动、被动、状态、位置、时间、情况。①

如果把亚里士多德的"范畴"和李之藻所译的"十论"对比一下,可列表如下:

  实体、数量、性质、关系、地点、时间、姿态、状况、动作、遭受(亚氏的"十范畴")
  自立体、几何、何似、互视、施作、承受、何居、暂久、体势、得有(《名理探》的翻译)

从这个对比中我们可以看出,除了排列顺序略有差别之外,在范畴内容上是完全一致的。②

李之藻与利玛窦有很好的交情,他也熟读过《天主实义》,利玛窦在《天主实义》中所介绍的西方逻辑知识,对他翻译《名理探》也产生了影响。

在《天主实义》中,亚里士多德的十个范畴为:自立者、几何、互视、何如、作为、抵受、何时、何所、体势、穿得。在艾儒略的《西学凡》中,这十个概念为:自立者、几何、相接、何状、作为、抵受、何时、何所、体势、得用。到《名理探》中,则译为自立体、几何、何似、互视、切所、何时、体势、受饰、作为、抵受。我们看到《天主实义》和《名理探》中的十个范畴的译名,其中有六个是相同的。即使其他四个有所不同,其差异也不大。因此,"利玛窦在《天主实义》中将西方十

---

① 亚里士多德在《范畴篇》中说:"一切非复合词包括实体、数量、性质、关系、何地、何时、所处、所有、动作、承受。举个例子来说,实体,如人和马;数量,如,'两肘长'、'三肘长';性质,如,'白色的'、'有教养的';关系,如,'一半'、'二倍'、'大于';何地,如,'在吕克昂'、'在市场';何时,如,'昨天'、'去年';所出,如'躺着'、'坐着';所有,如,'穿鞋的'、'贯甲的';动作,如,'分割'、'点燃';承受,如,'被分割'、'被点燃'。"转载于张家龙《逻辑思想史》,湖南教育出版社2004年版,第390页。
② 参阅张西平《中国与欧洲早期宗教和哲学交流史》,东方出版社2001年版,第21—22页。

个范畴的传入与翻译多为《名理探》所沿用"。[①]

关于李之藻在翻译时，将西方逻辑概念转换成中文所面临的困难，《名理探》与《亚里士多德辩证法注释大全》的关系学界已经有所研究，这里不再展开。[②]

《名理探》与《辩证法大全疏解》的具体章节对应情况如下。

《辩证法大全疏解》的第一章"序言"（Prooemium）共有七节，对应《名理探》五公卷之一的十节，简要介绍了爱知学（哲学）的重要意义。

《辩证法大全疏解》的第二章"薄斐略的引论"（Isagoge）共有八节，第一节为"前言"，第二至六节分别解释 genus、species、differentia、proprius、accidens，即"宗""类""殊""独""依"这五公，第七、八节为总论。这八节正好对应《名理探》五公卷之二到卷之五，此四卷分为七篇，其中第一篇对应"引论"的第一节，第二篇至第六篇对应"引论"的第二至六节，第七篇对应"引论"的第七、八节。本章是薄斐略对亚里士多德四谓词加以阐释，提出五公称——即今所谓"五宾词"理论。

《辩证法大全疏解》第三章"范畴篇"（De Categoriarum）共分十四节，第一至四节分别对应《名理探》十伦卷之一的先论四篇，第五至九节分别对应《名理探》十伦卷之二到卷之五的前三篇，第十至十三节分

[①] 徐光台：《明末西方〈范畴论〉重要语词的传入与翻译：从利玛窦〈天主实义〉到〈名理探〉》，《海外汉语探索四百年管窥》，外语教学与研究出版社 2008 年版。

[②] "在《名理探》中，亚里士多德的形象被重新塑造，从一个被雅典仇视的外来者形象转变成为一个成功的学者型政府官员的典范，这一新的形象可能会对《名理探》的普及有好处，毕竟这一形象是孔子形象的补益。

对于逻辑学中概念的形成而言，中国人在这里很可能就会止步不前，因为在'十伦'中，中国人无法正确理解的至少有三个，'何时者'，'何似者'，'互视者'，而概念的明晰是逻辑学中不可缺少的。古代汉语在辩证法的第一步中就遇到了无法消除的困难。

古汉语不依据句子和命题来表达语义内容的惊人主张必然以此为结果，即所有的汉字都是名词以及作为一串名词的复合名词、短语和句子。它们缺乏任何形态学上的标志以表明它们是限定动词或者是完整语句，因此它们都不是逻辑学意义上的语句与命题，这种结果相应地使人们能够理解早期中国人缺乏对'真'与'假'问题的兴趣。"王建鲁：《〈名理探〉与〈辩证法大全注释〉比较研究》，中国社会科学出版社 2014 年版，第 163—164 页。

别对应卷之五的第四篇与四篇后论，第十四小节在十伦卷中未找到。其中第五至九节是对十伦，即十个范畴的解释，第五节 substantia 为卷二十伦之一"自立体"，第六节 quantitas 为卷三十伦之二"几何"，第 7 节对应卷四的十伦之三"互视"，第八节对应卷四的十伦之四"何似"，而第 9 节则对应了剩下的六个范畴，即 actio（"施作"）、passio（"承受"）、situs（"体势"）、ubi（"何居"）、duratio（"暂久"）、habitus（"得有"），两两为一组，成对而论。

  罗伯特·瓦第（Robert Wardy）作为一名哲学研究者，是西方学者中较早对《名理探》展开研究的学者。瓦第的 Aristotle in China：Language, Categories and Translation① 以中文为例考察了《名理探》中语言和思想的关系，特别考察了用中文表述的逻辑学思想。瓦第反对语言相对论者所持的拉丁语的亚氏逻辑学说不可能被古代汉语完全诠释出来，他认为，既然亚里士多德的逻辑学可以复兴于 2000 年后的拉丁语中，那么它也一定有理由存活于同时代的汉语中。② 作者从内容、思想、语言等多方面进行对比，以希腊原著作为参照系，细致地分析了拉丁文本和汉语文本之间的异同。这样就跳出了单纯以拉丁文为基础的参照系，采用更为公平和宽广的视角，评价哪一个文本更接近原著。这种反传统的对比方法，不仅可视作为《名理探》"正名"，同时也是从外来角度重新审视拉丁文本，有助于欧洲语言、哲学领域的研究。作者还详细探讨了"十伦""互视"等概念的翻译，总结出汉译本在不同情况下采取的不同翻译策略。这些策略的形成原因大多根植于中欧读者文化、教育背景的不同，部分是由于语言形态的不同。作者不同于一些以往研究者之处也就在这里，他认为语言形态上的不同并不能视为汉语在翻译欧洲语言著作的劣势，正是这些区别使得汉语译介发挥出超越拉丁语的优势，能够在很多概念上更加清晰简洁地反映原

---

① Robert Wardy, *Aristotle in China, Language, Categories, and Translation*, Cambridge University Press, 2000.
② Ibid..

义。作者赞同的是语义、哲理上的一致性，而非仅仅是语言形式上的统一。"有时，正如这里，语言学上的依存关系与本体论上的依存关系正好相反。当这种情况发生时，我们应当考虑哲理的统一，而非'语法'的正确。"① 在序言中，作者的第一句话就申明了这本书是考察语言与思想的关系，通过对《名理探》和拉丁文本的翻译比较，作者反对语言决定思想的"语言决定论"以及由此衍生的"绝对相对论"，肯定无论什么样的语言形式，都有特点各异但地位同等的诠释能力。正如最后一节的标题——"不可译之译"，② 看似不可翻译的古代汉语，恰恰交出了一份满意的亚氏逻辑学翻译答卷。

通过附表4—1，可以清楚地厘清拉丁版本的《辩证法大全疏解》与《名理探》间的章节对应关系。

附表4—1　拉丁版本《大全疏解》与《名理探》间章节对应关系

《亚里士多德辩证法解释大全》		《名理探》		主要内容
Prooemium		五公卷之一		名理探总论
Isagoge	praefatio	五公卷之二，五公卷之三 五公卷之篇第一		总体阐述何为"公"
	De Genere	五公卷之四	五公之篇第二论宗	解释"宗"
	De Specie		五公之篇第三论类	解释"类"
	De Differentia	五公卷之五	五公之篇第四论殊	解释"殊"
	De Proprio		五公之篇第五论独	解释"独"
	De Accidente		五公之篇第六论依	解释"依"
	De Communitatibus et differentiis praedicabilium	五公之篇第七		分析五公称的同异

---

① Robert Wardy, *Aristotle in China*, *Language*, *Categories*, *and Translation*, p. 149.
② Ibid., p. 146.

续表

《亚里士多德辩证法解释大全》		《名理探》	主要内容
De Categoriarum	De Aequivoci, Univocis, et Denominatiuis	十伦卷之一 先论之一	总析十范畴
	De Complexis, ct Incomplexis	先论之二	
	De Regulis	先论之三	
	De decem praedicamentis	先论之四	
	De Substantia	十伦卷之二 十伦之一自立体	解释"自立体"
	De Quantitate	十伦卷之三 十伦之二论几何	解释"几何"
	De Relatione	十伦卷之四 十伦之三论互视	解释"互视"
	De Qualitate	十伦之四论何似	解释"何似"
	De Actione&Passione, Situs&Ubi, Duratione&Habitu	十伦之五论施作、承受、体势、何居、暂久、得有	解释"施作&承受"、"体势&何居"、"暂久&得有"
	De Oppositis	十伦卷之五 后论之一论"相对"	解释"相对"
	De Modis Prioris	后论之二论"先"	解释"并"
	De Modis Simul	后论之三论"并"	解释"并"
	De Speciebus Motus	后论之四论"动"	解释"动"
	De Modis Habere	未译	无

三 《穷理学》和《名理探》的关系

《名理探》出版时并未将李之藻的全部译文出版。据李天经（1579—1659，字仁常，神宗癸丑进士，官至光禄寺卿）及李次彪（李之藻之子，生卒年不详)之序,以及方豪对比北堂所存拉丁文原本,可知傅汎际和李之藻还可能译出了其他部分,共计二十五卷或三十卷。①

《名理探》和《穷理学》紧密相连。我们大体可以窥见到当年李之藻和傅汎际所翻译的《亚里士多德辩证法大全疏解》的部分内容,因为,至今《穷理学》全本仍未发现,因而至今我们仍不能说我们发现了《名理探》的全译本。但这依然已经是重大的学术发现。② 这样,长期以来学术界一直无法获得《名理探》的全译本,从而也无法全面了解李之藻和傅汎际所翻译的《亚里士多德辩证法大全疏解》的全貌。20世纪90年代,笔者在北大图书馆查阅了1683年南怀仁的六十卷《穷理学》。这是一本南怀仁进呈康熙的西学总汇之书,按照康熙要求将耶稣会会士们所译的欧洲知识,包括天文学、数学、机械等诸多学科汇集在一起。但很遗憾,北大所发现的只是《穷理学》的残卷,仅有十六卷,包括"理推之总论""形性之理推""轻重之理推""理辩之五公称"四个部分。其中"理辩之五公称"对应《名理探》的前五卷,"理辩之总论"则是对前分析篇的翻译。由此,经考证《穷理学》这二章即为当年李之藻和傅汎际在翻译《名理探》时的译本,是未及刻印、收入《名理探》中的部分章节。③

(一)《穷理学》的版本及内容简介

比利时来华传教士南怀仁是中国天主教史上的重要人物,虽然他较之利玛窦、汤若望来华稍晚,但"中国天主教教士身后得蒙赐的,在中国历史上却只有南怀仁"④。他在明清史上的重要性不仅在于治历法、铸大炮、传播西方科技,并使康熙皇帝逐步改变了对待天主教的态度。"给

---

① 参见方豪《李之藻研究》,台湾商务印书馆1966年版,第125—129页。
② 从20世纪90年代后,由于北京大学《穷理学》部分残本的发现,中外学术界已经开始关注并展开研究。
③ 参阅张西平《穷理学——南怀仁最重要的著作》,《国际汉学》第四辑,大象出版社1996年版。
④ 方豪:《中国教人物传》第2册,香港公教真理学会1970年版,第162页。

中国教会带来了约40年的'黄金时代'",① 而且还在于他传播介绍了西方哲学与宗教。关于后一方面鲜为人所研究。

《穷理学》是南怀仁晚年的著作。康熙二十二年（1683）他在进呈《穷理学》的奏疏中说："臣自钦取来京，至今二十四载，昼夜竭力，以全备理推之学。"② 这说明《穷理学》非一日之功，而是集南怀仁一生之心血，在此意义上把《穷理学》作为南怀仁一生的代表作也是完全应该的。

南怀仁之所以如此重视《穷理学》有两个方面的原因。第一，从西洋学问来说，《穷理学》可谓"百学之门"。他在奏疏中说：

> 古今名学之名公凡论，诸学之粹精纯贵，皆谓穷理学为百学之宗。谓订非之磨勘，试真之砺石，万艺之司衡，灵界之日光，明悟之眼目、义理之启钥，为诸学之首需者也。如兵工医律量度等学，若无理推之法，则必浮泛而不能为精确之艺。且天下不拘何方何品之士，凡论事物，莫不以理为主，但常有不知分别其理之真伪何在，故彼此恒有相反之说，而不能归于一；是必有一确法以定之，其法即理推之法耳。

这是告诉康熙，西国虽有六艺，但六艺之根本是理推之法，不了解这个根、这个本，任何学问不过是浮光掠影，无法精确。

第二，从中国学问来说，《穷理学》乃历法之本。南怀仁写《穷理学》时，来中国已经20多年，他深知历法在中国的地位和作用，尤其他本人历经了"熙朝历狱"，饱受磨难，因杨光先诬而入狱。③ 因西洋之法准确而重新复出，逐步取得康熙的信任。

所以，他在奏疏中开宗明义便说："进穷理学之理，以明历理，以广

---

① 林金水：《论南怀仁对康熙天主教政策的影响》，Sino-Western Cultural Relations Jouranal XIV. 1992, p. 18。
② 徐宗泽：《明清间耶稣会士译著提要》，中华书局1989年版，第191页。
③ 杨光先：《不得已》上卷，载《天主教东传文献续编》三，台湾学生书局1984年版，第384页。

开百学之门，永垂万世。窃唯治历明时，为帝王之首务。"历法是如此重大之事，但南怀仁认为长期以来，中国历法是只知其数不知其理。正像一个人只有其形体而无灵魂一样。

所以，南怀仁在奏疏中对中国历法史作了简要回顾，他认为史书中记载的汉代以后的名家历法大多停留在表面，都是"专求法数，罕求名理"。元代郭守敬之历法号称精密，实际上当时已出现了不足，即"推食而不食、食而失推之弊"。究其原因在于这些历法都"未能洞晓本原"。

南怀仁所呈进的《穷理学》得到了康熙的认可。自康熙二十二年（1683）南怀仁进呈《穷理学》一书以来，史书多有描述性记载，而无详细具体之介绍。

"最早对《穷理学》展开研究的是欧洲汉学家 Dunyn Szpot（ca. 1700）。他提到《穷理学》可能纂集了以往耶稣会会士的几部著作的内容。"[1]

徐宗泽在《明清间耶稣会士译著提要》一书中谈到此书时说："耶稣会会士南怀仁译，康熙二十二年八月二十六日进呈御览，共60卷。熙朝定案中有南怀仁'恭进穷理学摺'，此书是一部论理学，想译自亚利斯多德哲学之一部分，或即高因磐利大学（universite de Coimbre）哲学讲义课本，续傅汎际、李之藻《名理探》而完成之书也。"从徐宗泽的这段话我们可得出结论：1. 他本人并未见过此书，关于此书情况他只是猜想；2. 他猜想《穷理学》是亚里士多德哲学的一部分；3. 他猜想《穷理学》是《名理探》的续本。

费赖之在《在华耶稣会士列传及书目》一书中讲到南怀仁时也提到了此书，他说："帝命怀仁撰哲学进呈，怀仁辑傅汎际之《名理探》，艾儒略（Jules Aleni）、毕方济（Francois Sambiasi）之《万物真原》《灵言蠡勺》，利类思（Louis Baglio）之《超性学要》，王丰肃（Alphonse Vagnoni）之《斐录汇答》等书，录其概要，参以己意，都为60卷，书成进

---

[1] 尚智丛：《明末清初（1582—1687）的格物穷理之学：中国学科发展的前近代形态》，四川教育出版社2003年版，第66页。

呈，帝留中阅览。"① 费赖之的这个记载表明两点：1.《穷理学》是南怀仁将其他来华传教士有关著作汇辑而成的；2.《穷理学》的主要来源是傅汎际、艾儒略、利类思、王丰肃、毕方济等人的著作。很明显徐宗泽和费赖之的记载相互不一，材料来源也不一样。但他们两人都是在转述、介绍这部著作，都未见过原著原文。

从目前的文献来看，见到此书残本的可能有两人。一人在民国 28 年（1939）11 月 19 日的天津《益世报》上发文谈此事，这篇文章笔者一直未能读到，但徐宗泽作过转述。徐宗泽说：

"近年来北平燕京大学图书馆收得旧抄本《穷理学》残本一部，共两函十六本，朱丝阑恭折，书面绸绫，标题颇似进呈之本。计存《理推之总论》5卷，《形性之理推》1卷，《轻重之理推》1卷。"②

见过此残本的另一人可能是冯承钧先生，他在费赖之一书的中文版注释中说：

> 今见有怀仁撰《进呈穷理学》旧抄本，已残缺不完，计存《理推之总论》五卷，《形性之理推》3卷，《理辩之总论》5卷，应是此书。惟考狄著《中国的中欧印刷术书目》，有《形性理推》五卷（3图号）、《光向异验理推》一卷（316号）、《目司图说》一卷（363号）、《理推各图说》一卷（364号）、《理辩之引启》二卷（362号），应皆为是编之子目。皆是编所述形上形下诸学皆备，可谓集当时西学之大成，惟所钞《名理探》凡论及天主诸节，胥予删润，殆进呈之书未敢涉及教理耳。又考《癸巳类稿》卷十四，书《人身图说》后，曾引怀仁是编，谓一切知识记忆不在于心而于头脑之内。是《穷理学》中或辑有邓玉函、罗雅谷之著述矣。③

---

① [法]费赖之：《在华耶稣会士列传及书目》，中华书局1995年版，第356页。
② 徐宗泽：《明清间耶稣会士译著提要》，中华书局1989年版，第190—191页。
③ [法]费赖之：《在华耶稣会士列传及书目》，中华书局1995年版，第356页，现北大的藏本中有2页未注明作者的散页，从行文的风格和口气来说，很可能是冯承钧先生当年读此书时之遗墨。

这里冯先生是亲眼所见，《穷理学》残本是存在的，不同之处在于对残存本的篇目记述不一，《形性之理推》徐宗泽说仅1卷，而冯承钧认为其有3卷；徐宗泽未讲《理辩之五公称》这部分内容，而冯承钧认为共有5卷。"与北大现存《穷理学》残抄本内容相比较，徐宗泽先生健所论与《穷理学》实际情况有较大出入，原收并不仅是逻辑1学内容。可见他并未亲见该书，只是根据《益世报》的报道来做分析。"①

笔者1999年在《国际汉学》发表《〈穷理学〉——南怀仁最重要的著作》一文，初步描述了《穷理学》的版本，② 高华士（Noêl Golvers）、钟鸣旦（Nicolas Standaert）、杜鼎克（Adrian Dudink）也分别对《穷理学》的版本与内容进行了整理与分析。③

（二）对北大图书馆所藏的《穷理学》残本的介绍

这个残本共二函十六册，抄本，每页是单边单栏，上花口。书面如徐宗泽所说的"书面绸绫"，《理推之总论》标题下有"治理历法加工部右侍郎又加二级臣南怀仁集述"。从整个书的装帧来看属于进呈的内府本。我曾在北图工作多年，曾见过传教士徐日升的《律吕纂要》一书，此书也属清宫廷内府本，所见装潢与笔者见到的《穷理论》十分接近。从内容上来说，费赖之认为《穷理学》是将部分来华耶稣会会士的著作汇集而成。这有一定的道理。

南怀仁在呈康熙的奏折中称"穷理之书60卷"，从这个残本的目录来看《理推之总论》有5卷，《形性之理推》至少有9卷，《轻重之理推》至少有7卷，《理辩五公称》有5卷，合计26卷。考狄（M. Henri Cordier）在其 Limprimerie sino-Europeenne en Chine Bibliographie 中关于南

---

① 尚智丛：《明末清初（1582—1687）的格物穷理之学：中国学科发展的前近代形态》，四川教育出版社2003年版，第68页。

② 张西平：《〈穷理学〉南怀仁最重要的著作》，《国际汉学》第四辑，大象出版社1999年版，第382页；该文也载于《传教士汉学研究》，河南教育出版社2005年版。

③ Noêl Golvers ed., *The Christian Mission in China in the Verbiest Era: Some Aspects of the Missionary Approach.*

怀仁的中文著作，他列出《形性理推》5卷，《预推经验》1卷，《光向异验理推》1卷，《理辩之引启》2卷，《目习图说》1卷，《理推各图说》1卷。① 这有11卷，与前面的26卷合起来共有37卷，也就是说还有23卷的情况现在完全不知。

《穷理学》被认为是集西学之大成的著作，它和其他来华耶稣会会士的译著有着密切的关系。由于篇幅所限，本文将不能一一展开这种考证和研究。但有一点可以肯定：《穷理学》并不仅仅是逻辑学的著作，而是当时西学之总汇。②

（三）《穷理学》和《名理探》的关系

二者在介绍西方逻辑学方面是相通的。《名理探》是来华传教士介绍西方哲学的最重要著作之一。李天经说："《名理探》十余卷，大抵欲人明此真实之理，而于明悟为用，推论为梯。读之其似奥而味之其理皆真诚也，为格物穷理之大原本哉。"③ 这个残本中的《理辩五公称》取自李之藻的《名理探》的前5卷，所不同的是李之藻在翻译中加入了许多天主教的内容，而南怀仁则将与逻辑学无关的宗教内容删去。这充分表现了南怀仁的传教策略，他继承了利玛窦的科学传教的路线，尤其是经过杨光先的反教案后，他更为谨慎，在科学和宗教之间加以平衡，正如他在1683年致欧洲会友的一封信中所说："皇帝的意志对我们处处有限制，如违背他的意志，或者对此有任何轻微的表现，就会立刻危害我们的整个传教事业。"④

---

① M. Henri Cordier, Limprimerie sino-Europeenne en Chine parles Europeens Au Xvll ET All xv siecle, Paris Imprimerie Nationale. 冯承钧先生在《在华耶稣会士列传及书目》第356页注中说考狄书目中关于《穷理学》的书只有《形性理推》5卷，《光向异验理推》1卷，《目习图说》1卷，《理推各图说》1卷，《理辩之引启》2卷，少了《预推经验》1卷。

② 钟鸣旦：《格物穷理：17世纪西方耶稣会士与中国学者间的讨论》，载［美］魏若望编《传教士·科学家·工程师·外交家·南怀仁》，社会科学文献出版社2001年版。

③ 徐宗泽：《明清间耶稣会士译著提要》，中华书局1989年版，第194页。

④ ［比利时］南怀仁：《扈从康熙皇帝巡幸西鞑靼记》，张美华译，《清史研究通讯》1987年第1期。

李之藻在《名理探》中对亚里士多德的逻辑学体系进行了清楚的表述。他说:"名理探三门,论明悟之首用,次用,三用。非先发直通,不能断通,非先发断通,不能得推论。三者相因,故三门相须为用,自用相先之序。"① 这里"直通"是指概念;"断通"是指判断;"推通"是指推理。《名理探》的"五公论"是对事物种类及其性质的分析,它属于认识论范畴,对于形式逻辑来说,它只是预备性的知识。而《名理探》中的"十论"讲的是亚里士多德《工具论·范畴篇》中的十个范畴。现残存的 5 卷《理推之总论》属于"推理"的内容,现所见李之藻的《名理探》中没有刻出这 5 卷。李之藻在《名理探》的目录最后有"第三、四、五端之论待后刻"一句。据此,我对《穷理学》和《名理探》的关系得出以下两点结论。

第一,徐宗泽当年已经考证并核对了《名理探》的原拉丁文本,得出《名理探》全部应是 25 卷。② 曾德昭在他的《中国通史》一书后已附录《李之藻传》,另《名理探》还有 20 卷待刻,显然他此时只看到了"五公论"的 5 卷(这 5 卷于 1631 年成书)。这样《名理探》应有 25 卷收入《穷理学》中,其中已刻的 10 卷,即"五公论"(5 卷)、"十论"(5 卷),这未刻的 15 卷被南怀仁重新刻印收入《穷理学》中。这点南怀仁在奏书中讲得很清楚:"详察穷理之书,从西字已经翻译而未刻者,皆校对而增修之,纂集之,其来经翻译者,则接续而翻译加以补之,辑集成帙。"

第二,《理推之总论》是李之藻译竟未刻之文献,由南怀仁刻印成书。③ 这 5 卷的发现对于研究西方哲学在中国早期的传播,以及中国逻辑史的研究都有着重要意义。

总之,《穷理学》是南怀仁的一本重要的著作,是当时西学之集大成者。从这个残本中我们可以看到,南怀仁对传播西方宗教哲学的贡献很大,仅他将《名理探》所剩下的 15 卷重新刻印就功不可没。

---

① 《名理探》,台湾商务印书馆 1974 年版,第 481 页。
② 同上。
③ 《穷理学》的刻本至今尚未发现。

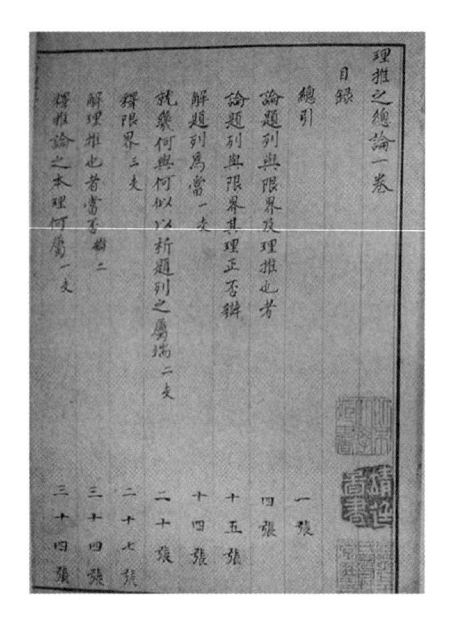

附图4—2 《穷理学》目录页

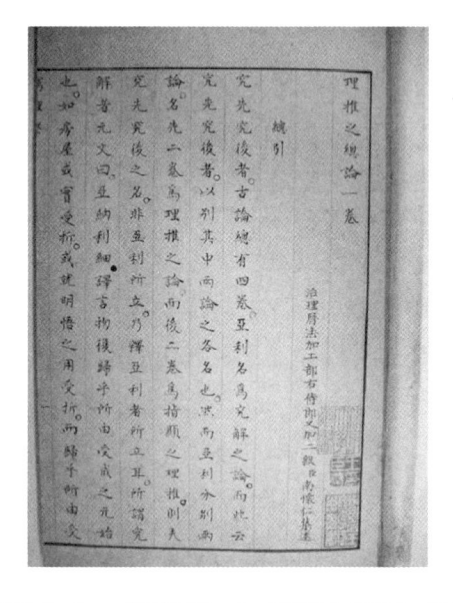

附图4—3 《穷理学》中《理推之总论》首页

(四)《穷理学》所介绍的西方逻辑学

从介绍西方逻辑学内容来看,《理辩五公称》在《名理探》中已经介绍了,《理推之总论》属于《名理探》所没有的新的内容,主要介绍了演绎推理的理论。

南怀仁在《理推之总论》中指出:"究先究后者,古论总有四卷。亚利名为究解之论。而此云究先究后者,以别其中两论之各名也。然而亚利分别两论,名先二卷为理推之论,而后二卷为指显之理推。"① 这是说亚里士多德逻辑学的《前分析篇》主要是讲推理,《后分析篇》主要是讲演绎。

在"理推之总论"第二卷中,南怀仁说:

> 一提析题列之属端。二提直题列之何似相转也。属端者有三:一析直者;二析是非;三析公特与非限定之题列。论直之题何似相转者,释有四端:一曰凡公且非之题列,直然受转。二曰凡公真是之题列,依然受转。三曰凡特且是之题列,亦直然受转。四曰凡特且非之题列,绝不可受转也。②

这是在介绍推理中的命题的种类,即全称肯定判断、全称否定判断、特称肯定判断、特称否定判断、全称肯定判断的换位问题。

第三卷主要讲相转(换位)问题,第四卷主要讲了亚里士多德的三段论内容,对三段论的"格"和"式"进行了说明。第五卷讲述了推理的构成和分类,也就是命题问题。讲述了实然命题、可然命题和或然命题。从这里我们看出,《穷理学》是在《名理探》的基础上的第一部较为详细的西方逻辑学的推理演绎理论。

对于《穷理学》的研究,德国汉学家顾有信(Joachim Kurtz)在德

---

① [比]南怀仁主编:《穷理学》,北京大学图书馆影印本,《理推之总论》一卷,"总引"。以下关于《穷理学》的引文皆出于此。

② 同上。

国埃尔兰根—纽伦堡大学所作的题为"The Discovery of Chinese Logic: Genealogy of a Twentieth-Century Discourse"的博士学位论文。对《名理探》和《穷理学》两书的概念进行了研究。他将重点放在外来概念如何融入本土思想上，同时强调了译者的文化背景。他认为，建立合适的词汇体系是翻译的重要步骤，这一步骤可以通过不同的词汇创新方式实现。对于李之藻与傅汎际的翻译成果，顾有信是持肯定态度的。他认为在当时的情况下，二人基本完成了用汉语介绍中世纪亚氏逻辑学这一艰巨任务，明朝的古汉语和拉丁语或"印欧语系"之间的沟通是可以实现的。问题在于，经过天主教思想浸润的中世纪拉丁语版亚氏逻辑学，如果没有经过如耶稣会会士所受的系统欧洲哲学教育，对于汉语读者来说，其难度等同于学习一门外语。[①] 此外，传教士介绍逻辑学的目的也并非单纯向中国读者介绍欧洲科学，而是通过这些知识引起中国读者的兴趣，接着转入对知识背后的终极原因——天主的膜拜。而在当时的情况下，儒家思想占据统治地位，用顾有信的话说："只要这个权威（儒学的权威）一天不倒，以天主教信仰中'神学婢女'形象出现的逻辑学就不可能被接受，那些倔强顽固的信使们也无从立足。"[②] 总体来看，顾有信的博士学位论文是将明清之际的欧洲逻辑学传入当作研究对象之一，用以考察逻辑学在中国近代史上的发生、发展，以此证实中国逻辑学的突飞猛进不是空穴来风，是有一系列铺垫的。在这部分中，作者主要从词汇的翻译角度入手，对文献版本和翻译的历史背景也稍作介绍，从而得出两种语言的不同不是当时逻辑学未能流行的主要原因，拉丁文本本身的繁复与两种文化、教育背景的不同，以及中国士人对天主教传播亚氏哲学的反应才是更为重要的原因。

因此本文只考察这一部分的逻辑学词汇。顾有信论文中关于这部分内容也列出了主要的词汇表，但同样不包括拉丁原词。本文在该表格的基础上，加入拉丁文原词，加以补正，并增添了该表中遗漏的词汇。

[①] Joachim Kurtz, *The Discovery of Chinese Logic: Genealogy of a Twentieth-Century Discourse*, p. 70.

[②] Ibid., p. 78.

附表 4—2　　《理推之总论》中出现的主要逻辑学概念

古代汉语	拉丁语	英语	现代汉语
究先者	Analytica Priora, Priori Resolutione	prior analytics	前分析篇
究后者	Analytica Posteriora, Posteriori Resolutione	posterior analyties	后分析篇
理辩	Logica	logic	逻辑
推辩	Conjectura	inference	推理
理推	Raciocinati, Syllogismus	reasoning, syllogism	推理
指显之理推	Syllogismus Demonstrativus	demonstrative syllogism	证明推理
若之推理	Syllogismus Hypotheticus	hypothetical syllogism	假言三段论
非全成之理推	Syllogismus Imperfeetus	enthymeme	省略三段论
题列	Propositio	proposition	命题
限界、向界	Terminus	term, limit	词项
界义	Definitio	definition	定义
称	Praedicatus	predicate	谓词、谓项
底	Subiectis	subject	主词、主项
是	Verus, Affirmativus	true, affirmative	真、肯定
非	Falsus, Negativus	false, negative	假、否定
公	Universalis	universal	全称的
特	Particularis	particular	特称的
非限定	Indefinita	indefinite	不定的
相转	Conversio	conversion	换位
相似	Analogia	analogy	类推、类比
总理	Generalitas	generalization	概括
反置	Contrapositio	contraposition	换质位
规模	Forma	rule, standard	规则
形	Figura	figure	格
式	Modus	Mood, mode	式、形式
几何	Quantitas	quantity	量
何似	Qualitas	Quality	质

续表

古代汉语	拉丁语	英语	现代汉语
合成之限界	Terminus de Complexis	Complex term	合成词项
孑然之限界	Terminus de Singularis	Singular term	单称词项
公且是之题列	Propositio Universalis Affirmativa	universal affirmative proposition	全称肯定命题
公且非之题列	Propositio Universalis Negativa	universal negative proposition	全称否定命题
特且是之题列	Propositio Particularis Affirmativa	particular affirmative proposition	特称肯定命题
特且非之题列	Propositio Particularis Negativa	particular negative proposition	特称否定命题
题列	Propositio	premise	前提
首列	Propositio Maior	major premise	大前提
次列	Propositio Minor	minor premise	小前提
收列	Consummatio	conclusion	结论
元始	Doctrina	principle	原则
固然之题	Propositio de Necesse	necessary proposition	必要前提
可然/可不然之题	Propositio de Contigenti	contigent propositon	偶然前提
直然之题	Propositio Absoluta	absolute proposition	定言命题,绝对前提

四 《穷理学》在汉语逻辑学概念上的创造

李之藻在《名理探》中对如何翻译西方逻辑概念进行了创造性发挥：

> 名理之论，凡属两可者，西云第亚勒第加；凡属明确，不得不然者，西云络日伽。穷理者，兼用此名，以称推论之总艺云。依次释络日伽为名理探。即循所已明，推而通诸未明之辩也。①

---

① [葡]傅汎际译义，李之藻达辞：《名理探》，生活·读书·新知三联书店1959年版，第15页。

在这里所说的,"第亚勒第加"属于两可者,也就是现在我们讲的辩证法,这是和逻辑不一样的;反之,络日伽,被音译解释为意旨是根据已知的掌握的资料推出未知的东西,在这里,《名理探》被音译为《络日伽》,即逻辑。

徐宗泽在《名理探》重刻序中指出:

> 袪惑之法,惟名理探,名理探东译论理学,又译音逻辑,为哲学之一哲学为研究事物最终之理由,理由非明思慎辨不可,故哲学以名理探为入门。①

这里徐宗泽明确认同李之藻的翻译,"名理探"就是逻辑学,它属于哲学的一部分。

在中国传统文化思想中,在中国传统语言学中,"名理"其含义之一是表示名称与道理。马王堆汉墓帛书《经法·名理》:"审察名理名冬(终)始……能舆(举)冬始,故能循名廐(究)理。《鹖冠子·泰录》:"泰一之道,九皇之傅,请成于泰始之末,见不详事于名理之外。"清王士禛《池北偶谈·谈异六·罗汉》:"时癸丑会试举人题……米叹其难。罗汉为阐发传注,名理燦然。"郭沫若《释玄黄》:"焦的内含,可兼容黑、黄两色,而足下使焦字与黑字相等,这恐怕在名理上说不过去吧。""名理"的另一种含义是特指魏晋及其后清谈家辨析事物名和理的是非同异。《三国志·魏志·钟会传》:"及壮,有才数技艺,而博学精练名理。"《晋书·范汪传》:"博学多通,善谈名理。"

在这个意义上,李之藻用"名理"来表示逻辑学是一种创造,这个概念既表达了逻辑的概念,也比较切合中国历史中这一概念的原初含义。

在《穷理学》中,李之藻在《理推之总论》中继续用汉语创造了几个重要的逻辑词语。《理推之总论》是《穷理学》中译介三段论的部分,也是现存《穷理学》中唯一有关亚里士多德逻辑学的部分。《理推之总

---

① [葡]傅汎际译义,李之藻达辞:《名理探》,生活·读书·新知三联书店1959年版,第1页。

论》开卷即用几句话阐述了亚里士多德推理的内容：

> 究先究后，古论总有四卷，亚利名为究解之论，而此云究先究后者，以别其中两论之各名也。然而亚利分别两论，名先二卷为理推，而后二卷为指显之理推，则夫究先究后之名，非亚利所立，乃释亚利者所立耳。所谓究解者元文曰：亚纳利细译言物复归乎所由受成之元始也。

"亚纳利细。""亚纳利细"是拉丁词 Analytica 的音译，即物之所以成为物的根本原因以及其推理过程，也就是今天所说的演绎逻辑。

"究。""究"在古籍中有"穷""尽"的意思，如《新唐书·卷一百六十七列传第九十二·白裴崔韦二李皇甫王》中"贞元十二年，德宗诞日，诏给事中徐岱、兵部郎中赵需、礼部郎中许孟容与渠牟及佛老二师并对麟德殿，质问大趣。渠牟有口辩，虽于三家未究解，然答问锋生，帝听之意动"。[1] 此处的"究解"表示对于三家学说不能穷其道理并讲解得明白透彻。《全唐文》中也有类似例证，[2] 都表示透彻清晰地理解知识。"究解之论"中的"究"采用的是推寻、探究之义，如司马迁《报任少卿书》中："亦欲以究天人之际，通古今之变，成一家之言。""究解之论"就是推究物之理的学问。亚里士多德演绎逻辑的核心部分主要集中在前后分析篇中，前分析篇主要讨论三段论，后分析篇论述证明、定义、演绎方法等问题。"究先"者即为前分析篇，"究后"者即为后分析篇。

"指显。"前二卷所论"理推之论"即三段论，后二卷所论"指显之理推"即演绎推理、证明等。"指""显"二字在中国古籍中未见其合成为一个词，但这二字都有"指出""显露"的意思，如《韩非子·说难》中"有而不罪，则明割利害以致其功，直指是非以饰其身"。[3] 又如柳宗元的《钴鉧潭西小丘记》："嘉木立，美竹露，奇石显。"[4] 李之藻将

---

[1] 欧阳修、宋祁等：《新唐书》卷一百六十·列传第九十二，武英殿本。
[2] "仆有识以来，寡于嗜好，经术之外，略无婴心。幼年方小学时，受《论语》、《尚书》，虽微，而依说与今不异。"载董诰等《全唐文》卷三百二十三，扬州官刻本。
[3] 《古代汉语词典》，商务印书馆2003年版，第2024页。
[4] 同上书，第1700页。

"指""显"两个字合成一词,用以表明:"指显"联合即通过演绎、证明等方法,让过程明晰,使结果显露。

"理辩"。"理辩"是《穷理学》中的核心词语之一,五公称部分就以"理辩学"命名,中国古书中曾使用。"理辩"一词在《名理探》的五公卷中未见使用,南怀仁在编著《穷理学》时加入。唐朝著名的《酉阳杂俎》[1]中记载了京兆尹黎干与老翁的故事,老翁"夜深,语及养生之术,言约理辩"。此处"言约理辩"是一个并列词组,"言约"与"理辩"分别为主谓结构,意为能言善辩、言辞漂亮,"辩"用来形容言辞的状态。在宋朝的文献中,"辩"开始被更多地当作动词使用,《续资治通鉴长编》中官员吴大忠分析北疆敌情时,提到蔚州、应州、朔州三地的敌情:"北人窥伺边疆,为日已久,始则圣佛谷,次则冷泉村,以致牧羊峰、瓦窑坞,共侵筑二十九铺。今所求地,又西起雪山,东接双泉,尽瓶形、梅回两寨,缭绕五百余里。蔚、应、朔三州侵地,已经理辩,更无可疑,惟瓦窑坞见与北界商量。"[2] "理辩"在这里是分析讨论的意思,经过分析讨论,蔚州、应州、朔州三地面临的危险已毋庸置疑。在《续资治通鉴长编》的另一篇里,"理辩"出现了不同的意义:"宜先令河东经司检苏安静元与西人要约文字圆备,仍除所差折固,更选谙熟边事信实使臣一人,牒鄜延路令移报宥州,约日与已差定官于界首各出文字,理辩交会。其诺尔一户,如是未叙盟以前逃背,于誓诏当给还,即具以闻。"[3] 不同于前一篇中的分析讨论,"理辩"在此处表示对立双方你来我往的辩论。同样的用法还出现在元朝俞希鲁的《至顺镇江志》:"公抗辞建诉,极言'厚敛病民,非所以利国。且润为郡,濒江带山,土壤疏瘠,民多下贫,非他郡富庶比。常赋不能充,里胥县吏往往揭闭称贷,若复增益,势不可弗听'。公侃侃理辩,益恳至,无挠辞。取所受宣命归纳之,愿免官罢去。"上述三例都将"理辩"视作动词,"理"与"辩"是并列关系。《穷理学》基本延续了宋代以来的这种用法,突出了对立与

---

[1] 段成式:《酉阳杂俎》卷九《盗侠》,通行本。
[2] 李焘:《续资治通鉴长编》卷二百六十"神宗熙宁八年"。
[3] 俞希鲁:《至顺镇江志》卷十五,通行本;李焘:《续资治通鉴长编》卷二百九十五"神宗元丰元年"。

分析辩论的特性，"理辩学"就是一门与推理分析有关的学问，即逻辑学："理辩学之向界则亦可以为究先者之向界也。"①

"题列。""题列"是另一个《穷理学》三段论的核心词语。"解释题列而云，乃是言论或能是或能非何义于何物者也。"②将这句话用现代汉语表示出来，即"命题，就是判断某个主谓形式是真是假的语言形式"。"题列"还被用来表示前提，与此相同的是，在拉丁文中，这两个含义用同一个词 Propositio 来表示。用现代汉语表述的亚里士多德《前分析篇》这样写道："前提是对某一事物肯定或否定另一事物的一个陈述。它或者是全称的，或者是特称的，或者是不定的。所谓全称前提，我是指一个事物属于或不属于另一事物的全体的陈述；所谓特称前提，我是指一个事物属于另一个事物的有些部分、不属于有些部分或不属于另一个事物全体的陈述；所谓不定前提，我指的是一个事物属于或不属于另一个事物，但没有表明是特称还是全称的陈述。"③ 在《穷理学》中，可以找到类似的表述。④ 前者是对"前提"的解释，后者是对"命题"的介绍。前提本身就是一个命题，是一个可以通过其推理出其他命题的命题。因此，《穷理学》对 Propositio 一词的翻译做到了既尊重原文意义，又顾及词语形式，堪称典范。

"题列"一词乃傅、李二人新创词语，因"命题"这一概念本身来自于欧洲中世纪逻辑学，中文古籍中原本没有与之相对的概念。两字一起使用时，"题"常取书写义，"列"取陈列义，用作在某物上题写图画。⑤拉丁文中 Propositio 一词，由 pro - 和 positio 组成，pro - 意为在某物之前，

---

① 《理推之总论》卷一，《穷理学》抄本影印文件。
② 同上。
③ 苗力田主编：《亚里士多德全集》，第一卷，中国人民大学出版社1997年版，第294页。
④ "亚利就几何析题列有三端：一公二特三非限定之题列也。未及论子一者，缘凡子一之诸有常变，不属解特之题列，解公之题列，云是有公且属公号志底者也，如云凡生觉者是自立之体也。是有公且属特号志底者也，如云或一人为穷理者。解非限定之题列，云是其底非属何一某号者也，故云非限定，即非属乎某一定之几何者也。""理推之总论"卷一，第二十一章，《穷理学》抄本影印文件。
⑤ 例如："古旧相传，有《五时般若》，穷检经论，未见其说。唯有《仁王般若》，题列卷后，具有其文。"见释道宣编《广弘明集》卷十九，大正藏本。

positio 表示"放置""处所"。"题"在古汉语中本义为"额头",如"是黑牛也而白题"①,若再取"列"之陈列义,并将额头引申为"开头""起始",则"题列"合起来表示放置于起始,与前提的含义相符。"题"的一个最广泛使用的词义是"题目""问题","列"在古籍中还有"陈述""说明"的含义,如"顾惟效死之无门,杀身何益,更欲呼天而自列,尚口乃穷"②。若按此义,并将"列"之义稍加引申为"申辩""辩论",则"题列"可解释为对某个题目的分析推辩,亦粗合"命题"之义。

"限界。"与"题列"紧密相连的"限界"意为词项,包括主项与谓项,或主词与谓词,例如:"若谓亚利解限者,但指凡留存界者,其义乃析题列之所归之称与底也。则非凡析题列之所归者皆为限界,惟所归而为题列之称底者。"③亚里士多德《前分析篇》这样定义"词项":"所谓词项我是指一个前提分解后的成分,即谓项和主项,以及被加上或去掉的系词'是'或'不是'。"④这个定义可以被视作前面两句话的结合,"底"是主词或主项,"称"是谓词或谓项,而"限界"则是除了系词以外的二者的合称——词项。"限界"一词在古书中常用作"边界"之义,如"凡得见闻,雅喜抄录,或搜之遗编断简,或采之往行前言,上至圣神帝王吟咏,下至阛阓间里碎言,近而衽席晤谈,远而裔戎限界,岁积月盛,篇盈帙满,不觉琐屑涉乎繁芜?"⑤这段话中的"远而裔戎限界"就是指远到外族边境之地。"限"还可作"限定"讲,如"敕船官悉录锯木屑,不限多少"⑥。而"定"在古籍中也可引申为"范围",如白居易《游悟真寺》:"野绿簇草树,眼界吞秦原。"《穷理学》中指出:"释限界亦指所析之两端""惟在题列之两端可谓限界",这些解释清楚地反

---

① "谢量移汝州表"语出《韩非子·解老》,《汉语大字典》,四川辞书出版社、湖北人民出版社,第1883页。
② 苏轼:《苏轼集》卷六十七,明海虞程宗成化刻本。
③ 《理推之总论》卷一,《穷理学》抄本影印文件。
④ 苗力田主编:《亚里士多德全集》第一卷,中国人民大学出版社1997年版,第295页。
⑤ 陈全之:《蓬窗日录·后语》,上海书店影印本。
⑥ 《古代汉语词典》,商务印书馆2003年版,第1703页。

映出"限界"具有划出边界、范围,定义的作用。

"底。"作为具有边界、定义作用重要标志的"底"同样有其词义来源。"底"的最基本意义是"最下面""尽头",如宋玉的《高堂赋》中有"不见其底,虚闻松声"①。又引申为"底座",如"臣家居海隅,颇知海舟之便,舟行海洋不畏深而畏浅,不虑风而虑礁,故制海舟者必为尖底,首尾必俱置柁……"中,"底"即为"船之底部""底座"之义。②进一步可引申为"基础""基本":"恽材朽行秽,文质无所底,幸赖先人余业得备宿卫,遭遇时变以获爵位,终非其任,卒与祸会。"③此句中"底"用来指在文采与质朴方面没有多少根基。用现代语言来解释主项,就是一个命题中被断定对象的词项。这个对象是一个命题中最重要、最核心的元素,因此可以将其理解为这个命题的根基所在。与此相对的拉丁词语 Subiectis 的意思是某物或其题目、主题,是一个被诠释的对象,其词 sub - 本身的意思则是在某事物下面,恰与"底"的基本义相符,亦可引申为"根基"。

"称。"与"底"成对出现的"称"基本义为"称量轻重",表示"称述""述说"之义时经常以"称谓"一词出现,如《宋书·武帝纪》中"事遂永代,功高开辟,理微称谓,义感朕心"。④又如苏洵的《史论上》中"使后人不通经而专史,则称谓不知所法,惩劝不知所沮"。⑤"称"一词译自拉丁语 Praedicatus,prae - 意为"在某物之前",dic - 的意思是"说""讲",表示对某事物的称说。谓项的含义恰恰是对主项的判断陈说,与"称谓"之义相合。照此推论,后世应该是取"称谓"中的"谓"字合成"谓项"一词。

面对完全异于中国传统文化的西方逻辑学,傅、李两人在如何用中文表达上真是费尽心思,他们对中国逻辑学之发展做出了重大贡献。

温公颐先生说:"明末清初,是国家政权更迭的时期,却也是中国文

---

① 李善注:《文选》卷十九"赋癸",胡克家重刊本。
② 邱濬:《大学衍义补》卷三十四,四库全书本。
③ 班固:《汉书》卷六十六"公孙刘田王杨蔡陈郑传第三十六",百衲本。
④ 沈约:《宋书》卷一"本纪第一",武英殿本。
⑤ 苏洵:《嘉佑集》卷九"史论",四部丛刊本。

化史上最灿烂的时期之一。在儒家独尊的局面下缓缓发展着的中国逻辑史，这时也开始出现新的转机。一方面，以利玛窦为代表的西方传教士从遥远的国度带来了西欧的科学文化，通过徐光启翻译《几何原本》和李之藻翻译《名理探》，古希腊的欧几里得几何学与亚里士多德的逻辑学被介绍到我国，随之一种全新的演绎思想展现在中国人的面前……中国逻辑史发展到了一个新的高度。"①

五 结语:《名理探》与《穷理学》在近代中国思想之影响

李之藻之所以用心翻译《名理探》，与他崇尚实学有很大关系，他翻译此书就是为了纠正陆王心学盛行下士人"空谈心性"的弊端。李天经在《名理探·序》中说:

"世乃侈谈虚无，诧为神奇；是致知不必格物，而法象都捐，识解尽扫，希顿悟为宗旨，而流于荒唐幽谬；其去真实之大道，不亦远乎！西儒傅先生既诊寰有，复衍《名理探》十余卷。大抵欲人明此真实之理，而于明悟为用，推论为梯；读之其旨似奥，而味之其理皆真，诚为格物穷理之大原本我。"②

应该说《名理探》和《穷理学》在当时的命运都不是很好。③ 南怀仁将《穷理学》呈交给康熙后，士大夫们对这本书完全不理解，康熙也对此不感兴趣。"上曰：'此书内文辞甚悖谬不通。'明珠等奏曰：'其所云人之知识记忆皆系于头脑等语，于理实为舛谬。'上曰：'部复本不必发南怀仁，所撰书著发还。'"④ 到清末时，国内已经找不到《名理探》这本书，可见其被冷落的程度。尽管《名理探》是李之藻呕心沥血之作，

---

① 温公颐主编：《中国逻辑史教程》，上海人民出版社1988年版，第313页。
② ［葡］傅汎际译义，李之藻达辞：《名理探》，生活·读书·新知三联书店1959年版，第382—384页。
③ 陈洁、解启扬：《西方逻辑的输入与明末文化思潮》，载《广西师院学报》2001年第1期。
④ 《康熙起居注》（二），第1104页。康熙二十二年十一月十四日（1683年12月31日）。

但当时读这本书的人并不多,能理解他的思想的人也不多,所以也有学者指出:"此书虽为中国思想史上第一部系统介绍西方逻辑学知识的专著,也是李之藻呕心沥血之最后译作,印行后却几无影响,在明代中晚期的士人阶层中竟未泛起半点涟漪——甚至也没有反驳、批判的回应。"① 如郭湛波在《近五十年中国思想史》中所说:"自明末李之藻译《名理探》,为论理学输入中国之始,到现在已经三百多年,不过没有什么发展,一直到严几道先生译《穆勒名学》、《名学浅说》,形式论理学才开始盛行于中国,各大学有论理学一课。"②

但从中西文化交流史的宏观视角来看,这两本书一时被冷落并不意味着其学术意义的减弱。梁启超在《中国近代三百年学术史》中说:

"自明朝以八股取士,一般士人除了永乐皇帝钦定的书籍外,几乎一书不读。学界本来就像贫血症的人衰弱得可怜……利玛窦、庞迪我、熊三拔、龙华民、艾儒略、汤若望等,自万历末年至天启、崇祯年间,先后入中国。中国学者如徐文定(徐光启)、李凉庵(李之藻)都和他们来往,对于各种学问有精深的研究……在这种新环境之下,学界空气当然变换。此后清朝一代学者对于历算学都有兴味,而且最喜欢谈经世致用之学,大概受到利、徐诸人的影响不少。"③

晚清时尽管严复翻译逻辑学所用的底本完全不一样了,但多少是受到傅汎际、李之藻译本的影响。严复在《穆勒名学》一书中提到了《名理探》,他说:"逻辑最初译本为固陋所及见者有明季之《名理探》,乃李之藻所译。"④ 这说明至少严复是看过《名理探》的,至于明清之际李之藻的翻译与晚清严复等人的翻译之间的具体联系,并不是本文研究的重点,这里不再展开,但《名理探》的影响是存在的,⑤ 这点当代著名逻辑学专家温公颐先生说得很清楚:"一直到二百五十年后,《穆勒名学》严

---

① 曹杰生:《略论〈名理探〉的翻译及其影响》,《中国逻辑史研究》,中国社会科学出版社1982年版,第295页。
② 郭湛波:《近五十年中国思想史》,山东人民出版社1997年版,第183页。
③ 梁启超:《中国近三百年学术史》,中国书店出版社1985年版,第30页。
④ [英]约翰·穆勒著:《穆勒名学》,严复译,商务印书馆1981年版,第2页。
⑤ 李天纲:《从〈名理探〉看明末的西书中译》,《传统文化与现代化》1996年第6期。

复译述《穆勒名学》，才看出《名理探》达辞的影响，严复翻译时把李氏翻译的重要逻辑术语'推论'译为'推知'、'证悟'或'推证'等；把李氏所译'论证'逻辑语词用'难'来翻译；把推理之规式'首列'、'次列'、'收列'译为'演联珠'的'第一谓之例'、'第二谓之案'、'第三谓之判'等等。"①

在这个意义上，傅汎际和李之藻所翻译的《名理探》与《穷理学》的部分内容在介绍西方逻辑学方面有着重要的学术贡献。

附录：进呈《穷理学》书奏

治理历法加工部左侍郎又加二级南怀仁谨奏为恭：进穷理学之书，以明历理，以开百学之门，永垂万世事。

窃惟治历明时，为帝王之首务。今我皇上治历明时，超越百代，如太阳之光，超越诸星之光。然盖历法有属法之数，有立法之理，设惟有其法之数，而无其法之理，即如人惟有形体，而无灵性，亦发诸天惟有定所，而无运动之照焉。夫历理为诸属恒动定规之所由，如泉源为水流之所自也。尝观二十一史所载，汉以后诸家之历详矣，大都专求法数，罕求名理。修改之门户虽歧，实则互相依傍。虽间有一二新意，安未能洞晓本原。惟元郭守敬之历，号称精密，顾其法亦未尽善，在当日已有推食而不食、食而失推之弊。其立法之后，不越十八年，其差已如此，况洞至于今日哉。今我皇上之治历，已为全备，其书则有《永年历表》，有《灵台仪象表》，有《诸历之理指》一百五十余卷。历典光明，可谓极矣。然臣犹有请者，非为加历内之光，惟加历理之外光。将所载诸书之历理，开穷理之学以发明之，使习历者知其数，并知其理，而后其充发具于外也。今习历者惟知其数，而不知其理；其所以不知历理者，缘不知理推之法故耳。夫见在历指等书，所论天文历法之理，设不知其推法，则如金宝藏于地脉，而不知开矿之门路矣。若展卷惟泥于法数，而不穷其法理，如手徒持灯，而不用其内之光然。故从未学历者，必先熟悉

---

① 参见温公颐《中国近古逻辑》，上海人民出版社1993年版，第114—115页。

穷理之总学。盖历学者，穷理学中之一支也。若无穷理学，则无真历之学，犹木之无根，何从有其枝也。所以前代历法坏乱失传，朦胧不明者，皆不知理推之法故也。

臣钦取来京，至今二十四载，昼夜竭力，以全备理推之法，详察穷理之书，从西字已翻译而未刻者，皆校对而增修之，纂集之；其未经翻译者则接续而翻译以加补之，辑集成帙，庶几能备理推之要法矣。前曾在内臣奏闻，及越一载，复上问格物穷理之书已翻译完毕否？必见我皇上万机之中，尤惟念新天地典学，明睿所照，知穷理学为百学之根也。且古今各学之名公凡论，诸学之粹精纯贵，皆谓穷理学为百学之宗，谓订非之磨勘，试真之励石，万艺之司衡，灵界之日光，明悟之眼目，义理之启钥，为诸学之首需者也。如兵工医律量度等学，若无理推之法，则必浮泛而不能为精确之艺。且天下不拘何方何品之士，凡论事物，莫不以理为主，但常有不知分别其理为真伪何在，故彼此恒有相反之说，而不能归于一，是必有一确法以定之，其法即理推之法耳。然此理推之法，询能服人心，而成天下之务，可为以为天下之法也。若宝塔城池，奇巧等工，年代工已久，必至淹没，而创立者之名，亦与方淹没矣。孔孟之学，不世不磨，理推之学亦然。盖理为人性之本分，永刻在人类心中。今皇上开理学之功名，必同刻在人心，为永远之巩固，缘人性永远不灭，识是故也。由此而皇上之功与孔孟齐光于天壤点。兹成穷理之书 60 卷，进呈御览，伏乞睿鉴，镂板施行，臣厚从历法起见，字多逾格，为此具本亲斋，谨见奏闻。

康熙二十三年八月二十六日奏
九月初八日奉旨：礼部、翰林院会

附录五

19世纪中西关系逆转与黑格尔的中国观研究

——19世纪中西关系逆转

18世纪的中国是欧洲的榜样,从思想家到平民,中国都是其学习和生活的榜样,如托克维尔(Alexisde Tocqueville,1805—1859)在《旧制度与大革命》中所说的,对于法国的启蒙思想家们而言,"没有一个人不在他们著作的某一部分中,对中国倍加赞扬。只要读他们的书,就一定会看到对中国的赞美——他们心目中的中国政府好比是后来全体法国人心目中的英国和美国。在中国,专制君主不持偏见,一年一度举行亲耕礼,以奖掖有用之术;一切官职均经科举考试获得;国家只把哲学作为宗教,把文人和知识分子奉为贵族。看到这样的国家,他们叹为观止,心往神驰"。[①]

为何到19世纪中国和西方的文化关系就发生了根本的扭转呢?中西方之间为何发生了"大分流"?这是目前学术界的热点问题。G. Arrighi说:"随着近代欧洲军商合一的民族国家体制在1688年的'威斯特伐利亚条约'中被制度化,中国的正面形象随后黯然失色了,这不是因为欧洲经济上成就有多么伟大,而是欧洲在军事力量上的领先地位。欧洲商人和冒险家们早已指出过由士大夫阶级统治的国家在军事上的薄弱,同时也抱怨过在与中国贸易时遇到的官僚腐败和文化障碍。这些指控和抱

[①] [法]托克维尔:《旧制度与大革命》,商务印书馆2013年版,第203页。

怨将中国改写成一个官僚腐化严重且军事上不堪一击的帝国。这种对中国的负面评价又进而将中国纳入西方对中国的政治想象中,从而使得中国由一个值得仿效的榜样,变成了'英国模式'的对立面,后者在西方的观念中日益成为一种意识形态霸权。"①

从更长的历史来说,西班牙对南北美洲的征服,为欧洲市场提供中国急需的白银,欧洲才搭上了由中国主导的世界经济体系的末班车。② 西班牙人征服美洲的时候带去了欧洲人已经完全具有免疫力,但美洲当地人完全没有接触过的疾病,由此造成了美洲原著民的大量死亡。"现在已很难确知美洲土著的死亡人数到底达到90%、95%还是98%(这种估算需要以美洲最初的人口基数为依据,而这一数据目前尚不确定),但很明显这一场浩劫在世界历史上是规模空前的。到1600年,欧洲人来到新大陆一个世纪之后,拉丁美洲的人口数已降低到只有几百万。到1700年,当灾难波及至北美洲时,最后只有几十万美洲土著在今天的加拿大和美国一带幸存下来。"③西班牙对美洲的侵入,不仅使那里已经高度发展起来的文化遭遇灭顶之灾,而且,无意之间使美洲当地原著民灭绝了。

"1700年,印度是世界上最大的棉纺品出口国,其纺织品不仅是为了满足英国的需要,而且也是为了全世界的需要。除印度广大的国内市场外,东南亚、东非和西非、中东和欧洲是其主要的出口市场……1750年,印度的纺织品生产量足有世界的四分之一。"④ "1757年,英国从普拉西战役开始了征服印度的历程,在此后的50年中,英国控制的范围日益扩大,1875年,整个次大陆成为其正式的殖民地。"⑤ 这只是印度开始衰退的第一步,长期来英国是印度的棉纺织品的出口国,但从把印度变为殖

---

① 《从东亚的视野看全球化》,转引自韩毓海《漫长的19世纪》,《书城》2009年第7期。
② 参阅[德]贡德·弗兰克《白银资本:重视经济全球化中的东方》,中央编译出版社2007年版。
③ [美]杰克·戈德斯通:《为什么是欧洲? 世界史视角下的西方崛起(1500—1850)》,关永强译,浙江大学出版社2007年版,第77页。
④ [美]乔万尼·阿吉里等主编:《东亚的复兴:以500年、1500年和50年为视角》,社会科学文献出版社2006年版,第133页。
⑤ [美]罗伯特·B. 马克斯:《现代世界的起源:全球的、生态的述说》,商务印书馆2006年版,第136—137页。

民地开始，角色的更换就开始了。18世纪时，英国曾提高关税限制印度棉纺织品在英国的出口，但现在他们成了印度次大陆的主人，英国棉纺织品进口印度的关税完全被取消了。由于英国棉纺织品价格低廉，很快印度本土的纺织品就开始败下阵来，从英国进口来的棉纺织品越来越多，印度破产的棉纺织厂也越来越多，到1820年已经有数以百万计的印度纺织品工人失业。"到1833年，孟加拉……的'逆工业化'已经相当严重。印度失去了一种伟大的艺术，而艺术家也失去了他们的职业。现在家庭妇女的纺锤已很少在纺绵场上快速转动了。"[1] 印度一度发达的棉纺织品业就是在这种殖民政策和"自由贸易"的政策下被英国击垮的，表面上亚当·斯密（Adam Smith，1723—1790）主张政府对贸易不进行干涉，使贸易自由地发展，实际上英国是在精心的策划下击垮了印度的棉纺织业，将印度从棉纺织品的出口国变成为进口国。"总而言之，19世纪以英国为中心的全球资本主义体系从始至终都离不开印度的进贡。由于印度的付出，英国才能在1792—1815年间将公共开支扩大了6倍，这一支出的规模为随后半个世纪英国在资本商品工业中的龙头地位打下了基础。同样，由于印度的进贡，才可以使英国在其工业霸权地位已经动摇的情况下，不断巩固它在全球范围内进行资本积累的核心地位。"[2]

中国的丝绸、茶叶、瓷器从16世纪开始已经成为欧洲人最喜欢的商品，喝茶已经开始成为英国日常生活的必须，随着英国人大量地购买中国的茶叶，白银便开始流入中国。面对如此境况，英国必须找到一种商品让中国人购买，以解决中国和英国之间的贸易顺差。在中国的传统医学中鸦片是作为医用的，英国人看到这一点，从1773年开始，英国获取了在孟加拉国生产鸦片毒品的垄断权，通过各种途径将鸦片运往中国，开始了对中国的鸦片贸易。在19世纪30年代，每年约有3400万盎司的鸦片运进中国，同时白银开始向英国回流。为了在中国获取巨大的商业利益，当中国政府开始抵制鸦片贸易时，两个帝国的冲突就不可避免了。

---

[1] Debendra Bijoy Mitra, *The Cotton Weavers of Bengal 1757 – 1833*, Calcutta Temple Press, 1978, p. 98.

[2] 乔万尼·阿吉里等主编：《东亚的复兴：以500年、1500年和50年为视角》，社会科学文献出版社2006年版，第372页。

第一次鸦片战争,以中国失败而结束,由此拉开了西方列强对中国近一百年的侵略和掠夺。

18世纪,英国在与法国的连年战争中,于1713年签署了《乌德勒支和约》,这个和约使英国人成为向美洲大陆贩卖奴隶的贩子。英国凭借自己摧垮印度棉纺业后所获得的垄断地位赚上了第一桶金。

以奴役与贩毒为敲门砖的经济增长与军事侵略,使西方走上了全球发展之路,英国崛起。无疑,英国本身的工业革命也是重要的,英国的科技发展也是重要的,但仅仅从西方内部来看欧洲的崛起,却"并不是殖民主义和武力征服导致了西方的崛起,而恰恰相反,是西方的崛起(依靠技术力量)和其他地区的衰落才使得欧洲强权得以在全世界不断扩张"①。这显然是无法解释英国的崛起的,这是在为英国的殖民主义辩护。如弗兰克(Andre Gunder Frank)所说:"那么西方是怎么兴起的呢?如果说西方或西方的生产方式有什么特殊之处,而且西方在1800年以前甚至不抱有任何霸权的奢望,那么只能得出这样的结论:肯定有另外一些因素起了作用,或者有另外一些尚未提到的情况使这些因素在其中起了作用。我们已经看到,迄今对这个问题所作的大多数探讨都不免牵强附会、生拉硬套,因为它们仅仅在欧洲路灯的光亮下寻找这些因素。但是,既然西方乃是全球世界经济的一个组成部分,西方的兴起就不可能完全凭借自身力量。相反,任何'西方的兴起'肯定是在世界经济之内发生的。因此,仅仅甚至主要在西方或其某个部分来寻找这种兴起的原因,是徒劳无益的。如果说这样做有什么'效用'的话,那只能是意识形态的效用,即抬高自己,贬低别人。"②

全球的财富开始向英国集中,18世纪后期时所说的英国工业革命像静静的小溪,19世纪欧洲的主要特征就是工业革命。工业革命在到了19世纪已经成为奔腾的大江。"人类能够凭借汽船和铁路越过海洋和大陆,能够用电报与世界各地的同胞通讯。这些成就和其他一些使人类能利用

---

① [美]杰克·戈德斯通:《为什么是欧洲?世界史视角下的西方崛起(1500—1850)》,关永强译,浙江大学出版社2007年版,第83页。

② [德]贡德·弗兰克:《白银资本:重视经济全球化中的东方》,中央编译出版社2007年版,第442—443页。

煤的能量、能成本低廉地生产铁、能同时纺100根纱线的成就一起，表明了工业革命这第一阶段的影响和意义。这一阶段使世界统一起来，统一的程度极大地超过了世界早先在罗马人时代或蒙古人时代所曾有过的统一程度；并且，使欧洲对世界的支配成为可能，这种支配一直持续到工业革命扩散到其他地区为止。"[1] 技术的发明、财富的膨胀、人口的增长、城市的扩大，19世纪的欧洲像穿上了神靴，快速发展起来。"无疑，当欧洲的资本和技术与不发达地区的原料和劳动力相结合、首次导致一个完整的世界经济时，世界生产率无法估量地提高了。事实上，世界工业生产在1860至1890年间增加了三倍，在1860至1913年间增加了七倍。世界贸易的价值从1851年的64100万英镑上升到1880年的302400万英镑、1900年的402500万英镑和1913年的784000万英镑。"[2]

彭慕兰认真研究对比了欧洲和印度、中国在1750年时双方各自在科学技术上的特点，他认为，"总的说来，认为1750年的欧洲已经拥有独一无二的综合科技水平的观点需要给以相当大的限制"。"尽管最近两百年的工业化总的来说是劳动的节约和对资本的需求，假定这始终是重大的发明创造的理由仍是一个时代的错误。"[3] 彭慕兰想要表达的是，在1750年，欧洲在科技上并未完全超过东方，将欧洲在现代化的胜出归结为科技是没有太多的根据的。在他看来，欧洲和亚洲在1750年后的分流主要是新大陆的发现和英国在东方的殖民活动。通过新大陆的发现，英国解决了人与自然的矛盾，走上了高效的发展道路，而中国走上了劳动密集型的道路。英国在扩张中获取了财富，财富奠基了社会的发展，社会的发展催生了科技的革命，在发展中扩张，在扩张中发展，移民的大规模展开、南北美洲和澳大利亚迅速的欧化、对印度和中国的殖民战争、对非洲的贩卖黑奴，欧洲人在一个世纪里统治了整个世界，英国走到了世界的前列。

---

[1] ［美］斯塔夫里阿诺斯：《全球通史：1500年以后的世界》，吴象婴等译，上海社会科学院出版社1999年版，第291页。

[2] 同上书，第318页。

[3] ［美］彭慕兰：《大分流：欧洲、中国及现代世界经济的发展》，江苏人民出版社2008年版，第61页。

拥有了世界财富的欧洲人，征服了整个世界的欧洲人在文化视野上大大扩展了，达尔文跑遍了世界，开始思考人类的整体性问题；英国的人类学家们在南太平洋的岛屿上进行实地的考察，人类学大大拓宽了范围；德国的语言学家们醉心于印欧语系的研究，将欧洲的文化视野跨到了亚洲。当他们的足迹遍及全球时，其在精神上开始有了霸气，文化的傲慢已经成为大多数思想家的主旨。如果说18世纪的欧洲人是走出中世纪，打破自身的思想羁绊；那么19世纪的欧洲人则是创造了一个观念与文化的世界，为世界立法。他们俨然成为世界的主人。此时，欧洲学者们开始以整个人类的代表的身份规划学术、创建学科、评论文化、建立崭新的世界的文化史和人类精神史。

当法国人深入非洲，当英国人测量了新西兰的海岸，当德国人迷恋上印度文化的神秘时，他们自然不会再像18世纪那样只钟情中国文化。不但如此，他们反观中国文化，开始以一种欧洲发展所带来的自豪感，居高临下地俯视着中国文化。中国热已完全消退，批判中国开始逐渐成为主流的声音。尽管19世纪西方汉学家们在对中国的研究较之18世纪已经大踏步地进步了，汉学已经成为东方学中重要的一支，对中国的研究已逐步摆脱传教士汉学的基督教羁绊，成为一门新的学科。对中国典籍的翻译相对于18世纪来说是大大进步了，欧洲知识界所能读到的中国古代文化的基础性文献已经相当广泛。但汉学的进步和中国文化的影响似乎成了反比，此时在大多数西方思想文化领袖那里，东方已经成为衬托西方进步的一个对象，一个说明欧洲文化优越的有力证明。尽管仍有着相反的声音，中国仍迷恋着不少欧洲的文化人、作家和思想家，但大的趋势已经改变，中国开始失魅，东西方关系发生了根本的扭转。

一　黑格尔的中国文化观

黑格尔是19世纪欧洲思想的代表，是19世纪欧洲智慧的结晶。他对待中国文化的态度，在19世纪的欧洲具有典型性意义。我们从黑格尔的作品中可以看出19世纪欧洲的思想家是如何看待中国的。

在黑格尔的时代，中国古代文化典籍在欧洲已经有了许多译本。黑格尔在《历史哲学》和《哲学史讲演录》中提到的中国的古代文化典籍译本有：《玉娇梨》（雷慕萨译本）、《礼记》《易经》《春秋》《书经》《诗经》《乐经》，从他的字里行间中可以看出卫匡国（Martino Martini，1614—1661）的《中国上古史》、冯秉征的《中国通史》、卫方济的《六部中华帝国经典》他都看过。黑格尔对中国文化进行过深入的研究，他曾专程赴巴黎听雷慕萨的中国文化课程。他对中国的研究和关注一直是其哲学创造的一个重要来源。可以这样说，当时在欧洲出版的关于中国历史文化、典籍制度的各类读本和翻译本，黑格尔大多有所涉猎。黑格尔《历史哲学》的第一篇就是从中国开始的，他开篇就说："历史必须从中华帝国说起，因为根据史书的记载，中国实在是最古老的国家。"黑格尔是认真读了当时所能看到的关于中国的近乎所有典籍的，因此他在历史的叙述上并没有太大的错误，他说：

> 中国人存有若干古代的典籍，读了可以译出他们的历史、宪法和宗教……中国人把这些文书都称为"经"，作为他们一切学术研究的基础。《书经》包含他们的历史，叙述古帝王的政府，并且载有各帝王所指定的律令。《易经》多是图像，一向被看作是中国文字的根据和中国思想的基本。这书是从一元和二元种种抽象观念开始，然后讨论到附属于这些抽象的思想形式的实质的存在。最后是《诗经》，这是一部最古老的诗集，诗章的格调是各各不同的。古中国的高级官吏有一种职务，就是要采集所辖封邑中每年编制的歌咏，带去参加常年的祭礼。天子当场评判这些诗章，凡是入选的编委人人赞赏。除掉这三部特别受到荣誉和研究的典籍以外，还有次要的其他两部，就是《礼记》，或者又叫作《礼经》，以及《春秋》；前者专载帝王威仪和国家官吏应有的风俗礼制，并有附录一种，叫做《乐经》，专述音乐，后者乃是孔子故乡鲁国的史记。这些典籍便是中国历史、风俗和法律的基础……他们的历史可以追溯到极古，是以伏羲为文化的传播者、开国的鼻祖。据说他生存在基督前29世纪——所以是在《书经》所称唐尧以前；但是中国的史家把神话和

史前的事实也都算作完整的历史。①

从这里我们可以看到黑格尔应该是阅读了关于中国历史典籍的一些基本翻译著作。但黑格尔不是汉学家，他是哲学家，而且代表着德国古典哲学的顶峰。他并不关心中国历史文化的实际发展和历史，他思考的重点是如何将中国放入他宏大的哲学体系中。因此，对他的哲学的了解是解开他的中国观的关键所在。

黑格尔把自己的哲学体系称为《哲学百科全书》，它由三部分组成：第一部分是"逻辑学"，第二部分是"自然哲学"，第三部分是"精神哲学"。"逻辑学"研究理念本身，"自然哲学"是研究理念的外化，即理念潜在于自然之中，研究的理念的外在形式——自然。"精神哲学"是理念外化后回归，回到精神，这样理念经过外化为自然的过程，重新回到精神，并在精神、意识中得到自觉。如此一来，"逻辑学""自然哲学"和"精神哲学"便成为他的《哲学百科全书》的全部组成部分了。

黑格尔关于中国文化的论述主要在他的《历史哲学》和《哲学史讲演录》两本著作中，这两本书在黑格尔的哲学体系中都在"精神哲学"这个环节之中。

在黑格尔的哲学体系中，历史哲学是从属于法哲学中的国家学说的，这时客观精神已超出了单一民族的界限并在世界历史中运动。② 在黑格尔看来，国家生活成了世界展示自己的工具，历史是以民族精神的更替形式来发展的，他说："在世界精神所进行的这种事业中，国家、民族和个人都各按其特殊的和特定的原则而兴起，这种原则在它们的国家制度和生活状况的全部广大范围中获得它的解释和现实性。在它们意识到这些东西并潜心致力于自己的利益的同时，它们不知不觉地成为在它们内部进行的那种世界精神的事业的工具和机关。在这种事业的进行中，它们的特殊形态都将消逝，而绝对精神也就准备和开始转入它下一个更高阶

---

① ［德］黑格尔：《历史哲学》，上海书店2006年版，第165页。
② 侯鸿勋：《论黑格尔的历史哲学》，上海人民出版社1982年版，第47—49页。

段。"① 这就是说，一个个的民族精神的发展只是世界精神发展的表现和工具，是它的一个环节。"因为世界历史是'精神'在各种最高形态里的、神圣的、绝对的过程的表现——'精神'经过了这种发展阶段的行程，才取得它的真理和自觉。这些阶段的各种形态就是世界历史上各种的'民族精神'；就是他们的道德生活、它们的政府、它们的艺术、宗教和科学的特殊性。'世界精神'的无限冲动——它的不可抗拒的压力——就是要实现这些阶段；因为这样区分和实现就是它的'概念'。"②

这个世界精神的发展史是如何完成的呢？是如何接着各个民族的精神外壳来表现自己的呢？"东方世界只知道一个人是自由的；希腊人和罗马人知道少数人是自由的；日耳曼各民族受了基督教的影响，知道全体人是自由的。"他从时间和空间上来论证东方国家低于欧洲国家。从时间上，他认为东方社会在人类中的地位就像太阳升起给你的感觉一样：历史从东方开始，犹如太阳从东方升起，壮丽、辉煌，在阳光的灿烂中人忘记自我，全部笼罩在阳光中。太阳升起后，人们开始思考自己，自我与对象好像开始清楚起来，只有到了晚上，人们反思自己的一天，内心的太阳升起，这时个人和太阳之间是自觉的。太阳从西方落下，正如欧洲代表着人类意识的成熟和自觉。黑格尔说："我们只要把上述想象的例子牢记在心，我们就会明白这是象征着历史——'精神'在白天里的伟大工作——的路线。"③ 东方是幼稚的，欧洲是成熟的。从空间上，黑格尔受到孟德斯鸠地理环境决定论的影响，他把地理环境分为三类：（1）干燥的高原及草原和平原；（2）大江大河流过的平原；（3）沿海地区。非洲是第一类，它不属于世界历史；亚洲是第二类，开始有所反省，形成了历史的一些关系，但仍不是自由意识的最高端；只有欧洲沿海地区才代表世界精神。"黑格尔把几乎全部的赞美都献给了欧洲地区，企图用自然条件的特殊性来论证欧洲在文明发展中的特殊作用。他断定，欧洲温和的气候，高山与平原、陆地与海洋的合理的相互交错，都有利于

---

① ［德］黑格尔：《法哲学原理》，商务印书馆1982年版，第353页。
② ［德］黑格尔：《历史哲学》，上海书店2006年版，第97页。
③ 同上书，第111页。

促使自由概念的发展。在他看来,亚洲只代表宗教原则和政治原则的开端,只有在欧洲这些原则才会得到发扬光大。"①

按照这样的理念和逻辑,黑格尔对中国历史、制度、文化与哲学进行了全面的评述。

他认为道德和伦理在中国的政治体制中具有重要的地位。"中国纯粹建筑在这一种道德的结合上,国家的特性便更加是客观的'家庭孝敬'。中国人把自己看作是属于他们家庭的,而同时又是国家的儿女。在家庭中,他们不是个人,因为他们在里面生活的那个团结的单位,乃是血统关系和天然义务。在国家之内,他们缺少独立的人格。"② 黑格尔对中国的科举制度给予了肯定,认为中国除皇帝外,没有特殊的阶层,只有有才能的人才能当官。这点不仅值得其他国家学习,就是欧洲"也是可以拿它来做模范的"。

谈到中国的文字,黑格尔评价更是离奇,他认为,中国的象形文字是导致中国"僵化文明"(stationgry civilization)的原因,"象形文字的书写方式使得中国口语语言不能达到客观准确性",因为,没有字母书写,文字的客观性是无法表达的,如此一来,"象形文字的书面语言导致僵化的中国文明那样的哲学"。

谈到《易经》,他说:"在《易经》中画有某种的线条,由此制定了各种基本的形式和范畴——这部书因此便被称为'命书'。"③ 但黑格尔认为从这点来看,中国人是"没有精神性"的。

黑格尔并不否认中国有哲学:"中国人也有一种哲学,它的初步原理渊源极古,因为《易经》——那部'命书'——讲道'生'和'灭'。在这本书里,可以看到纯粹抽象的一元和二元观念;所以中国哲学似乎和毕达哥拉斯派一样,从相同的基本观念出发。"④ 显然,黑格尔是读过当时欧洲出版的关于孔子的书的,他认为,"中国几部经籍的出版,以及关于道德的许多创著,都出于孔子之手,至今成为中国人风俗理解的根

---

① 韩震:《西方历史哲学导论》,北京师范大学出版社2008年版,第210—211页。
② [德]黑格尔:《历史哲学》,上海书店2006年版,第114页。
③ 同上书,第124页。
④ 同上书,第126页。

本"。尽管孔子著作中也包含了许多道德箴言,但重复太多,他的思想仍不能出于平凡以上。在《哲学史讲演录》中他说:"孔子只是一个实际的世间智者,在他那里思辨的哲学一点也没有——只是一些善良的、老练的、道德的教训。"①《易经》有思辨性,但《易经》的哲学是浅薄的。②黑格尔对道家的思想给予了较好的评价,但仍是从他自己的哲学出发,将道家的"无"说成他的哲学中的"绝对","这种无并非人们通常所说的无或无物,而乃是被人做远离一切概念、一切对象:也就是单纯的、自身同一的、无规定的、抽象的统一。因此这'无'同时也就是肯定的;这就是我们所谓的本质"。③ 由于"无"的这种抽象性,它无法超越自己,转化为具体的存在,这样一来,"如果哲学思想不超出这种抽象的开始,则它和中国人的哲学便处在同样阶段"④。因此,道家的哲学最终也未被他看上。

黑格尔总结说:"以上所述,便是中国人民族性的各方面。它的显著的特色就是,凡是属于'精神'的一切——在实际上和理论上,绝对没有束缚的伦常、道德、情绪、内在的'宗教'、'科学'和真正的'艺术'——一概都离他们很远……虽然人人能够得到最高的尊荣,这种平等却足以证明没有对于内在的个人作胜利的拥护,而只是一种顺服听命的意识——这种意识还没有发达成熟,还不能认出各种差别。"⑤

---

① [德] 黑格尔:《哲学史讲演录》第1卷,商务印书馆1996年版,第119—120页。
② 同上书,第126页。
③ 同上书,第131页。
④ 同上。
⑤ [德] 黑格尔:《历史哲学》,上海书店1999年版,第43页。朱谦之先生认为黑格尔的《精神现象学》在结构上和《大学》相似,"可假定其受了《大学》译本的影响"(参阅朱谦之《中国哲学对欧洲哲学的影响》,河北人民出版社1999年版,第361—363页),这个假设有些牵强,黑格尔对中国文化的吸收主要是放入其逻辑体系,《精神现象学》是黑格尔哲学的真正秘密,从逻辑体系上说《精神现象学》和《大学》逻辑一致,比较困难。在中世纪的托马斯·阿奎那的哲学中,他已经开始更多地吸收亚里士多德的哲学,对人的认识过程已经有了很细微的分析,"感觉""知觉""悟性"这些概念都已经有了,而中国哲学主要是伦理学,对认知过程很少细分。因此,《精神现象学》的基本逻辑主要是黑格尔对西方哲学吸收改造的结果。参阅张西平《中国和欧洲早期与宗教交流史》一书中对传教士《灵言蠡勺》一书的分界和介绍。

二　对黑格尔中国观的评价

如何评价黑格尔对中国文化的论述，笔者认为以下三点是应该注意的。

第一，黑格尔不是汉学家，从学术的角度，他对中国思想的认知有误是应该指出的。从他对中国的研究来看，他的阅读面是很广的，涉猎到中国文化的各个方面，可以说几乎当时翻译成欧洲语言的中国文化典籍他大多读过了。然而，即便如此，他的知识性错误也是很明显的，他认为马戛尔尼拜见乾隆时，乾隆68岁，显然有误。在讨论道家时，他说道家献身与对"道"的研究，认为一旦明白了道的本源，就获得了普遍的科学，普遍的良药和道德，也就获得了一种超自然的能力，能够升天和长生不死。[①] 这里黑格尔混淆了道家和道教，尽管二者都献身于对"道"的研究，但道家只追求精神的自由，而道教却追求的长生不老，即肉体的自由。他将二者放在一起，显然没有分清它们的区别。黑格尔对中国泛道德主义进行了批判，认为"在中国人那里，道德义务本身就是法律、规律、命令的规定。所以中国人既没有我们所谓的法律，也没有我们所谓的道德"[②]。尽管黑格尔对泛道德主义的批评有其深刻性，但在知识上有根本的不足：在中国并非因为道德的重要性就没有了法律，道德并不能代替法律。关于中国法律在西方的传播，"1778年，俄国汉学家列昂季耶夫选译了《大清律例》部分内容在俄国出版，受到当时女皇叶卡特琳娜的重视。这是目前已知的西方人首次将中国法律原典译为西方文字。1781年，德国人亚力克司·里纳德夫在柏林出版了《中国法律》一书，其中也选译了《大清律例》中一些与刑法有关的内容，但上述著作只是选译，在翻译过程中，对原作改动较大，加之语言因素，因此，未在西方世界广泛流传，西方人仍然看不到完整的中国法律原典"[③]。

[①] [德]黑格尔：《哲学史讲演录》第1卷，商务印书馆1996年版，第124页。
[②] 同上书，第125页。
[③] 侯毅：《欧洲人第一次完整翻译中国法律典籍的尝试：斯当东与〈大清律例〉的翻译》，国外中国学研究网站。

1810年，英国外交家、英国中国学研究奠基人乔治·托马斯·斯当东（George Thomas Staunton，1781—1859）将《大清律例》翻译成英文，西方人才首次见到了完整的中国法典，黑格尔1822—1823年开始讲《历史哲学》，他应该读到了斯当东的这个译本。这种知识的忽视是明显的。同时，由于当时中国典籍翻译有限，黑格尔只能读到当时已经出版的译本，这自然限制了他对中国的理解，他在自己的书中就没有谈过法家、墨家和名家，对佛教和宋明理学也缺乏更多的了解。他对春秋时的百家争鸣所知甚少，对中国文化的小传统基本不了解。这些情况都极大地限制了他对中国的理解。正如今日我们在做西方哲学研究时，如果对西方历史的基本事实有误，这在学术上是不允许的。黑格尔是伟大的哲学家，但他的汉学知识的不足也是他中国观形成的一个因素。[1]

第二，他对东方文化和中国文化的认识有着浓厚的"欧洲中心主义"，应该进行批评。黑格尔将人类的精神发展放在一个宏大的历史进程中去考虑是有价值的，但这种历史的历史性进程被他解释为欧洲是人类文明发展的高级阶段，则是有问题的。他认为"历史是有一个决定的'东方'，就是亚细亚。那个外界的物质的太阳便在这里升起，而在西方沉没那个自觉的太阳也是在这里升起，散播一种更为高贵的光明"。[2] 而日耳曼民族把这种自由意识发展到了最高阶段。究其原因就在于欧洲人，特别是日耳曼人完全掌握了基督教精神。因为，只有基督教是启示宗教，上帝在这里完全是公开的透明的，没有任何秘密。"而在此之前的任何宗教都是有所遮蔽的，它并未存在于其真理中。"很显然，黑格尔以基督教精神来衡量世界各民族精神的价值，这种欧洲中心主义的立场是很明显的。学者认为，"黑格尔关于基督教和国家为了实现自由和充分展开精神的真实本质而结合的理想，造成了其对世界史特别是对东方的歪曲解释。这些在殖民扩张时代不仅没有引起应有的注意，反而干脆被接受认可了。如果我们用民主的和全球的眼光如实地说明东方的现代发展，包含在这

---

[1] 相对于今天的汉学家来说，黑格尔时代尽管已经有不少中国典籍被翻译成欧洲语言，但仍是不全面的。所以"应该承认，黑格尔是在严重不利的条件下工作的"。[美] 施泰因·克劳斯编：《黑格尔哲学新研究》，王树人等译，商务印书馆1989年版，第194页。

[2] [德] 黑格尔：《历史哲学》，上海书店2006年版，第148—149页。

里的空想就站不住脚了"。① 这里黑格尔代表了 19 世纪西方文化精神，思想中弥漫着那种基督教的傲慢、西方的傲慢，对这样的一种文化态度进行反思性批判是应该的，而不应继续站在黑格尔的文化立场上为这种"欧洲中心主义""基督教神圣论"辩护。对黑格尔的这种"欧洲中心主义"的批判并不是对其哲学智慧的否定，而是对其学说的批判性继承。②

在中国文化的论述上，黑格尔的观点更应加以批判的反思。他从比较哲学和比较宗教的角度对中国思想特点进行分析，认为中国是一个重集体、轻个人，重社会、轻个人的社会，中国思想的特点是道德高于理性，直觉高于思辨。在一定意义上他揭示出了中国思想文化社会的一些特征，有些分析也很深刻。但由于他所做的比较研究不是在对中国文化和西方文化平等相待的基础上展开的，而是在他自己设定的宏大哲学体系中展开的，中国文化和思想在逻辑上已经被确定了位置。即便黑格尔对中国文化也在一些个别之处说了些好话（例如，他认为由于中国有科举制度，因而没有固定的贵族等级制度等，他认为，这些应该介绍到欧洲来），即便他对中国文化的认识也不乏深刻之处，但这种深刻是建立在对中国文化根本的否定的基础之上的。

首先，黑格尔认为世界精神是一个进化的历史过程，中国文化虽然早期十分灿烂，但那只是人类精神发展的幼年。从孔子思想的平淡无极，可以看出其平庸，孔子思想根本谈不上哲学，中国也没有真正意义上的哲学。世界精神进化的高峰在西方、在欧洲、在日耳曼民族、在他的思想哲学之中。从这样的高度俯视中国文化，根本谈不上任何的尊重和

---

① ［美］施泰因·克劳斯编：《黑格尔哲学新研究》，王树人等译，商务印书馆 1989 年版，第 198 页。

② 有的学者认为，黑格尔对东方文化的认识是正确的，我们所做的对黑格尔这种"欧洲中心主义"的批评是一种文化相对主义，他们认为："东方民族的文化之所以有如此之多的不可言说不可理喻的神秘东西，原因就在于东方民族的精神没有超越与自然的直接统一，而黑格尔的精神概念原则上能够彻底理解这种东西。至此，我们依据黑格尔的精神概念至少在原则上已经揭示了东方神秘主义的起源和奥秘，证明它客观上低于那种能产生发达的理智意识的精神；由此，我们证明了，文化相对主义源于对精神概念的无知，它是站不住脚的。"显然，这种观点完全站在了黑格尔的立场上，缺少一种理性的反思。参阅卿文光《论黑格尔的中国文化观》，社会科学文献出版社 2005 年版，第 165 页。

平等。

其次,黑格尔认为世界历史是一个理性的过程,理性是世界的主宰,世界历史的这种合理过程经历了"原始的历史""反省的历史"和"哲学的历史",中国知识处在"原始的历史"阶段,中国文化的特点是直觉而非理性。这样,即便是《易经》的思想"也达到了纯粹思想意识,但并不深入,只停留在最浅薄的思想里面。这些规定诚然也是具体的,但这种具体没有概念化,没有被思辨地思考,而只是从通常的观念中取来,按照直观的形式和通常感觉的形式表现出来的。因此,在这一套具体原则中,找不到对于自然力量或精神力量具有意义的认识"①。他从自己设定的理性历史观,完全看不到中国哲学和文化中的理性精神,将中国文化排除在理性之外。

最后,黑格尔认为"自由"是自我意识的产生和实现,也是"精神"和"理性"的唯一本性。世界精神的历史就是一个不断追求自由的历史,理性的世界就是一个自由的世界。黑格尔也将自己的哲学称为"自由的哲学"②。当世界历史成为"自由意识"演化和发展的历史时,由此,"自由"的发展程度就成为判断一个民族和国家精神高下的标准:"自由"程度越高的国家,越是理性的国家,反之,则越是非理性的国家。按照他的分析,东方国家和民族只知道一个人是自由的,希腊和罗马世界只知道一部分人是自由的,而日耳曼民族却知道一切人都是自由的。这样便可推论出:包括中国在内的东方各国的政治体制是专制主义,希腊罗马时民主整合贵族整体,而日耳曼基督教国家则是君主政体。③

在这样的逻辑设计中,在这样的整体思考中,中国处于边缘的地位,欧洲处于中心的地位,日耳曼人则处在核心的地位。这种欧洲中心主义的观点理应给予批评,"无论如何,黑格尔总把蔑视放在东方民族身上,而把赞誉和同情留给西方世界。他失去了启蒙思想家那种宽容广博的精

---

① [德]黑格尔:《哲学史讲演录》,商务印书馆1996年版,第120—121页。
② [德]黑格尔:《历史哲学》,上海书店2006年版,第19、110、111页。
③ 同上书,第21页。

神，变得狭隘起来"。①

第三，黑格尔历史哲学的双重性。自维科（Giambattista Vico, 1668—1744）提出："以往哲学家们倾全力认识自然界，这个世界既然是由上帝创造的，那就只有上帝才能认识；同时，他们却忽视对民族世界的思考，这个世界既然是由人类创造的，那么人类就能认识它"②的观点后，对整个人文学科产生了重要的影响，西方的历史哲学就是沿着这个思路发展起来的。黑格尔的全部哲学将历史归于思想，在其宏大的逻辑发展和思想演化中展现人类的历史。如恩格斯所说："黑格尔的思维方式不同于所有其他哲学家的地方，就是他的思维方式有巨大的历史感作基础。形式尽管是那么抽象和唯心，他的思想发展却总是与世界历史的发展平行着，而后者按他的本意只是前者的验证。真正的关系因此颠倒了，头脚倒置了，可是实在的内容却到处渗透到哲学中……他是第一个想证明历史中有一种发展、有一种内在联系的人……在《现象学》、《美学》、《哲学史》中，到处贯穿着这种宏伟的历史观，到处是历史地、在同历史的一定的（虽然是抽象地歪曲了的）联系中来处理材料的。"③ 在黑格尔宏大的历史叙述和严密的逻辑设计中，包含了很多深刻的哲学思考，例

---

① 韩震：《西方历史哲学导论》，北京师范大学出版社2008年版，第216页。但国内有些黑格尔哲学的研究者对黑格尔的哲学过于宠爱了，他们几乎完全认同黑格尔对中国文化的论述，"传统中国社会不允许有丝毫的主观自由、个人自由，这种情况在古代西方是不存在的……儒教道德把三纲五常、君臣父子这种东西看作是出自人的自然本性，这证明这里并不存在自由意志，不存在自由意志自己决定自己的那种自由的自决性，这是一种不自由的道德，是一种他律。儒家尊奉这种他律的道德之所以主观上并不感到他律的痛苦，这绝不是因为他们极大地伸张了个人的自由意志，而恰好是由于他们自觉地预先克服和取消了自由意志，这又是因为中国人'从未意识到自己是一个独立的个体，从未"离家出走"因而只有"反身而诚"即可发现自己事实上处于天然的伦理实体之中'，故可知儒教道德只是'一种不自由的道德和没有意志的，"自律"，"中国传统文化没有对真道德（Moralit）的意识，而只有对伦理（Sittichkeit）的认识'。"；"黑格尔对儒教的道德意义的本质的解释是深刻的，无可反驳的"。"原则的上述认识是完全正确的，是当今人们不能不同意、接受的。""黑格尔把人人平等的中国社会称为农奴制，这是对战国后的中国社会性质的一个相当准确而深刻的认识。"参阅卿文光《论黑格尔的中国文化观》，第243、245、255、288页。

② [意]维科：《新科学》，人民出版社1986年版，第349页。马克思说："人类史同自然史的区别在于：人类史是我们自己创造的，而自然史不是我们自己创造的。"《资本论》第1卷，人民出版社1975年版，第409—410页。

③ 《马克思恩格斯选集》第2卷，人民出版社1995年版，第42页。

如，历史与逻辑的一致原则，历史是一个由低到高、逐步发展的过程，人类历史是一个从不自由到自由的过程，是一个充满矛盾并不断克服矛盾的过程。但这些都是在历史与精神的倒置中展开的，历史的发展表现在世界精神史的发展历程中。恩格斯指出：黑格尔的"思维方式有巨大的历史感做基础"。[1] 黑格尔自己也说过："每个人都是他那个时代的产儿。哲学也是这样，它是被把握在思想中的它的时代。妄想一种哲学可以超出那个时代，这与妄想个人可以跳出他的时代……是同样愚蠢的。"[2] 在这个意义上，黑格尔深刻地影响了马克思的历史观，马克思将人类历史还原到它的真实社会生活的基础上。

黑格尔对东方的论述和对中国文化的论述是在他的总体框架中展开的，他的世界历史的框架既有十分深刻之处，也有明显的缺陷和不足。"黑格尔对世界历史行程的图解的主要缺陷是，（1）从整体上，把历史变成一个从起点到终点的直线发展的模式；不仅从理论上是形而上学的，而且由于把东方民族放在低级阶段上，把日耳曼民族放在历史发展的最后阶段，从而带有了浓厚的民族沙文主义色彩。（2）由于形而上学的图式化，黑格尔把许多民族排斥在世界历史之外，如非洲黑人、美洲印第安人、东南亚各民族和澳洲土著等。（3）把各个民族变成了世界精神进展的逻辑环节，从而否定了一个民族本身发展的历史。这意味着，古代希腊属于世界历史的范畴，现代希腊则不是；中国四千年所发生的事件没有任何意义。当然，世界历史在发展过程中往往有一个或几个民族在某一时期起带头作用，但这种作用并不是固定的，更不会完全停留在日耳曼民族身上。（4）黑格尔拒绝谈论未来，表现了资产阶级的怯懦，因为历史的未来并不属于这个阶级……对未来的憧憬恰是人类改造现实的一种力量源泉。人类的历史是有未来的，但未来并不属于资产阶级，更不属于普鲁士王国。"[3]

19世纪是西方开始发达兴盛的世纪，正像达尔文发展了自然的进化

---

[1] 《马克思恩格斯选集》第2卷，人民出版社1995年版，第121页。
[2] ［德］黑格尔：《法哲学原理》，商务印书馆1981年版，第12页。
[3] 韩震：《西方历史哲学导论》，北京师范大学出版社2008年版，第221—222页。

史一样,黑格尔也希望在自己的哲学中发现人类的进化史。通过这种学术和思想的理想,可以看出其蓬勃的朝气和对自己思想力量的自信。此时,中国文化和思想只是他表述自己宏大叙事的材料,正像伏尔泰和孟德斯鸠把中国文化和思想作为自己的思想材料和武器一样。所不同的是:18世纪,在伏尔泰等人那里,中国文化是启蒙思想家理想的材料,把中国作为样板来批判欧洲中世纪的文化与思想;19世纪,在黑格尔那里,中国文化被作为负面的材料,以此来证明欧洲的辉煌和日耳曼精神的伟大。所以,黑格尔对待中国文化的态度应是19世纪西方思想家的一个代表。有的学者认为,黑格尔的历史观从哲学上为西方的扩张奠定了基础,他看到了英国对印度的占领,甚至预测到了他死后十年英国对中国的鸦片战争,"因为受制于欧洲人,乃是亚细亚洲各帝国必然的命运;不久以后,中国也必然会屈服于这种命运"。[1] "黑格尔的历史哲学为19世纪西方的帝国主义扩张提供了正义的理由。在这里,哲学变成神话,知识变成意识形态,既然历史是民族与国家的存在方式,进步是绝对的,那么,停滞在过去的东方就没有任何存在的意义或者说是完全不合理的存在,西方文明征服、消灭它,也就成为合理、正义必然的行动。行动的西方与思想的西方正默契配合,创造一个在野心勃勃扩张中世界化的西方现代文明。"[2] 这可以说把黑格尔的历史哲学的政治含义讲到了极限。

---

[1] [德] 黑格尔:《历史哲学》,上海书店2006年版,第147—148页。
[2] 周宁:《世界之中国:域外中国形象研究》,南京大学出版社2007年版,第56页。

附录六

明清之际西学东渐中的"西学汉籍"的文化意义

张西平

"明清之际"从时间上说大体是晚明崇祯朝到清顺治、康熙、雍正时期。黄宗羲用"天崩地解"来形容这一时期的早期阶段。这一时段,国内明清鼎革,历经满汉政权转化与文化巨变,而世界范围正经历着从15世纪末期的"地理大发现"带来的西方文化与体制在全球的扩张。文化相遇与冲突以多种形式展开。其影响波及今日之世界。

对中国和西方关系来说,这一时期最重要的事件是葡萄牙和西班牙从印度洋和太平洋来到东亚,耶稣会入华。由此,拉开了中华文明和欧洲文明在文化与精神上真正的相遇。

一

著名汉学家许理和认为,17世纪至18世纪的中西文化交流史是"一段最令人陶醉的时期:这是中国和文艺复兴之后的欧洲高层知识界的第一次接触和对话"[1]。正是在这次文化相遇与对话中,来华的传教士将刊书作为传教的重要手段。利玛窦说:"基督教信仰的要义通过文字比通过

---

[1] 许理和:《十七—十八世纪耶稣会研究》,载任继愈主编《国际汉学》第四辑,大象出版社1999年版,第429页。

口头更容易得到传播,因为中国人好读有任何新内容的书。"① "任何以中文写成的书籍都肯定可以进入全国的十五个省份而有所获益。而且,日本人、朝鲜人、交趾支那的居民、琉球人以及甚至其他国家的人,都能像中国人一样地阅读中文,也能看懂这些书。虽然这些种族的口头语言有如我们可能想象的那样,是大不相同的,但他们都能看懂中文,因为中文写的每一个字都代表一样东西。如果到处都如此的话,我们就能够把我们的思想以文字形式传达给别的国家的人民,尽管我们不能和他们讲话。"② 梵蒂冈图书馆所藏的《天主圣教书目·历法格物穷理书目》中明确说出了传教士刻书传教的目的:"夫天主圣教为至真至实,宜信宜从,其确据有二:在外,在内。在内者则本教诸修士著述各端,极合正理之确,论其所论之事虽有彼此相距甚远者,如天地、神人、灵魂、形体、现世、后世、生死等项,然各依本性自然之明,穷究其理。总归于一道之定向,始终至理通贯,并无先后矛盾之处。更有本教翻译诸书百部一一可考,无非发明昭事上帝,尽性命之道,语语切要,不设虚玄。其在外之确据以本教之功行踪迹,目所易见者,则与吾人讲求归复大事,永远固福辟邪指正而已。至若诸修士所著天学格物致知,气象历法等事,亦有百十余部,久行于世,皆足征。天主圣教真实之理,愿同志诸君子归斯正道而共昭事焉。"③

由此,明清之际开始,在中国的历史文献中出现了一批新的类型的书籍,即以翻译、介绍与回应欧洲文化宗教为主要内容的汉文书籍。④

梁启超在《中国近三百年学术史》中说:

明末有一场大公案,为中国学术史上应该大笔特书者,曰:欧

---

① [意]利玛窦、[法]金尼阁:《利玛窦中国札记》,何高济等译,中华书局1983年版,第172页。
② 同上书,第483页。
③ 梵蒂冈图书馆藏 RACCOLTA GENERALE – ORIENTE Stragrandi. 13a,据 CCT – database 数据库著录,编撰者为比利时耶稣会会士安多。
④ 与此同时,在欧洲的文献中出现了大量的关于东亚和中国的报道与研究的书籍,中国古代文化典籍被译成各种欧洲语言,中国的思想和文化开始进入欧洲思想家和民众的视野,从而逐渐形成18世纪欧洲的"中国热"。鉴于本文的主题所限,这里不进行展开。

附录六 明清之际西学东渐中的"西学汉籍"的文化意义 / 351

洲历算学之输入。先是马丁路得既创新教，罗马旧教在欧洲大受打击，于是有所谓"耶稣会"者起，想从旧教内部改革振作。他的计划是要传教海外，中国及美洲实为其最主要之目的地。于是利马窦、庞迪我、熊三拔、龙华民、邓玉函、阳玛诺、罗雅谷、艾儒略、汤若望等，自万历末年至天启、崇祯间先后入中国。中国学者如徐文定，名光启，号元扈，上海人，崇祯六年（1633）卒，今上海徐家汇即其故宅李凉庵名之藻，仁和人等都和他们来往，对于各种学问有精深的研究。先是所行"大统历"，循元郭守敬"授时历"之旧，错谬很多。万历末年，朱世堉、邢云路先后上疏指出他的错处，请重为厘正。天启、崇祯两朝十几年间，很拿这件事当一件大事办。经屡次辩争的结果，卒以徐文定、李凉庵领其事，而请利、庞、熊诸客卿共同参预，卒完成历法改革之业。此外中外学者合译或分撰的书籍，不下百数十种。最著名者，如利、徐合译之《几何原本》，字字精金美玉，为千古不朽之作，无用我再为赞叹了。其余《天学初函》《崇祯历书》中几十部书，都是我国历算学界很丰厚的遗产。又《辨学》一编，为西洋论理学输入之鼻祖。又徐文定之《农政全书》六十卷，熊三拔之《泰西水法》六卷，实农学界空前之著作。我们只要肯把当时那班人的著译书目一翻，便可以想见他们对于新知识之传播如何的努力。只要肯把那个时代的代表作品——如《几何原本》之类择一两部细读一过，便可以知道他们对于学问如何的忠实。要而言之，中国知识线和外国知识线相接触，晋唐间的佛学为第一次，明末的历算学便是第二次。中国元代时和阿拉伯文化有接触，但影响不大。在这种新环境之下，学界空气，当然变换，后此清朝一代学者，对于历算学都有兴味，而且最喜欢谈经世致用之学，大概受利、徐诸人影响不小。[①]

梁公这段论述有两点十分重要。其一，明清之际的中西文化交流是继佛教传入中国后，中华文明与外部世界知识最重要的一次接触。他从

---

① 梁启超：《中国近三百年学术史》，东方出版社2004年版，第9页。

中国历史的角度将明清之际的中西文化交流史进行定位,对其评价的视野与高度都是前所未有的。其二,对传教士与文人所合作翻译的"西学汉籍"给予了高度的评价,认为"字字精金美玉,为千古不朽之作"。

梁启超对这批书籍并未进行统一定义,学界也有用"汉文西书"来对其进行概括的,[①] 但是,这个定义尚不能全面概括这类文献的特点:一是在文献呈现形式上并非全部是以书的形式出现的,其中含有大量手稿、舆图等;二是在文献内容上不仅有大量向中国介绍西方的学术和知识的内容,也有传教士用中文写作的关于中国文化研究的文献,例如白晋的汉文《易经》手稿。同样,将其定义为"汉语天主教文献"也过于狭小,因为其内容已经大大超出单纯的天主教范围,尽管天主教文献是其重要组成部分。[②] 我们认为用"西学汉籍"较为稳妥。目前学术界已经不再将"汉籍"仅仅理解为中国士人在历史上的出版物,凡是用汉文书写的历史文献都可被称为汉籍。[③] 这些我们在下面介绍梵蒂冈图书馆馆藏明清中西文化交流史文献时再具体展开。

对这批文献的整理史,最早可以追溯到1615年(万历四十三年)杨廷筠所编的《绝徼同文纪序》,书中收入了包括部分来华耶稣会会士在内的中国文人为西学汉书所写的70篇序言和7篇明朝关于处理来华传教士的公文,这些序言涉及传教士所出版的西学汉籍25部。杨廷筠在序言中说:"知六经之外自有文字,九州之表更有畸人,由是纪以索观其书,由

[①] "今天我们也用该词来泛指16—19世纪通过西方传教士介绍给中国的西方学术、西方知识或西方的知识体系。反映这一部分内容的文献,可以统称为'汉文西书'。"见邹振环《晚明汉文西学经典:编译、诠释、流传与影响》,复旦大学出版社2013年版,第6页。书中邹振环认为"西学"一词最早出现在中国人的著述中(可能是南宋李心传[1167—1244]记述高宗一代史事的史书《建炎以来系年要录》),其中吾二夫六记载雷冠在廷试对策中所言:"凡为伊川之学者,皆德之贼也。又曰:自西学盛行,士多浮伪。陛下排斥异端,道术亦有所统一矣。"经我的查找,"西学"最早可能出现在《礼记·祭义》中:"祀先贤于西学,所以教诸侯之德也。"

[②] 参阅张先清编《史料与视界:中文文献与中国基督教史研究》,"西学汉籍"是不能仅仅放在中国天主教史的框架中来讨论的,它是中国近代文化史研究的重要内容,同时也是西方汉学研究的重要内容,这批文献的多重性需要我们以新的视角来加以考察。

[③] 张伯伟编:《域外汉籍研究集刊》,第1—4辑,中华书局2005—2008年版。

读书以接通其人。"① 尽管《绝徼同文纪序》以西学汉籍的题跋序言为主,但开启了对西学汉籍的整体收集与整理。

李之藻在1623年(明天启三年)的《天学初函》一书中收录了传教士和中国文人的著作二十篇,其中"理编"十篇,"器编"十篇。收入理编的有:《西学凡》(唐景教碑附)、《畸人十篇》(附西琴八章)、《交友论》、《二十五言》、《天主实义》、《辩学遗牍》、《七克》、《灵言蠡勺》、《职方外记》;收入器编的有:《泰西水法》《浑盖通宪图说》《几何原本》《表度说》《天问略》《简平仪》《圆容较义》《测量法义》《勾股义》《测量异同》。他在《天学初函》的序中说:"时则有利玛窦者,九万里抱道来宾,重演斯义,迄今又五十年;多贤似续,翻译渐广:——顾其书散在四方,愿学者每不能尽睹为憾!"康熙朝后西学影响日益扩大,后因"礼仪之争",特别是雍乾禁教后西学日渐式微,但作为一种新的知识,这批文献官方仍不能忽视,在《四库全书》看来,"西学所长在于测算,其短则在于崇奉天主,以炫惑人心"。这样它仅收入西学汉籍22种。对于西学汉籍中的非科学类书籍《四库全书》是"止存书名",不收其书。如此一来,有15部西学汉籍被收入《四库存目》之中,其中收入子部杂家类的有11种,收入史部地理类的有2种,收入经部小学类的有2种。②

生于1620年的中国文人刘凝,一生未得功名,弱冠入县学③。他编辑的《天学集解》,涉及"西学汉籍"的有284本,分类方法是"首集""道集""法集""理集""器集""后集"。④ 尽管是手稿尚未出版,但仍是当时收集的最全面的西学汉籍的序跋。⑤ 这些序跋的大部分撰写与1599—1679年。

---

① 杨廷筠:《绝徼同文纪序》,钟鸣旦、杜鼎克、蒙曦编:《法国国家图书馆藏明清天主教文献》第6卷,台北利氏学社2009年版,第10页。
② 计文德:《从四库全书探究明清间输入之西学》,台湾济美图书有限公司1991年版。
③ 肖清和著:《清初儒家基督徒刘凝生平事迹与人际网络考》,载《中国典籍与文化》2012年第4期。
④ 参见Ad Dudink, "The Rediscovery of a Seventeenth–Century Collection of Chinese Christian Texts: The Manuscript Tianxue jijie", *Sino–Western Cultural Relations Journal* 15 (1993), pp. 1–26。
⑤ 胡文婷:《明清之际西学汉籍书目研究初探》抽样本。

"刊书传教"已成为利玛窦所确立的"适应路线"的重要举措，从教内各类书目也可以看出这批"西学汉籍"的传播，上面提到的梵蒂冈图书馆所藏的中文书中有两份文献专门记载了这批书目①。编号"R. G. Oriente - Stragrandi 13（a）"有两个书目，《天主圣教书目》收录了宗教类著作123种，《历法格物穷理书目》，著录了89种西学汉籍文献，两份文献共收录了212种文献。

《圣教信证》是张赓和韩霖合写的一部书，书中编入来华传教士的汉文著作，以表达"续辑以志，源源不绝之意"。全书收录92位明朝传教士的简要生平和229部汉文西书。同治年间胡璜的《道学家传》有着很高的文献学价值。全书共收录了传教士89人，其中有中文著述的有38人，共写下中文著作224部。

与此同时，在中国文人所编的各种书目和丛书中也开始收录西学汉籍的图书。② 初步研究大约有15种书目著录了各种西学书籍，共收录西学汉籍约138部。③

同时随着欧洲天主教修会进入中国，各地教徒的增加，各地修会也开始翻刻耶稣会所出版的书籍，同时，中国信徒也开始翻译和编写并出版各类西学书籍。④

在西方汉学界最早注意来华耶稣会中文著作的是基歇尔（Athanasius Kirecher，1602—1680），由于他和来华耶稣会会士有着密切的关系，他于

---

① ［法］伯希和编，［日］高田时兄补编：《梵蒂冈图书馆所藏汉籍目录》，郭可译，中华书局2006年版。有关这个目录的情况下面我还要专门介绍。

② 据徐宗泽的《明清间耶稣会士译著提要》统计，共有13种丛书收录了西学文献，而据郑鹤声、郑鹤春的《中国文献学概要》（上海书店1990年版），共有11种丛书收录了西学文献。

③ 赵用贤（1535—1596）的《赵定宇书目》，祁承㸁（1565—1628）的《澹生堂藏书目》，赵琦美（1563—1624）的《脉望馆书目》，徐𤊻（1570—1642）的《徐氏家藏书目》，陈第（1541—1617）的《世善堂书目》，董其昌（1556—1636）的《玄赏斋书目》，无名氏（明末）的《近古堂书目》，钱谦益（1582—1664）的《绛云楼书目》，季振宜（1630—?）的《季沧苇藏书目》，钱曾（1629—1699之后）的《也是园藏书目》，黄虞稷（1629—1691）的《千顷堂书目》，徐乾学（1631—1694）的《传是楼书目》。参见钟鸣旦、杜鼎克《简论明末清初耶稣会著作在中国的流传》，载《史林》1999年第2期。毛瑞方：《汉语天主教文献目录编撰史概述：以教外知识分子为中心考察》，载《世界宗教研究》2014年第3期。

④ 张淑琼：《明末清初天主教在粤刻印书籍述略》，载《图书馆论坛》2013年第3期。

1667 年在阿姆斯特丹的《中国图说》中首次向欧洲介绍了入华传教士的中文著作，其中包括利玛窦、罗雅谷、高一志等人的书籍。①

明末清初来华传教士究竟出版了多少西学汉文书籍？写作并留下了多少西学汉文手稿？这些学术界至今尚无定论。

亨利·考狄（Henri Cordier, 1849—1925）1901 年所编写的《十七、十八世纪欧洲人在中国的出版书目》（L'Imprimerie sino - européenne en Chine：bibliographie des ouvrages publiés en Chine par les Européens au XVII e et au XVIII esiècle）书目中收录了明清之际的西学汉籍有是 363 种。

法国汉学家，著名的中国基督教史研究专家裴化行（Henri Bernard, s. j）1945 年在《华裔学志》第 10 卷上发表了《从葡萄牙人到广东至法国传教士到北京期间欧洲著作的中文编译书目（1514—1688）》（"Les adaptations Chinoses d'ouvrages européens：Bibliographie chronologique deouisv la foundation de la Mission Fraçaise de Pékin 1514 - 1688"）的论文②，在这篇文章中，刊登出 38 位传教士名单，其中 36 人著有中文著作，共 236 种。1960 年在《华裔学志》的第 19 期，他又发表了《从法国传教士到北京至乾隆末期欧洲著作的中文编年书目（1869—1799）》（"Les adaptations Chinoses d'ouvrages européens：Bibliographie chronologique deouisv la foundation de la Mission Fraçaise de Pékin jusqu'à la mort de l'empereur K'ien-long, 1689 - 1799"）的论文，并整理出《北京刊行天主圣教书板目》《历法格物穷理书板目》《福建福州府钦一堂刊书板目》《浙江杭州府天主堂刊书板目录》四篇目录。这四个目录共刊录了 303 种文献。

由冯承均所译的法国中国基督教史研究专家费赖之（Ie P. Louis Pfister, s. j.）1932 年所作的《在华耶稣会士列传及书目（1552—1773）》

---

① ［法］基歇尔：《中国图说》（China monumentis, qua sacris qua profanis, nec non variis naturae & artis spectaculis, aliarumque rerum memorabilium argumetis illustrata"，中文为《中国宗教、世俗和各种自然、技术奇观及其有价值的实物材料汇编，简称《中国图说》即 "China illustrata"），张西平、杨慧玲等译，大象出版社 2013 年版；张西平：《国外对明末清初天主教中文文献的收集和整理》，载《陈垣先生的史学研究与教育事业》，北京师范大学出版社 2010 年版，第 234—238 页。

② Monumenta Serica 10（1960），pp. 349 - 383.

(*Notices Blographiques et Bibliographiques sur les Jesuttes de L'ancienne Mission de Chine 1552 – 1773*）是一部研究入华传教士的重要的工具书，他把传教士的中文和西文的文献进行统一编目，为入华耶稣会会士中文文献的研究提供了重要而又丰富的信息。《在华耶稣会士列传及书目（1552—1773)》中共有63人写了366种中文文献。①

《法国国家图书馆馆藏中国图书目录》（*Catalogue de Livres Chinois Coréens, Japonais, etc*）这个目录是1912年由法国人古郎（Mauricr Courant）所作的。古郎书目共收入了99名作者的明清天主教文献374种②。在这些作者中耶稣会的传教士有56人，方济各会、道明会、奥斯定会等其他修会的传教士15人，中国士人28人。这374部文献中署名作者的文献有278种，无作者署名的文献有96种。③

徐宗泽在《明清间耶稣会士译著提要》④ 第十卷的《徐家汇书楼所藏明末清初耶稣会会士及中国公教学者译著书目》达402种，其中基督教宗教类书目达296种，占总数的74%；属于自然科学技术方面的书目共62种，占总数的15%；关于中西哲学、政治、教育、社会、语言文学艺术方面的共31种，约占总数的8%；传教士奏疏等历史文献共13种，约占3%。译著书籍的主体是宗教类文献，其次是自然科学技术类文献。在第十卷的《巴黎国立图书馆所藏明末清初耶稣会会士及中国公教学者译著书目录》中著录了760种，基本是宗教、神哲学类译著文献。十卷中的《梵蒂冈图书馆所藏明末清初耶稣会会士及中国公教学者译著书》有169种。

由方豪主编的《上智编译馆》1947年所发表的《北平北堂图书馆暂

---

① 这里的统计包含地图，但未包含汉外双语或多语词典的数量和相关的作者。
② 不含副本，这只是一个初步的统计，据徐宗泽的统计是733部，他的统计含重复和副本。
③ 张西平2002年在这里访问了三个月，初步将其全部的明清天主教文献通览一遍，并在古郎书目的基础上作了简化。国内学者大多很熟悉徐宗泽书后所附的《巴黎国立图书馆所藏明末清初耶稣会士中国公教学者译著书目录》，但徐宗泽的目录并未收全古郎书目的西学汉籍文献，如罗明坚所拟写的《罗马教皇致大明国国主书》，就未收入其中。
④ 徐宗泽：《明清间耶稣会士译著提要》，上海世纪出版集团2010年版。

编中文善本书目》，共收录了103种西学汉籍书目，其中天主教著作有86种，①满文天主教著作3种，农家类1种（即徐光启的《泰西水法》一部），天文历算类8种，杂家类1种，集部1种（即杨光先的《破邪集》）②

据钱存训统计，明清之际耶稣会传教士在华两百年间共翻译西书437种，其中纯宗教类书籍251种，占总数的57%；属自然科学的书籍131种，占总数的30%；属人文科学书籍55种，占总数的13%。③梁启超在《中国近三百年学术史》中著录的西学汉籍321种。李天纲估计明末清初关于天主教的文献应该不少于1000种。④

二

雍乾禁教以后，天主教发展处于低潮期，从而使得许多天主教方面的书只有存目，不见其书，到清末时一些书已经很难找到，如陈垣先生所说："童时阅四库提要，即知有此类书，四库概屏不录，仅存其目，且深诋之，久欲一睹原书，粤中苦无传本也。"⑤

由此，从民国初年至今，中外学者为收集和整理这批文献进行了长达一百多年的努力。马相伯是清末民初的风云人物，晚年时极力主张天主教的本色化，他在明末清初的入华耶稣会会士的中文著作中找到了心中的理想："找到一种天造地设的契合，而利所译最切近这理想。"⑥

---

① 其中最令人关注的贺清泰的《圣经》译本，因为，目前在上海徐家汇藏书楼所发现和出版的贺清泰《圣经》的译本未必是底本，抄本的可能性很大，而北堂藏本是底本的可能性很大。

② 感谢谢辉提供以上数字。

③ 钱存训：《近世译书对中国现代化的影响》，载《文献》1986年第2期；宋巧燕：《明清之际耶稣会士译著文献的刊刻与流传》，载《世界宗教研究》2011年第6期。

④ 参见李天纲《中文文献与中国基督宗教史研究》，载张先清编《史料与视界》第7页，上海人民出版社2007年版。

⑤ 方豪：《李之藻辑刻天学初函考》，载《天学初函》重印本，台湾学生书局1965年版。

⑥ 李天纲：《信仰与传统——马相伯的宗教生活》，载朱维铮主编《马相伯传》，复旦大学出版社1996年版。

因此，马相伯对这批文献的收集十分重视。他曾写下了《重刊〈辩学遗牍〉跋》《重刊〈主制群征〉序》《书〈利玛窦行迹〉后》《重刊〈真主灵性理证〉序》《重刊〈灵魂道体说〉序》《重刊灵言蠡勺》序》等多篇有关整理明末清初天主教文献的文字。在他和英敛之等人的通信中曾提到他自己读过的明清天主教文献有 26 部之多。① 为做好这件事，他曾和英敛之、陈垣等多次通信，对陈垣的工作倍加赏识，在给英敛之的信中说"援庵实可敬可爱"。② 在推动明清天主教文献的整理方面，马相伯发挥了重要的作用。

英敛之早年正是因为读了利玛窦、艾儒略等人的书才加入了天主教。民国初年，他经十余年努力找到了《天学初函》的全本，并重新刊印其中的部分文献，他在重刊《辩学遗牍》时的序言中说："《天学初函》自明季李之藻汇刊以来，三百余年，书已希绝。鄙人数十年中，苦志搜罗，今幸寻得全帙。内中除器编十种，天文历法，学术较今稍旧，而理编则文笔雅洁，道理奥衍，非近人译著所及。鄙人欣快之余，不敢自秘，拟先将《辩学遗牍》一种排印，以供大雅之研究。"③

马相伯、英敛之、陈垣三人中当属陈垣学术成就最高，他因其著作《元也里可温教考》一举成名，奠定了中国天主教史研究的基础，在明清天主教文献的收集和整理上他也着力最大。

他不仅整理和出版了入华传教士的著作，如《辩学遗牍》《灵言蠡勺》《明季之欧化美术及罗马字注音》《利玛窦行迹》等，而且在教外典籍中发现了许多重要的文献，他所写下的《从教外典籍见明末清初之天主教》《雍乾间奉天主教之宗室》《泾阳王徵传》《休宁金声传》《明末殉国者陈于阶传》《华亭许缵曾传》《汤若望与木陈忞》等一系列论文，不

---

① 马相伯所提到和参考的文献有：《辩学遗牍》《主制群征》《景教碑》《名理探》《利先生行迹》《天学举要》（阳玛诺）、《真主性灵理证》（卫匡国）、《灵魂道体说》《铎书》《天教明辩》《圣经直解》《圣教奉褒》《圣教史略》《圣梦歌》《寰宇铨》《童幼教育》《超性学要》《王觉斯赠汤若望诗翰》《天学初函》《七克》《教要序论》《代疑论》（阳玛诺）、《畸人十篇》《三山论学记》《遵主圣范》《灵言蠡勺》。

② 朱维铮：《马相伯集》，第 369 页。

③ 方豪：《李之藻辑刻天学初函考》，载《天学初函》重印本，台湾学生书局 1965 年版。

仅在学术上大大加深了天主教入华传教史的研究，在历史研究和文献研究上也开辟了一个崭新的领域。陈寅恪在陈垣的《明季滇黔佛教考》的序言中说："中国乙部之中，几无完善之宗教史，然其有之，实自近岁新会陈援庵先生之著述。"这说明了陈垣先生在中国宗教史，特别是在中国基督教史研究上的地位。

陈垣先生在谈到这批文献的整理时，他认为应该继承李之藻的事业，把《天学初函》继续出版下去，并在给英敛之的信中说："顷言翻刻旧籍事，与其请人誊抄，毋宁迳将要籍借出影印。假定接续天学初函理编为天学二函，三函——分期出版，此事想非难办。细想一遍，总胜于抄，抄而又校，校而付排印，又再校，未免太费力；故拟仿涵芬楼新出四部丛刊格式，先将《超性学要》（21册）影印，即名为《天学二函》，并选其他佳作为三函，有余力并复影初函，如此所费不多，事轻而易举，无誊校之劳，有流通之效，宜若可为也。乞函商相老从速图之。此事倘性行之于数年前，今已蔚为大观矣。"①

为此，他曾肆力搜集有关史料，并计划仿《开元释教目录》及《经义考》《小学考》体制而为《乾嘉基督教录》，为中国天主教的文献作一次全面的清理，也为《四库全书总目》补阙拾遗。

这一计划最终仅完成了一部分，即附刊在《基督教入华史略》后的《明清间教士译述目录》，这个目录虽然限于当时的条件只收集了有关天主教士的教理和宗教史的部分，尚未更多收集到天文、历算、地理、艺术等方面的传教士的重要著述，但在徐宗泽的《明清间耶稣会士译著提要》之前，他的这份目录是当时搜集天主教文献最多的一个目录，其中未刊本多于已刊本，由此可见其搜访之勤。

正是在马、英、陈三人的努力下，民国初年学界在这批文献的收集、整理和出版上取得了显著的成绩。

向达先生是中外关系史的大家，他在"敦煌学""目录学"等方面的贡献大多为学界所知，但其在收集和整理明清入华天主教史文献上的显著成绩却不甚为人所知。

---

① 方豪：《李之藻辑刻天学初函考》，载《天学初函》重印本，台湾学生书局1965年版。

在这方面,他不仅写下了《明清之际中国美术所受西洋之影响》等重要的论文,还整理并收集了部分关于天主教史的书籍,其点校的《合校本大西西泰利先生行迹》是他把自己在法国、罗马等地的几个刻本统一勘校后整理出来的,并在很长一段时间内是最好的校本。他自己还收藏了许多珍本,《上智编译馆》曾公布过觉明先生所藏有关天主教的书目。

王重民先生是我国著名的目录学家、文献学家、敦煌学家,他在明清天主教文献的收集和整理上有着重要的贡献。1934年,他和向达先生被北京图书馆派往欧洲进行学术考察。在欧洲访问期间,他把收集明清天主教文献作为其在欧洲访书的第二项任务,他在访问巴黎国家图书馆和罗马的梵蒂冈图书馆时,对这类书格外关注,并从欧洲带回了部分重要文献。这之后,他先后写下了关于明清之际山西地区重要的基督徒韩霖的著作的《跋慎守要录》和关于明人熊人霖著作的《跋地纬》,以及《王徵遗书序》《跋王征的王端节公遗集》《跋爱余堂本隐居通义》《跋格致草》《文公家礼仪节》《道学家传跋》《经天该跋》《历代明公画谱跋》《尚古卿传》《程大约传》《跋慎守要》《关于杨淇园先生年谱的几件文档》《海外希见录》《罗马访书录》等有影响的文章。他和陈垣先生一样想编一个入华传教士译著的书目,并将之定名为《明清之间天主教士译述书目》,这本书已有初稿,但没有最终完成,书稿也已丢失。[①]

徐宗泽是徐光启的第十二代世孙。他于21岁时入耶稣会,并到欧美学习,1921年返回中国后不久,担任了《圣教杂志》的主编和徐家汇天主堂图书馆的馆长。在此期间,他发表了一系列有关明清天主教史的论文和著作。在明清之际天主教历史文献方面,他最有影响力的作品还是关于明清天主教史的中文著作目录。他的首篇目录《梵蒂冈图书馆藏明清中国天主教人士译著简目》发表在1947年的《上智编译馆馆刊》第二卷第二期上,但当年他便因病逝世。《上智编译馆馆刊》第二卷第四、五期合刊上又发表了他的遗著——《上海徐家汇藏书楼所藏明清间教会书目》。1949年,中华书局出版了他编著的《明清间耶稣会士译著提要》。

---

① 王重民:《冷庐文薮》,上海古籍出版社1992年版,第937页。

这本书的学术价值直到今天仍然很高，它有两个贡献是其他任何同类工具书所不及的。其一，它公布了世界上主要图书馆所藏明清间天主教史的书目，大大拓宽了当时学界对这批西学汉籍的认识。其二，他公布了210篇文献的序、跋、前言、后记。对于难以见到原始文献的研究者来说，这无疑是雪中送炭。

方豪是继陈垣后，在明清天主教史和明清天主教文献研究方面最有成就的学者。他不仅继承了马相伯、英华等教内之人的传统，也和学术界的董作宾、傅斯年、胡适、陈垣等人有学术的交往，特别是和陈垣先生交往更深。方豪先生坚守着"史学就是史料学"这一信念，在文献和史料上着力最深，在这段时间内写下了一批有关明清天主教历史文献和史料考证的重要文章。应该值得一提的是方豪先生从1946年9月到1948年7月主持编写的《上智编译馆馆刊》，历时两年，共出版《上智编译馆馆刊》三卷十三期。这十三期《上智编译馆馆刊》成为当时收集和整理明清天主教史文献最为重要的学术阵地，也是民国时期这批文献的收集和整理上所达到的最高水平，它在文献校勘、标点方面的研究成果，直到今天也仍是我们必须汲取的。

陈垣先生当年在给他的信中说："公教论文，学人久不置目，足下孤军深入，一鸣惊人，天学中兴，舍君莫属矣！"① 方豪一生以陈氏私淑弟子自居，陈寅恪曾说他是"新会学案第一人"②，实不为过。1965年，《天主教东传文献》和《天学初函》在方豪的推动下在台湾出版，接着先后于1966年、1998年出版了《天主教东传文献续编》和《天主教东传文献三编》，从而开启了明清之际天主教文献大规模的复制整理工作。

改革开放后，中国学术界对这一领域继续展开研究。1994年，田大卫总主编的《民国总书目：宗教》中收录了明清之际"西学汉籍"37

---

① 陈智超编：《陈垣来往书信集》，上海古籍出版社1993年版，第306页。
② 牟润孙：《敬悼先师陈援庵先生》，转引李东华《方豪年谱》，台湾"国史馆"2001年版，第262页。

部。① 《中国古籍总目》所收的书目不少于 390 种。②

近三十年来，谢和耐（Jacques Gernet）、许理和（Erik Zürcher，1928—2008）提出欧洲汉学界在明清之际的研究上应该实行"汉学的转向"，"从传教学和欧洲中心的范式转为汉学和中国中心论范式"。③ 即"中国文化（包括中国传统文化对外国文化的传入的反应），应该总是我们研究的首要问题"。④ 这样一种学术范式的转变主要是从欧洲自身的研究传统来讲的，对中国学术界来说则是另一个问题。⑤ 学术范式的转变带

---

① 田大卫：《民国总书目：宗教》，书目文献出版社 1994 年版。对"西学汉籍"书目史的整理与研究，张西平在 2005 年发表了《明末清初天主教入华史中文文献研究的回顾与展望》一文，参阅张西平著《传教士汉学研究》，大象出版社 2005 年版。

② 毛瑞方：《汉语天主教文献目录编撰史概述：以教外知识分子为中心考察》，载《世界宗教研究》2014 年第 3 期。文中认为《中国古籍总目》收录了 390 种西学汉籍，这个数字需要进一步精确，实际数量肯定大于这个统计。陈垣先生所提出的像《开元释教录》那样编辑一本《中国天主教文献总目》的理想至今仍待我辈努力。

③ 钟鸣旦：《基督教在华传播史研究的新趋势》，载任继愈主编《国际汉学》1999 年第四辑。

④ 许理和：《十七—十八世纪耶稣会研究》，载任继愈主编《国际汉学》1999 年第四辑。

⑤ 许理和在文中说，对中国学者来说不存在一个从欧洲文献转向汉语文献的问题，因为从陈垣开始早就这样做了，但存在一个如何将明清之际的天主教史纳入中国近代文化史之中，"从传记式的史事铺陈中走出来，尝试对西学东渐在社会所产生的反响，进行一次较全面深入的探讨"（黄一农：《明清天主教传华史研究回顾与展望》，载任继愈主编《国际汉学》1999 年第四辑）同时，明清之际基督教来华研究是中西文化交流史的一方面，另一方面则是西方汉学的"传教士汉学阶段"，传教士汉学的西方语言材料呈现出多样性，它既构成中国天主教史的一部分，同时也构成欧洲近代思想文化史的一部分。对中国学者来说，其优势在于对中文文献的掌握和理解，但其对西方语言文献的掌握和理解较为困难。这样，对中国学术界来说，不仅仅要重点关注中文文献的研读，并将天主教史的西学纳入整个中国近代史视域加以研究。同时，加大对来华传教士西文文献的翻译整理，加强中文和西文材料的相互辨读，亦是明清之际天主教史研究的一个重要维度。北京外国语大学中国海外汉学研究中心在这方面的努力和成就受到中国学术界的认可，其原因在于此。同时，从更为宏观的角度来看明清之际的中西文化交流史，则不应仅仅局限于"西学东渐"，基督教对于中国近代社会的影响研究这个维度，而应同时关注传教士汉学对于欧洲思想文化史的影响。黄一农先生提出："我们也应尝试将研究的视野打开，不要将目光自我局限在中国或耶稣会，不仅有必要去理解并探讨当时世界的政经局势和教会的内部生态，对天主教传华所产生的影响，对朱谦之在其《中国哲学对于欧洲的影响》一书中所开创的重要研究方向，也应努力承续，以调整先前的偏颇，而能更进一步对当时中、欧文明所出现的双向交流有一较全面的掌握。"这无疑是一个非常重要的思想，按照这样的思路，欧洲汉学家们所提出的"汉学专向"模式也有着自身的问题。1500—1800 年是全球化初始阶段，应从全球史研究的范式，开启新的研究模式，这是中国学术界新的使命。参阅张西平《欧洲早期汉学史：中西文化交流与欧洲汉学的兴起》，中华书局 2010 年版。

来了明清之际天主教文献整理出版的高潮：1996年，钟鸣旦、杜鼎克、黄一农、祝平一编辑的《徐家汇藏书楼明清天主教文献》（五册）由台湾辅仁大学出版；2002年，钟鸣旦、杜鼎克编辑的《罗马耶稣会档案馆明清天主教文献》（十二册）由台北利氏学社出版；2009年，钟鸣旦、杜鼎克、蒙曦（Nathalie Monnet）编辑的《法国国家图书馆藏明清天主教文献》（二十六册）由台北利氏学社出版；2011年，钟鸣旦、杜鼎克、王仁芳编辑的《上海徐家汇藏书楼馆明清天主教文献续编》（十二册）由台北利氏学社出版。这些文献"选择精当，史料价值高，大多数是孤本，于学界大有裨益"①。中国学术界继承了陈垣先生的传统，始终对中文文献十分重视。1984年，王重民先生整理的《徐光启集》，虽文献有所缺漏，但毕竟是大陆第一本较为完整的徐光启文集。1999年，汤开建主编的《明清时期澳门问题档案文献汇编》，在人民出版社出版。2000年，青年学者周岩以一人之力点校并整理出版了《明末清初天主教史文献丛编》（北京图书馆出版社）。②同样在这一年，陈占山点校的《不得已附二种》在安徽黄山书社出版。2003年，中国第一历史档案馆编辑出版了《清中前期西洋天主教在华活动档案史料》（共三册，中华书局出版）。2003年，朱维铮先生主编的《利玛窦中文著作集》，在复旦大学出版社出版，在学界引起了较大反响。2006年，韩琦、吴旻校注的《熙朝崇正集 熙朝定案（外三种）》，在中华书局出版。2011年，朱维铮、李天钢主编的《徐光启集》（十册），在上海古籍出版社出版；同年林乐昌点校并整理出版了《王徵全集》。③ 2013年，黄兴涛、王国荣主编的《明清之际西学文本：50种重要文献汇编》（四册），在中华书局出版；同年，青年学者周岩的《明末清初天主教史文献新编》（三册）在国家图书馆出版社出版；年底，周振鹤先生主编的《明清之际西方传教士汉籍丛刊》出版，第一辑收入文献30种。中国学者不仅仅在文献的复制上迈开了较大的步伐，在文献的点校和整理上更显示出特有的优势，取得了令人称道的成绩。

---

① 李天纲：《中文文献与中国基督宗教史研究》，载张先清编《史料与视界：中文文献与中国基督宗教史研究》，上海人民出版社2007年版，第8页。

② 这一年郑安德主编的《明末清初耶稣会思想文献汇编》（五卷）以内部文献形式出版。

③ 《王徵全集》，林乐昌编校，三秦出版社2011年版。

近三十年来，中外学术界在明清之际天主教史中文文献的收集、复制、整理上取得了前所未有的好成绩，大大推动了学术界对明清之际中西文化交流史的研究。[①]

三

近年来所出版的这些关于明清之际西学汉籍文献的研究方面的书籍，大多在中国台湾出版，且被冠以"天主教东传文献"的统称。

这次的《梵蒂冈图书馆藏明清中西文化交流史文献丛刊》[②]是首次在中国大陆出版的明清之际的西学汉籍。由于梵蒂冈图书馆馆藏的地位和特点，在文献数量上基本上把在台湾地区已经出版的大部分天主教历史文献覆盖了。"梵蒂冈所藏的明清之际中西文化交流史文献"与以往所出版的类似文献重要的不同之处在于，它不再仅仅局限于"天主教文献"这样的理解之中，而是将这批文献放入中西文化交流史，放入中国近代文化思想史，放入西方汉学史的角度来加以考察。概而言之，是以全球化史的新视角来重新审视这批文献，故称之为"西学汉籍"。它包含了众多来华传教修士的汉文文献，而不仅仅是来华耶稣会会士的汉文文献，从而给我们提供了一个更为宽阔的视野。自然，也不能仅仅将这批文献归结为"传教士汉籍"。除"传教士汉籍"之外，它也包含中国士大夫、文人信徒乃至佛教徒与天主教论辩的文献；它还包括传教士从中国带回或寄回欧洲的为数不少的中国古籍；此外，它又包括文化交流史中基础性的工具书——辞典和字典。这些整合起来共同构成了文化史上丰富多彩的历史画卷。将其放入当时的中西文化交流史和传教士的汉籍写作方面来看，这批中文文献就凸显出其特殊的价值了，因为这些文献是传教士们编写辞典和转写汉字文献的工具书及学术思想的来源。因此，这批文献的出版必将对中国明清史研究、中国思想文化史、中国天主教史、

[①] 关于中文学术界在研究领域中取得的进展同样值得称道，鉴于本书主题在于文献的整理，这里不再一一记述。

[②] 该丛书第一辑于2014年在大象出版社出版。

中国翻译史、中国语言史,乃至对西方汉学史和全球化史研究产生深远的影响。陈寅恪在《陈垣敦煌劫余录序》中有一段十分精辟的论述:"一时一代之学术,必有其新材料与新问题。取用此材料,以研求问题,则为此时一代学术之新潮流。"[1]

首先,这批西学汉籍文献的出版对中国明清史的研究将会有所推动。嵇文甫在《晚明思想史论》对那个时代有一个很生动的描写:"晚明时代,是一个动荡时代,是一个斑驳陆离的过渡时代。照耀着这个时代的,不是一轮赫然当空的太阳,而是许多道光彩纷披的明霞。你尽可以说它'杂',却绝不能说它'庸';尽可以说它'嚣张'却决不能说它'死板';尽可以说它是'乱世之音',却决不能说它是'衰世之音'。它把一个旧时代送终,却又使一个新时代开始。它在超现实主义的云雾中,透露出现实主义的曙光。"[2] 晚明之"杂"就在于"西学"开始进入中国,中国文化邂逅了一个完全陌生的对话者,中国历史开始因利比里亚半岛上的葡萄牙和西班牙的到来,发生了一系列新的问题。近年来学术界对于在华耶稣会会士在晚明的活动也多有研究,[3]但限于文献不足,有不少关键性问题无法得到透彻研究。例如,关于南明王朝的研究,这些年南明研究有了很好的学术著作,[4] 但学者很少注意到来华耶稣会会士毕方济(Francois Sabiasi,1582—1649)的中文文献,很少注意到波兰来华传教士卜弥格作为南明朝特使赴罗马的一些汉文文献。[5]如果不掌握梵蒂冈图书馆所藏卜弥格所带回的全部材料,很难说清楚永历朝后期的问题。这些文献对晚明和南明的研究有着重要价值。又如对王丰肃(Alphonse

---

[1] 陈寅恪:《金明馆丛稿一编》,上海古籍出版社1980年版,第236页。
[2] 嵇文甫:《晚明思想史论》,东方出版社1996年版,第1页。
[3] 南炳文、汤纲:《明史》(上下),上海人民出版社2003年版;樊树志:《晚明史(1573—1644)》,复旦大学出版社2003年版;[美]牟复礼、[英]崔瑞德编:《剑桥中国明代史》,中国社会科学出版社1992年版;张天泽:《中葡早期通商史》,香港中华书局1988年版;万明:《中葡早期关系史》,社会科学文献出版社2011年版;万明主编:《晚明社会变迁问题与研究》,商务印书馆2005年版。
[4] 顾诚:《南明史》,中国青年出版社1997年版;钱海岳:《南明史》,中华书局2006年版;黄一农:《两头蛇》,上海古籍出版社2006年版。
[5] [波兰]卜弥格:《卜弥格文集:中西文化交流与中医系传》;[波兰]爱德华·卡伊丹斯基、张振辉、张西平翻译,华东师范大学出版社2013年版。

Vagnoni，1566—1640，又名高一志）的研究，已经有了很多不错的文章，但只有读到他的全部中文著作后才能对南京教案的研究、对晚明绛州地方史的研究有所深入。

如果说明清以前对中国史的研究主要是中文文献的挖掘和收集，那么，在明清史研究中对中西文化交流史文献进行挖掘和收集就显得格外重要了，特别是对传教士西学汉籍及相关文献的研究。戴逸先生说过，清代的历史与以往的朝代不一样，它自始至终与世界保持着联系，你必须在世界的背景下观察中国，必须了解当时西方人对中国写了些什么、说了些什么、做了些什么。我们这些编纂清史的学者，如果不了解这些，清史没法写。在梵蒂冈的这批文献中包含关于清史的罕见而珍贵的历史文献。例如，顺治皇帝嘉封汤若望三代的文献，汤若望的奏疏，白晋在康熙指示下学习《易经》的手稿，马若瑟、马国贤在康熙朝时的一些中文手抄散页，雍正四年关于穆敬远和毕天祥的诏书，傅圣泽带回罗马的大量清代钦天监的手稿等等，这些对于研究清代历史具有重要的学术意义。

这批西学汉籍一旦纳入近代中国历史的研究视野，首先将对确认鸦片战争以前的中国社会已具有自己内发原生的近代性思想文化因素有重要价值，从而看到明清之际的各方面因素对于中国近代史的开端的深刻影响。对中国近代历史分期的研究，学界在"文化大革命"以前受苏联模式影响，以"侵略—革命"模式来裁定中国历史；改革开放后，费正清的"冲击—反应"模式传入中国，这两种模式都将鸦片战争定位为中国近代历史的起源。但有学者已经指出，中国近代思想史可以追溯到16世纪。20世纪以来，一大批中国学者在明清学术研究领域潜心开拓，以大量的史实证明了中国有自己内发原生的近代性思想文化因素的观点。早在20世纪伊始，章太炎先生就写了《清儒》《说林》《释戴》等文章，从资产阶级革命派的观点出发表彰残明遗老和戴震的学说；与此同时，梁启超作《中国学术变迁之大势》，纵论明清思想史，首倡"中国文艺复兴说"。"辛亥革命"同年，蔡元培著《中国伦理学史》，特表彰黄宗羲、戴震、俞正燮三家学说"殆为自山思想之先声"。五四运动时期，吴虞作论证了清代学术"与意大利文艺复兴绝相类"的观点。至20世纪末，胡适之、熊十力、嵇文甫、容肇祖、谢国桢、侯外庐、邱汉生、萧萐父等诸位大师接踵而来，慧解卓识，蔚为大观。其中，堪与梁启超、胡适之的"文艺复兴说"相媲美且更具论史卓识者，有嵇文甫在《晚明思想史论》中提出的"曙光说"，侯外庐在《近代中国思想学说史》中提出的"早期启蒙说"，萧萐父在《明清启蒙学术流变》一书中提出的以明清之际的启蒙思想为传统与现代之间的"历史接合点说"。特别是侯外庐的《近代中国思想学说史》（1947）一书，把中国近代史看作中国资本主义萌芽和具有近代人文主义性质的启蒙思潮发生和发展的历史，以明清之际作为中国近代史的开端，同时也是中国近代思想史的开端，观点最为鲜明。①在以上学者的论证中，来华传教士的西学汉籍著作都受到普遍重视，并作为立论的根据之一。因此，晚明西学汉籍并不仅仅在史学材料上提供了新的文献，而且这批文献的出版将推动中国近代历史研究的创新。

其次，从中国基督宗教史研究来看，基督教三次入华，唯明清之际的传入获得成功。明清之际的西学东渐研究，中国天主教史研究是其重要的内容。近三十年来，这一领域研究取得了长足的进步，②李天纲的《中国礼仪之争：历史文献与意义》、张先清的《官府、宗族与天主教：17—19世纪福安乡村教会的历史叙事》、汤开建的《明清天主教史论稿初编：从澳门出发》等著作从不同侧面推进了中国天主教史的研究。汤开建认为"研究中国天主教史，中国的专家应走在这一学科的前沿，这应是理所当然且义不容辞的。而要走到中国天主教史研究的前沿，两条腿走路的方针必不可少，一条腿必须坚实地站在中文档案文献的基础之上，另一条腿则要迈进浩瀚无涯的各种西文档案文献的海洋之中，缺一不可"。③他对藏在梵蒂冈图书馆等地的中文文献给予了很大的期待。

应该说，梵蒂冈藏的明清之际历史文献会大大促进对中文文献的开拓，这批文献既有一些中国教徒的原始性文献，也有传教士关于教区发

---

① 许苏民：《中国近代思想史研究亟待实现三大突破》，《天津社会科学》2004年第6期。
② 钟鸣旦、孙尚阳：《一八四〇年前的中国基督教》，学苑出版社2004年版。
③ 汤开建：《明清天主教史论稿初编：从澳门出发》，澳门大学出版社2012年版，第11页。

展的一些重要历史文献，例如方济各会来华传教士康和子（Bernadinus della chiesa）详尽记述了他在山东传教的历程，并附有原始的教徒名册，这在中国天主教史研究中是十分罕见的历史文献。

　　基督教作为外来宗教，在其本土化过程中形成了自己的神学思想和表达方式，因此，中国天主教史研究的另一个方面就是在历史进程中汉语神学思想的形成。近年来，关于汉语神学的讨论十分热烈。① 尽管汉语神学的倡导者也承认中国汉语神学起源于明清之际，但他们认为"汉语神学属于中国基督徒学人，属于当今和未来的每一个中国基督徒学人"。② 由此，作者很轻易地把明清之际由来华传教士和中国文人共同写下的这批西学汉籍排除在汉语神学之外，否认了这批西学汉籍在汉语神学形成史上的地位。我们认为，即便没有读到更多的明清之际的汉语神学的原著，但利玛窦的《天主实义》等著作已经清楚地表明汉语神学的具体形态了。学术界对于这一点也提出了不同的意见，认为不能将以利玛窦为代表的以汉语作品言述其对耶稣基督之认信经验与对其信仰之反思的传教士排除在汉语神学之外，"凡是以汉语进行写作，回应汉语语境中的各种问题的神学，不论其主体是中国人，还是西方人，都应包容性地将其纳入汉语神学的范畴之内"③。

　　汉学神学提出的一个理论根据是"圣言"总是通过"人言"来表达的。在这个意义上，汉语神学与作为母语神学的拉丁语神学、德语神学、法语神学是一样的。如此一来，汉语神学就"没有必要再用一种'人言'去置换另一种'人言'。亦即没有必要去把其他'人言'表现形式'中国化'或者'本色化'，而应当用'汉语'这种'人言'去直接承纳、言述'圣言'"④。这样的理解实际上把基督教神学的丰富历史传统解构了，从学理上也只是一种理想神学。"理论形态的基督神学"是在具体语

---

① 1995 年，刘小枫在其著作《现代语境中的汉语基督教神学》（载李秋零、杨熙南编《现代性：传统变迁与汉语神学》，华东师大出版社 2010 年版）发表后学术界多有讨论。
② 刘小枫：《汉语神学与历史哲学》，汉语基督教文化研究所 2000 年版，第 4 页。
③ 《基督教文化评论》，贵州人民出版社，第 32 辑，第 31 页。
④ 李秋零：《"汉语神学"的历史反思》，载李秋零、杨熙南编《现代性、传统变迁与汉语神学》（下），华东师大出版社 2010 年版，第 651 页。

境中成为现实的。因此,离开犹太语的基督"人言",我们是无法直接去理解"圣言"的。耶稣会入华带来的就是这种具体语境中的神学,并将其翻译成汉语。"明清之际关于中西信仰之争,其实就是'汉语神学'。"①

汉语神学的提出者对汉语神学的解释缺乏对中国基督教历史的全面了解,他们将整个中国基督教历史归结为与民族国家冲突的历史,尚不知明清之际的中西文化交流是一个平等的文化交流。如此一来,很容易将明清之际所形成的汉语神学传统和资源放在一边。有学者指出:"从中西文化交流史的角度看,中国社会接受基督教是四百年中西文化交流的产物,也是中西文化在这四百年中双向互动的结果。不了解始于400年前的中西文化交流史,就无法明了中西双方在新世纪全球一体化进程中的位置与作用,更无法为基督教在当代中国社会文化中的作用准确定位。历史是一面可资借鉴的镜子,但若观察者不具有足够宽阔的视野和多维的视角,那么历史会成为一个沉重的包袱。"②

"明清之际,中国正经历着历史上另一个大变局……天主教在不同的宗教和学说传统中,做着统摄和融合的工作。实际上是为中国教会和信徒建立一种'汉语神学'。"③当我们回到明清之际,回到明清之际中国基督教第一批汉语神学文献时,这些问题就迎刃而解了。因此,这批西学汉籍不仅仅为中国教会史提供了新的史料,同时,也会使我们对汉语神学的历史有一个更为全面清晰的认识。

再次,这批文献在中国翻译史上的价值。中国翻译历史源于对佛教文献的翻译,对佛典的翻译直接影响了中国文学的发展。胡适认为,一是佛典翻译"遂成为白话文与白话诗的重要发源地",二是"中国的浪漫主义文学是印度文学影响的产儿",三是"佛教的散文与偈体杂用,这也

---

① 李天纲:《明清时期汉语神学:神学论题引介》,刘小枫:《基督教文化评论》第27辑,贵州人民出版社。
② 王晓朝:《关于基督教与中国文化融合的若干问题》,载李秋零、杨熙南编《现代性、传统变迁与汉语神学》(中),华东师范大学出版社2010年版,第372—373页。
③ 李天纲:《明清时期汉语神学:神学论题引介》,刘小枫:《基督教文化评论》第27辑,贵州人民出版社。

与后来的文学体裁有关系"①。来华传教士的西学汉籍基本上是翻译作品或者编译作品,其数量是继佛教文献传入中国后最大的一批域外翻译文献,这是欧洲文化、文学、宗教首次在中国"登陆",其学术意义重大。近来,李奭学先生从翻译角度作了十分出色的研究,他认为,"以往大家知道近代中国文学始自清末,殊不知清末文学新像乃萌乎明末,尤应接续自明末的翻译活动"。在这批西学汉籍中,"有中国第一次继承的欧洲歌词的集子,有中国第一次出现的欧洲传奇小说,有中国第一次译出的欧洲上古与中古传奇,有中国第一次翻译的欧洲修辞学专著,有中国第一次可见的玛利亚奇迹故事集,有中国第一次中译英国诗,也是中国第一次见到欧人灵修小品集"②。传教士们不仅仅是在介绍欧洲的文学,而且按照中国古代小说的形式用汉语来写小说,来华法国耶稣会会士马若瑟(Joseph de Prémare 1666—1736)的《儒交信》就是一个例子。③ 晚清后来华的基督新教传教士继承天主教传教士的这个传统,开始用汉文写作各类文体的文学作品,成为近代中国文学的一个重要方面。④ 中国翻译史研究中最为薄弱的就是明清之际的翻译历史研究。其中,文本的缺乏,语言能力的不足是重要原因,随着这批西学汉籍的出版,将会有更多学者投入明末清初西学汉籍的翻译研究,从而丰富了中国翻译的研究。⑤ 在这批西学汉籍的来源考证方面,现在在文献的考证上已经迈出了坚实的步伐。随着这批文献在中国大陆的出版,将会引起更多明清文学史研究者的关注,从而展开这批欧洲文学文化的翻译文本对晚明和清初文坛的

---

① 胡适:《佛教的翻译文学》,罗新章、陈应年编《翻译论集》,商务印书馆2009年版,第123—124页。
② 李奭学:《译述明末耶稣会翻译文学论》,"序言",香港中文大学2012年版;李奭学:《中国晚明与欧洲文学——明末耶稣会古典型证道故事考诠》,三联书店2010年版。
③ 张西平:《清代来华传教士马若瑟研究》,《清史研究》2009年第2期。
④ 宋莉华:《传教士汉文小说研究》,上海古籍出版社2010年版;黎子鹏编注《晚清基督教叙事文学选粹》,台湾橄榄出版有限公司2012年版。
⑤ 马祖毅:《中国翻译史》,湖北教育出版社1999年版;马祖毅:《中国翻译通史》,湖北教育出版社2006年版;黎难秋:《中国科技翻译史》,中国科技大学出版社2006年版;王宏志主编:《翻译史研究》2011年卷,2012年卷,2013年卷,从这些研究可以明显看出,翻译史研究领域的学者基本上局限在晚清翻译史的研究上,对明末清初翻译史的研究仍是一个亟待开辟的领域。

影响。近年来，学术界在对来华耶稣会贺清泰（Louis de Poirot，1735—1771）《圣经》中译本稿本进行研究，这或许是近代以来最早的白话文文学。① 至于晚清来华基督新教传教士米怜（William Milne，1785—1822）的《张远两友相论》及其基督教《圣经》译本对近代文学的影响，学界已有研究，这里不再展开。② 但明显的不足之处在于目前对西学汉籍的翻译研究和文学研究，绝大多数停留在晚清阶段，对明清之际西学汉籍翻译与文学影响的研究才刚刚开始。正是在这个意义上，梵蒂冈图书馆藏明清之际西学汉籍文献的出版在中国翻译史研究上具有重大的学术意义。

最后这批文献是中国近代概念史研究的宝藏。中国近代概念史研究是思想文化史研究的一个重要方面，这几年取得了显著的进展——无论是从语言研究的角度，如马西尼的《现代汉语词汇的形成：十九世纪汉语外来词研究》、沈国威的《近代中日词汇交流研究：汉字新词的创制、容受与共享》，还是从文化史角度的研究，如刘禾的《跨语际实践——文学、民族文化与被译介（中国，1900—1937）》、金观涛和刘青峰的《观念史研究：中国现代政治术语的形成》，这些著作都打开了一个新的研究领域，引起学界关注。③ "一个伟大时代的出现，往往会使语言成为巨大的实验场，新词层出不穷。""一般说来，人们在发现自己的价值体系和习惯规则受到冲击甚至威胁时，会努力寻求新的精神依托，新的发现或价值转换会体现于语言。"④ 晚清是"三千年未有之大变局"的时代，新词汇、新概念喷涌而出，这些新词汇、新概念逐步改变了中国的思维方式，同时，新词汇所构成的新知识又直接影响了人们对世界和时代的理

---

① 郑海娟：《贺清泰〈古新圣经〉研究》，北京大学，博士学位论文，2012年。
② 朱维之曾说过："民国以来，中国基督教对于中国文学上最大的贡献，第一是和合译本《圣经》的出版，第二便是《普天颂》的出版。二者虽不能说是十全十美的本子，但至少可以说已经打定了基督教文学的根基，而且作为中国新文学的先驱，这是值得大书特书的。"参阅杨剑龙《旷野的呼声：中国作家与基督教》，上海教育出版社1998年版；陈镭《文学革命时期的汉译圣经接受：以胡适、陈独秀为中心》，《广州社会主义学院学报》2010年第2期；张楠《合和本〈圣经〉的异化翻译及对中国现当代文学的影响》，山东大学，硕士学位论文。
③ 冯天瑜：《封建考论》，武汉大学出版社2007年版；黄兴涛：《"她"字的文化史：女性新代词的发明与认同研究》，福建教育出版社2009年版。
④ 方维规为黄兴涛的《"她"字的文化史：女性新代词的发明与认同研究》一书所写的序言。

解，成为新思想产生的基础。正如黄兴涛所说的，大量双音节以上新名词的出现明显地增强了汉语语言表达的准确性，同时，反过来通过使用这些新名词的社会文化实践，极为有效地增进了中国人思维的严密性和逻辑性，这是中国语言和思想现代化的重要表现形式。这些新词汇极大地扩展了中国人的思想空间以及运思的广度和深度，提高了科学思维的能力和效率，从而为新思想体系的产生，奠定了重要的思维基础。①

但是，目前对近代新词汇进行研究的学者大多将注意力集中在晚清中日之间的词汇交流，而实际上明末清初天主教东来后，便已经创造了大量的新词汇，这些新词汇在那时便已经开始在东亚传播。当时，东亚对西学的接受是一个整体，来华传教士们所出版的西学汉书同样流传到日本、韩国和越南。在语言使用上，用汉文写作来推动传教成为传教士们的共识。利玛窦的信中也写到过："当获悉我们用中文编译的书在日本也可通用时，便感到莫大的安慰。因此视察员神父范礼安在广州又印刷了一次，以便带往日本。副省会长巴范济神父曾要求我们，把我们编译的书多给他寄一些，因为中国书籍在日本甚受欢迎。"② 日本学者一杉本孜在《近代日中语言交流史序论》中曾指出："现代日本的数学术语一般被认为是明治以后从欧洲学来的所谓洋算用语。但是，明清的汉籍对日本数学用语所作的贡献是不能抹杀的。这些都是包括方以智在内的中国学者和在华传教士即'西儒'共同在中国大地上播下的种子，是他们用汉语精心创造并建立起来的学术用语体系。"③ 明清之际的西学汉籍传入日本后被接受了多少？哪些词汇被日本接受后在晚清时又被作为日本创造的新词返回中国？这些问题至今无人回答，其根本原因在于对明清之际的西学汉籍了解不够。

从事晚清文化史研究的黄兴涛先生也同样认识到了这一点，他说："因为要想弄清近代中国流行的相当一部分新名词的真实来源，并辨析他

---

① 黄兴涛：《近代中国新名词的思想史意义发微——兼谈对于"一般思想史"之认识》，载杨念群、黄兴涛、毛丹《新史学》（上），中国人民大学出版社2003年版。
② ［意］利玛窦：《利玛窦全集》第4册，台湾光启出版社1986年版，第366—367页。
③ 陆坚、王勇编：《中国典籍在日本的流传与影响》，杭州大学出版社1990年版，第263页。

们对明治维新后日本汉字新名词之间的复杂关系，非得下决心去一一翻检明末清初直至清中叶那些承载和传播西学的各种书籍不可。"① 他与王国荣所点校的《明清之际西学文本》是目前点校整理最多的出版物，随着文献的整理，明清之际新词语的研究必将进一步推进。邹振环的《晚明汉文西学经典》一书则打通了晚明和晚清，论证了"晚明汉文西学经典如何在晚清得到反复诠释，以及在晚清西学知识场重建过程中的意义，藉此阐明晚明与晚清在学术上之承上启下的关联问题"。② 这些研究证明了明清之际的西学汉籍在中国近代知识进展中的重要性，其核心是新知识的形成，而承载新知识的新词语、新概念就成为其关键。

语言具有"共时性"和"历时性"两个层面。在历史过程中，语言会随着时间的推进而演化，但是它在任何一个时间点上都有一个既定的结构。"概念史"的研究既关注语言的"历时性"层面，也关注语言的"共时性"层面，"它不仅在一个特定的历史时间点上，在一个特定的语义域内对'核心概念'（core concepts）做'共时性'分析，而且还对'核心概念'做一种'历时性'分析，这种'历时性'分析将凸显出'概念'的意义变迁"。③ 西学的根源在于明清之际，对这一时期的新词语、新概念进行研究将直接关系到对近代中国文化史和思想史的理解，关系到今天中国学术体系与概念的重建。这正是陈寅恪所说的"凡解一字即是一部文化史"，也如黑格尔所说的"只有当一个民族用自己的语言掌握了一门科学的时候，我们才能说这门科学属于这个民族了"。④

在梵蒂冈图书馆这批文献中还有一批关于科技、舆图的文献，这些文献在以往的文献整理中往往被收录得不多，例如近年来在台湾地区出

---

① 黄兴涛、王国策：《明清之际西学文本：50 种重要文献汇编》，中华书局 2013 年版，第 23 页。

② 邹振环：《晚明汉文西学经典：编译、诠释、流传与影响》，复旦大学出版社 2011 年版，第 29 页。

③ [英] 伊安·汉普歇尔：《比较视野中的概念史》，周保巍译，华东师大出版社 2010 年版，第 3 页。

④ [德] 黑格尔：《哲学史讲演录》第 4 卷；冯天瑜：《封建考论》，武汉大学出版社 2007 年版；[德] 郎宓谢、阿梅龙、顾有信等：《新词语新概念》，赵兴胜译，山东画报社出版社 2012 年版。

版的几部作品中几乎完全没有收录西学汉籍中历算方面的文献，如此一来，已经出版的这些文献无意中就将明清之际全球化背景下的"中西文化交流研究"压缩为"中国天主教史研究"了。实际上，从《天学初函》开始，李之藻就把"器篇"与"理篇"作为一个比较重要的内容进行研究。梵蒂冈图书馆中有一些十分罕见而珍贵的中国科技史文献，例如汤若望的《近五十年来欧洲天文学之进展》，在书中详细介绍了哥白尼的天文学说，这就打破了以往所说的耶稣会不介绍哥白尼的天文学的说法，认为耶稣会只是到了乾隆时代的蒋友仁（Michel Benoist，1715—1774）才把哥白尼学说介绍到中国。特别要指出的是傅圣泽从北京返回罗马后，因为他在钦天监工作，因此带回了大量他在历局工作时所用的材料和手稿，其中不乏他的天文演算手稿，这对于研究清代科技史有着重要的意义。在舆图方面，梵蒂冈图书馆所藏的利玛窦的《坤舆万国全图》、卜弥格所绘制的中国分省地图都是极为珍贵的历史文献。近十余年的研究已经证明，耶稣会会士们所介绍的这些科学知识推进了中国天文学的发展，"耶稣会会士在中国大力传播西方天文学，后果之一，是使中国天文学一度处在与欧洲非常接近的有利状况。就若干方面来说，当时中国与欧洲天文学的最新发展只有不到十年的差距。例如，伽利略用望远镜作出的天文学新发现，发表于 1610 年，而这些发现的主要内容在阳玛诺 1615 年刊行的中文著作《天问略》中就已有介绍。又如，整个《崇祯历书》虽以第谷的体系为基础，但其中也采纳开普勒好几种著作中的成果，最晚的一种出版于 1618—1621 年，下距《崇祯历书》开始编撰仅八年"。[①] 梵蒂冈图书馆所藏的各类科学类文献必将大大推进我们对近代中国科技史的研究。梵蒂冈所藏的科技史文献将进一步证实这个观点。

在梵蒂冈图书馆所藏的明清中西文化交流史文献中，特别引人注意的是一批汉欧双语词典，这是中国双语词典史的重要历史文献。中文和欧洲语言的双语词典起源与罗明坚和利玛窦的《葡华辞典》。传教士来到东亚后第一件事就是学习汉语，这样编撰辞典成为他们的一件大事，

[①] 江晓原、钮卫星：《欧洲天文学东渐发微》，上海书店 2009 年版，第 447 页。

附录六　明清之际西学东渐中的"西学汉籍"的文化意义　/　375

为此，传教士们付出了极大的精力。杨慧玲认为，"从罗明坚、利玛窦的葡汉词典到万济国的西汉词典，体现了欧汉、汉欧词典萌芽和最初发展的轨迹"。直到1813年在叶尊孝的《汉字西译》在巴黎出版，汉欧双语辞典达到了它的高潮。[①] 遗憾的是，这批汉外双语辞典绝大多数仍以手稿形式藏在世界各地的图书馆，以梵蒂冈图书馆所藏最多。学术界对这批价值连城的汉欧双语词典的研究只是在近年来才逐步开展起来的。[②]

索绪尔把与语言有关的因素区分为"内部要素"和"外部要素"，认为语言的"外部要素"不触及"语言的内部机构"而予以排除。他说："至于内部语言学，情况却完全不同：它不容许随意安排；语言是一个系统，它只知道自己固有的秩序。"[③] 语言是一个同质的结构，语言学主要研究语言内部稳定的系统和特点。如此一来，他们把语言的外在因素放在了一边，对外部因素对语言的变异影响则不太关注。

语言接触（language contact）的认识始于19世纪。从20世纪90年代开始，语言接触成为语言学研究的热门话题，甚至要成为语言学的一个分支。同时，社会语言学也开始关注这个问题，语言的"外部要素"也成为历史语言学主要内容的一部分。

这说明语言的变化并不仅仅在内部因素，外部因素也有着重要的作用，即语言接触引起的变化。对汉语的变化影响最大的两次汉语与外部语言的接触。一次是佛教传入中国后对汉语的影响，一次是晚明后基督教传入对汉语发展产生的影响。随着梵蒂冈图书馆所藏的这批欧汉双语辞典的公布，必将大大推动中外语言交流史的研究和中国词典史与中国语言史的研究。

[①] 杨慧玲：《19世纪汉英词典传统：马礼逊、卫三畏、翟理斯汉英辞典的谱系研究》，商务印书馆2012年版，第71页。

[②] 张西平等主编：《西方人早期汉语学习史调查》，中国大百科全书出版社2003年版；姚小平主编：《海外汉语探索四百年管窥》，外语教学与研究出版社2008年版；姚小平：《西方语言学史》，外语教学与研究出版社2011年版；姚小平：《罗马读书记》，外语教学与研究出版社2009年版；董海樱：《16—19世纪初西人汉语研究》，商务印书馆2011年版；魏思齐编：《西方早期（1552—1814）汉语学习和研究》，台湾辅仁大学出版社2011年版。

[③] ［瑞士］索绪尔：《普通语言学教程》，商务印书馆2001年版，第46页。

最后，明清之际西学汉籍将会大大加深中国近代思想史的研究。[1] 明清之际西学的影响不仅仅停留在知识论的水平，也不仅仅是信教和反教两类人物对西学的理解，最重要的是西学已经和晚明至清初的中国本土思想产生了互动。晚明王学盛行，尤其在江浙一带。王学反对死读先贤古圣的书，主张"涂之人皆可为禹"，陆九渊的"东南西北海有圣人出焉，此心同此理同也"自然为接受外来文化奠定了基础。明清之际，接受西学的大多是王学之徒，而反对西学的大多是朱学之后。[2] 朱维铮先生说："王学信徒：接受外来文化，皈依西方宗教。这就反映出一个事实，即王学藐视宋以来的礼教传统，在客观上创造了一种文化氛围，使近代意义的西学在中国得以立足，而王学系统的学者，在认知方面特有的平等观念，即王守仁所谓'良知良能，愚夫愚妇与圣人同'，在清代仍以隐晦的形式得到保存，实际上为汉学家们所汲取。这看来是悖论，然而却是事实。"他认为清初的汉学和西学之间"性质关联""结构关联""方法关联"且"心态关联"。[3]

明清之际所传入的西学与中国近代思想变迁之间的关系，从梁启超到胡适，到当代学者多有注意，但限于文献不够充分，这个方向的论证仍在进行之中。近年来，学者仅仅使用台湾地区出版的部分西学文献就已经大大推进了西学与明清思想史的研究。许苏民认为，高一志的"西学治平四书"（即《治政源本》《民治西学》《王宜温和》《王政须臣》）直接影响了顾炎武，因为高一志在山西传教15年，顾炎武在写《日知录》时也在山西和陕西一带，他的交友圈中就有研习西学的李鲈。他在《日知录》中提出的"合天下之私以成天下之公，此所以为王政也……此义不明久矣。世之君子必曰：有公而无私，此后世之美言，非先王之至

---

[1] 陈卫平：《第一页与胚胎——明清之际的中西文化比较》，上海人民出版社1992年版；孙尚阳：《明末天主教与儒学的交流和冲突》，文津出版社1982年版；何俊：《西学与晚明思潮的裂变》，上海人民出版社1998年版；李天纲：《跨文化的诠释：经学与神学的相遇》，新星出版社2007年版。

[2] 卜恩理：《东林书院及其政治的和哲学的意义》，附录二：东林书院与天主教会，魏思齐编：《"华裔学志"中译论文精选：文化交流和中国基督宗教史研究》，台湾辅仁大学出版社2009年版，第278页。

[3] 朱维铮：《走出中世纪》，复旦大学出版社2007年版，第154—158页。

训也"①。是很重要的思想，它承认了私有制的合理性。如此一来，"衡量王政的标准不再是'有公而无私'，只有'合天下之私以成天下之公'，才是'王政'之本质"②。许苏民认为顾炎武这个思想直接来源于高一志的《王亦温和》一书，书中谈到"王权由何而生存"时说："人性源自私爱，乃无不好自从自适，岂有甘臣而从他人之命耶？即始明视他人之才能功德绝超于众，而因自足庇保下民者一，即不待强而自甘服从，以致成君臣之伦也。"

方以智和传教士有直接的联系，王夫之在天主教主导的永历王朝任职，黄宗羲研读西学已经有文献所证。从历史研究上学界已经做了大量的考证，③ 随着梵蒂冈图书馆所藏的明清中西文化交流史文献的出版，将西学汉籍的总体面貌呈献给中国学术界，那时，将会大大拓宽和加深这一研究方向。

传教士们所写下的这些西学汉籍还有另一重意义，即这批文献也是西方汉学史的一个重要组成部分，当然，这些西学汉籍背后有不少中国文人为其润笔着墨。这批中外合作的西学汉籍，实际上是全球化初期，是世界文化交流史上的瑰宝。它的双边性，展示了其在世界文化史上中国文明和欧洲文明初识后的对话与交流以及文明间互鉴的丰硕成果。它不仅仅是东亚走向现代化进程的重要思想资源，也是西方文化如何与异资文化相处的宝贵文化资源和具有当代意义的重要思想遗产。这是一批具有世界文化史意义的重要宝藏。

---

① 顾炎武：《言私其稚》，载《日知录集释》（卷3），岳麓书社1994年版，第92页。
② 许苏民：《晚明西学东渐与顾炎武政治哲学之突破》，《社会科学战线》2013年第6期。
③ 方豪：《明末清初来华西人与士大夫之晋接》，载《东方杂志》1943年第29卷第5号；徐海松：《清初士人与西学》，东方出版社2001年版；许苏民：《王夫之与儒耶哲学对话》，《武汉大学学报》（人文社会科学版）2012年1月；许苏民：《黄宗羲与儒耶哲学对话》，载《北京行政学院学报》2013年第4期；冯天瑜：《明清之际西学与中国学术近代转型》，载《江汉论坛》2003年第3期。

跋

《跟随利玛窦来中国》是2006年应五洲出版社所约而作的，当年同时出了中文版和英文版。由于是面向国内外大众的读物，编辑在审读和编辑加工过程中几乎删去了书稿的一半内容。十三年后，这本书在中国社会科学出版社再版，我将旧书稿进行了重新整理和校对，因此，这一版与2006年版有较大的区别：一是内容恢复了原书稿的内容；二是又增加了五篇附录。这五篇附录是2006年后本人所写的几篇论文，研究内容与本书完全一致，可以使读者了解这个研究领域的最新进展。这本书的正文部分是为大众所写的普及性读物，附录则是学术性论文。这样的处理可以提高这本书的学术含量。在写作中书中采用了一些照片，对此表示感谢。感谢赵丽编辑的辛劳。

"人生如梦，一樽还酹江月。"年轻时读到苏轼的这句诗，还不知其所指。那时"少年不知愁滋味"，一晃，我已经是七十岁了，方有所感悟。去年七十岁生日时，写下小诗，抄录如下：

　　　　江城子
　　　　——七十写于巴黎女儿家中
　　　秋风红叶清水流，
　　　　岁月悠，梦似舟。
　　　青春放揽，随风漂流。
　　　越恋过江烽火事，
　　　　天亦蓝，人不留。

韶华不为少年留,
中年愁,心不休。
拾级登楼,阅尽五洲。
恨不苍天化为纸,
写不尽,忧与愁。

张西平
2019年3月30日写于游心书屋